新编21世纪政治学系列教材

市政学

第二版

Municipal Management

张旭霞　编著

中国人民大学出版社
·北京·

作 者 简 介

张旭霞　女，管理学博士，浙江义乌人，先后毕业于南京大学、中国人民大学。现任对外经济贸易大学公共管理学院副教授。研究领域主要集中在政府改革、政府公信力、公务员制度、公共部门绩效管理等方面。在各类报刊发表论文数十篇，多篇论文被人大复印报刊资料转载。主编教材《公共部门绩效评估》《电子政务》《公务员制度》《管理学》等多部，其中，《管理学》荣获北京市精品教材奖。

内 容 简 介

本书是一部介绍市政学的导论性教材，阐述了市政学总论、城市规划和发展、城市经济管理、城市土地管理和住房管理、城市基础设施管理、城市环境管理、城市交通管理、城市社会管理、城市公共事业管理、城市安全管理等多方面的内容，从市政学的研究视角揭示并回应城市发展中的公共问题，以寻求实现城市善治的途径。本书结构新颖、条理清晰、内容丰富、贴近现实，每一章都配有“重点问题”“关键术语”“案例”“拓展阅读”，可供普通高校政治学、公共管理学以及相关学科各专业本科教学使用。

总 序

改革开放是新中国成立以来的又一次革命。过去40多年的改革开放已经给中国带来革命性变化。这种革命性变化不仅体现在经济、政治等层面的现实生活上，而且还体现在因现实的变迁而带来的理论上的创新和发展以及由此带来的政治学学科建设上的成就方面。

在我国，计划经济体制已经让位于社会主义市场经济体制，同时由经济变革带来的政治体制上的变化也是有目共睹的。首先，在民主法制建设上，人治正在走向法治，政治的制度化正在加强，其中一个重要标志就是终身制的废除和退休制度的形成。其次，在国家结构上，过去在计划经济时期的简单的单一制已经转变为更加复杂的国家结构关系。中央与地方、地方政府与地方政府之间的关系有了更多的市场经济特征。再次，在国家与社会之间的关系上，过去是“大政府（国家），小社会”，现在正向“大政府（国家），大社会”的方向变化。民间社会在政治生活中的作用越来越大，社会自由越来越多。最后，在意识形态上，过去那种对待马克思主义、毛泽东思想的封闭、激进而又教条的态度已经转变为开放、理性而又灵活的态度，因而形成了引导改革开放事业的邓小平理论、“三个代表”重要思想、科学发展观和新时代中国特色社会主义思想。所有这些变革，都是我们在40多年前所无法想象的。当然，在政治进步的同时，存在的问题也不容回避。那就是迫切需要建立一套约束政府权力、使人民群众的真实意愿和利益诉求能够得到顺畅表达的机制，以便从根本上保证社会的稳定与和谐。这些问题的解决，不仅需要实际工作者在体制创新方面的实践，更需要政治学学科的发展和政治学专业人才的智慧与理论贡献。

我国的政治变革既是对政治学研究工作的挑战，又是促使政治学发展的良好机遇。我国的政治学在这种压力与机遇并存的环境中正在快步前进。首先，在学科分类上，政治学已经从法学中独立出来而成为一级学科。其次，在学科分支上，政治学从马克思主义政治理论、制度史、思想史发展成为学科门类更加丰富、更加有特色的一门学科，诸如新政治经济学、政治社会学、政治心理学、政治文化、政治学方法论等。再次，在研究方法上，从单一的阶级分析法发展成为以历史唯物主义为基础的多元化方法论，诸如行为主义、理性选择主义以及方兴未艾的新制度主义。最后，在问题研究上，无论是深度还是广度，我国政治学界都取得了可喜的成就，为中国的政治发展和政治变革做出了自己应有的贡献。当然，在看到成绩的同时，也不能无视发展中的不足。作为中国政治学学科建设和发展的见证人，我们不能不为政治学发展中的结构性缺失而忧心忡忡。比如，就专业刊物而言，不要说与经济学、法学和历史学比较，就是和政治学的二级学科国际关系比较，政治学专业刊物的数量也是少之又少。这种现象严重制约了我国政治学的发展，很多优秀的研究成果只能散见于综合性学术刊物和大学学报。

中国政治学学科发展的基础是高校政治学专业建设。自 1980 年恢复政治学专业以来，政治学系或政治与行政管理学系已经成为很多高校的普遍性建制。而且在各高校政治学专业竞相发展的过程中，我们很高兴地看到各个高校的政治学学科建设，无不生机勃勃，成就斐然。其中特别值得一提的是中国人民大学。人所共知，中国人民大学一直是中国近代政治制度的研究重镇。同时，中国人民大学在学科发展中非常注重教材建设，经过专业优化组合的“新编 21 世纪政治学系列教材”在全国享有很高的声誉，是我国很多高校政治学专业和行政管理学专业的必备教科书。从已经出版的教材来看，我认为，“新编 21 世纪政治学系列教材”具有如下特点：

第一，体系上的创新性与独特性。教科书固然应该有通用的内容，但是在教材林立的今天，千篇一律而了无特色的教材是难以立足的，也难以为社会所认可和接受。“新编 21 世纪政治学系列教材”中的每一本教材在体系上的创新性与独特性都是很突出的。

第二，内容上的研究性与新颖性。体系上的独特性应该由内容上的研究性与新颖性构成。教科书不但要介绍一般性的概念和理论，还应该容纳最新的理论研究成果以及对有关理论成果的看法与评价。该系列教材的一个重要特征是，这些教材都是作者们基于自己多年的教学与研究心得而撰写的具有新意的研究性作品。事实上，国外的大学教科书基本上是由学术界享有名望的教授来撰写。一本好的教科书之所以享有盛名，就在于其因体系上的独特性和内容上的研究性而形成的权威性。

第三，观点上的全面性与选择性。教科书是一种通论性的著作，因而包容的学术观点、理论应该尽量全面。但是，在信息爆炸的时代，一本书企图容纳所有的观点是不可能，也是不必要的。因为有的观点不过是个别学者的偶发奇想而不具有普遍性。这就需要撰写者去伪存真，认真取舍。我很高兴地看到，本系列教材在追求观点的全面性时，也没有忘记选择性原则。

第四，方法论上的马克思主义原则性与包容性。我国的社会科学研究离不开马克思主义的基本方法论，尤其离不开历史唯物主义的指导，政治科学更是如此。但是马克思主义并不是凭空产生的，它是在吸纳人类精神文明优秀成果的基础上产生的，马克思主义的发展同样少不了与其他理论流派的碰撞以及对人类文明成果的借鉴与扬弃。封闭的马克思主义是没有生命力的，坚持马克思主义并不排除对其他理论流派的介绍与分析。正是基于这样的指导思想，本套教材在介绍马克思主义政治学的同时，能运用历史唯物主义的基本原理兼容并蓄地介绍和分析其他理论流派。

本套教材的上述特点决定了它们不但是有关专业的教师和学生必备的教学和学习用书，也是政治学研究者的重要参考书籍。虽然具有上述优点和特征，但是十全十美的社会科学著作是不存在的，因此，本套教材中的缺点与不足在所难免。衷心希望专家学者、广大读者积极批评、热情指正！

赵宝煦

前言

随着人类进入21世纪，城市成为世界关注的焦点。联合国人类住区中心认为，人类可持续发展的战斗，其成功与失败将在城市内见分晓，而城市管理的好坏将是成败的关键所在。现代城市无一例外地都存在不少问题，城市越发展，“城市病”的问题越突出和棘手，城市管理问题已经成为制约各国经济社会发展的重要因素。

市政学也被称为市政管理学或城市管理学，是一个涉及城市政治、城市经济、管理科学和城市科学等学科的交叉性很强的研究领域，主要从政府管理的角度关注城市管理和城市发展问题。在我国，市政学是一门正处于探索、发展之中的新兴学科。加强市政学研究是我国城市化发展进程提出的迫切要求，也是实现城市管理科学化的迫切需要，有助于培养和造就一大批现代市政管理人才。

本书共分十章，包括：市政学总论、城市规划和发展、城市经济管理、城市土地管理和住房管理、城市基础设施管理、城市环境管理、城市交通管理、城市社会管理、城市公共事业管理和城市安全管理。每一章均列出了重点问题、关键术语和阅读资料。针对每章主要内容精选的案例，提供了城市管理各个领域的生动实例。另外，每章单独列出了相关名词解释、案例和新闻、法律法规和政策、小常识，力求增加阅读的乐趣。

本书在旧版的基础上，增加了近几年最新的数据、资料和案例。对外经济贸易大学公共管理学院张旭霞副教授负责全书的编排、撰写和统稿。

本书的内容参考和借鉴了众多的相关教材和资料，在此对作者致以万分的感谢。因本人学识有限，疏漏之处在所难免，恳请各位读者提供宝贵的意见。

张旭霞

2020年1月

目录

第一章

市政学总论

重点问题

- 城市功能优化的途径。
- 中国城市化的特点、面临的问题及发展道路的模式选择。
- 中国市政的主要特征和发展趋势。
- 中国市政职能存在的问题及其改革。
- 中国市政体制的基本特点，如何对其进行改革。

关键术语

城市　城市结构　城市功能　城市规模　城市化　逆城市化　再城市化
市政　市政学　市政体系　市政主体　市政职能　市政体制　市政过程

第一节　城市概论

一、城市的含义和特征

在中国古代的文献中，“城”和“市”是分离的，二者所指的是两个概念。“城”是指四周围以城墙扼守交通要冲，具有防守意义的军事据点。“市”是指商品交换的地方。最初的市是指在一定地域内固定的、集中商品交易的场所。随着社会经济的发展，“城”和“市”又逐渐融为一体，变成了开放的无“城”的市，城市更多地体现了人口和商业活动的汇集，而其自身带有防御性与封闭性的城堡、城墙、城池之类的设施逐渐消失。《中国大百科全书·地理学》是这样定义“城市”这个概念的：“具有相当面积、经济活动和住房集中，以致在私人企业和公共部门产生规模经济的连片地理区域。”

不同的学科基于研究目的的不同，对城市含义的阐释也不尽相同。虽然各学科都有其侧重，但对于城市的内在性质和固有属性都进行了合理的揭示。最早对城市进行观察和研究的是城市地理学。城市地理学强调城市在空间上的特征，认为城市是以非农业人口为主的一定人口规模的聚集地，是相对于乡村而言的永久稳定性的大型聚落形态和体系；城市经济学强调城市在经济活动中的特征，认为城市是各种经济活动因素在地理上大规模集中的结果；城市社会学认为，城市是在特定的区域内，由从事非农业劳动的密集人口所组成的具有共同文化维系力的社会，是人类生存的特殊社区；城市政治学则强调城市不仅是市场中心的所在地以及有法律规范的地域，而且也是不同团体确定政治关系的制度化共同体。

总的来说，城市是社会经济发展到一定阶段的产物，标志着社会的进步和人类文明程度的提升。城市是系统性存在，也是历史存在和社会存在，它既是社会经济发展的产物，同时也是社会经济发展历史过程的体现。发展到今天，城市已成为高度复杂的、多功能的、综合性的有机体，是一定地域内的政治、经济、文化中心，发挥着工业生产基地、商品流通枢纽、金融中心、信息中心、科技文化教育中心和对外开放窗口等多种功能，在国家和地区的经济发展和社会进步中起着先导作用。研究城市的起源和发展，认识城市的发展规模和运作特点，对于有效地开展城市管理具有基础性的意义。

市政学中所研究的城市是指那些人口稠密集中，工商业发达，居民以非农业人口为主，在政治、经济、文化等方面处于某一层级的中心地位的地理区域。城市是与乡村相对而言的，在社会经济文化等方面，城市与乡村存在显著的不同，具有自身的一系列特征。

（1）高度聚集性。人口与物资、设施的高度聚集是城市区别于乡村的最显著的特征之一，这主要表现在：城市的人口聚集规模大、密度高。同时，城市中物资、设施高度集中，文化高度集中。

（2）复杂性。现代城市是一个多要素、多层次、多功能和多过程的纷繁复杂的复合系统，构成要素十分繁复，内部的关系和矛盾也纵横交错。

（3）人口及其文化构成的异质性。城市与乡村相比，其人口在职业、文化背景、生活经验、价值观念、风俗习惯以及语言与交往方式的构成、宗教信仰、道德观念等诸多方面存在着不同程度的差异。

（4）管理职能的区域中心性。城市是一定区域的经济、政治、社会和文化中心，它对于周边的乡村区域具有极强的辐射和带动作用，社会政治权力总是集中于城市而作用于乡村。

（5）人际关系以业缘为主，人际交往感情色彩淡薄。城市居民之间大多缺少血缘和地缘关系，人们又以快节奏从事各自的活动，加之城市人际交往较多，导致城市人群的交往较少有感情色彩。同时，城市科层制度的发达也使人们重理性而轻感情。

二、城市的发展进程

世界上最早形成的城市已有五六千年的历史，主要分布在一些地理位置优越的水域附近，包括古埃及的尼罗河流域、西亚的两河流域、印度河流域和中国的黄河流域等。纵观城市的产生过程，三次社会大分工发挥了巨大的推动作用，城市的产生与社会及商品经济的发展是密不可分的。

原始社会后期，以畜牧业和农业的分离为标志的第一次社会大分工为城市的出现提供了契机，为适应新的生活方式和生产方式，人类逐步形成了原始的群居点。此后，随着社会生产的进一步发展，剩余产品出现，使得商品生产和商品交换成为可能。

在原始社会的瓦解时期，第二次社会大分工出现，手工业与农业分离。这次社会大分工促进了劳动工具制造行业的发展，进一步解放了社会生产力，导致了商品生产的产生和私有财产的形成。

从原始社会末期到奴隶社会初期，伴随着商品生产的发展和商品交换的扩大，第三次社会大分工出现，商业从农业和手工业中分离。第三次社会大分工在很大程度上促进了城市的产生：一方面，促使商人阶层的出现，强化了商业活动；另一方面，产生了以商品加工和交易为生存方式的居民点，推动了聚落性质的分化，同时，由于阶级的出现和各个部落之间的战争，部落联盟的首领为了保护自己，在原始的居住地修建城池，这样就产生了人类历史上最早的城市。

从历史上来看，城市的发展大体上经历了原始城市阶段、封建城市阶段、近代城市阶段和现代城市阶段四个时期。

（1）原始城市阶段。主要是指城市在奴隶社会的发展阶段，这个阶段的城市规模较小、数量较少，城市居民的活动分散，许多居民还从事一定的农业生产活动。城市的政治统治功能突出，经济功能相对弱化，往往成为一国或某一地区的行政、军事和宗教中心。这一阶段的代表性城市有古希腊、古罗马时代的雅典、罗马等。

（2）封建城市阶段。这一阶段的城市发展出现了一些新的特征，主要表现在：城市的功能趋向多元化，城市不仅作为商品市场和贸易中心而存在，而且日益发展成为政治、经济和文化传播的中心；城市分布的范围更加广泛，不再仅仅局限于地理位置优越的狭小地区；一些城市基于自身管理的需要，制定了一些相应的法律条文。总的来说，封建社会的城市，规模仍然较小，生产技术比较落后，生产仍以手工业为主，发展缓慢。这一阶段的代表性城市有中国唐代的长安、宋代的东京，欧洲的威尼斯、佛罗伦萨等。

（3）近代城市阶段。近代意义上的城市是城市发展史上一个承前启后的决定性阶段。这一阶段的城市发展出现了一系列显著的特征，主要是：城市的数量迅速增加，规模急剧膨胀，进入扩张阶段；城市功能多样化，城市布局结构出现巨变，渐趋合理，出现了工业区、商业区和居住区等的划分；城市中社会意识形态以及各类文化日益冲突；城市中社会问题与环境问题逐渐突出。

（4）现代城市阶段。第二次世界大战以后，城市发展出现了一个空前的高峰期。城市人口迅速增长、经济实力大大增强，出现了一些特大城市和大都市。这一时期城市发展的特点主要是：城市日益成为人类居住活动中心和经济发展中心，城市化水平持续提高；城市空间布局发生了巨大变化，城市内部出现了区域分工，以大都市为核心的城市圈和城市带形成；城市问题更加突出，生态环境保护和可持续发展成为世界上所有城市面临的共同问题。

三、城市的结构和功能

（一）城市的结构

城市的结构是指城市内部的各个构成要素之间相互关联、相互作用、相互制约的形式和方式，以及由此形成的不同要素之间的存在态势。研究城市的结构，目的就是对城市子系统各自的运作及其相互间的影响进行考察，发现其中的规律，从而求得城市整体运行的最优化。

城市的结构主要包括城市的经济结构、城市的社会结构和城市的空间结构三个方面的内容。

1. 城市的经济结构

城市的经济结构是城市经济的组成要素相互联系、相互作用的内在形式和方式，它是城市生产力结构和城市生产关系结构的统一体，主要包括以下几个方面：

（1）产业结构。它是指城市社会再生产过程中所形成的各产业之间及其内部各行业之间的比例关系和结合状况。目前，国际上普遍按照劳动对象的加工顺序，把社会生产划分为第一产业、第二产业、第三产业。另外，按照城市的不同产业部门对某种生产要素的依赖程度，可以把城市产业结构定义为劳动密集型产业、资本密集型产业和技术密集型产业之间的比例关系和结合状况。

（2）所有制结构。它是指各种所有制经济在城市经济中的地位及相互关系。改革开放后，中国城市建立的是以公有制为主体的多层次的所有制结构，即坚持以公有制经济为主体，个体经济、私营经济、外资经济等多种所有制经济长期共同发展。

（3）流通结构、分配结构和消费结构。城市流通结构主要包括：城市流通与城市生产、城市消费之间的比例关系和相互衔接关系，国有商业、集体商业、个体商业及外资商业之间的相互关系，商品市场和生产要素市场的组成及相互关系，城市商业网点的布局等。城市分配结构主要包括积累和消费的比例关系，积累基金和消费基金的分配结构以及国家、集体、个人之间，中央与地方之间的分配关系等。城市消费结构是城市居民消费的各类消费资料的组成和相互关系。

（4）企业结构。主要包括企业技术结构和企业规模结构两部分。企业技术结构是指生产过程中各种技术要素和技术手段之间的相互关系和组合方式。企业规模结构是指大中小企业的构成及其相互关系。

2. 城市的社会结构

我们通常所说的城市的社会结构是狭义的范畴，指城市上层建筑的构成及其相互关系。它主要包括以下几个方面的内容：

（1）政治结构。当前中国城市的政治结构主要包括：各种城市政治组织的构成、相互关系及其与城市居民间的关系，城市社会成员之间的各种政治关系。

（2）文化结构。主要包括：城市中与各类精神产品生产、传播、利用等活动有关的行业的构成、发展规模及其之间的比例关系和相互衔接关系，城市中各种文化事业的规模、质量、发展速度与社会需求之间的关系，城市中各类文化设施的规模、配置和布局，城市文化管理机构的设置及其与各个文化事业单位之间的关系。

（3）人口结构。城市人口结构包括城市人口的自然结构和城市人口的社会结构两个方面。城市人口的自然结构包括城市人口的性别构成、城市人口的年龄构成。城市人口的社会结构包括城市人口的就业结构、城市人口的户籍结构。

3. 城市的空间结构

城市的空间结构是指由城市内部的功能分化所导致的城市诸要素在地域空间上的分布和联结状态，它是城市社会经济存在和发展的形式。一般而言，城市的空间结构的表现形

新编21世纪政治学系列教材

市政学

第二版

Municipal Management

张旭霞　编著

中国人民大学出版社
·北京·

作 者 简 介

张旭霞　女，管理学博士，浙江义乌人，先后毕业于南京大学、中国人民大学。现任对外经济贸易大学公共管理学院副教授。研究领域主要集中在政府改革、政府公信力、公务员制度、公共部门绩效管理等方面。在各类报刊发表论文数十篇，多篇论文被人大复印报刊资料转载。主编教材《公共部门绩效评估》《电子政务》《公务员制度》《管理学》等多部，其中，《管理学》荣获北京市精品教材奖。

内 容 简 介

本书是一部介绍市政学的导论性教材，阐述了市政学总论、城市规划和发展、城市经济管理、城市土地管理和住房管理、城市基础设施管理、城市环境管理、城市交通管理、城市社会管理、城市公共事业管理、城市安全管理等多方面的内容，从市政学的研究视角揭示并回应城市发展中的公共问题，以寻求实现城市善治的途径。本书结构新颖、条理清晰、内容丰富、贴近现实，每一章都配有"重点问题""关键术语""案例""拓展阅读"，可供普通高校政治学、公共管理学以及相关学科各专业本科教学使用。

总 序

改革开放是新中国成立以来的又一次革命。过去40多年的改革开放已经给中国带来革命性变化。这种革命性变化不仅体现在经济、政治等层面的现实生活上，而且还体现在因现实的变迁而带来的理论上的创新和发展以及由此带来的政治学学科建设上的成就方面。

在我国，计划经济体制已经让位于社会主义市场经济体制，同时由经济变革带来的政治体制上的变化也是有目共睹的。首先，在民主法制建设上，人治正在走向法治，政治的制度化正在加强，其中一个重要标志就是终身制的废除和退休制度的形成。其次，在国家结构上，过去在计划经济时期的简单的单一制已经转变为更加复杂的国家结构关系。中央与地方、地方政府与地方政府之间的关系有了更多的市场经济特征。再次，在国家与社会之间的关系上，过去是“大政府（国家），小社会”，现在正向“大政府（国家），大社会”的方向变化。民间社会在政治生活中的作用越来越大，社会自由越来越多。最后，在意识形态上，过去那种对待马克思主义、毛泽东思想的封闭、激进而又教条的态度已经转变为开放、理性而又灵活的态度，因而形成了引导改革开放事业的邓小平理论、“三个代表”重要思想、科学发展观和新时代中国特色社会主义思想。所有这些变革，都是我们在40多年前所无法想象的。当然，在政治进步的同时，存在的问题也不容回避。那就是迫切需要建立一套约束政府权力、使人民群众的真实意愿和利益诉求能够得到顺畅表达的机制，以便从根本上保证社会的稳定与和谐。这些问题的解决，不仅需要实际工作者在体制创新方面的实践，更需要政治学学科的发展和政治学专业人才的智慧与理论贡献。

我国的政治变革既是对政治学研究工作的挑战，又是促使政治学发展的良好机遇。我国的政治学在这种压力与机遇并存的环境中正在快步前进。首先，在学科分类上，政治学已经从法学中独立出来而成为一级学科。其次，在学科分支上，政治学从马克思主义政治理论、制度史、思想史发展成为学科门类更加丰富、更加有特色的一门学科，诸如新政治经济学、政治社会学、政治心理学、政治文化、政治学方法论等。再次，在研究方法上，从单一的阶级分析法发展成为以历史唯物主义为基础的多元化方法论，诸如行为主义、理性选择主义以及方兴未艾的新制度主义。最后，在问题研究上，无论是深度还是广度，我国政治学界都取得了可喜的成就，为中国的政治发展和政治变革做出了自己应有的贡献。当然，在看到成绩的同时，也不能无视发展中的不足。作为中国政治学学科建设和发展的见证人，我们不能不为政治学发展中的结构性缺失而忧心忡忡。比如，就专业刊物而言，不要说与经济学、法学和历史学比较，就是和政治学的二级学科国际关系比较，政治学专业刊物的数量也是少之又少。这种现象严重制约了我国政治学的发展，很多优秀的研究成果只能散见于综合性学术刊物和大学学报。

中国政治学学科发展的基础是高校政治学专业建设。自1980年恢复政治学专业以来，政治学系或政治与行政管理学系已经成为很多高校的普遍性建制。而且在各高校政治学专业竞相发展的过程中，我们很高兴地看到各个高校的政治学学科建设，无不生机勃勃，成就斐然。其中特别值得一提的是中国人民大学。人所共知，中国人民大学一直是中国近代政治制度的研究重镇。同时，中国人民大学在学科发展中非常注重教材建设，经过专业优化组合的“新编21世纪政治学系列教材”在全国享有很高的声誉，是我国很多高校政治学专业和行政管理学专业的必备教科书。从已经出版的教材来看，我认为，“新编21世纪政治学系列教材”具有如下特点：

第一，体系上的创新性与独特性。教科书固然应该有通用的内容，但是在教材林立的今天，千篇一律而了无特色的教材是难以立足的，也难以为社会所认可和接受。“新编21世纪政治学系列教材”中的每一本教材在体系上的创新性与独特性都是很突出的。

第二，内容上的研究性与新颖性。体系上的独特性应该由内容上的研究性与新颖性构成。教科书不但要介绍一般性的概念和理论，还应该容纳最新的理论研究成果以及对有关理论成果的看法与评价。该系列教材的一个重要特征是，这些教材都是作者们基于自己多年的教学与研究心得而撰写的具有新意的研究性作品。事实上，国外的大学教科书基本上是由学术界享有名望的教授来撰写。一本好的教科书之所以享有盛名，就在于其因体系上的独特性和内容上的研究性而形成的权威性。

第三，观点上的全面性与选择性。教科书是一种通论性的著作，因而包容的学术观点、理论应该尽量全面。但是，在信息爆炸的时代，一本书企图容纳所有的观点是不可能，也是不必要的。因为有的观点不过是个别学者的偶发奇想而不具有普遍性。这就需要撰写者去伪存真，认真取舍。我很高兴地看到，本系列教材在追求观点的全面性时，也没有忘记选择性原则。

第四，方法论上的马克思主义原则性与包容性。我国的社会科学研究离不开马克思主义的基本方法论，尤其离不开历史唯物主义的指导，政治科学更是如此。但是马克思主义并不是凭空产生的，它是在吸纳人类精神文明优秀成果的基础上产生的，马克思主义的发展同样少不了与其他理论流派的碰撞以及对人类文明成果的借鉴与扬弃。封闭的马克思主义是没有生命力的，坚持马克思主义并不排除对其他理论流派的介绍与分析。正是基于这样的指导思想，本套教材在介绍马克思主义政治学的同时，能运用历史唯物主义的基本原理兼容并蓄地介绍和分析其他理论流派。

本套教材的上述特点决定了它们不但是有关专业的教师和学生必备的教学和学习用书，也是政治学研究者的重要参考书籍。虽然具有上述优点和特征，但是十全十美的社会科学著作是不存在的，因此，本套教材中的缺点与不足在所难免。衷心希望专家学者、广大读者积极批评、热情指正！

赵宝煦

前言

随着人类进入21世纪，城市成为世界关注的焦点。联合国人类住区中心认为，人类可持续发展的战斗，其成功与失败将在城市内见分晓，而城市管理的好坏将是成败的关键所在。现代城市无一例外地都存在不少问题，城市越发展，“城市病”的问题越突出和棘手，城市管理问题已经成为制约各国经济社会发展的重要因素。

市政学也被称为市政管理学或城市管理学，是一个涉及城市政治、城市经济、管理科学和城市科学等学科的交叉性很强的研究领域，主要从政府管理的角度关注城市管理和城市发展问题。在我国，市政学是一门正处于探索、发展之中的新兴学科。加强市政学研究是我国城市化发展进程提出的迫切要求，也是实现城市管理科学化的迫切需要，有助于培养和造就一大批现代市政管理人才。

本书共分十章，包括：市政学总论、城市规划和发展、城市经济管理、城市土地管理和住房管理、城市基础设施管理、城市环境管理、城市交通管理、城市社会管理、城市公共事业管理和城市安全管理。每一章均列出了重点问题、关键术语和阅读资料。针对每章主要内容精选的案例，提供了城市管理各个领域的生动实例。另外，每章单独列出了相关名词解释、案例和新闻、法律法规和政策、小常识，力求增加阅读的乐趣。

本书在旧版的基础上，增加了近几年最新的数据、资料和案例。对外经济贸易大学公共管理学院张旭霞副教授负责全书的编排、撰写和统稿。

本书的内容参考和借鉴了众多的相关教材和资料，在此对作者致以万分的感谢。因本人学识有限，疏漏之处在所难免，恳请各位读者提供宝贵的意见。

张旭霞

2020年1月

目 录

第一章

市政学总论

重点问题

- 城市功能优化的途径。
- 中国城市化的特点、面临的问题及发展道路的模式选择。
- 中国市政的主要特征和发展趋势。
- 中国市政职能存在的问题及其改革。
- 中国市政体制的基本特点，如何对其进行改革。

关键术语

城市　城市结构　城市功能　城市规模　城市化　逆城市化　再城市化
市政　市政学　市政体系　市政主体　市政职能　市政体制　市政过程

第一节　城市概论

一、城市的含义和特征

在中国古代的文献中，“城”和“市”是分离的，二者所指的是两个概念。“城”是指四周围以城墙扼守交通要冲，具有防守意义的军事据点。“市”是指商品交换的地方。最初的市是指在一定地域内固定的、集中商品交易的场所。随着社会经济的发展，“城”和“市”又逐渐融为一体，变成了开放的无“城”的市，城市更多地体现了人口和商业活动的汇集，而其自身带有防御性与封闭性的城堡、城墙、城池之类的设施逐渐消失。《中国大百科全书·地理学》是这样定义“城市”这个概念的：“具有相当面积、经济活动和住房集中，以致在私人企业和公共部门产生规模经济的连片地理区域。”

不同的学科基于研究目的的不同，对城市含义的阐释也不尽相同。虽然各学科都有其侧重，但对于城市的内在性质和固有属性都进行了合理的揭示。最早对城市进行观察和研究的是城市地理学。城市地理学强调城市在空间上的特征，认为城市是以非农业人口为主的一定人口规模的聚集地，是相对于乡村而言的永久稳定性的大型聚落形态和体系；城市经济学强调城市在经济活动中的特征，认为城市是各种经济活动因素在地理上大规模集中的结果；城市社会学认为，城市是在特定的区域内，由从事非农业劳动的密集人口所组成的具有共同文化维系力的社会，是人类生存的特殊社区；城市政治学则强调城市不仅是市场中心的所在地以及有法律规范的地域，而且也是不同团体确定政治关系的制度化共同体。

总的来说，城市是社会经济发展到一定阶段的产物，标志着社会的进步和人类文明程度的提升。城市是系统性存在，也是历史存在和社会存在，它既是社会经济发展的产物，同时也是社会经济发展历史过程的体现。发展到今天，城市已成为高度复杂的、多功能的、综合性的有机体，是一定地域内的政治、经济、文化中心，发挥着工业生产基地、商品流通枢纽、金融中心、信息中心、科技文化教育中心和对外开放窗口等多种功能，在国家和地区的经济发展和社会进步中起着先导作用。研究城市的起源和发展，认识城市的发展规模和运作特点，对于有效地开展城市管理具有基础性的意义。

市政学中所研究的城市是指那些人口稠密集中，工商业发达，居民以非农业人口为主，在政治、经济、文化等方面处于某一层级的中心地位的地理区域。城市是与乡村相对而言的，在社会经济文化等方面，城市与乡村存在显著的不同，具有自身的一系列特征。

（1）高度聚集性。人口与物资、设施的高度聚集是城市区别于乡村的最显著的特征之一，这主要表现在：城市的人口聚集规模大、密度高。同时，城市中物资、设施高度集中，文化高度集中。

（2）复杂性。现代城市是一个多要素、多层次、多功能和多过程的纷繁复杂的复合系统，构成要素十分繁复，内部的关系和矛盾也纵横交错。

（3）人口及其文化构成的异质性。城市与乡村相比，其人口在职业、文化背景、生活经验、价值观念、风俗习惯以及语言与交往方式的构成、宗教信仰、道德观念等诸多方面存在着不同程度的差异。

（4）管理职能的区域中心性。城市是一定区域的经济、政治、社会和文化中心，它对于周边的乡村区域具有极强的辐射和带动作用，社会政治权力总是集中于城市而作用于乡村。

（5）人际关系以业缘为主，人际交往感情色彩淡薄。城市居民之间大多缺少血缘和地缘关系，人们又以快节奏从事各自的活动，加之城市人际交往较多，导致城市人群的交往较少有感情色彩。同时，城市科层制度的发达也使人们重理性而轻感情。

二、城市的发展进程

世界上最早形成的城市已有五六千年的历史，主要分布在一些地理位置优越的水域附近，包括古埃及的尼罗河流域、西亚的两河流域、印度河流域和中国的黄河流域等。纵观城市的产生过程，三次社会大分工发挥了巨大的推动作用，城市的产生与社会及商品经济的发展是密不可分的。

原始社会后期，以畜牧业和农业的分离为标志的第一次社会大分工为城市的出现提供了契机，为适应新的生活方式和生产方式，人类逐步形成了原始的群居点。此后，随着社会生产的进一步发展，剩余产品出现，使得商品生产和商品交换成为可能。

在原始社会的瓦解时期，第二次社会大分工出现，手工业与农业分离。这次社会大分工促进了劳动工具制造行业的发展，进一步解放了社会生产力，导致了商品生产的产生和私有财产的形成。

从原始社会末期到奴隶社会初期，伴随着商品生产的发展和商品交换的扩大，第三次社会大分工出现，商业从农业和手工业中分离。第三次社会大分工在很大程度上促进了城市的产生：一方面，促使商人阶层的出现，强化了商业活动；另一方面，产生了以商品加工和交易为生存方式的居民点，推动了聚落性质的分化，同时，由于阶级的出现和各个部落之间的战争，部落联盟的首领为了保护自己，在原始的居住地修建城池，这样就产生了人类历史上最早的城市。

从历史上来看，城市的发展大体上经历了原始城市阶段、封建城市阶段、近代城市阶段和现代城市阶段四个时期。

（1）原始城市阶段。主要是指城市在奴隶社会的发展阶段，这个阶段的城市规模较小、数量较少，城市居民的活动分散，许多居民还从事一定的农业生产活动。城市的政治统治功能突出，经济功能相对弱化，往往成为一国或某一地区的行政、军事和宗教中心。这一阶段的代表性城市有古希腊、古罗马时代的雅典、罗马等。

（2）封建城市阶段。这一阶段的城市发展出现了一些新的特征，主要表现在：城市的功能趋向多元化，城市不仅作为商品市场和贸易中心而存在，而且日益发展成为政治、经济和文化传播的中心；城市分布的范围更加广泛，不再仅仅局限于地理位置优越的狭小地区；一些城市基于自身管理的需要，制定了一些相应的法律条文。总的来说，封建社会的城市，规模仍然较小，生产技术比较落后，生产仍以手工业为主，发展缓慢。这一阶段的代表性城市有中国唐代的长安、宋代的东京，欧洲的威尼斯、佛罗伦萨等。

（3）近代城市阶段。近代意义上的城市是城市发展史上一个承前启后的决定性阶段。这一阶段的城市发展出现了一系列显著的特征，主要是：城市的数量迅速增加，规模急剧膨胀，进入扩张阶段；城市功能多样化，城市布局结构出现巨变，渐趋合理，出现了工业区、商业区和居住区等的划分；城市中社会意识形态以及各类文化日益冲突；城市中社会问题与环境问题逐渐突出。

（4）现代城市阶段。第二次世界大战以后，城市发展出现了一个空前的高峰期。城市人口迅速增长、经济实力大大增强，出现了一些特大城市和大都市。这一时期城市发展的特点主要是：城市日益成为人类居住活动中心和经济发展中心，城市化水平持续提高；城市空间布局发生了巨大变化，城市内部出现了区域分工，以大都市为核心的城市圈和城市带形成；城市问题更加突出，生态环境保护和可持续发展成为世界上所有城市面临的共同问题。

三、城市的结构和功能

（一）城市的结构

城市的结构是指城市内部的各个构成要素之间相互关联、相互作用、相互制约的形式和方式，以及由此形成的不同要素之间的存在态势。研究城市的结构，目的就是对城市子系统各自的运作及其相互间的影响进行考察，发现其中的规律，从而求得城市整体运行的最优化。

城市的结构主要包括城市的经济结构、城市的社会结构和城市的空间结构三个方面的内容。

1. 城市的经济结构

城市的经济结构是城市经济的组成要素相互联系、相互作用的内在形式和方式，它是城市生产力结构和城市生产关系结构的统一体，主要包括以下几个方面：

（1）产业结构。它是指城市社会再生产过程中所形成的各产业之间及其内部各行业之间的比例关系和结合状况。目前，国际上普遍按照劳动对象的加工顺序，把社会生产划分为第一产业、第二产业、第三产业。另外，按照城市的不同产业部门对某种生产要素的依赖程度，可以把城市产业结构定义为劳动密集型产业、资本密集型产业和技术密集型产业之间的比例关系和结合状况。

（2）所有制结构。它是指各种所有制经济在城市经济中的地位及相互关系。改革开放后，中国城市建立的是以公有制为主体的多层次的所有制结构，即坚持以公有制经济为主体，个体经济、私营经济、外资经济等多种所有制经济长期共同发展。

（3）流通结构、分配结构和消费结构。城市流通结构主要包括：城市流通与城市生产、城市消费之间的比例关系和相互衔接关系，国有商业、集体商业、个体商业及外资商业之间的相互关系，商品市场和生产要素市场的组成及相互关系，城市商业网点的布局等。城市分配结构主要包括积累和消费的比例关系，积累基金和消费基金的分配结构以及国家、集体、个人之间，中央与地方之间的分配关系等。城市消费结构是城市居民消费的各类消费资料的组成和相互关系。

（4）企业结构。主要包括企业技术结构和企业规模结构两部分。企业技术结构是指生产过程中各种技术要素和技术手段之间的相互关系和组合方式。企业规模结构是指大中小企业的构成及其相互关系。

2. 城市的社会结构

我们通常所说的城市的社会结构是狭义的范畴，指城市上层建筑的构成及其相互关系。它主要包括以下几个方面的内容：

（1）政治结构。当前中国城市的政治结构主要包括：各种城市政治组织的构成、相互关系及其与城市居民间的关系，城市社会成员之间的各种政治关系。

（2）文化结构。主要包括：城市中与各类精神产品生产、传播、利用等活动有关的行业的构成、发展规模及其之间的比例关系和相互衔接关系，城市中各种文化事业的规模、质量、发展速度与社会需求之间的关系，城市中各类文化设施的规模、配置和布局，城市文化管理机构的设置及其与各个文化事业单位之间的关系。

（3）人口结构。城市人口结构包括城市人口的自然结构和城市人口的社会结构两个方面。城市人口的自然结构包括城市人口的性别构成、城市人口的年龄构成。城市人口的社会结构包括城市人口的就业结构、城市人口的户籍结构。

3. 城市的空间结构

城市的空间结构是指由城市内部的功能分化所导致的城市诸要素在地域空间上的分布和联结状态，它是城市社会经济存在和发展的形式。一般而言，城市的空间结构的表现形

2. 双重性

市政要力求将国家整体利益和本市局部利益协调一致，妥善处理。市政既要使中央的大政方针在本市落实，又要对其下属实行领导和指挥。也就是对上要负责宏观决策的执行，对下要负责微观管理的领导，有较大的相对独立的权力。因此，市政具有承上启下的特征。

3. 系统性

市政是一个由各系统、各要素、各环节组成的有机整体。市政大系统中的各个子系统之间，相互依存、作用，形成有序的系统结构。市政系统中的各个要素之间，彼此联系，形成有机的组合关系。市政管理过程的各个环节之间，相互制约，有序联成一体。市政系统、要素和过程之间，又相互渗透、相互维系，围绕着市政目标发挥出市政的整体功能。

4. 综合性

市政是综合性很强的管理活动。现代城市集中、开放、多元、有机等特点，决定了市政管理具有突出的复杂性和综合性。从市政的管理内容、管理人员、管理结果来看，都具有综合性的特点。

5. 动态性

市政不仅是组织、制度、体制等方面的静态结构，更是一个有序的动态发展过程。市政是一种存在于城市并以城市事务为对象的管理活动，因而这种管理过程的动态性有其自身灵敏、相关性强、民主程度高的特点。

中国的市政由于受到各种因素的影响，具有自身的一些特点。特别是党的十一届三中全会以来推行的市领导县、地市合并、整县改市，使市政的性质、职能、层级结构和管理方式等都发生了相应的变化，形成了目前城乡合治型的市政体制。目前，中国的市政特征主要表现在以下几个方面：

1. 建制的双重性和职能的广泛性

中国市政建制具有双重性，市的行政区域不仅包括大片的农村地区，而且管辖人口中农业人口所占比例甚高，改变了市是纯粹城市地区地方行政建制的性质，从而使市兼具一般地域型地方行政建制的性质。市政建制的双重性，使市政职能具有广泛性。在中国，市政管理的内容广泛而复杂，具有很强的综合性。

2. 结构的同一性和法律地位的非自治性

中国的市政权由市人民政府、市人民代表大会及其常务委员会、市人民法院、市人民检察院组成。所有的市的政权组织，包括市辖区的基层政权基本都是按照这一模式设置的，具有高度的同一性。同时，除民族自治地区的市之外，作为地方行政单位的市的法律地位具有非自治性，都不是独立的政治实体，而是享有一定自主权的地方行政单位。

3. 行政地位的等级性和内设层级的混合性

中国各级行政机关之间存在着明确的行政隶属关系。一级人民政府既是本级权力机关的执行机关，又是上一级国家行政机关的下级机关，必须对其负责，接受其领导，服从其指挥。同时，它还必须领导下级人民政府的工作。按行政地位依次可划分为直辖市、副省级市、地级市、县级市，不同等级的市享有不同的职权。另一方面，市的内部层级大都是混合设置的。在设区的市为二级（市—区）和三级（市—区、县—乡镇）混合设置，在不设区的市为一级（市）和二级（市—乡镇）混合设置。市辖区、不设区的市的人民政府，经上一级人民政府批准，设立若干街道办事处，作为它的派出机关。

（三）中国市政的发展趋势

随着中国城市化步伐的不断加快，城市的地位和作用也愈加重要，使市政也发生了很大变化。

1. 市政职能发生根本变化

传统的经济主导型的城市管理模式忽视了对城市经济、社会发展环境和物质条件的创造和管理，已经不能适应现代化发展的需要。市政府应该把为城市和市民提供科学高效的管理作为基本职责。市政职能的发展趋势是为城市创造良好的社会环境和物质条件，为辖区内居民提供各种快捷、高效的公共服务。市政职能的重心将由经济管理转向城市生活管理与服务，市政府要集中力量做好城市的规划、建设和管理。

2. 市政机构大幅精简

随着市政职能的转变，市政机构必然要进行相应的变革，机构将更加精干，管理效率将不断提高。市政机构变革的基本指导思想是：按照政企分开和精简、统一、效能的原则，转变职能，理顺关系，精兵简政，提高效率。根据“小政府、大服务”的目标模式和机构人员编制总额严格控制，制定因市制宜的基本方针，将市政机关中职能重复、交叉的合并、精简，将职能单一、不宜单设的撤销。市政机构的撤销、裁减和设置，要以职能转变为依据；人员的精简、压缩、上岗，要与干部人事制度的改革相结合。

3. 市政管理手段日益现代化

主要表现为市政管理的科学化、民主化和法制化三个方面。市政管理科学化的主要内容包括机构设置的科学化、管理过程的科学化和方法手段的科学化。市政管理民主化的主要内容包括政务公开、完善人民代表大会制度和民主协商制度、基层民主生活制度化。市政管理法制化的主要内容包括加强立法工作、依法行政、提高公民的法律意识。随着市政日益多轨运营，市民参与市政过程的机会和渠道也逐渐增多。

二、市政学的研究对象和意义

（一）市政学的含义

市政学是研究市政的科学，是研究城市公共权力机构，特别是城市国家行政机关对城市有关公共事务进行有效管理的规律的科学。市政学是城市政治学、城市政府学和城市管理学三者有机结合的科学，但它们又分属不同学科，既有联系又有区别。

城市政治学是研究城市社会政治现象及其规律的科学，属政治学的分支学科。市政学则把城市政治和城市的行政结合起来研究，其着眼点在于提高城市国家行政机关管理的有效性，保证行政管理活动的正确方向。城市政府学是研究城市国家权力机关、行政机关、司法机关等地方国家政权机关活动及其规律的科学。市政学则把广义的城市政府与城市行政机关的管理活动结合起来研究，并以城市行政为主，其落脚点在于促进城市行政机关对有关城市公共事务管理的高效化。城市管理学仅针对城市的各种问题提出管理的对策。市政学不仅要提出解决城市问题的对策、原则、方法，而且还要研究城市国家政权自身的组织体制的科学性。把主体和客体结合起来研究，以便在更大程度上提高市政管理的效率。

（二）市政学的研究对象

市政学的研究对象主要包括三方面：

（1）市政主体。在中国，城市的中国共产党组织、市人民政府、市人民代表大会及其常务委员会、市人民法院和市人民检察院、一些非营利组织，都是市政主体。市政学除了要研究市政主体的组织体系、权限职责、管理内容及活动方式等，还要研究市政主体之间的相互关系以及它们在市政管理过程中的地位和作用。

（2）市政客体。也就是市政管理内容，研究城市政府对城市公共事业、公共事务的管理，包括市政的规划、建设和管理等方面的内容。

（3）市政管理规律。市政学研究将主客体两者有机地结合在一起，研究市政主体如何实现对市政客体的有效管理，并探索这种管理的内在规律性。市政学研究的目的，是要探索和运用市政管理规律，促进城市管理的科学化和城市发展的现代化，促进城市的各种功能得到最佳发挥。

（三）市政学的研究意义

市政学在中国还属于新兴的、发展中的学科。加强这一学科的研究具有重要的意义。

（1）推动城市化发展趋势的需要。城市化的快速发展，对城市科学的发展提出了更多、更高的要求，市政学作为城市科学的分支学科，将承担更繁重的任务。中国城市化进程中所涉及的许多重大城市问题，都是市政学的重要研究课题。

（2）适应城市管理的需要。城市化的快速发展，使城市管理的繁重程度和复杂性都大大增加了。加强市政学的研究，有助于我们用科学的现代市政管理理论指导实践，避免或减少市政管理中的片面性和盲目性，用现代市政管理的思想、体制、方法和手段，不断提高城市管理现代化水平。

（3）培养市政管理人才的需要。按照城市管理现代化的要求，培养合格的现代城市管理人才，是当前中国城市发展和建设中刻不容缓的重要任务。城市各级管理人员，特别是中高层次的管理者，进行比较系统的市政学方面的学习和培训是一个必不可少的环节。

（4）发展市政学学科体系的需要。市政学学科体系的发展，不仅能为有效的市政管理提供科学的理论指导，而且能为培养合格的市政管理人才提供必要的理论武器和智力支持，直接关系着市政管理人员的素质，影响着市政管理水平。

三、市政体系

市政体系是城市政治关系的组织实体和制度的体现，是城市政治组织与政治制度的统一体。市政体系包括城市政治组织即市政主体，以及城市的政治制度即市政主体运行的规则与规范。

市政主体是指进行和参与市政活动的各种组织。市政主体可以分为两大类：一是国家机关的市政主体，二是非国家机关的市政主体。下面以中国为例加以论述。

（一）国家机关的市政主体

1. 市行政机关

市人民政府是最主要的市政主体，是市政活动的最主要承担者，是城市的最高国家行政机关，同时也是市人民代表大会的执行机关。市人民政府必须执行市人民代表大会及其常务委员会的决议，对市人民代表大会及其常务委员会负责并报告工作，接受市人民代表大会及其常务委员会的领导和监督。市人民政府负责组织和管理本市内的所有行政事务，并执行上级国家行政机关的决议和命令，对上一级国家行政机关负责并报告工作，接受上一级国家行政机关的领导和监督。这种双重统属关系，既有利于中央和上级行政机关进行统一领导，又有利于市人民政府积极性的发挥，有利于因地制宜地处理地方事务。

市人民政府实行首长负责制，也就是市长负责制。市长主持市人民政府的全面工作，享有全面的领导权、决定权、人事提名和任免权，同时也必须对市人民政府的全部工作负总责。市人民政府在法定权限内，负责管理本市范围内各方面的行政工作。《中华人民共和国地方各级人民代表大会和地方各级人民政府组织法》具体规定了市人民政府行使的职权。我们可以将其进一步划分为四类：(1) 全面领导所属各工作部门和下级人民政府的工作；(2) 负责执行市人民代表大会及其常务委员会的决议，以及上级国家行政机关的决定和命令，制定行政措施，发布决定和命令；(3) 执行国民经济和社会发展计划、预算，管理本市各方面的行政工作；(4) 依法保护公有财产和公民的私有合法财产，维护社会秩序，保障公民的人身权利、民主权利和其他权利。

市人民政府的职能部门是在市人民政府统一领导下，负责管理城市某一方面或某些方面行政事务的职能机构。中国的城市分为直辖市、副省级市、地级市和县级市四个层次，不同层次的市人民政府的管理范围和职责权限不同，因此所设的工作部门也有差别，同一行政级别的城市政府，由于各城市具体情况的差异，工作部门的设置也不完全相同。但由于中国是单一制国家，市政体制较为相似，市、区政府的工作部门主要分为以下几类：(1) 综合管理机构，负责宏观的管理或综合协调工作；(2) 专业管理机构，负责某一方面的具体事务；(3) 监督管理机构，负责对政府以及社会事务进行监督管理；(4) 社会管理机构，负责对社会事务进行管理；(5) 安全司法机构，负责维护社会治安，保卫国家安全；(6) 内部事务管理机构，负责行政机关自身事务的管理。

2. 市人民代表大会及其常务委员会

市人民代表大会是宪法规定的市最高国家权力机关，代表广大市民行使国家权力。市人民代表大会在整个城市国家机关中处于重要地位，城市行政机关、司法机关都由其产生，并对其负责，接受其监督，向其报告工作。市人民代表大会根据民主集中制的原则，通过召开会议的方式集体行使职权。市人民代表大会会议进行选举和通过决议，以全体代表的过半数通过为标准。

市人民代表大会主要行使决定权、任免权、监督权和地方立法权四项权力。具体包括以下几个方面：(1) 保证宪法、法律、行政法规和上级人民代表大会及其常务委员会的决议的遵守和执行，保证国家计划和国家预算的执行；(2) 有权审查和批准本市的国民经济和社会发展计划、预算及其执行情况的报告，讨论和决定本市的重大问题与事务；(3) 选举和罢免市人民代表大会常务委员会、市人民政府的主要组成人员，选举和罢免市人民法院院长、市人民检察院检察长，选举和罢免本市的上一级人民代表大会代表；(4) 听取和审查市人民代表大会常务委员会、市人民政府、市人民法院、市人民检察院的工作报告，改变或者撤销市人民代表大会常务委员会、市人民政府不适当的决定和命令；(5) 制定地方性法规；(6) 保护公有财产和公民的私有合法财产，维护社会秩序，保障公民的人身权利、民主权利和其他权利。

市人民代表大会常务委员会是市人民代表大会的常设机关，在市人民代表大会闭会期间代为处理日常事务。市人民代表大会常务委员会由市人民代表大会选举产生，对市人民代表大会负责并报告工作。市人民代表大会常务委员会实行民主集中制，通过召开会议的形式集体行使职权。根据工作需要，市人民代表大会常务委员会可以设立一系列办事机构和工作机构来处理专门事务，这些机构主要包括：代表资格审查委员会、特定问题调查委员会、工作委员会、综合性办事机构和研究机构等。

3. 市人民法院

市人民法院是市的审判机关，依法行使审判权，即依法审理和判决刑事案件、民事案件、经济案件、行政案件等。市人民法院的主要组成人员由市人民代表大会及其常务委员会选举产生，受市人民代表大会及其常务委员会监督，对市人民代表大会及其常务委员会负责。同时，市人民法院接受上级人民法院的监督，上级人民法院通过受理上诉、抗诉、申诉等渠道监督市人民法院的审判活动。对已经产生法律效力的错误判决和裁定也可进行提审或指令市人民法院再审，纠正错误判决和裁定。

市人民法院分为若干级别，其级别与其所在地的行政地位对应。市各级人民法院由院长、副院长、庭长、副庭长和审判员组成，并由上述人员组成审判委员会。市各级人民法院设立刑事审判庭、民事审判庭、经济审判庭、行政审判庭、执行庭和其他审判庭等专业法庭，配备助理审判员、书记员、执行员、法医、法警等工作人员。其中，院长、副院长、庭长、副庭长和审判员、助理审判员为法官。

市各级人民法院实行合议制。市各级人民法院审判第一审案件，由审判员组成合议庭或由审判员和人民陪审员组成合议庭进行；简单的民事案件、轻微的刑事案件和法律另有规定的案件，可以由审判员独任审判。市人民法院审判上诉和抗诉的案件，由审判员组成合议庭进行。合议庭由院长或者庭长指定一名审判员担任审判长。当院长或者庭长参加审判案件时，由其任审判长。

4. 市人民检察院

市人民检察院是市的国家法律监督机关，代表国家行使检察权，即依法监督城市国家机关和国家工作人员、企事业单位、人民团体和全体市民遵守宪法和法律的情况。市人民检察院向市人民代表大会及其常务委员会负责并报告工作，接受市人民代表大会及其常务委员会的监督。市人民检察院作为一级地方法律监督机关，接受上级人民检察院的领导。

市人民检察院根据城市行政地位的不同分别设置。市各级人民检察院设检察长一人，副检察长和检察员若干人。检察长统一领导检察院的工作。市各级人民检察院设立检察委员会。检察委员会实行民主集中制，在检察长的主持下，讨论决定重大案件和其他重大问题。如果检察长在重大问题上不同意多数人的决定，可以报请本级人民代表大会常务委员会决定。市各级人民检察院根据需要分别设立相应的检察处、科和其他业务机构，配备一定数量的助理检察员、书记员和法警等。其中，检察长、副检察长、检察委员会委员、检察员和助理检察员为检察官。

市人民检察院行使的职权主要包括以下几个方面：（1）对叛国案、分裂国家案以及严重破坏国家的政策、法律、法规统一实施的重大犯罪案件，行使检察权。（2）对国家工作人员职务上的犯罪和利用职务进行犯罪，以及市人民检察院认为需要直接受理的刑事案件，进行侦查，决定是否追究刑事责任。（3）对公安机关侦查的案件，进行审查，决定是否逮捕、起诉或者免予起诉；对公安机关的侦查活动的合法性进行监督。（4）对刑事案件提起公诉；对人民法院的审判活动是否合法，实行监督。（5）对刑事案件判决、裁定的执行和监狱、看守所、劳动改造机关的活动是否合法，进行监督。

（二）非国家机关的市政主体

1. 中国共产党的党组织

中国共产党是中国的执政党，在中国政治体系中居于核心地位，是中国政治权力的中心。在城市内部，中国共产党依据民主集中制原则，形成了较为严密和完善的各级党组织，这些党组织在市政体系中居于重要地位，发挥着重要作用。

中国共产党的城市党组织主要由以下几部分组成：（1）市党员代表大会，是市级党的最高领导机关，由选举产生的党员代表组成，每五年举行一次。（2）市委员会，是市党代会闭会期间党的常设领导机关。由党代会选举产生，每届任期五年。市委员会由委员和候补委员组成，当选者必须具有五年以上的党龄。（3）市常务委员会，是市委的核心机构，主持市委的日常工作。常务委员会由市委员会全体会议选举产生，市常务委员会在市委员会全体会议闭会期间，行使委员会职权，贯彻委员会全体会议的决议。（4）市纪律检查委员会，是中国共产党在城市中专门设立的党的纪律检查与监督机关，负责对党员干部的违法乱纪行为进行监督、调查和处理，市纪委受市委和上级纪律检查委员会的双重领导。

中国共产党对城市政权的领导作用主要表现为市委对城市国家机关的政治领导、思想领导和组织领导。这三个方面的领导是不可分割的，其中政治领导是确定政治方向和大政方针，是首要的、核心的领导；思想领导是政治领导和组织领导的前提和基础，为二者提供理论基础和精神支持；组织领导是政治领导和思想领导的保证，为二者提供合格的人才。

2. 各民主党派

中国实行的是共产党领导下的多党合作制，民主党派是中国的参政党。目前，中国共有八个民主党派，即中国民主同盟、中国民主建国会、中国民主促进会、中国农工民主党、中国致公党、九三学社、中国国民党革命委员会、台湾民主自治同盟。

各民主党派在城市和市辖区设有党的代表大会和委员会。此外，还在基层设立了党小组、支部委员会和总支部委员会。各民主党派的市委员会由市代表大会选举产生，一般由主任委员、副主任委员、常务委员、委员和秘书长组成，任期与同级代表大会相同，并向同级党的代表大会及上级组织负责并报告工作，实行集体领导和个人分工负责相结合的制度。

市民主党派组织在城市社会政治生活中具有重要的地位和作用。各民主党派积极地参政议政，发挥民主监督作用，带动和领导各自代表的一部分市民进行现代化建设，维护国家统一和社会的安定团结。

3. 市政协

市政协即市人民政治协商会议，是城市中最主要的爱国统一战线组织，是中国共产党领导的多党合作和政治协商机构，主要发挥政治协商和民主监督作用。市政协是一个较为松散的政治联盟组织，其决议也没有强制力，但是市政协与市的国家权力机关和行政机关的关系较为密切。一般来说，国家机关在做重大决策之前，应向市政协征求意见。市政协委员可列席有关重要会议，共同研讨城市中的重大问题，并可对有关机关进行监督。

政协市委员会的会务由常务委员会主持。常务委员会由主席、副主席、秘书长和常务委员组成，候选人由参加政协市委员会的各党派、各人民团体、各民族和各界人士协商提名，经市委员会全体会议选举产生。政协市委员会主席主持常务委员会的工作，副主席、秘书长协助主席工作。主席、副主席、秘书长组成主席会议，处理常务委员会的日常工作。

参加政协市委员会的单位和个人有退出的自由，在职人员必须遵守和履行政协章程规定的义务。政协上级委员会与市委员会是指导与被指导的关系，对于政协上级委员会的全国性或地区性的决议，政协市委员会必须遵守和履行。政协市委员会及其常务委员会的议案，须经各自全体委员会的过半数通过，如有不同意见，可以声明保留，但必须坚决执行。政协市委员会有通过会议决议的权利，可以讨论国家大政方针和市的重大事务，可以对国家机关及其工作人员的工作提出建议和批评。

四、市政职能

（一）市政职能的含义与特征

1. 市政职能的含义

市政职能有广义和狭义之分。狭义的市政职能是指城市中的行政机关在城市管理过程中依法履行的各项职责和功能的总称。广义的市政职能是指城市中的党委、立法机关、行政机关、司法机关等市政主体在城市管理过程中的各项职责和功能的总称。

正确理解和把握市政职能的含义，必须注意以下几个问题：

（1）市政职能具有明显的历史性。不同历史时期的市政职能有很大的不同，市政职能随着城市的发展而不断地发展变化。在不同国家和同一国家的不同历史时期，市政职能具有不同的内涵和特征，带有明显的历史印记。

（2）国家的类型和特点决定了市政职能状况。不同类型国家的城市有着不同的市政职能。在单一制国家中，城市政权是中央政权的延伸，其特点取决于中央政权的特点。城市政府作为一级地方政府，必须服从中央和上级政府的领导，执行中央和上级政府的决定。

（3）市政主体之间的关系影响着市政职能。一般意义上的市政职能是指城市人民政府的职责与功能，但一个城市的管理是该城市党委、立法机关、行政机关、司法机关等市政主体相互影响和相互作用的结果。现实中影响市政职能的主要有党政关系以及国家机关之间的关系。

2. 市政职能的主要特征

一般来说，市政职能主要包括以下几个特征：

（1）法制化和科学化。依法行政与科学行政已成为现代城市的基本要求与基本特征。在市政职能方面，要求将城市政府的职责范围、权责关系以及政府职能实现方式和时效性等纳入法制轨道，保证城市管理的顺利进行。

（2）服务性。在城市中，市民的自足性很差，生活离不开政府和其他公共部门提供的服务，否则连基本的生存都会成问题，因此市政职能的公共服务性特点非常突出。而且，政府在提供公共服务方面具有规模效益，有利于提高服务的质量和效率。

(3) 广泛性。城市的公共事务复杂多样，分工细密。一些本来可以由社会自治组织和社区组织来处理的事务也不得不由政府统一管理，变成政府的职能，从而使市政职能更加纷繁复杂。

(4) 实现方式多样性。城市公共事务纷繁复杂，新情况新问题层出不穷，单一的手段和方法难以适应管理的需要，因此，政府必须采取多种手段、方式和方法，以保证城市管理的有效进行。

（二）主要市政职能和市政职权

在中国，根据城市管理涉及事务的主要内容和特点，以及城市管理的现状，可以将市政职能划分为一般职能和专业职能。

一般职能是市政管理必须涉及的基本职能，主要包括管理职能、经济职能、社会服务职能等。

管理职能是一个城市政府任何时代都具备的基本职能。管理职能使城市政府更好地维护社会秩序，为社会经济的发展提供保障，促进社会经济的发展，提高市民社会生活的质量。城市的政府管理应与社会自治相结合，合理地划分政府与社会的界限。

经济职能是城市政府的基本职能之一。城市在总体上是一个生产系统，通过社会生产满足广大市民的物质与精神需求。政府作为城市的管理者，其作用就是推动社会生产的发展，促进经济的发展，为广大市民提供更多的物质资料。

社会服务职能主要是指城市政府为社会发展提供公共服务，以维护良好的社会公共秩序，促进社会的良性发展，为市民提供良好的公共安全、社会保障、科教文卫等方面的公共服务，改善市民生活质量，提高市民素质，建立良好的社会秩序与健康的社会道德风尚。

专业职能是政府在一定范围、一定时期内所履行的专业性职能，包括城市的规划、经济管理、土地和住房管理、基础设施管理、环境管理、交通管理、社会管理、公共事业管理、安全管理等职能。

在讨论市政职能时，必须明确中国城市政府实施行政管理的职权，它是履行城市政府管理职责所需要的权力。根据宪法和地方组织法的规定，中国城市政府的主要职权包括以下几个方面：

(1) 执行市人民代表大会及其常务委员会的决议，执行上级国家行政机关的决定和命令，完成上级国家行政机关下达的各项任务，贯彻执行国家的方针、政策和国家的宪法、法律与地方法规。

(2) 采取行政措施，发布行政命令。省、自治区、直辖市政府所在地的市及经国务院批准的较大的市可以根据法律和国务院的行政法规制定地方性规章。

(3) 执行国民经济和社会发展计划、预算，管理城市行政辖区内的经济、教育、科学文化、城乡建设和财政、民政、公安、民族事务及司法行政、监督等行政工作。

(4) 领导所属各工作部门和下级人民政府的工作，改变和撤销所属工作部门和下级人民政府不适当的决定、命令；依照法律的规定任免、培训、考核和奖惩市人民政府的工作人员。

（5）维护和促进城市的安定团结。

（三）影响市政职能的因素

市政职能的实现过程是一个复杂的运行过程，是整个政治体系运行的结果。影响市政职能的因素主要包括以下几个方面：

1. 城市政府的行政地位

中国城市按行政级别可以分为四类，即县级市、地级市、副省级市、省级市。同时地级市又可分为两类，包括能够制定行政规章的城市人民政府，即省、自治区人民政府所在地的市和国务院批准的较大的市和一般的地级市。由于城市的行政地位存在着较大的差异，确立和调整市政职能首先必须以城市的行政地位为依据。

2. 城市的特色与工作重点

不同特色的城市，其政府职能也有不同的侧重点，而政府职能的不同必然导致城市政府在职权划分、机构设置和职能实现方式上存在诸多不同。因此，市政职能体系要根据不同类型城市的特点和工作重点的具体情况确定。

3. 经济政策的差异

国家对城市实行的政策主要是经济政策的不同，也导致市政职能的巨大差异。中国的城市按经济政策的不同可以分为经济特区、对外开放城市、一般城市三种。经济特区城市如深圳、厦门等实行特殊的经济政策和特殊的管理体制，享有很大的经济自主权。对外开放城市也拥有较大的对外开放方面的管理权限，对前来投资的外商实行经济优惠政策。其他城市则一般不享有上述特殊的经济政策。

（四）中国传统市政职能存在的问题及其改革

中国传统市政职能的弊病主要表现在以下三个方面：

（1）从市政职能的主体来看，中央政府到地方政府长期以来沿用计划经济体制，体制上过度集权。从政府与社会、市场的关系来看，政府管得过多、过细，政企不分，政社不分，城市政府自然也不例外；从纵向关系来看，中央集权过多，上级政府集权过多，城市政府缺少独立自主权。随着经济体制和政治体制改革的不断推进，这种状况逐渐有所好转，但仍未从根本上解决问题。

（2）从市政职能的范围和重心来看，职能界定不合理、不科学。从政府与社会、市场的关系来看，政府职能范围过大，管了很多不该管也管不了的事，如直接干预企业的生产经营，一些该管的事务则未管好或没有管，如社会服务、社会保障等；从纵向关系来看，城市政府与上级政府、地方政府与中央政府的事权即职能范围缺乏科学、合理的划分。

（3）从市政职能的实现方式来看，单纯依靠行政手段，以多层次行政系统的“条块”和指令性的计划来管理城市事务，管理企业经营，而不是采用法律的、经济的、技术的和行政的手段相结合的方式。

我国经济体制的转轨性改革，要求市政职能有相应的巨大调整，以适应市场经济的需要。在经过了由直接向间接、由微观向宏观、由计划向市场的职能转变之后，进一步地把间接管理具体化，宏观职能与微观职能相结合，市场规制职能与城市服务职能相融合，仍然是市政职能改革的重要任务。具体的改革任务和步骤主要包括：

（1）实行市政职能的分解。这是实现市政职能改革的第一步。市政职能的分解就是对原有市政职能进行具体分解，划分出哪些职能是应该取消的，哪些需要继续保留，哪些是要下放或转移的，哪些是需要充实加强的。通过职能分解，确定每个工作岗位的职责任务、工作程序、行政运行机制以及任职资格和条件，将职能具体化，理顺内部和外部的工作关系，从而为落实人员与编制提供科学的依据。

（2）加强市政管理的法治化、制度化建设。市政管理是法治管理，各种市政决策都要依据法律。为此，必须首先建立和健全各种法规和规章制度，包括对机构的设立、机构编制都要以法律形式确定下来。在依法的基础上，做到政务公开，提高管理的透明度，使各种违法事件都能受到法律制裁，逐渐形成以法治政、办事高效、运转协调、行为规范的市政职能运行状态。

（3）科学配置市政职能职位。在对市政职能进行分解的基础上，要科学配置市政职能职位：同一类业务由一个部门集中管理，减少中间交叉扯皮的情况，提高办事效率；必须由几个部门共同管理的业务要分清主辅关系，明确业务接口；对一些长期扯皮、难以划清的业务归并到一个部门进行综合管理，以减少部门之间的摩擦，从而提高市政管理的效率。

（4）加强市政职能岗位人员的业务素质训练，市政职能岗位人员必须符合市政工作要求。市政管理人事部门要经常考核其政治素质和业务素质，对不合格者及时撤换，以保证市政工作的效率性，优良地实现市政公共服务的各项基本职能。

（5）转变市政管理手段，市政管理手段要从过去单纯的计划手段、行政手段为主转向经济手段、法律手段为主，特别应重视公共政策的使用。在法律前提下，使用稳健灵活的公共政策，往往会取得比较理想的管理效果。

五、市政体制

（一）市政体制的含义和作用

市政体制是城市政权的组织形式，本质上是处理城市中各阶级和阶层之间的关系，规范和调整城市内部的政党组织与国家机构之间、城市的国家机构纵向上下级之间以及横向代议机构、行政机构和司法机构之间关系的各种法律、规章和制度的总称。

一般而言，市政体制是指城市管理体制，包括城市的行政组织结构、职能结构、行政管理方式和行政运行机制的总和，是国家政治体制的重要组成部分。它包括市建制和市政管理体制。实际上，先有市建制，才可能有市政管理体制。因此，市政体制是市建制和市政管理体制的总和。严格意义上的市政体制是指市的建制制度，也称城市行政区划体制。

市政体制形式多样，取决于各国社会各阶级、阶层、社会集团等的力量对比，以及经济发展水平、政治制度和历史文化传统等具体情况的不同，同时市政体制的调整与变革也必须适应社会的发展与公众的利益要求。某种特定市政体制的选择往往有其历史性、特殊性，随着社会的发展，都必须适时地调整以适应处理新情况、解决新问题的需要。

市政体制从来没有固定的模式与统一的规范，也不能简单地、抽象地比较其优劣，一种市政体制是否合理主要看这种体制能否适应城市发展的要求，能否取得好的效果，这才是评判市政体制的唯一标准。

社会发展的水平在很大程度上取决于政治体制的完善程度，管理过程中出现的许多问题也都源于体制问题。没有一种好的体制，各种关系就难以理顺，机构的作用、人员的能力与积极性就得不到充分的发挥，这将会严重地阻碍社会的发展与管理效率的提高。对市政体制的研究，对于提高市政管理水平、增强市政管理的科学性与有效性有着重要的意义。具体来说，市政体制的作用主要表现在以下几个方面：

（1）巩固和发展国家政权。

首先，市政体制通过调整各阶级和阶层之间的关系，使城市政权更好地发挥其治理作用，有利于国家政权的巩固。其次，国家政权与城市政权之间是上下级关系，城市的立法机构、行政机构和司法机构必须同时接受上级立法机构、行政机构和司法机构领导，这对加强中央对地方的监控，对政局的稳定和正常发展有着重要意义。最后，城市政权是国家政权的组成部分，市政体制是国家政体的组成部分，是国家政体的具体化。国家政体不断地从市政体制的发展中汲取营养，有利于政体的发展和完善。

（2）体现和调整城市政权的组织形式。

城市中政党对城市的国家机构的领导，以及城市的立法机构、行政机构和司法机构之间的关系，主要是通过市政体制来体现的。政党组织在市政体制中处于核心地位，它与国家机构的关系决定着市政体制的其他关系。政党组织为了适应新形势的需要，改变自己的统治策略与方法，调整或改变与国家机构的关系，这种变化必然引起城市政权内部其他关系的变化，引起城市政权组织形式的调整。

（3）促进城市经济体制和生产力的发展。

经济决定政治，但没有政治体制的发展，经济也不会有继续发展的空间。中国的经济体制改革在某种意义上是政治体制改革的产物。当前，中国的市场经济发展得还很不成熟，充其量只能称为半市场经济。市场的发展一方面要求国家不要管得过多，另一方面国家又要适时地为市场经济的发展提供保障与帮助。

（4）推动城市管理的进步。

市政体制的改革和自我完善能够有效地加强城市管理，促进城市经济和社会的发展，缓和社会矛盾。中国的城市政权在保持必要的统治职能、维护社会稳定的同时，管理职能与服务职能已成为主要职能。

（二）市政体制的主要内容

市政体制的内容主要包括以下三个方面：

1. 城市中的政党组织、国家机构和社会团体之间的关系

城市的国家机构会受到政党组织的领导与影响，尽管这种领导与影响的途径与方式在中西方之间存在很大的不同，但其作用都至关重要。随着市民政治参与意识的提高，国家机构、政党对市民组成的社会团体的依存度将会进一步提高，市民的地位也会得到进一步提高。

2. 城市内的立法机构、行政机构和司法机构之间的关系

城市的立法机构、行政机构和司法机构之间的关系，是立法、执行、司法三大权力的分工合作关系。西方国家的城市立法机构在法律规定的事权范围内，一般都有制定地方性法规的权力。中国城市中三者相互联系、相互依存，又有相对的独立性，存在着一定的制

约关系，但并未形成西方式的三权分立的政治格局。

3. 市级政权与所辖区、县之间的关系

城市之所以辖区主要是因为城市规模较大，如果管理层次过少就会导致管理幅度过大，不利于实现有效管理，因此在市级政府下设置市辖区政府，增加必要的管理层次，从而缩小管理幅度。同时也有利于因地制宜，降低管理成本，提高管理效益。城市辖县可以发挥城市的中心作用，带动农村经济的发展。市与所辖区、县的关系，主要指市级政党组织、国家机构与区县级政党组织、国家机构之间的关系，也是城市政权组织形式的重要组成部分。

一般而言，在市政体制中，城市的政党组织与国家机构、城市的立法机构与行政机构的关系是两对基本关系，决定着市政体制中的其他关系。

（三）西方国家的市政体制

1. 西方国家市政体制的特点

主要包括如下特点：（1）具体形式的多样性；（2）各党派以竞选方式取得执政权或参政权；（3）市长和市议员一般由市民选举产生，对选民负责；（4）市法官多数也由市民选举产生，实行司法独立；（5）大量利益集团的存在；（6）多数城市不辖区县，实行市县分离。

2. 西方国家市政体制的主要形式

由于具体国情不同，西方国家的市政体制表现为不同的具体形式。

（1）市长议会制。市长议会制有独立的市政府与市议会，分别行使行政权与议决权，市长与市政府的地位高于市议会的地位。美国的大多数城市与法国的大多数城市都采取这种形式，相比之下，美国的市长议会制更为典型。市长议会制的优点在于市长拥有较大的权力，有利于统一指挥，提高行政效率。其缺点在于市长大权在握，市议会往往缺乏足够的制约能力，容易引起市长专权；市长与议会之间的关系较难处理，容易产生矛盾。

（2）议会市长制。议会市长制的主要特征是市的议决机构和行政机构分别设立，市议会的地位高于市长。日本各城市都实行这种体制。议会市长制的优点在于市议会与市政府形成一定的制衡关系，防止了市长专断，也可以提高决策的合理性和科学性。其缺点是在工作中可能造成市议会与市政府的相互牵制，降低工作效率。

（3）市议会制。市议会制的主要特征是市议会就是市政府，市议会兼行议决权和行政权。英国各城市普遍实行这种市政体制。市议会制的优点是有利于提高市议会的权威性，加强市议会对城市管理的监督与控制；有利于减少议决机构与行政机构的矛盾，降低内耗。其主要缺点是缺乏一个统一调度的行政首长，各部门的工作难以协调，不利于统筹兼顾，不利于行政效率的提高。

（4）市委员会制。市委员会制的主要特征是市委员会既是市议会，又是市政府，兼行市的议决权和行政权。美国许多中型城市实行这种市政体制。市委员会制的优点是有利于议决权和行政权的统一，提高管理效率；有利于精简机构、精减人员；有利于提高管理的专业化水平。其主要缺点是没有行政核心，不利于统一指挥、统筹兼顾；市委员之间地位平等，有时关系难以协调。

（5）市经理制。市经理制是模仿企业组织方式而形成的一种市政体制。主要特征是由市议会聘任一位专业人士担任市经理，专门行使行政权，但并不是市长。美国部分中小城市实行这种市政体制。市经理制的优点是有利于引入竞争机制，有利于招聘到更多优秀人才；有利于提高城市管理的专业化水平，改善管理效果。市经理专门处理专业和技术性行政问题，市议会负责处理政治矛盾，协调各种关系，有利于把政治矛盾与城市管理分开。缺点主要在于政治问题与管理问题往往是难以彻底分开的，市经理与市议会的分离反而会加大处理这些问题的难度。

（四）中国的市政体制

1. 中国市建制的行政层级

根据中国宪法、法律和有关规定，中国的市建制主要包括以下不同的行政层级：

（1）直辖市，是指由中央政府直接管辖的，与省、自治区同级的地方行政建制。目前中国共有 4 个直辖市，即北京、上海、天津和重庆。直辖市与省、自治区相比，是设于特大地区的地方行政单位，直辖市下设区，可以直接管辖辖区的具体行政事务；与一般的市相比，是最高一级城市行政区单位，拥有立法权，有特殊的机构设置与编制及特殊的管理体制；直辖市的行政区划体系，在城市为市—区—街道，在郊县为市—县—乡（镇），明显不同于一般的省、自治区。中国的直辖市与国外大多数国家的直辖市、特殊区相比，显著的区别在于辖区范围内农村比重大，兼有地域行政区的特点。

（2）副省级市，是指其经济和社会发展的各项计划全部单列，直接纳入全国计划综合管理，统筹安排，在制订和执行计划、管理经济等方面享有相当于省一级权限的市。目前，全国共有 15 个副省级城市，包括广州、武汉、哈尔滨、沈阳、成都、南京、西安、长春、济南、杭州、大连、青岛、深圳、厦门、宁波。副省级城市在隶属关系上仍然由所在省政府领导，行政地位高于地级市，略低于省级。副省级市是中国地方行政体制中的一个新层次，目前的法律地位并不明确。按照宪法规定，中国行政区划中并没有这个层次。

（3）省辖市，在宪法和法律上称“设区的市”，又称为地级市，是指位于省和县之间的，与自治州、地区行政公署相平行的建置于城市地区的地方行政建制。它隶属于省和自治区领导，可以辖县或代管县级市。其法律地位主要表现在两个方面：从隶属关系看，是属于省直接管辖的市；从行政级别看，是相当于地区一级的市。地级市的包容面非常宽泛，既包括了除四大直辖市之外的所有大中城市，也包括了近几年出现的许多小城市，在中国的城市体系中具有重要的地位。

（4）县级市，是指行政上相当于县一级的设置在城镇的地方行政建制。法律上称之为“不设区的市”。县级市几乎全部是改革开放以来由整县改市而来的，辖区内有大片的农村地区，农业人口所占比例很高。县级市在中国的城市体系中属于初级规模的城市。县级市的形成与设置主要有三个途径：1）传统的“单一市”。也就是在历史上形成的小城镇，以工商业为支柱，郊区面积很小。2）合并市。具有工商业基础的小城镇，在条件成熟时升格为市，是城区和乡区的联合。3）新生的“县改市”。撤县设市，原来所辖的县的派出机关和乡镇基层政权保持不变，隶属于市管辖。

2. 城市国家机构的层级结构

城市的国家机构纵向可分为三级，分别是市、市辖区和街道办事处。其中，街道办事处并不是一级政府而是区政府或县级市的派出机构，代表区政府或县级市管辖城市事务。所以，中国大部分城市其实是两级政府三级管理。

市辖区和街道办事处的性质有很大差异。市辖区政府是直辖市和地级市在市区的基层政府，属于一级国家行政机构。街道办事处是市辖区和不设区的市的政府的派出机关，不属于一级政府。除此之外，两者在机构设置、职权来源和财政地位方面也存在很大区别。因为市辖区政府是一级政府，而街道办事处是政府的派出机构，所以，市辖区设置中共区委、区人民代表大会、区政府、区法院和区检察院，而街道作为区委派出机关只设街道党委和街道办事处；区级国家机构的职权，是法律授予的权力，而街道办事处的职权，是区政府依法委托街道办事处代为行使的权力；市辖区有一级财政权，街道只有市级或区级的财政授予的相应的财政自主权。

中国城市的国家机构的层级结构共有两类。（1）市、区和街道三级型，如直辖市和多数的地级市。从市与区的关系看，中共市委与中共区委、市政府与区政府、市检察院与区检察院之间是领导与被领导的关系，市人民代表大会与区人民代表大会之间是指导与被指导的关系，市法院与区法院之间是监督与被监督的关系；从区与街道的关系看，中共区委与中共街道党委、区政府与街道办事处之间是领导与被领导的关系。（2）市和街道两级型，如县级市。中共市委与中共街道党委、市政府与街道办事处之间是领导与被领导的关系。

3. 中国城市的设置模式

（1）切块设市模式。

设置市的本意是为了满足城市专门的管理，早期的市都是从县辖域中划分出城市地区而设立的，这就是切块设市。中国一直采用传统设市模式，将县的中心城镇或其他重要城镇联同其近郊部分置市，城市区域和乡村区域界限分明，市县并存，城乡分治。这是较为纯粹的市，城市人口在市辖域内始终占绝大多数，城市的性质和特征非常突出。四川省的宜宾市、内江市和南充市都是中华人民共和国成立后由宜宾县、内江县和南充县设市，原来的三县仍然作为一级行政区划存在，市主要管辖城镇地区，县管乡村。

（2）多中心组合模式。

这种模式是由若干个集聚中心或城镇组合而设置市，主要用于相对分散的工矿区组合设市或若干城镇合并设市。这种市不止一个城区，而是包括若干分散的城区，各城区之间有大片农村相隔。这种模式在改革开放前就存在，但不是很普遍。1952 年，在山东淄博矿区的基础上设市，原工矿区由博山、淄川两矿区构成，张周市、淄川县、博山县、临淄县先后并入，市区由若干相对分散的城区组成。

（3）市领导县模式。

中华人民共和国成立初期，中国实行高度计划经济体制，依据“市县分立、城乡分离”的设市初衷，以县（自治县、市）的部分行政区域设置市，形成了“城市工业、农村农业”的二元经济结构，这种做法被称为“切块设市”。这种模式在中华人民共和国成立初期的城市管理体制中被广泛使用。计划经济体制使城市人为地脱离周围地区孤立发展，使其经济增长日益陷入块块分割、条条分割和城乡分割的困境之中。鉴于这些弊端，中国城市行政管理体制开始试行新的领导体制——市领导县体制。

1950年中国在辽宁省旅大市（今大连市）试行市领导县体制（领导金县、长山二县），1956年本溪市又领导本溪县。截至1958年底，全国就有28个市领导了118个县。但由于当时实行市领导县体制的出发点是保证城市的蔬菜、副食品供应，因此只限于部分直辖市、省会、自治区首府和少数大城市。1959年9月全国人民代表大会常务委员会发布了《关于直辖市和较大的市可以领导县、自治县的决定》，市领导县体制逐步在一些经济比较发达的地区试行推广，1960年底已有48个市领导234个县、自治县。但是由于紧接着经历了三年经济困难时期，这一时期的市领导县体制只是被当作战胜经济困难的临时措施，三年经济困难时期后大多数地区又逐渐被自行废止了。市领导县体制的最终确立是在1978年。1978年宪法中明确规定“直辖市和较大的市分为区县”，从而使市领导县体制真正确立并发展起来。1982年，中共中央提出在经济发达的地区，撤销地区行署，实行市领导县，市领导县又一次得到巨大发展，大量的县级市升格为地级市。

地区行署本是省的派出机构，代表省对县进行管理。由原来的地区行署管县改为地级市领导县，主要采取以下三种模式：(1) 地市合并。也就是将地区行署与该行署驻地的地级市合并，建立新的地级市领导周围各县。比如浙江的温州地区与温州市合并。这一举措改变了长期以来两个同级行政机构同处一地的城乡分割局面，有利于实现城乡一体化。(2) 划县入市。也就是从周围划入若干个县归一个地级市领导。比如长沙市。(3) 建市领县。或把一个县级市升格为地级市，或将地区行署改为地级市，并由新建市领导周围各县。比如江苏省将淮阴县升为淮阴市。

市领导县的条件较为宽松，凡市区非农业人口25万以上、年国民生产总值10亿元以上设区的市，已成为该地区政治、经济和文化中心，都可实行市领导县的体制。至于市实际上领导多少个县，要求从实际出发，主要根据城乡之间的经济联系状况，以及城市经济实力的大小决定。

市领导县的目的在于发挥城市在经济上对农村的带动作用，通过城乡经济互补，实现城乡共同繁荣。市领导县体制在实施之初确实产生了积极的效应，与中国经济发展水平、与现行的政治体制是基本上相适应的。但是，市领导县只是一种过渡性的行政体制，存在不少问题。从20世纪90年代末到21世纪初，市领导县体制是县乡财政困难、公共产品提供不足和公共服务效率低下的主要原因，同时也是“三农”问题凸显和激化的重要因素之一。市领导县体制在一定程度上抑制了县乡发展，极大地增加了行政成本，降低了行政效率，而且，因缺少宪政依据，始终处于无法可依的尴尬状态。

管理层次的减少、社会自治程度的提高，将是中国政治发展与社会发展的必然趋势。针对市领导县体制的种种弊端，迫切需要深化行政管理体制改革。“省管县”体制被认为是中国行政体制改革中具有战略意义的举措，并被多数学者认同。他们认为，只有解禁现行的市领导县体制，推行“省管县”体制，才能从根本上消除由市领导县体制带来的各种问题。所谓“省管县”体制是指：省市县行政管理关系由目前的“省—市—县”三级体制转变为“省—市、县”二级体制，对县的管理由现在的“省管市—市管县”模式变为由省替代市，实行“省管县”模式，其内容包括人事、财政、计划、项目审批等原由市管理的所有方面。省直管县改革探索主要体现在两个方面：一是全面推进省直管县财政改革，二是通过扩权强县或强县扩权来推动省直管县行政体制改革。尽管改革进度和具体措施有所不同，但改革的目标都是要减少行政层级，提高行政效能，在管理上减少市对县发展的约束，扩大县的决策自主权，增强县域发展活力。

近年来，一些省份开始逐步理顺省县财政管理体制，并探索省对县的行政直管体制。2002年以来，全国陆续有浙江、山东、福建、安徽、江西、湖北、河南、广东、广西、河北、辽宁、吉林、黑龙江等省份进行了“省管县”的改革试点工作，加上建省之后完全实行县市分治的海南省和4个直辖市，半数以上省区市正在进行省直管县改革探索。2012年，党的十八大报告中提出了“有条件的地方可探索省直接管理县（市）改革，深化乡镇行政体制改革”。为继续推行省管县体制改革提供了强大的官方支持。

（4）整县改市模式。

市的设置本意是为满足城市地区专门管理需要而设的一种地方政府单位，通过城乡分治，以便集中管理城市地区事务。因而早期的市都是从县辖域中划分出城市地区而设的。尽管出于其城市本身生存和发展的需要，也划入了部分邻近的乡村地区，城市人口在市辖域内始终居于绝大多数。这种切块设市的做法，自20世纪80年代以来出现了根本变化。1983年以后，将整个县改设为市的做法日益增多。1986年，民政部正式确认了这种做法，并规定了相应的标准。此后，不仅整县改设的情况日益增多，而且原有的一些切块设置的市也相继与邻近的县合并。目前，中国几乎不存在切块设置的市。由于在市场经济体制下，整县改市的设市模式存在一定弊端，1997年，民政部冻结了“整县改市”。

整县改市后的县级市与县存在一个重要的不同。在县制下，县政府所在城镇地区设有镇作为县的下级政府单位，因而在通常情况下，县政府对所在城镇不承担直接管理职责。县改市后，市所在城镇地区不再设置下级政府，因而县级市所在城镇外的乡村地区，县级市政府是通过下属的乡镇来完成对辖域的管理；而对县级市政府所在城镇，县级市政府则要承担直接管理职责。县级市政府所在城镇地区通常设有派出机构街道办事处，但非一级政府单位，只是按县级市政府的要求完成一部分管理事务。

近年来中国市制出现的上述变化，使人们感到有必要对城市政府与市政府做出区分。市政学所讨论的是作为城市管理的重要主体——城市政府及其管理活动，相关论述与结论同市政府有极为密切的关系，但并不包括市政府及其管理活动的全部内容，而仅仅涉及市政府在完成对所在城市地区管理时，作为所在城市的城市政府应发挥的功能。

城市政府本意是指设置在城市地区、对整个城市承担集中统一管理职责的政府单位。在中国现行的市制下，市所在城市不存在这样一个对整个城市承担管理职责的政府单位，因而只可能由市政府自身来承担这一角色。然而，市政府所管辖的地域并不只包括城市及其邻近的小片乡村地区，而是包括更大范围的地域，是辖域内许多下级政府单位的上级政府，市政府通过这些下级政府单位完成对全市管理。

因此，在当代中国市政体下，市政府对其辖域内的居民扮演双重角色：在所在城市地区是承担直接管理职责的城市政府，在所在城市地区以外，则是其他下级政府单位的上级政府。只有明确这一点，才能对城市管理的主体有更为准确的认识。

4. 中国市政体制的基本特点

中国市政体制的基本特点包括以下几个方面：

（1）建制的双重性。

中国的市既具有一般地域型行政建制的性质，又具有专门市镇型行政建制的性质。一般来说，市是设置在城市地区的专门类型的地方行政建制，不管辖大片的农村地区。而中国由于推行市领导县体制，特别是整县改市，改变了市是纯粹城市地区地方行政建制的性质，从而使市兼具一般地域型地方行政建制的性质。

（2）结构的同一性。

中国宪法、地方组织法和有关法律对市的政权组织形式做了统一规定，市政权由市人大、市人民政府、市法院、市检察院组成。中国所有市的政权组织基本都是按这一模式设置的，具有高度的同一性。此外，市辖区的基层政权也按这一模式设置，由区人大、区人民政府、区法院、区检察院组成。

（3）法律地位的非自治性。

按照中国宪法和地方组织法的规定，除民族自治地区的市以外，中国的市都不是独立自治的政治实体，而是享有一定自主权的地方行政单位。

（4）行政地位的等级性。

各级行政机关之间存在着行政隶属关系。一级人民政府既是本级权力机关的执行机关，又是上一级国家行政机关的下级机关，必须对其负责，接受其领导，服从其指挥。同时，它还必须领导下级人民政府的工作。

（5）内设层级的混合性。

中国市的内部层级大都是混合设置的。设区的市为市—区和市—区、县—乡、镇混合设置，不设区的市为市和市—乡、镇混合设置。通常市辖区域内城市地区的层级设置少于农村地区。为了管理的需要，市辖区、不设区的市的人民政府，经上一级人民政府批准，还设立了若干街道办事处作为其派出机关。

5. 中国市政体制的改革和发展

由于受到诸多特定因素的影响，中国的市政体制形成了许多自身的特点，特别是 20 世纪 80 年代以来推行市领导县、地市合并、整县改市、省管县，对中国的市政体制产生了巨大影响，使其性质、职能、层级结构、管理方式等都发生了相应的变化，形成了目前“城乡合治型”市政体制。

中国现行市政体制仍然存在一些突出的问题，比如：部门职责交叉、权责脱节和效率不高；政府机构设置不尽合理，行政运行和管理制度不够健全；对行政权力的监督制约机制还不完善。这些问题直接影响了城市政府全面正确履行职能，在一定程度上制约了城市的发展，深化市政体制改革势在必行。

为适应经济政治体制改革的需要，中国市政体制也进行了相应的改革，取得了一定的成果。具体表现在：市政体制走向规范、高效和民主；城市拥有了更多的自主权；城市管理重心下移到基层；调整层级结构，一些市辖区和街道办事处进行了合并；许多城市尝试了管理体制的创新。

2007 年，党的十七大提出要加快行政体制改革，建设服务型政府，并进行了总体部署，目标是形成“权责一致、分工合理、决策科学、执行顺畅、监督有力”的行政管理体制，并提出了探索实行职能有机统一的大部门体制的设想。2008 年，党的十七届二中全会通过了《关于深化行政管理体制改革的意见》，明确提出 2020 年要建立起比较完善的中国特色社会主义行政管理体制，并从加快政府职能转变、推进政府机构改革、加强依法行政和制度建设等方面提出了具体要求。这些改革方案的出台，进一步规范了中央和地方政府之间的关系，扩大了地方政府的自主权，为各地城市进行灵活的市政体制改革提供了历史性的契机，必将推动市政体制不断趋于完善，推动城市的良性发展。

六、市政过程

（一）市政过程的含义、市政决策主体和形式

1. 市政过程的含义

所谓市政过程，是指市政主体围绕城市管理活动的运行过程。主要包括城市公共政策的制定、执行和监督过程。

公共政策的制定、执行和监督过程主要是城市政府对城市的公共事务进行管理，解决城市问题和完成上级交办的任务的过程。市政权力体系根据上级的决议与指令，听取市民的利益表达，调查和研究城市内部存在的问题，经过体系内部的协调与论证，制定城市公共政策，并在城市中贯彻执行，包括调查、研究、决策、执行、监督、反馈等多个环节。

2. 中国的市政决策主体和形式

中国最主要的市政决策主体是市委、市人民代表大会、市政府。市政决策实际上是这三大主体为解决城市的各种问题而进行的方案的拟订与抉择过程。实际过程中，三者对市政决策的影响力也有所不同，影响力从大到小排序分别是：市委、市政府、市人民代表大会。此外，市政协、市纪检委也在一定程度上参与这一过程，其中市政协地位相对较高。由此，形成了党、政、人民代表大会为主宰，党政为首要，党委为核心的市政决策体制。

市委是重大决策的最主要做出者。共产党组织参与政府决策，并且是决策过程中最重要的一环，这是中国政治决策过程的一大特色。市政府一般被认为是市政决策的最主要主体，其承担的决策任务也最为琐碎繁重。市人民代表大会是典型的议决机构，其主体是市人民代表大会及其常务委员会。与中共市委、市政府的选择性决策不同，市人民代表大会的决策是一种确认性决策，它不是从多种备选方案中进行抉择，而是对市政府提请审议的成形方案进行确认，只有通过、不通过和修改三种方式。决策一经通过即获得了一定的法律效力。

目前，中国城市人民政府实行市长负责制，在这种领导体制下，市政府决策主要有以下五种形式：

（1）市人民政府全体会议。全体会议是由市政府的全体人员组成，必要时可根据会议内容涉及的范围邀请有关人员列席。一般每年召开 2～3 次，如有必要，市长可以临时召集，会议的形式也因会议内容的差异和具体行政环境的不同而多种多样。一般的会议由市长或市长委托常务副市长负责召集和主持。会议讨论的问题，一般涉及城市的重大事务。

（2）市人民政府常务会议。市人民政府常务会议是市政府的主要会议形式，一般由市长、副市长、设区的市的秘书长组成，必要时可根据会议内容通知有关职能部门的主要负责人列席会议。市人民政府常务会议不定期召开，但频率极高。会议的主要内容一般是讨论决定政府工作中的重大问题，由市长做最后总结，形成决策。

(3) 市长办公会议。由市长与协助其工作的分管副市长组成，是一种经常性的、临时性的办公会议。由市长或市长委托的副市长召集和主持，其频率也是各种会议中最高的，一般每周都要召开，有时也以碰头会的形式出现。主要讨论和解决日常工作中出现的问题，提出解决问题的具体方法。

(4) 专题性会议。由市长、副市长根据工作需要和各自的分工召开，专门研究、处理工作中的某些具体问题。参加者为有关局、委、办负责人及相关人员。

(5) 区、县长会议。由市长召集并主持，所辖各区、县长参加。其主要任务是：部署市人民政府工作，并就一些重大问题征求区、县人民政府的意见，是上下沟通的重要途径。

(二) 市政决策过程

在中国的市政决策过程中，对于重大问题，一般由党委决定，政府执行，涉及政府、人民代表大会事务的，其负责人也要参与；对于一般问题，由政府自行决定。因此，决策过程主要涉及党和政府两个方面，虽然市委并不属于国家机构，但市委在政治决策过程中发挥着重要的作用。

1. 市委的决策过程

市委的决策主要是通过会议的形式进行的。会议的形式主要有两种：市委常务委员会与市委全体会议，有时也召开一些扩大会议，邀请有关方面负责人参加。《中国共产党章程》规定，市委常务委员会在市委全体会议闭会期间，行使市委职权，是处理市委工作的领导机构，全市绝大部分重大问题由常务委员会研究决定。

一般情况下，常务委员会的决策程序如下：(1) 提出议题；(2) 通知会议内容；(3) 讨论议题并做出决定；(4) 决定的实施。

2. 市政府的决策过程

市长一般兼任市委副书记，少数城市市委书记与市长由一人兼任，因此市长肯定是市委的重要组成人员之一，必须服从市委的决定。在市委就一些重大问题做出决定后，一般由市长召集有关人员就如何执行进行讨论，然后组织实施。但市政府并不是完全的执行机构，对于大部分公共事务还是拥有决策权的。因为市委不可能、实际上也没有将所有的公共事务都纳入其管辖范围，而只是就某些重大问题做出决定。

市政府的决策也是通过会议的方式进行的，主要的方式是：市政府全体会议、市人民政府常务会议和市长办公会议，最重要的是市人民政府常务会议。

市政府的决策过程主要包括以下阶段：(1) 问题的提出；(2) 方案的拟订；(3) 关系与利益的协调；(4) 决策的形成。

(三) 市政执行过程

市政执行是市人民政府工作部门及其工作人员执行市政决策的过程。这是城市行政权力系统中最广泛、最常见的职能活动，没有执行过程，市政决策就难以实现，决策意图就难以彻底、有效地体现。

市政执行是一个较为长期复杂的过程，由一系列环节组成。在实际活动中，由于执行活动性质的不同，执行的具体环节可能有所不同，但一般而言，市政执行主要包括以下几个环节：

（1）准备阶段。具体包括以下环节：1）实施方案的制订；2）组织、人力的准备；3）思想动员；4）物资经费的筹备。

（2）实施阶段。市政执行的实施是具体的直接的行动过程，一般包括以下几个环节：1）市政执行的发动；2）市政执行的强化；3）执行过程的协调与控制。

（3）沟通阶段。现实中的市政沟通主要有以下几种正式方式：1）会议；2）文件、简报、报表及情况反映；3）调查研究。此外，还有汇报、信访、报道等多种方式。

（4）政策调整阶段。政策调整主要表现有以下几种方式：1）政策补充；2）政策修改；3）政策更新；4）政策终止。

（5）政策评估阶段。政策评估主要是指执行评估，即政府机关对工作完成情况进行的工作评价或工作总结。政策评估一般包括以下几个步骤：1）检查；2）考核；3）总结。

（四）市政监督过程

在中国，所谓市政监督过程是指各监督主体对城市各级国家行政机关及其工作人员的职责履行行为与遵纪守法情况进行的监察与督导的过程。

1. 市政监督的主体

市政监督的主体非常广泛，主要包括：（1）城市各级党组织；（2）城市各级党的纪律检查委员会；（3）市人民代表大会及其常务委员会；（4）市各级人民法院；（5）市各级人民检察院；（6）市人民政府及其各工作部门；（7）市政协、各民主党派及人民团体等；（8）新闻舆论媒体；（9）市民。

2. 市政监督的类型

市政监督的形式是多种多样的，不同的市政监督主体有不同的监督方式，综合起来，可以将监督方式分为两大类，即外部监督与内部监督。

外部监督是非行政组织进行的监督行为，主要包括：（1）政党监督；（2）权力监督；（3）司法监督；（4）社会监督。

内部监督是指政府内部的机关及其行政人员相互之间进行的监督。具体形式主要有：（1）上级监督；（2）同级之间的监督；（3）下级监督；（4）审计监督；（5）监察监督。

近年来，我国在市政监督方面虽然有了很大进步，但存在的问题仍然很多，没有得到应有的重视。主要的问题包括：监督机关并没有充分发挥各自的作用，整体效果欠佳；法律法规仍不健全；监督主体数量、层次虽多但职责不清，功能混乱；监督人员素质不高；监督方式和方法陈旧落后。因此，要提高我国市政监督的水平，仍需一个长期的探索过程。

案 例

报告：2030 年中国城市化率将升至 75%，如何影响城市格局？

如果要问，国内有没有一场长达几十年的变革？我想说的是，除了改革开放，那就是城市化。

日前，摩根士丹利发布蓝皮书报告《中国城市化 2.0：超级都市圈》，报告预测，到

2030 年中国的城市化率将升至 75%，即增加 2.2 亿新市民。

截至 2018 年，国内城市化率已经达到 60.60%，虽然距离发达国家 80%以上水平还有不少差距，但相比世界平均水平的 55%左右，咱们的成绩还是不错的。

长期看，其实人口、房价、产业等都与城市化有着密不可分的关系，“城市化”三个字对于一个经济体来说，意义深远。

城市化如何影响经济发展?

发展是什么？企业家有钱赚、地产开发商有地拿，老百姓有工作……这就是发展。所以长期以来，国人多把未来希望寄托在城市化之上，大家坚信大城市的房价只涨不跌，依据是啥？不就是看中大城市的高城市化率嘛！但是我们整天挂在嘴边的所谓城市化，细分的话，能够真正推动发展的，是人的城市化，而非土地的城市化。

今天咱们看到的城市化数据（60.60%），指的是土地城市化，而真正的人口城市化率，远比 60.60%要低。

土地城市化很简单，大肆修路，搞基建，推掉破房子盖高楼，但实质上这种城市化最终可能会演变成为大规模筹钱运动，导致地方政府大肆举债，进而引发财政危机。而人的城市化则有意义很多，因为只要人一过来，户籍、产业、就业等都会跟着过来，这意味着农民可像市民那样，享受城市的公共服务和福利，这样就可以带来更多的发展空间。

可惜的是，过去很长一段时间，地方政府在 GDP 逻辑主导下进行了无数场轰轰烈烈的土地城市化，产生了大量的空城。值得欣慰的是，在 2013 年 12 月中央城市化工作会议后，国家不断提出以人为中心的城市化，这就是对过去城市化的一个很好的反思和对未来城市化的一个明智的指导。

城市化率如何影响城市格局?

以德国为例，德国中小城市很多，截至 2019 年，人口超过百万的城市仅有四个，分别是柏林、汉堡、慕尼黑和科隆，人口 50 万以上的城市也很少，50%以上的人口分布在中小城市，这与中国、美国和日本形成了鲜明的对比。所以经常听到有人去美国、日本投资买房，但很少听到有人去德国投资买房。正是因为国家依靠小城镇经济建立起来，所以德国的大量企业才得以均匀分布，德国各地区的发展也较为均衡，也就不存在人口的大量流动和过度的房价分化。

说到分化，其中一点指的就是人口的分化。但反观国内，中国不可能让人口在大城市无限聚集，也不可能像德国一样让人口相对均匀地分布，折中的办法便是遍地开花——建立都市圈。

从城市化到城市群，再到都市圈，这是《国家新型城镇化规划（2014—2020 年）》的蓝图，也是未来中国城市格局的发展趋势。

目前，中国有长三角、珠三角等多个 2 000 万人以上的都市圈，以及多个 1 000 万～2 000 万人的都市圈。恒大研究院的数据显示，24 个千万级的大都市圈以全国 6.7%的土地集聚着全国约 33%的常住人口，创造了约 54%的 GDP。

显然，人口继续向都市圈集聚，意味着产业随人走，其所带来的住房需求也使大城市的房价有了刚需基础。

城市化对于楼市意味着什么？

城市化说白了就是把人口引入城市，农民进城后要在城里住下来，就要有住房，要有配套服务。而这所有的因素，都会带动房价的上涨。

楼市“短期看政策，中期看土地，长期看人口”，而城市化恰恰决定了未来的人口流向。当下的中国城市化正处于发展后期，未来城市化还有多大空间，城市化将为楼市带来什么？这些都是值得深思的问题。

（1）城市化空间绝不等同于房价上涨空间。我们以美国为例，美国从1970年开始就已进入后城市化阶段，城市人口和土地面积增长速度开始逐步放缓，但美国房价上涨了9倍之多。再以欧洲小国希腊为例，其首都雅典是一个典型的逆城市化案例，市中心随处可见老旧的房屋和街道，甚至涂鸦，而雅典的房价在2018年却创造了7.3%的涨幅。

以上两个案例说明了一个道理，城市化并不是驱动房价上涨的主要动因，真正能够让房价上涨的是城市人口购买力的提升。所以我国城市化程度虽然较低，未来增长空间很大，但这并不等同于未来房价的增长空间。

（2）城市化要推动房地产业的发展，不仅是靠简单的户籍改革。虽然目前不少大中城市推出了人才引进政策，但户口落地并不意味着城市化就完事了，城市中的配套服务能否让新入户的市民消费得起、享受得到，这才是关键。

因此，户籍人口城市化最终促成的是加速人口向大城市、特大城市聚集，最终表现出来的则是大城市乃至都市圈房价的上涨。但是，城市的房价能上涨多少，并不是城市化所能决定的，最终要看这座城市乃至都市圈能够给新居民带来什么。

资料来源：报告：2030年中国城市化率将升至75%，如何影响楼市格局?.［2019－10－30］. https://baijiahao.baidu.com/s? id=1648780073913413814.

拓展阅读

1. 鲍尔. 城市的发展过程. 倪文彦，译. 北京：中国建筑工业出版社，1981.

2. 贝利. 比较城市化：20世纪不同的道路. 顾朝林，译. 北京：商务印书馆，2010.

3. 段瑞君. 中部崛起的城市化探析. 经济与社会发展，2010（10）.

4. 段瑞君. 欧美发达国家城市化进程的经验及其对我国的启示. 城市，2008（10）.

5. 国务院发展研究中心课题组. 中国城镇化前景、战略与政策. 北京：中国发展出版社，2010.

6. 国家信息中心课题组. 西部大开发中的城市化道路. 北京：商务印书馆，2010.

7. 皮雷纳. 中世纪的城市. 北京：商务印书馆，2006.

8. 江苏省小城镇研究课题组. 小城镇大问题：江苏省小城镇研究论文选（第一集）. 南京：江苏人民出版社，1984.

9. 简新华，黄锟. 中国城镇化水平和速度的实证分析与前景预测. 经济研究，2010（3）.

10. 芒福德. 城市发展史：起源、演变和前景. 宋俊岭，倪文彦，译. 北京：中国建筑工业出版社，1989.

11. 潘孝军. 中国城市化研究文献综述. 四川职业技术学院学报，2010 (8).

12. 科特金. 全球城市史. 北京：社会科学文献出版社，2010.

13. 涂文学. 近代“市政改革”：影响20世纪中国城市发展的历史性变革. 学习与实践，2009 (9).

14. 王佃利，张莉萍，高原. 现代市政学. 北京：中国人民大学出版社，2008.

15. 夏书章. 市政管理八议. 太原：山西人民出版社，1986.

16. 夏书章. 市政学引论. 北京：中共中央党校出版社，1994.

17. 徐承红，张超. 中国城市化发展道路及其新趋势. 城市观察，2010 (5).

18. 杨宏山. 市政管理学. 北京：中国人民大学出版社，2009.

19. 曾小慧. “省管县”体制改革文献综述. 牡丹江师范学院学报（哲学社会科学版），2010 (5).

20. 郑也夫. 城市社会学. 北京：中国城市出版社，2002.

城市规划和发展

重点问题

- 城市规划的作用。
- 三代城市规划理念。
- 编制城市规划应该遵循的原则。
- 中国城市规划编制的特征。
- 如何理解城市可持续发展及其基本途径。
- 中国城市竞争力影响的关键因素。
- 经营城市的必要性及其思路。
- 城市营销的基本要素和基本模式。
- 中国城市更新的发展趋势。
- 数字城市对传统政府管理的冲击。

关键术语

城市规划　城市总体规划　城市分区规划　城市详细规划　城市可持续发展
城市竞争力　经营城市　城市营销　城市更新　数字城市

第一节　城市规划

一、城市规划的含义和作用

（一）城市规划的含义

城市建设本身不可能自发地朝着可持续方向健康有序发展，城市内部功能、结构的合理化迫切需要城市规划的引导。因此，城市规划是城市复杂系统运转、创造良好的人居环境的根本保障，否则，将严重阻碍国家与地区社会经济的发展。科学合理的城市规划能为国家与地区的建设带来巨大的综合效益。

所谓城市规划，就是为了实现一定时期内城市的经济发展和社会发展目标，确定城市的性质、规模和方向，合理利用城市土地，规划城市空间的布局和各项建设而进行的一项综合部署。在城市建设和发展过程中，城市规划总是处于“龙头”地位。城市规划协调人与环境的关系，促进城市经济效益、社会效益、环境效益的和谐一致，最终实现城市总体效益的最优化。

（二）城市规划的作用

1．从宏观层面上，城市规划具有的基本作用

（1）促进城市经济建设的发展。

城市规划是经济建设与城市建设的结合体，科学合理的城市规划可以从城市建设上保障经济建设的发展。城市规划在制定、实施城市经济政策等方面发挥着重要的作用，城市规划也是生产力。科学的城市规划能够准确地进行城市功能定位，确定城市的产业发展方向，为制定行之有效的经济发展政策提供依据，在创造优良的投资硬环境方面起着决定性的作用，有利于树立良好的城市形象，在对外招商引资和文化交流等方面发挥着积极的作用。

（2）城市规划是城市发展的蓝图。

城市规划指明了城市的性质、发展目标和发展规模，根据国家经济计划制定城市的发展目标，根据生产力布局等确定城市的主导产业，根据主导产业的需要配置辅助产业，根据产业规模确定城市的人口规模和用地规模，再根据产业、人口和用地的规模配置基础设施。科学的城市规划对城市建设的方向起着指导性的作用。另外，城市规划是用地和建筑的规范，它能够促进个别和整体的土地和建筑的效益，打造城市的整体形象。

（3）城市规划是市民生活质量的卫士。

城市规划通过指导产业设施、基础设施和生活设施的建设，提高市民的生活水平，通过制止和处罚各种损害市民生活质量的行为，充当保障市民生活质量的卫士。

2．从微观层面上，城市规划具有的制度作用

（1）合理配置城市土地资源。

城市规划从宏观和微观两个层面来参与城市土地的配置。在总体规划阶段对城市土地利用进行宏观层次的配置，确定了城市不同区域的功能和土地利用的主要方向；随后，详细规划阶段则从微观的角度对具体地块的土地用途、容积率等做出规定，进一步明确土地配置的具体内容。城市土地利用的内部结构要求城市规划按照经济有利的原则来安排产业在城市空间的布局，调整原有的城市土地利用空间结构，达到合理配置。另外，城市规划还要确定城市公共性用地和商业性用地的比例和位置，使其合理配置，促进城市环境保护、城市功能完善和城市经济发展的协调，促进城市可持续发展目标的实现。

（2）提供城市公共物品。

城市是提供公共物品最多、最集中的区域，只有在政府提供充分的公共物品的前提下，城市功能才能正常发挥。但是，从财政能力以及公平性的角度来看，政府不可能提供

所有的公共物品。城市公共物品的配置最终应落实在土地使用这一层面上，城市规划部门通过对各类城市设施的服务对象和性质的分析来判定该类城市设施是属于公共物品还是私人物品，以确定投资主体，减少“搭便车”现象的发生，为政府投资公共物品提供依据。

（3）降低交易费用，减少寻租行为。

城市规划制度将城市规划部门设计为政府与土地使用者之间的一个技术服务机构，公正、科学地评判双方的用地条件，降低土地出让过程中的交易费用，提高社会经济运行效率。随着城市规划的逐步深入，土地的用途和容积率等一些基本控制要素得以科学确定，使土地出让的透明度增加，减少土地管理者因为土地使用控制要素的随意性而进行寻租的现象，从而树立政府机构的廉洁形象，提高办事效率。

二、城市规划的由来

（一）第一代城市规划的理念

城市规划是伴随着城市的产生而出现的，它是人们把自然环境改造为以人工环境为主体的城市环境的一种有效手段。早期的城市规划源于人类对自然环境的改造，是在大量的城市物质形体建设规划基础上发展演变而来的。

奴隶制社会中，很多城市的布点及其建设和发展就具有一定的规划意图。比如古埃及的卡洪城，西亚的巴比伦城，希腊的米列都城，古罗马城，中国的商、周都城等。中国商代先后形成的两个都城和周卫城，都有整齐的道路系统和规划的城市布局。周初为选城址，进行了大量的规划，曾绘制洛阳一带的地图，这就是最早的城市规划图。古希腊和古罗马在古代西方城市中是发展较快的地区。古希腊的建筑师希波丹姆提出，把城市分为圣地、公共活动中心和住宅区，这是世界上最早的城市功能分区思想之一。古罗马的维特鲁威所著的《建筑十书》是世界上最早的城市规划著作之一，论述了城市选址、地段划分和广场规模等问题。

封建社会鼎盛时期以中国为典型代表，明、清两代的北京城和一些地方的封建统治中心（省会、府、州、县等），都是在一定规划设计下发展起来的。比如唐长安城，人口最多时达到 100 万人左右，城市布局严谨、浑然一体，皇城居中偏北，东、南、西为居住里坊，由南北、东西向道路组成整齐的方格式道路系统。在这一时期，从建筑角度出发注重城市物质形体特征的城市规划思想已经成型。

欧洲的城市在中世纪早期经历了衰落时期，公元 9 世纪以后重新复苏，11—13 世纪得到了极大的发展。15 世纪，文艺复兴时期的意大利人菲拉雷特著有《理想的城市》，在书中，设计市中心为六角形广场，放射形道路用三条环路连接。欧洲许多国家设计的城堡，都受到这种设计的影响。

真正意义上的城市规划始于法国。17 世纪，路易十四在法国巴黎城郊采用轴线对称放射式的布局建造了凡尔赛宫，使城市形象发生了根本的改变，虽也掩盖了城市发展中的深层次疾病，但这使人们普遍认识到了物质形体规划在改造城市形象与面貌方面的重要作用。

（二）第二代城市规划的理念

工业革命使世界进入了工业化、城市化时代。工业化在城市中创造了许多的就业机会，引起了城市内容与形式的转变，带来了物质文明的空前繁荣，使城市的资源利用率大幅度提高，城市迅速扩展，极大地丰富了城市居民的物质文化生活，加速了城市的发展，同时也带来了各种复杂的社会矛盾，导致住房短缺、交通拥挤、环境污染、穷人的居住环境恶劣等一系列城市病。人们进一步认识到物质文明不是改善城市环境的根本手段，相反加剧了城市的弊病。

近代城市规划从单纯的物质形体规划中脱颖而出，着手解决城市中的种种弊病，产生了诸如霍华德的“田园城市”规划思想以及沙里宁的“有机疏散理论”，开始把城市看作一个统一的整体，即把包括物质与社会诸要素、人与自然的融合作为规划思想的基本点，首次动摇了物质形体规划建设等同于城市规划建设的基本思想，近代城市规划的整体观形成。

近代城市规划的创始者本质上是一群社会改革家，虽然他们当时关注的是物质空间环境问题，但其思想的核心是社会公正。发生在20世纪二三十年代的西方经济危机再次证明了自由放任的市场经济的负面影响，说明了政府有必要采取措施来管理控制缺乏理性的市场力，在这样的思潮下，城市规划被认为是一种防止市场失效、促进经济发展的工具。

1859年，美国的建筑师欧姆斯特在纽约曼哈顿区的中心设计了中央公园，打破了市区总是布满密集房屋的旧有理念。此后，在城市中建造大片公园绿地，改善市区的生态环境，逐渐成为一种新的理念。

1882年，西班牙工程师索里亚提出了“带形城市”理论，主张沿着交通路线发展城市化地区，对现代城市规划产生了较大的影响。他认为带形城市有这样一些优点：带形城市沿交通干线而建，干线一侧为工业区，另一侧为生活区，互不干扰；居民的日常生活和工作横向往来于干线两侧，节约时间，减少交通拥堵；横向宽度有限，因此居民与乡村比较接近；将原有的城市联结在一起，形成了城市网络。

1902年，英国记者霍华德修订并再版了《明日的花园城市》，提出了“田园城市”的理论，基本思想在于：为了避免大城市的弊病，必须建设将城市和乡村的优点结合在一起的花园城市。在实业家的资助下，霍华德在伦敦附近建了两个小镇作为试点。霍华德的理论第一次打破了城乡在空间和形态上的截然对立局面，这一理论把城市当作一个整体来研究，具有理论和实践上的重要意义。1911年，澳大利亚首都堪培拉的城市规划和建设，全面参照了这一理论。第二次世界大战后英国的一批新兴城市的规划设计，乃至今天世界上许多城市的规划设计，都能看到受这种理论影响的痕迹。

20世纪前半叶，出现了对城市空间结构按现代城市的功能进行分区的理念，这就是城市功能主义新思想。1910年，法国建筑师夏奈尔的“工业城”规划，第一次把城市中的工业区、港口、铁路与居住区在用地布局上严格地加以区分，比较全面地进行了城市功能分区的实践。

1915年，英国英格兰地区的生物学家格迪斯所著《进化中的城市》一书得以出版，该书第一次从区域经济出发考察城市规划，首次提出制定城市规划的顺序应该是调查—分析—制订规划方案。这个程序一直被世界各国城市规划工作者遵循。在他的理论影响下，从城市规划研究中逐步产生了区域规划研究。

1922年，英国伦敦规划委员会总顾问昂温提出了建设卫星城市的理论，一方面有利于克服大城市市区过于拥挤、结构老化和环境恶化等弊端，另一方面也有利于城市郊区和农村地区的发展。这一理论对世界各国解决大城市问题产生了广泛的影响。

1929 年，美国规划师佩里首先提出“邻里单位”概念，主张以城市干道所包围的区域作为邻里单位。邻里单位的规划原则是：以小学生上学不穿越交通干道为人口和用地规模的标准，配置各类居民生活必需的服务设施，限制外部车辆穿越，居住房屋的布局应有最佳朝向和合理间距。这一理论成为城市规划中设计居住小区的指导思想。第二次世界大战后的西方国家广泛运用这一理论来规划建设新城。

1933 年，德国地理学家克里斯泰勒提出了“中心地”理论，论证了城市体系对城市规划的影响，揭示了城市的主导产业对城市规划的决定性影响。“中心地”指的是在一个城市体系中，大、中、小城市都有各自的经济中心作用。每个城市的规划既要看到本市的经济中心作用，又要看到与其他城市的分工协作关系。

1933 年，国际现代建筑协会在希腊的雅典召开会议，讨论和通过了第一个国际性的城市规划大纲——《雅典宪章》，该规划大纲成为城市规划理论史上一个重要的里程碑。《雅典宪章》反映了当时世界各国城市规划理论的最新成果，其主要内容是：居住、工作、游憩和交通是城市的四大基本活动，城市规划的目的是保证这四大功能的发挥；居住是城市的第一个活动，住宅区应该占用城市中最好的地区；人的需要和以人为出发点的价值衡量是城市规划成功与否的关键；城市规划是一种基于长宽高三维空间的科学，必须注重高的要素；必须使城市规划成为法律，以保证其实现。《雅典宪章》提出的有“计划”和有“秩序”发展城市的原则，成为现代城市规划的一项基本原则。

法国建筑师柯布西耶所著的《明日之城市》和《阳光城》分别于 1922 年和 1933 年出版，为提高大城市市区的生活质量提供了基本的思路。他认为，通过高层建筑、降低密度、大片绿化和立体交通，可以大大改善大城市市区的生活环境。

1942 年，芬兰建筑师沙里宁所著《城市，它的生长、衰退和将来》一书得以出版，该书提出了“有机疏散论”，对第二次世界大战后欧美城市的重建产生了重要的影响。他认为，应该把工业疏散到郊区，在市区可以保留事业单位和行政部门，把个人日常的生活和工作集中布置，减少市民上下班花费的时间和交通拥挤。

（三）第三代城市规划的理念

城市规划的真正成熟是在第二次世界大战以后。第二次世界大战后的欧洲面临着战后重建和发展问题，凯恩斯主义所主张的国家全面干预经济的思想，成为第二次世界大战后许多西方政府制定经济政策的指南。而当时社会政策的制定也同样信奉社会干预。这样的社会环境为城市规划的发展创造了良好的土壤。

第二次世界大战以后的科学技术方面的发展变化是：随着系统分析、政策科学和社会物理等学科的发展，世界城市科学发展呈现综合化趋势，科学规划和技术推理成了进步和发展的同义词，逐步推进了第二次世界大战后第三代城市规划的形成。一些学者在综合分析城市社会、经济、环境等一系列弊病的基础上，首次将生态学基本理论应用于城市社会，构建了城市人类生态学理论思想体系，把城市看作一个社会、经济、文化等构成的综合实体，是自然而且尤其是人类属性的产物。这样的城市不再是简单人工建筑的堆积，而是伴随人类活动脉搏跳动而进行新陈代谢的有机整体，从而城市规划的理念必然要从物质形体规划扩展到社会经济等宏观规划领域。

1955年，法国经济学家帕鲁提出了“增长极核”理论，揭示了大城市的聚集经济规律和带动中小城市和农村经济的作用。许多学者对这一理论进行了充实。这一理论认为，在地域中选择区位条件比较好的一个点（城市），集中投入生产要素，以促使这个点快速增长和首先繁荣，然后再通过点向外辐射，带动区域共同发展。

1977年，国际建筑协会的一些城市规划设计师聚集秘鲁首都利马，以《雅典宪章》为出发点进行了讨论，通过了《马丘比丘宪章》，对《雅典宪章》45年来的实践做出了评价。重点指出：由于城市化浪潮席卷全球，需要我们更有效地使用现有的人力和自然资源；规划必须反映出城市与周围区域之间基本的动态的统一性；建筑设计必须与人民的习惯和风格自然地整合在一起；必须努力创造一个综合的、多功能的环境；将来城区交通的政策显然应当是使私人汽车从属于公共运输系统的发展。

20世纪80年代，城市规划理论中兴起了“技术派”，强调现代科学技术在城市规划中的作用，并提出运用系统论、控制论、信息论等科学技术对城市规划及其理论界进行变革。20世纪90年代，城市规划理论中的环境派也较为引人注目，环境派主张把保护和改善环境作为城市的首要目标，在宏观上研究城市环境的合理容量，在微观上追求城市设计和园林设计的统一。

1999年，国际建筑师协会成立50年来的第20届大会在中国北京举行，通过了由吴良镛教授主持起草的《北京宪章》，指出：人类对自然和文化遗产的破坏已经危及自身的生存，我们只是从子孙处借得居住的世界，暂为保管罢了；技术是一把“双刃剑”，其建设力和破坏力在同时增加；文化是历史的符号学，留存于建筑间，融会在生活里，对城市的营造和市民的行为起着潜移默化的影响，是城市和建筑的灵魂。《北京宪章》的核心主张是“从传统建筑学走向广义建筑学”，也就是通过城市设计的核心作用，从观念上和理论基础上把建筑、地景和城市规划学科的精髓整合在一起，讲求整体的环境艺术，即整体的协调美和“秩序的真谛”。

（四）第四代城市规划的理念

现代城市规划阶段，人文关怀已经得到了业内外人士的广泛认可和密切关注。人文关怀正以各种形式，更广泛地深入各级各类的城市规划中。人文关怀主要体现在以下几个方面：

（1）注重人的感受、人的生理和心理需求，从人的尺度、生活习惯出发，设计舒适宜人的空间环境，而不是单纯追求宏大与气势，或者表现自我。

要求规划师根据人的生理、心理特征来创造适合人的城市环境。把握人和城市环境的情感关系，融情于景；根据人的感觉规律和感应原理，悉心策划宜人的城市景观和设施。

（2）从社会交往的角度，要求设计具有归属感空间，并尽量满足居民交往的需要，以利于形成融洽的邻里环境。

尊重人的情感要求（私密与表现、共性与个性、欣喜与哀伤、速度与闲适、健康与残疾、男与女、老与幼），创造和谐美满的城市环境。

（3）亲和自然，创造开放灵活的空间。尊重自然和利用自然原生态，是我国城市和园林建设中的优良传统，尤其是“虽由人作，宛自天开”的思想，更是在古典园林的设计中表现得淋漓尽致。

充分利用自然条件，建造同自然和谐相处，从而表达自己独特风格的城市，是历来规划者所追求的最高境界。

（4）从城市整体来考虑，设计宜人的个性化城市空间和完善的基础设施。从整体出发，为未来着想，城市在不断发展，紧跟着道路交通、环境卫生等一系列与人们生活相关的基础设施都需要不断更新和发展。规划设计要为以后的发展留足充分的空间。

（5）充分考虑居民利益，采用各种方式鼓励公众参与。城市规划和建设是为了给城市居民创造适宜的工作、居住和生活环境，而公众参与便为这一目的的实现提供了一个很好的途径。

垂直农场方案

近年来，越来越多的国家开始研究市内农业技术，意在改善城市空气质量。然而城市的绿化空间本就极为有限，再加上人口的不断增加，不可能有特别多的水平空间用于农业种植。于是，就有许多建筑设计师提出并设计了垂直农场的方案。这样的可持续发展理念，不仅有利于实现城市大面积农业种植，而且还可以为城市景观美化做出贡献。

美国“推进达拉斯”

2009年5月，美国达拉斯举办了一场名为“达拉斯远景”的国际设计大赛。来自葡萄牙里斯本的阿特利尔-达塔（Atelier Data）和莫夫（Moov）所设计的“推进达拉斯”方案成为获奖作品之一。在“推进达拉斯”方案中，整栋建筑就好似一座覆盖植被的小山，内部包括住宅公寓、咖啡馆、体育馆、日常护理场所以及其他公共空间。这座“小山”似的建筑其实就是一个集农业生产、能源自给、生活居住等多种功能于一体的综合城市社区。

迪拜“海水利用垂直农场”

迪拜一直以新奇、美丽的建筑而著称，“海水利用垂直农场”的概念也是迪拜所有的新奇建筑设计中的一个典型代表。在这个垂直农场中，圆盘形的结构就是一个个农场。海水流过建筑中心的管道，这些农场就是利用流经的海水实现冷却和补充水分。这种独特的设计可能会有些不切实际，但是它的设计思想利用了所有可以利用的自然资源，而且在实施过程中可以采用一种比较符合实际的变通做法。

中国“城市森林塔”

由中国MAD建筑事务所设计，它看起来就像是一座城市山峰。“城市森林塔”有70多层，每一层都呈现出形态不一的波浪形，所有窗户均是落地窗。这种奇怪的造型可以使其中的花园天井获得足够的太阳光线。这种设计理念既考虑到了城市的特点，又拥有了原野的气息。

荷兰鹿特丹“城市仙人掌”

居住在公寓楼里的人们或许都有这样的想法，在自己的阳台上也能够拥有郁郁葱葱的大花园。荷兰建筑设计师提出的“城市仙人掌”方案或许能够满足他们的愿望。在“城市仙人掌”方案中，建筑物的外观极为奇特。设计师为每一位住户增加了一个向外伸出的绿色户外空间，为毫无生气的建筑增添了大自然的元素。居住在这种住宅里的城市居民可以有机会在自己家中尝试种植一些自己喜爱的作物。

法国巴黎“垂直农场”

法国建筑设计师夏洛特-阿维尼翁则认为，法国空中建筑将被建造得像公园一样，同时可以为巴黎提供新鲜、本土化的食品。现代的建筑设计师已经开始拥有了生态友好型的建筑设计理念。

美国峡谷生活合作社

该方案由美国洛杉矶标准建筑事务所设计，也是“达拉斯远景”设计大赛的入围作品之一。该方案的设计灵感来自科罗拉多大峡谷中悬崖边上的阿萨齐村庄，设计目的是将一种公社的概念和可持续的思想带入城市中心。这个合作社可以容纳 1 000 位居民，并拥有足够的可持续能力，农业生产、电力供应和水资源利用都完全可以内部解决。

新加坡“交织住宅复合体”

“交织住宅复合体”方案由大都会建筑事务所的欧雷-斯科伦所设计，它不同于典型的新加坡超高层住宅建筑。这种“交织住宅复合体”是一种蜂窝式的结构，共包括 31 个积木状 6 层分体结构。每一个分体结构以特定的角度和方式搭建于另一个结构之上，这样可以保证所有的 6 层分体结构都可以接收到阳光和新鲜的空气。这种独特的设计所产生的开放空间将用于建造城市空中花园，居民在享受城市生活便利的同时，还可以在其中种植大量的绿色植物和作物。

加拿大绿色收获城市垂直农场

加拿大罗姆斯建筑事务所设计的绿色农场中使用了“收获”一词，意即这栋建筑可以用来种植水果、蔬菜、草药，可以用来养鱼、养鸡、产蛋、产奶等。整栋建筑利用太阳能、地热能和风能作为主要能源，同时还可以通过混合材料产生沼气。此外，在这个农场里还有大型的农业超市、农业研究和教育中心以及居民居住区和休闲区等。

三、城市规划的编制

（一）城市规划编制的原则

城市规划编制的原则是正确处理城市与国家、地区、其他城市的关系，城市建设与经济建设的关系以及城市建设的内部关系等的指导思想。在城市规划编制过程中，应遵循以下一些原则：

1. 整合原则

城市规划编制要坚持从实际出发，正确处理和协调各种关系的整合原则。

（1）从实际出发，与国家和地方的经济技术水平相适应的原则。

（2）处理好城市局部建设和整体发展的辩证关系。

（3）处理好城市规划近期建设与远期发展的辩证关系。

（4）处理好城市经济发展和环境建设的辩证关系。

2. 经济原则

城市规划编制要坚持适用、经济的原则，贯彻勤俭建国的方针。

（1）要本着合理用地、节约用地的原则，做到精打细算，珍惜城市的每一寸土地，尽量少占农田、不占良田。

（2）要量力而行，科学合理地确定城市各项建设用地和定额指标，对一些重大问题和决策进行经济综合论证，切忌仓促拍板，造成不良后果。

3. 安全原则

城市规划编制要将城市防灾对策纳入城市规划指标体系。

（1）编制城市规划应当符合城市防火、防爆、抗震、防洪、防泥石流等要求。

（2）要注意城市规划的治安、交通管理、人民防空建设等问题。

4. 美学原则

规划是一门综合艺术，需要按照美的规律来安排城市的各种物质要素，以构成城市的整体美，给人以美的感受，避免“城市视觉污染”。

（1）要注意传统与现代的协调。

（2）要注意自然景观与人文景观的协调、建筑格调与环境风貌的协调。

5. 社会原则

在城市规划编制中树立为全体市民服务的指导思想，贯彻有利生产、方便生活、促进流通、繁荣经济、促进科学技术文化教育事业的原则，尽量满足市民的各种需要。

（1）设计要注重人与环境的和谐。

（2）要大力推广无障碍环境设计。

（二）城市规划的内容

根据《中华人民共和国城市规划法》和《城市规划编制办法》，中国的城市规划分为三种类型：城市总体规划、城市分区规划、城市详细规划。

1. 城市总体规划

城市总体规划是指导城市建设的纲领性文件，是分区规划和详细规划的基础，是城市政府进行城市规划管理的法律依据。根据实际需要，在编制总体规划前，可以编制城市总体规划纲要。城市总体规划纲要的主要任务是：研究确定城市总体规划的重大原则，并作为编制城市总体规划的依据。城市总体规划的期限一般为 20 年，建制镇总体规划的期限可以为 10～20 年。

2. 城市分区规划

城市分区规划是大、中城市为了进一步控制不同地段的土地用途，协调各项基础设施和公共设施的建设，在总体规划的基础上所制定的规划，以便与详细规划更好地衔接。

3. 城市详细规划

城市详细规划是在总体规划或分区规划的基础上，规定建设用地的各项控制指标，直接对局部地区的建设做出安排的具体规划。城市详细规划分为控制性详细规划和修建性详细规划两大类。控制性详细规划用以控制建设用地的性质、使用强度和空间环境，作为城市规划管理的依据，并指导修建性详细规划的编制。修建性详细规划用以指导各项建筑和工程设施的设计和施工。控制性详细规划包括规划文本、附件和规划图纸。规划文本应含规划范围内土地使用和建筑管理规定，规划说明和基础资料收入附件。修建性详细规划包括规划设计说明书和规划图纸。

（三）城市规划编制的程序

编制城市规划，一般分为下列两个阶段进行：

1. 编制城市总体规划

（1）勘察、搜集和分析城市的基础资料。市政府的规划部门负责勘察、搜集和分析城市的基础资料。城市规划所需要的基础资料有：城市的自然条件和自然资源方面的资料，城市经济与社会方面的资料，城市建设基础资料，城市环境资料，历史发展资料，等等。

（2）编制城市总体规划纲要。需要编制城市总体规划纲要的，由市政府负责组织编制。

（3）起草城市总体规划。市政府的城市规划部门负责起草城市总体规划。

（4）上级政府部门、专家学者和市民评议城市总体规划草案。对城市总体规划中比较重要而又有争议的部分，应进行多方案比较选优，征求各方面的意见。

（5）提交城市总体规划议案。城市政府全体会议讨论、通过城市总体规划草案后，由市政府向市人大提交关于城市总体规划的议案，提请市人大审议和通过城市总体规划。

（6）上级政府审查、批准城市总体规划。中国的城市规划实行分级审批的制度。

（7）城市总体规划的修改。城市政府可以根据城市经济和社会发展需要，对城市总体规划进行局部调整，报同级人大常务委员会和原批准机关备案；但涉及城市性质、规模、发展方向和总体布局重大变更的，须经同级人大或者其常务委员会审查同意后，报原批准机关审批。

2. 编制城市详细规划

在编制城市详细规划时，可以提出多种方案，从功能、经济、环境、景观等效果和建设次序、周期等方面进行综合的比较和论证，然后选定实施方案。城市详细规划具有作为各项工程设计依据的性质，应当遵守国家和地方政府颁布的各种法规、技术标准和规定。

实践中，编制城市总体规划和编制城市详细规划往往是同时进行、相互补充的。比如，在编制城市总体规划阶段研究市中心、车站广场或重要地段时，可以通过编制一些详细规划的草案来深入研究其综合功能、规模容量、空间布局等问题，使总体规划的有关内容较为切合实际。

四、城市规划的管理

（一）城市规划的管理机构及体制

中国住房和城乡建设部城乡规划厅是国家对城市规划的主管部门，负责对全国城市规划的行政指导。城乡规划厅拟订城市规划的政策和规章制度，组织编制和监督实施全国城镇体系规划，指导城市规划编制并监督实施，承担国务院交办的城市总体规划、省域城镇体系规划的审查报批和监督实施，制定城市规划编制单位资质标准并监督实施。

由于近年来各地不断进行机构改革、职能调整，各省、直辖市的城市规划管理机构名称各异、职能也不尽相同。有的城市把规划职能和建设局职能放在一起，简称规建局；有的城市把规划职能和自然资源局职能放在一起，简称规自局。以 4 个直辖市为例，其相关管理机构分别为：北京市规划和自然资源委员会、上海市规划和自然资源局、天津市规划和自然资源局、重庆市规划和自然资源局。

（二）实施城市规划的管理活动

在中国，城市规划的管理活动主要包括：

1. 规划区内建设用地的规划管理

城市的发展建设离不开土地，因而城市土地利用是城市规划的核心内容之一。要实现合理用地、节约用地、保证用地，就应该充分发挥城市土地的价值和作用，按照城市规划进行科学的规划管理。规划区内建设用地的规划管理主要包括以下内容：

（1）对建设用地提出选址意见书。

（2）审定建设项目的初步设计方案中的用地位置和界限。

（3）核发建设用地规划许可证。

（4）对土地的其他方面进行规划管理。

2. 规划区内建设工程的规划管理

（1）对一般建筑核发建设工程规划许可证。

（2）对城市基础设施中的管线铺设核发建设工程规划许可证。

（3）对城市基础设施中的道路桥梁施工核发建设工程规划许可证。

（4）对建筑的其他方面进行规划管理。

3. 对建设用地、建设工程的检查和奖惩

市政府的城市规划部门不仅要严格核发建设用地规划和建设工程的规划许可证，更重要的是要根据城市规划法和规划许可证，对建设用地和建设工程进行严格的检查，并予以相应的奖惩。这是实施城市规划的保障。

4. 旧城改造与新区开发

旧城改造与新区开发，是实施城市规划的重要组成部分，但它同上述实施城市规划日常管理最大的区别在于：实施城市规划的日常管理是对某方面建设或某个建设项目的管理，而对旧城改造与新区开发的管理，是全面的、综合的、区域性的城市规划管理。旧城改造与新区开发中的城市规划管理的基本内容有：

（1）统一规划，合理布局。

（2）制订分期实施的开发计划。

（3）基础设施、事业设施与生产设施、生活设施配套建设。

（4）综合开发，调整产业结构，形成投入产出的良性循环。

（5）保护有纪念意义的建筑。

五、中国城市规划的历史和现状

从中华人民共和国成立初期到第一个五年计划期间，中国政府在确定 156 个工业项目的建设时，曾经在苏联专家的指导下对西安、太原、兰州、洛阳、长春等城市进行了规划。后来，有关专家受邀先后为北京、上海和杭州做了城市规划。之后的城市规划因为“文化大革命”而一度中断。

1956 年，《城市规划编制暂行办法》正式颁布，规定了城市规划设计应该按三个阶段进行：初步规划、总体规划和详细规划。这在相当长一段时期内都是中国城市规划编制唯一的指导性文件。由于没有充分重视工业布局，城市环境受到了不同程度的影响。

1980 年，第一次全国规划工作会议召开，审批了新的《城市规划编制审批暂行办法》，1984 年《城市规划条例》颁布，将城市规划分为总体规划和详细规划两个实施阶段。实施过程中暴露出来的问题，促使许多城市规划部门和规划人员进行了探索性的改革，如长沙、南京、北京、鞍山等地先后开展了分区规划，弥补了总体规划和详细规划之间衔接不够的缺陷，使城市规划编制更加科学合理。

1989 年，全国人民代表大会常务委员会表决通过了《中华人民共和国城市规划法》，这是中国城市建设领域内的第一部国家法律，改变了城市规划的人治局面，同时也为一系列相关法规的制定提供了重要的依据。1991 年，国家城市规划行政主管部门制定了《城市规划编制办法》。这个新法分为总则、总体规划编制、分区规划、详细规划和附则五个部分。

1996 年 5 月，国务院《关于加强城市规划工作的通知》提出，城市规划是指导城市合理发展，建设和管理城市的重要依据和手段，要求各级人民政府切实发挥城市规划对城市土地及空间资源的调控作用。规划师们已经开始反思既有的发展模式，虽然城市总体规划在方法上仍然保留着原有的“自上而下”和“大而全”的特点，但规划编制中已经开始渗透更多的可持续发展理念。例如，对城市规模的预测更加谨慎，开始重视土地开发强度的合理性和开发时序性的需要，城镇体系规划则开始关注和协调更大区域中城市的相互关系及其对周边小城镇的带动作用。

2000—2004 年，城市规划在法定规划和非法定规划两方面都尝试和探索了新的内容和方法。2000 年以后有很多城市根据自身发展的新要求对控规（控制性详细规划）进行了以指标调整为主要内容的修编，在一定程度上推进了城市土地的集约化和高效利用。2002 年开始的一系列关于近期建设规划编制的政策和法规颁布，使法定的总体规划的实施得到了有效的保障，规划的时效性得到了加强。面对激烈的竞争以及庞杂的经济社会发展目标，广州和南京在 2000 年率先编制了城市发展战略规划，从强化城市竞争力的角度探索了远景的城市战略研究。之后，在全国范围内，高层次研究城市发展的战略规划、突破行政界限的都市圈规划、城乡一体化规划、省域海岸带规划等各种非法定规划纷纷出炉。

2003 年，党的十六届三中全会提出了“科学发展观”，还提出要统筹城乡发展、统筹区域发展、统筹经济社会发展、统筹人与自然和谐发展、统筹国内发展和对外开放；2006 年，党的十六届六中全会又通过了“构建社会主义和谐社会”的重大举措。国家“十一五”规划再一次强调了城市化对于统筹城乡发展的重大意义，提出要大中小城市和小城镇协调发展，按照循序渐进、节约土地、集约发展、合理布局的原则，逐步改变城乡二元结构。2007 年，党的十七大再次明确了走中国特色城市化道路。党的十七届三中全会又把推进农村改革和促进农村土地流转提上了日程。这些宏观政策的指引逐步消除了规划在长期反思中所存在的种种困惑，为城市、区域和乡村规划提供了更新理念、方法和内容的大好时机。

2006年修订生效的《城市规划编制办法》强调“城市规划是政府调控城市空间资源、指导城乡发展与建设、维护社会公平、保障公共安全和公共利益的重要政策之一”，从而为城市规划的公共政策属性定了基调。与城市规划有关的法律法规和制度的完善使规划的法律地位得到了进一步加强，为规划的进一步发展和成熟提供了有利的条件。

2008年《城乡规划法》的实施取代了1990年开始实施的《城市规划法》，反映了“科学发展观”和“城乡统筹”的新理念对规划的指导。从此，包括《城乡规划法》、《历史文化名城名镇名村保护条例》、《风景名胜区条例》和《村庄和集镇规划建设管理条例》在内的城乡规划“一法三条例”的基本法律框架初步建立。2007年城乡规划督察制度的实施，进一步维护了城市规划的严肃性和权威性，制约和减少了城市政府在规划方面的决策失误。2007年《中华人民共和国物权法》的颁布实施也使私人财产得到了法律的保障，从而促使城市规划更加关注保障不同利益主体的合法权益。

计划经济下的城市规划是国民经济计划在空间上的具体安排，其主要任务是把国民经济计划确定的建设项目和内容落实到蓝图上，通过综合平衡求得空间的秩序。这一职能决定了中国城市规划的传统是以物质规划为主，即便在今天，中国的城市规划也并未脱离物质规划为主的传统。大量的规划行为和实践活动表现为绘制城市或地段设计蓝图，我们规划师的构成也以建筑师、设计师、工程师为主。

市场机制的引入，给中国的城市发展带来了前所未有的活力和速度，同时也不可避免地带来了前所未有的城市新问题。随着越来越多的投资者介入城市开发，城市的发展过程变得日益难以把握和控制，城市建设行为的利益多元化趋势越来越明显，城建开发从项目内容、选址到最终建设的过程越来越受市场规律的左右。在西方曾经出现过的市场机制的正反两方面效应都开始在中国的城市中大量出现。中国的城市规划模式不可能也不应该照抄西方，但我们有必要借鉴有丰富的处理市场经济经验的西方国家的经验和教训。

从目前中国城市规划的发展趋势来看，应重视以下几个方面的发展：（1）重视区域规划。各界越来越认识到区域规划的重要性。编制区域规划有利于综合协调分别由各部门负责编制的规划，妥善解决部门之间和地区之间的矛盾，有利于统筹安排区域内城镇体系的合理结构和布局，明确重点发展和优先建设的中心城镇和地区，按点、轴、网的建设开发时序来获得城市的协调发展和整体开发效益。（2）重视详细规划。过去的城市总体规划难以实施，很重要的一个原因在于没有详细规划。即使有详细规划，也没有通过法律程序赋予必要的法律效力。通过详细规划，一个地区的开发强度、建筑密度、道路控制、建筑高度、容积率都可以确定。（3）重视县域城镇体系规划。做好县域城镇体系规划的目的在于把城乡规划结合在一起。针对小城镇的蓬勃发展，加强县级城市的规划，加强城乡接合部的规划。（4）重视环境意识。在城市总体规划中愈加重视环境意识，重视人居环境，搞好人居环境，建立适宜人们居住的城市环境。从整个城市的建设来看，规划、建设和管理是不可分的。在城市设计中，规划、建筑和园林三者也是不可分的，必须统一加以考虑。（5）重视依法行政。各个城市都要根据国家的法律法规制定地方的规章制度，建立健全城市规划法规体系。

第二节　城市发展

一、城市可持续发展

城市既是人类生存的重要场所，又是人类发展的重要基地。因此，城市的可持续发展不仅对城市本身具有重要意义，而且对全人类的生存和发展产生重要的影响。

1987 年，联合国世界环境与发展委员会在《我们共同的未来》一书中正式提出可持续发展（sustainable development）——“既满足当代人的需求，又不对后代人满足其自身需求的能力构成危害的发展”的命题后，迅速成为地理、环境、经济、规划等学科研究的焦点和前沿课题。

1992 年，联合国环境与发展大会通过了《21 世纪议程》，这一历史性会议标志着全人类将“可持续发展”作为共同追寻的目标，使可持续发展成为全球的共同行动战略。

1996 年 6 月，联合国第二次人类居住会议在土耳其的伊斯坦布尔通过《环境议程》，该议程认为，人类可持续发展的战斗，其成功与失败将在城市内见分晓，而良好的管理将是成功的关键所在。

2000 年 7 月，在德国柏林召开了“21 世纪城市”国际会议，皮特·霍尔教授和其他国家的一些专家共同发布了《21 世纪的城市：关于城市未来发展的专家报告》。报告认为，21 世纪中，世界的未来发展取决于城市的可持续发展，城市的可持续发展是人类可持续发展的重心和焦点。报告特别指出，完善的城市管理是实现城市可持续发展目标的中心任务。

近年来，随着不断加快的城市化进程，城市扩张速度越来越快，受资源与环境容量约束，城市也变得越来越脆弱。自 2003 年英国率先提出低碳经济的概念后，低碳经济已逐渐成为世界经济的发展潮流。2008 年 1 月，首届中国和谐城市论坛在北京举行，以“低碳城市”为研讨会主题。低碳城市强调以低碳理念为指导，在一定的规划、政策和制度建设的推动下，推广低碳理念，以低碳技术和低碳产品为基础，以低碳能源生产和应用为主要对象，由公众广泛参与，通过发展当地经济和提高人们生活质量而为全球碳排放减少做出贡献。

《2009 中国可持续发展战略报告》对中国低碳城市的发展战略进行了初步设想，低碳作为可持续发展战略中的一个重要名词开始走进千家万户。坚持低碳原则是维持城市可持续发展的重要原则。中国是温室气体排放第二大国，发展低碳经济、建设低碳城市是应对气候变化与实现可持续发展的必然选择。目前，中国低碳城市建设实践刚刚起步，在理论、技术、管理体制等方面都还不成熟，应在调整优化产业结构、加强低碳技术创新与应用、倡导低碳生活消费方式、加强国际交流与合作等方面推进低碳城市建设，促进城市的可持续发展。

《中国可持续发展战略报告》每年公布一次，以中国城市可持续发展战略研究为主题，集中讨论在现阶段中国城市发展的战略背景、战略目标、战略任务和战略设计；且对于如何贯彻科学发展观和落实统筹城乡协调发展，大力推进城市反哺农村、工业支持农业、缓解城乡差别、实现社会公平、完成城乡区域一体化的可持续发展，提出了系统的研究成果。

未来城市的发展趋势主要有五大特点：第一，清洁能源将成为城市能源的主要形式；第二，资源的循环高效利用将成为城市经济的主要模式；第三，城市的运行将具备感知和自适应能力；第四，知识型服务业将成为城市未来产业的主要形态；第五，城市带、城市群（圈）将成为城市发展的重要方向。中国政府将从四个方面推动城市的可持续发展：一是大力推进城市生态文明建设，努力构建宜居城市；二是培育和发展战略性新兴产业，加快经济结构调整；三是加强市场引导，推动先进技术的应用推广；四是加强信息、智能等技术的应用推广，提高城市的综合管理水平，建立和完善基于感知网、智能化技术的网络体系，提高城市防灾减灾和应急处置能力。

（一）可持续发展和城市可持续发展

可持续发展有着丰富的内涵，不同学科、不同领域对它的理解侧重点不同。但其根本思想是一致的，包括：公平性原则、可持续性原则、发展性原则、共同性原则。

可持续发展从理论上包括三个相互联系的重要方面：社会可持续发展、经济可持续发展、环境资源的可持续利用，即经济增长要以人类社会与自然的和谐发展为前提，以经济、社会、环境之间的协调发展为途径。

可持续发展的理论核心在于：努力把握人与自然之间关系的平衡，寻求人与自然关系的合理化，努力实现人与人之间关系的和谐。追求人类社会的可持续发展，旨在满足当代人的发展需要，又应以不损害、不掠夺后代的发展需求作为前提；旨在满足本地区的发展需要，又应以不损害、不掠夺其他地区的发展需求作为前提。

决定可持续发展的水平，由五个基本支撑系统及其间的复杂关系来衡量：（1）生存支持系统。这是可持续发展的基础条件，是一个国家或地区按人均的资源数量和质量对于该空间内人口的基本生存和发展的支撑能力。（2）发展支持系统。这是可持续发展的动力条件，是一个国家或地区的资源、人力、技术、资本转化为产品和服务的总体能力。（3）环境支持系统。这是可持续发展的限制条件，是一个国家或地区的环境以其缓冲能力、抗逆能力和自净能力的综合，形成一定的容量去维护人类的生存支持系统和发展支持系统。（4）社会支持系统。这是可持续发展的保证条件，是一个国家或地区的社会发展以其稳定、有序、安全、保障等条件为可持续发展提供必要支持的能力。（5）管理支持系统。这是可持续发展的持续条件，要求人的识别能力、行动能力、决策能力和创新能力能够适应总体发展水平。

城市可持续发展是对普遍追求的人类可持续发展的区域性延伸和社区性实践，走可持续发展之路是城市发展的必然选择。21 世纪，城市正在成为人类最主要的居住环境，国家经济的发展也将在更大程度上取决于城市经济的发展，而城市诸多问题的有效解决，必须选择可持续发展的对策。

城市可持续发展的内涵和可持续发展的内涵是一致的，可以从以下几个方面来加以理解：

（1）从生态方面理解。城市可持续发展是指城市经济和社会的发展不能超越资源和环境的承载能力，在人地关系和谐发展中不断追求其内在的自然潜力得以实现，建立一个以生存容量为基础的可持续发展的城市。

（2）从经济方面理解。城市可持续发展是指在全球实施可持续发展的过程中，在生态可能的范围内最大限度地提高城市生产潜力，使城市系统结构和功能相互协调，在保持能够从自然资源与环境中不断得到服务的情况下，使城市经济增长的净收益最大化。

（3）从社会方面理解。城市可持续发展应追求一个社会福利、城市文明得到极大发展的城市，全体市民要积极参与、共同建设城市。

（4）从管理方面理解。城市可持续发展就是通过持续性管理整合政府机制、市场机制和社会机制，将城市的社会行为控制在生态限度内，达到城市经济不断增长、社会不断进步的发展目标。

总的来说，城市可持续发展是指城市在一定的时空尺度上，在一定地域内与其外部相和谐、统一，城市内部组织结构和运行机制协调优化，以公平的原则实现城市资源和环境的管理，促进城市资源、城市经济、城市社会和城市环境之间协调发展的过程，是一种新的城市发展模式。

（二）城市可持续发展的基本途径

可持续发展是一个过程，是一个实现目标的过程，而不是一个结果。根据可持续发展的核心"人与自然的平衡、人与人的和谐"，以及可持续发展的基本构成要素进行归纳，人类探寻实现城市可持续发展的基本途径基本上沿着三个方向展开，即生态方向、经济方向和社会方向。

1. 建设生态城市

资源与环境是城市可持续发展的基础条件和限制性条件，生态原则是可持续发展的题中应有之义。从可持续发展的内涵出发，可持续性是城市发展的基本特征，保持生态平衡，维护优良适宜的城市环境，已成为城市可持续发展的基础和前提。因此，运用生态学的原理和方法建设生态城市，是城市可持续发展战略的基本途径之一。

2. 发展知识经济

知识经济主要是以信息技术、生物技术等高技术产业为主要载体，它改变了传统产业的生产方式和生产效率，真正实现了人类社会由有形"资本"向无形"知识"的转变。知识与信息将成为知识经济时代城市经济发展的重要资源，在促进城市经济的可持续发展中将发挥越来越重要的作用。

3. 构建和谐社会

"和谐"是可持续发展思想的核心，可持续发展既要实现人与自然的和谐，又要实现人与人的和谐，和谐社会的发展是可持续发展的基本要求和基本内涵。和谐城市是和谐社会概念的延伸和发展，是和谐社会在城市空间的投影。从空间维度看，构建和谐社会的首要任务就是建设和谐城市。

人类在探寻实现城市可持续发展基本途径的过程中，其思路基本上是沿着生态方向、经济方向和社会方向展开，提出了不同的概念，包括生态城市、园林城市、知识型城市、学习型城市和和谐城市等。以可持续发展理念为线索，这些概念并不是截然分开的，它们彼此的发展更是形成了一种相互支持的概念框架。生态城市强调了人与自然的和谐，是基于人类发展受制于生态环境的客观规律，知识型城市的发展侧重于在发展与保护之间寻求和谐的现实途径，和谐城市则强调了人与人的和谐，是因为社会系统是可持续发展的基本保证。城市可持续发展应当始终贯彻“人与自然的平衡、人与人的和谐”这两大主题，通过平衡、自制、优化、协调，最终达到城乡之间的协调与统筹。

中国在进行城市可持续发展研究时，一方面要认真借鉴国外城市发展的先进经验，另一方面也要注意其本质的差别，即中国城市与国外城市所处的发展阶段不同，城市问题会有所不同，即使相同的问题，其轻重缓急也有所不同。在做城市可持续发展决策时，要因地制宜，不能一概而论，不能沿袭西方城市“先发展、后整治”的老路，而应走可持续发展之路，注重经济可持续、社会可持续和环境可持续三者的和谐统一，这样才可以避免西方城市步入成熟期后不可持续现象的发生。

城市可持续发展道路上面临的各种问题

一是城市记忆的消失。从文化景观到历史街区，从文物古迹到地方民居，从传统技能到社会习俗等，众多物质的与非物质的文化遗产，都是形成一座城市记忆的有力物证，也是一座城市文化价值的重要体现。但是，一些城市在所谓的“旧城改造”“危旧房改造”中，采取了大拆大建的开发方式，致使一片片历史街区被夷为平地，一座座传统民居被无情摧毁。到处是推土机的轰鸣，到处是写了“拆”字画了白圈的建筑。忽视对文化遗产的保护，造成这些历史性城市文化空间的破坏、历史文脉的割裂、社区邻里的解体，最终导致城市记忆的消失。

二是城市面貌的趋同。城市面貌是一个城市的物质生活、文化传统、地理环境等诸因素综合作用的产物。但是，一些城市在规划建设中抄袭、模仿、复制现象十分普遍，城市面貌正在急速地走向趋同，导致“南方北方一个样、大城小城一个样、城里城外一个样”的特色危机。各地具有民族风格和地域特色的城市风貌正在消失，取而代之的是几乎千篇一律的高楼大厦，“千城一面”的现象日趋严重。

三是城市建设的失调。一些城市在建设中缺少科学态度和人文意识，往往采取单纯依赖土地经营来拉动经济的增长方式，导致出现“圈地运动”和“造城运动”。一些城市盲目追求变大、变新、变洋，热衷于建设大广场、大草坪、大水面、景观大道、豪华办公楼，如果我们将这些新型城市的照片摆在一起，谁能分得清它们是哪一座城市？

四是城市形象的低俗。一些城市已经很难找到层次清晰、结构完整、布局生动、充满人性的城市文化形象。不少中小城市盲目模仿大城市，至今仍把高层、超高层建筑当作现代化的标志，寄希望于在短时间内能拥有更多“新、奇、怪”的建筑，现在一些城市习惯用“招投标”的方式来简单地让城市改头换面，很多外国公司拿来的方案并不能与城市的文化历史相结合，反而使城市景观变得生硬、浅薄和单调。

五是城市环境的恶化。一些城市以对自然无限制的掠夺来满足发展的欲望，致使环境面临突出问题：空气污染、土质污染、水体污染、视觉污染、听觉污染，热岛效应加剧、交通堵塞加剧、资源短缺加剧，绿色空间减少、安全空间减少、人的活动空间减少。不少文化遗产地也出现人工化、商业化、城市化趋势。

六是城市精神的衰落。一些城市追求物质利益，而忽视文化生态，在城市建设中存在盲目攀比、不切实际的倾向。实际上是重经济发展，轻人文精神；重建设规模，轻整体协调；重攀高比新，轻传统特色；重表面文章，轻实际效果……表现出对文化传统认知的肤浅、对城市精神理解的错位和对城市发展定位的迷茫。

七是城市管理的错位。一些城市在管理内容上重表象轻内涵，在管理途径上重人治轻法治，在管理手段上重经验轻科学，在管理效应上重近期轻长远。“城市病”的病根在于城市管理缺乏长远的战略眼光，缺乏应有的文化视野。

八是城市文化的沉沦。城市文化是市民生存状况、精神面貌以及城市景观的总体形态，并与市民的社会心态、行为方式和价值观念密切相关，在一定程度上体现出城市的竞争力，决定着城市的未来。一些城市面对席卷而来的强势文化，不是深化自身的人文历史，而是浅薄化自己的文化内涵，使思想平庸、文化稀薄、格调低下的行为方式，弥漫在城市的文化生活之中，消解着人们对于优秀传统文化的理解和继承。

二、城市竞争力

竞争力的概念最早源于企业。世界经济论坛在《关于竞争力的报告》中指出，企业竞争力是指“企业目前和未来在各自的环境下，以比它们国内和国外的竞争者更具吸引力和质量来进行设计、生产并销售货物和服务的能力和机会”。竞争力的概念从企业扩展到区域和国家体系研究中，是在美国学者迈克尔·波特的《国家竞争优势》一书出版以及世界经济论坛和瑞士洛桑国际管理发展学院成立并开始进行国际竞争力评价体系研究之后。美国麻省理工学院的保罗·克鲁格曼创建了新的经济地理学，研究区域竞争，也涉及城市竞争力问题。中国于1995年正式加入国际竞争力的世界评价体系，从而使中国的竞争力研究有了世界标准。

1998年1月，中国城市竞争力研究会在香港成立。2001年，中国社会科学院财贸经济研究所开展了中国24城市竞争力评价，倪鹏飞博士主编的《中国城市竞争力报告（NO. 1）》出版。2001年，上海社会科学院城市综合竞争力比较研究中心发布《国内若干大城市综合竞争力比较研究》，为国内十大城市排定了座次。2002年，北京国际城市发展研究院推出中国城市竞争力评价系统，提出了适合世贸组织背景下中国城市竞争力需要的“全球竞争力理论”和“城市价值链模型”。近年来，有多家研究机构先后发布了全国性的城市竞争力研究报告，其中影响比较大的是倪鹏飞博士主持的系列报告《中国城市竞争力报告》。

在经济全球化和区域经济一体化的背景下，国际竞争力是宏观层面的概念，企业竞争力是微观领域的问题，城市竞争力则是中观层面的竞争。城市竞争与企业和国家竞争有相似的地方，都体现了竞争主体通过自身努力达到对有限的、稀缺的资源的占有。随着经济全球化和城市现代化的发展，城市功能国际化日益明显，并引发广泛和多层次的竞争。从资源的稀缺性和占有资源而论，城市之间确实存在着竞争性。城市之间的竞争从根本上看也是对涉及城市发展的稀缺资源的竞争。城市对资源竞争实质上就是对生产要素和有利社会发展的其他稀缺资源的竞争，其结果就是城市在发展水平上的差异性。

第二次世界大战后，欧洲城市相继出现了郊区化，政府在战前为防止城市急剧膨胀而采取的遏制政策不再继续执行，人口出生率下降和郊区化导致的内城衰落成为新的城市问题。经济和政治形势的重大变化，使城市政府承担着城市更新和复兴的重任。如何利用外部条件和吸引城市外的投资，成为城市更新的关键所在。以城市规划为重要内容，由城市政府制定的各种政策具备了竞争性，成为城市政府吸引外部投资的重要手段，吸引投资的竞争在城市间激烈地展开。

20 世纪 70 年代以来，欧洲国家的城市政府对利益组合和资源来源组合更为关注，通过公私协作和城市营销使城市政府在管理理念和方法上与地方当局的目标更加一致。这些都是为了增强城市对外来投资的吸引力，提高城市为区外服务的能力和水平，最终提高城市的竞争力。这一时期，欧洲国家普遍在城市规划中运用 SWOT（strength，weakness，opportunity，threat）方法，也就是优势、劣势、机遇和挑战的评价方法，反映了立足于竞争的城市发展目标的定位原则。

提高城市竞争力必须依靠市场机制，但也离不开政府的管理。城市政府的一个重要职责是营造一个开放的、宽松的、高效的投资环境和经营环境，使原有企业得以健康发展、外来企业得以顺利成长。也就是说，完善服务是提高城市竞争力的根本。城市竞争力的提高必须在市场竞争导向的同时，注重政府的决策和组织的作用。政府要坚持决策的民主化和科学化，提高对突发事件的应变能力和对疑难问题的解决能力。另外，政府应积极地转变职能，为城市营造一个良好的竞争环境，从原来直接的“财富创造”到“场所创造”，为城市竞争力提供适宜的软、硬件环境。

（一）城市竞争力的含义和特征

当今世界各国城市都在积极致力于培育和提高城市竞争力，以促进城市的发展和国家能力的培育。提高国际竞争力和城市竞争力，已经成为世界各国面对经济全球化所采取的重要对策和手段。

所谓城市竞争力，是指一个城市在经济全球化和区域一体化背景下，与其他城市比较，在资源要素流动过程中，所具有的抗衡甚至超越现实和潜在的竞争对手，以获取持久的竞争优势，最终实现城市价值的系统合力。城市竞争力一方面是从绩效上反映的竞争能力，主要体现在经济增长、投资规模、居民实际收入等方面；另一方面是从动态上反映的竞争能力，主要是指城市要素集聚能力和资源增值能力，对其所在区域进行资源优化配置的能力。

对这个概念的理解包括这样几个方面：（1）城市竞争力是一种系统合力，是资源要素及其运作水平的有机集合。（2）城市竞争力是获取持续竞争优势的一种自组织力量，是组织系统高度有序的、用于开发和配置资源的一种机制。（3）城市竞争力是抗衡和超越竞争对手的一种力量。（4）城市竞争力是以资源在全球的流动为背景的。（5）城市竞争力以实现城市价值为最终目的。

城市竞争力是一个复杂的系统，由相互影响、相互作用的众多要素集合而成，它是城市系统的多个综合因素作用的结果。一是着眼于城市的综合实力，二是着眼于城市的市场竞争力。有学者认为，城市竞争力，更主要的指经济竞争力和城市资源有效利用率，是一种比较优势，也可以说是城市的集聚力和吸引力。

城市竞争力的高低，最终反映在城市的快速发展和可持续发展的能力和趋势上。城市竞争力既是一个结果，又体现于过程当中，因此城市竞争力的高低决定了城市的发展潜能和发展趋势；同时城市竞争力不单纯取决于发展速度，尤其是经济发展速度，城市竞争力更多地体现为一种开放、协调和可持续发展的发展状态和趋势。

城市竞争力具有以下一些特征：

(1) 综合性。城市竞争力是综合性、多层次、多方面的，体现的是一种系统的合力，本质上是一个城市的综合发展能力。营造城市竞争力是一项系统工程，必须从整体出发，全面考虑，始终把握系统的整体特性和功能，从而达到在整体上增强城市竞争力的目的。

(2) 动态性。尽管静态的竞争状况对一个城市的竞争力十分重要，但城市竞争力还是更多地表现为动态的发展和变化。城市竞争力的形成和保持是一个动态发展的过程，只有从动态角度来考察城市，城市竞争力才有现实的意义。也就是说，一个城市现在所聚集的发展能量可能决定未来一段时间内的城市竞争优势。

(3) 相对性。城市竞争力的大小是一个相对的概念，从某一区域、某一时点去观察城市的竞争状况，各个城市的竞争力都是相对的。比如说，某一区域内竞争力强的城市未必就是国内竞争力强的城市，某一时期具有竞争力的城市未必能在将来的五年甚至十年内保持这种竞争力。

(二) 城市竞争力的影响因素

中国城市竞争力指标体系是一个系统结构，各个要素之间关联性强，互动作用大，每一个要素都将直接影响竞争力，其中对中国城市竞争力影响的关键因素主要有如下方面：

(1) 全球化程度。一个城市全球化程度的高低直接影响其城市竞争力的强弱。

(2) 后工业化的城市产业结构。城市产业结构直接反映着城市未来的经济取向，是城市价值活动和价值流的重要支撑。

(3) 流量经济。一个城市的价值取向主要看它的价值流。

(4) 市场开放度。市场开放和管制是衡量一个城市是否具有活力的标志。

(5) 创新环境。在全球资源快速流动中，最大的竞争优势就是资源的最优配置和全面整合，而整合的最佳手段就是在不断创新中重组。

(6) 人力资源。一个城市的人力资源的规模、结构、素质等直接地影响城市的发展。

(7) 城市治理结构。建立一个政府、市场、社会相结合的提高增长质量的城市治理结构已经成为提升城市竞争力的关键环节。

(8) 城市品牌。品牌是最宝贵的城市财富，它体现了城市的商业价值，因为城市的真正价值实际上源于城市价值活动的外部，存在于城市投资者和消费者的头脑中。

(9) 城市群和城市联盟。城市群是以中心城市为龙头，向周边城市辐射，共同建立的城市利益共同体。城市联盟是城市群的反空间竞争模式，借助市场空间和资源要素的流动和整合形成资源关联度和经济一体化的协作系统，以抗衡或超越竞争集团的资源配置机制。

三、经营城市

(一) 经营城市理念的提出

经营是经济学关于企业发展与竞争的一个概念，经营的目的在于以尽可能少的资本投入，调动更多的社会资源，经过一定的创新活动使之增值。经营城市是一个新概念。简单地说，经营城市，就是运用市场经济的手段，将城市资源和资产进行重新整合和优化配置，提高城市资产利用的综合效益，实现城市的可持续发展。

经营城市在我国最早可追溯到《周礼·考工记》中的“匠人营国，方九里，旁三门，国中九经九纬”。而真正意义上的经营城市是现代城市发展的产物。经营城市理念的出现，最早可以追溯到20世纪70年代，是一种被研究者从经纪人的众多业务中发掘而来的特殊形式，其实质是通过对权力的操纵而达到分配资源的目的。经营城市概念的提出直接针对政府机构，考察的是如何利用政府权力满足社会对基础设施和公共服务的需求。经营城市的理念一经提出，立即引起国际上众多理论和实践工作者的关注。

中国经营城市的最早行为可以追溯到1982年深圳市率先实行城市土地有偿使用制度试点，而真正把经营城市作为系统性概念进行研究并付诸实践则是近年的事情。1991年，大连市率先提出了经营城市的模式，在全国掀起了经营城市的旋风。2000年，全国中等城市经济研讨会正式提出经营城市的概念。

经营城市的一个重要前提，就是将城市看成一宗数额巨大、形态多样的国有资产，通过对该资产的科学运营，为城市再建设筹集更多资金。就城市而言，土地资本、建筑物、水资源及城市环境和形象都是城市资产，是政府最大的国有资产。这些资产就成为政府经营城市的城市资本。城市资本从市场要素的角度看，可以划分为三种基本形式：（1）自然资本，即自然生存，未经人力作用、产权属于国家所有的自然物质，主要形态是土地、地下矿藏以及水源、树木等城市自然资源。（2）人化资本，即经过资金投入、人力作用后而存在的资本，如道路、桥梁、公园等城市基础设施。（3）延伸资本，如城市空间经营、命名权、特许使用权等。

通过经营城市，形成“投入—产出—再投入”的良性循环机制，走“以城养城、以城建城、以城兴城”的城市建设市场化道路，实现城市自我滚动、自我积累、自我发展、自我增值。在社会主义市场经济条件下，经营城市改变了过去城市建设投融资单纯依靠政府的状况，把寻求资金的目光扩展到整个社会。

经营城市作为一种新的城市管理模式，已逐步由城市管理者运用于管理实践当中，并取得了显著的成效。利用市场机制充分挖掘城市这一巨大资源优势，是社会主义市场经济发展、政府职能转变的必然要求，也是增强城市竞争力、完善城市功能的要求。它的必要性主要体现在以下几个方面：

（1）缓解政府在城市建设资金上的困境。

传统的城市建设模式下，城市的基本建设都是由政府统包统揽，单一投资。随着经济发展对城市建设的要求越来越高，各项基础设施和服务供给难以满足现实的需求，城市政府面临城市建设需求庞大但投资供给不足的窘境。通过经营城市，广开财源，可以解决城市建设资金的难题，这是经营城市最基本的出发点。

（2）提高公共建设项目的效率。

政府通过改变经营管理方式，实行投资主体多元化，由投资者组织项目公司进行企业化管理，自负盈亏，使投资者必须考虑投入产出，努力降低成本，提高基础设施部门的效率。这一过程就实现了经营城市的重要目标之一，即运用市场经济的手段，对城市资源进行资本化聚集、重组和运营，实现资源和资本在容量、结构、功能方面的优化，实现建设投入和产出的良性循环。

（3）推动政府职能的积极转变。

经营城市是21世纪城市政府面临的新课题。树立政府经营城市的理念，就是在社会主义市场经济条件下城市政府职能转变的客观要求，也就是说，城市政府要从行政指令的管理方式转变为以法律法规为基础的经营管理。政府及其职能部门必须改革自身的管理体制、运行机制，以适应新的经营城市的要求。

（4）促进城市的可持续发展。

目前，城市化进程在加快，这就需要城市扩大规模、提高质量，其中最大的制约因素就是资金问题。在主要依靠财政投入进行城市建设的传统体制外，经营城市就是一条与社会主义市场经济相适应的、可以增强城市建设后劲的发展措施。

（二）经营城市的主要内容和思路

从市政管理的过程来看，市政管理主要有三个环节：城市规划、建设与管理。经营城市的理念应贯彻于市政管理的各个环节，即综合运用城市资产，从城市规划、建设、管理的全过程来经营城市，即实现以经营理念高起点规划城市，以经营手段高品位建设城市，以经营方式高水平管理城市。这些环节都是对城市资本要素的优化组合。经营城市的主要内容有以下几点：

（1）城市自然资本：盘活土地存量，实现自然资本的增值。

经营城市，其中主要是对作为公共资产的土地进行经营，按照资本运营的方式来实现土地的价值。城市政府要盘活城市土地，一是要加强土地资源的规划，扩大城市规模；二是要优化城市建成区土地资源的配置，利用土地的级差地租，采用土地置换和结构调整等方式使土地增值。

（2）城市人化资本：引进竞争机制，实现公用事业多元化经营。

经营城市用市场化机制运作资本，把公共设施由公共产品变成“城市商品”，凡是可以由市场来解决的，都可以发挥市场机制的作用，充分调动城市中各种主体的积极性。对城市基础设施使用权、经营权采取出让、拍卖、抵押、转让以及授予特许权等方式，可以把这些城市资产盘活，缓解政府财政压力，激发其他城市主体的活力。

（3）城市延伸资本：做好城市延伸资本的开发，树立城市形象。

城市延伸资本是指城市发展的软环境，主要包括城市知名度、城市文化等。做好城市延伸资本的开发，最根本的还在于树立良好的城市形象。城市形象主要通过城市知名度、城市文化等来体现和反映出来。城市形象可以通过经营的方式来运作。城市的发展，不仅要靠投入，还应树立起“经营”的理念。

城市自然资本、人化资本、延伸资本的运营必然都涉及资金的运作。所以，许多城市加大市场化筹资力度，如鼓励和优先安排经营业绩优良的城市基础设施开发公司股票上市，对急需发展、效益较好的项目，发行建设债券等，力图把社会资本吸引到城市建设和发展上来。

经营城市的思路主要体现在以下几个方面：

（1）观念的改变。

过去，城市政府的管理者热衷于办企业，认为只有企业能够带来经济效益，能够提高

GDP，能够提升城市的经济地位。实际上，城市是国家长期巨额资金投入的结果，城市本身就是中国最大的国有资产。经营管理好城市，盘活存量、扩大增量，是城市政府管理者的重要任务。政府可以将城市作为最大的国有资产进行经营，通过经营城市增加财政收入。按照经营城市的思路来融资，就是要突破把城市资产仅当作某个企业、某个局部的狭隘观念，把城市本身当作资产，从整体上运作城市资产。

（2）基础设施建设的市场化运营。

通过城市基础设施的存量盘活和增量吸收，基础设施的供给水平提高了，城市建设资金的供应大为拓展。基础设施市场化运营包括这样一些操作方式：1）特许专营权的招标出让。这一方式适用范围包括公交、轮渡、缆车、电力隧道等。特许专营招标后，中标者与政府签订契约，契约对经营者和政府的权益做了明确的规定，中标者在规定期限内经营标的物。2）基础设施资产的证券化。在股票市场上公开出售基础设施或企业，政府在市场上公开招标募股，中标者同政府签署股票出售合同，股票可以在证券市场交易，在不减少国有资本的情况下，中标者可以增股扩股，吸收民间资金，也可以鼓励员工购买股票。3）承包和租赁经营。将那些盈利率不高或者盈利前景不明朗但投资巨大的企业，交由民间企业承包租赁经营。政府按照一定比例收取承包费或租金。4）兼并清算和拍卖。对亏损严重的企业，政府鼓励民间资本兼并，政府适当减免亏损企业的债务。对关键领域的企业，政府应保留一部分股份以实行必要的监督。5）利用资本市场为城市公共建设项目投资融资。以多种形式为基础设施建设融通资金。

（3）城市土地资产的盘活。

土地是国有资产中最大的存量资产，要使有限的城市空间发挥最大的效用，必须高度重视对城市土地的供应和运营的管理，努力提高土地资产的利用效率和地域空间的生态环境效益及经济效益。实行城市土地资本化经营是由中国现有土地产权的法律关系决定的。作为土地所有者的代表，政府有义务管理和经营好城市土地资产，促进城市土地资产的保值增值。目前，一些城市正在探索推行的城市土地收购储备制度，是获得普遍认可的一条经营之道。另外，政府必须以市场经济的眼光看待土地，对城市土地全面规划，合理布局，综合开发，配套建设。对储备的土地进行二期开发，促进建设用地增值。

（4）城市无形资产的经营。

在城市可经营的资产中，既有土地、道路、桥梁等大量有形资产，又有从有形资产中衍生出来的无形资产，包括户外广告标牌经营权、桥梁等的冠名权、城市品牌、城市文化、城市形象等。城市无形资产可以发挥出巨大的经济效益和社会效益，是一份特殊的资产，但并不是所有的无形资产都可以商业化，经营过程中要特别注意依据其特点进行经营。同时在无形资产的经营中注意尊重传统文化和民族习惯，注意环境的保护和美化，根据不同的特点、功能和目的予以区别对待。

（5）多种投资途径的采纳。

建立良性循环的经营城市投资体制可以采取多种途径：1）要素资源的全面开放和流动。吸纳各种投资者，吸纳各种人才和技术，采取各种办法兴办城市公益事业，提倡各类投资者以资入股投入城市建设。2）成立城市建设投资公司，采用“公司制”等新运行机制，使城市基础设施资金参与经营，滚动增值，加大投入的力度。3）发展城市非公有制经济。鼓励和支持非公有制企业进入城市。4）争取发行市政债券。5）设立投资基金。

（三）经营城市应注意的问题

在经营城市的过程中，理念和实践中都还存在许多没有解决的问题，所以经营城市在实践中也会有风险，有学者提出，经营城市极有可能导致政府职能“越位”、城市建设规模失控、耕地资源枯竭、地方保护主义盛行、加重企业税费负担，最终影响经济和社会的发展。因此，我们还要注意如下问题：

（1）界定经营城市的范围。

经营城市的客体和范围是有一定限度的。并非城市所有的资本要素都可经营，不是什么项目都以营利为目的，有许多职能是不能用经营城市的方式来完成的。

（2）界定政府的角色地位。

政府不仅要承担建设城市基础设施的财政责任，还要承担私有化过程中的风险，同时更具有规范市场行为、制定市场制度、调整利益关系的职能。政府在经营城市时，必须明确哪些是可以由市场来运作的，哪些是市场无能为力、必须由政府来操作的。要区别对待可经营性资源和公益性非经营性资源的区别，防止“一刀切”的市场化运作。

（3）规范城市资金渠道。

在经营城市时必须把握好城建投资与经济发展之间的关系，掌握适度的负债率，规范城市资金渠道，这是经营城市健康发展的必然要求。城市政府在经营城市中，应实行有效的开源节流，缩短投资战线，降低投资成本，对经营性土地全部实行公开招标出让，进行土地储备，把原有的国有资产进行转换，让民营经济发挥更大的作用等。

（4）处理好经营城市和城市竞争的关系。

经营城市并不是为城市争资源、争资金、争市场，将城市之间的竞争推向极端，将城市竞争等同于企业竞争。城市间的关系是竞争与合作共存的关系，一个城市竞争力的提高不应该以牺牲另一个城市为代价。对绝大多数的城市来说，为了能在全球竞争体系中占据更高的地位，必须通过强化区域内的联合以实现整体与个体发展的双赢。

（5）处理好经营城市和城市规划的关系。

经营城市以采用市场化的运作方式为主要特点。市场化往往只关注局部利益而忽视整体和社会利益，容易出现发展的无序和失控，需要政府力量引导下的宏观建构。经营城市除了依靠市场的制度效率与主体活力外，还要依靠城市规划的引导和控制。经营城市的首要内容是规划好城市，合理界定城市的空间功能和审美形态，使城市地理意义上的空间和功能意义上的空间和谐统一。

经营城市是一个较为长期和复杂的过程，要求我们运用经营的理念规划、建设、管理好城市，最终走向全面经营城市。建立经营城市的理念，可以使城市资产由产品变成商品，城市建设由简单的生产过程变成资本经营过程，推动城市走向良性发展道路。

四、城市营销

（一）城市营销的出现

根据营销学理论，就企业而言，市场营销活动是“引导商品和劳务从生产者到达消费者所实施的一切企业活动”，企业营销和企业经营活动是完全融合在一起的，是企业经营活动的重心随市场变化而不断变迁的具体反映，企业营销是企业经营发展的高级阶段。另外，在企业经营发展的高级阶段，消费者导向具有外向性，主要是面向市场的，可视为企业营销活动；管理和利润导向具有内敛性，主要是面向企业内部（生产环节），可视为企业经营活动。所以，在市场发育成熟阶段，营销和经营是企业发展的基本组成部分，企业营销是企业经营的别称。

城市营销活动最早可以追溯到14世纪的意大利城市政府促进旅游胜地建设的做法，但在理论上一直没有对城市营销进行概括总结。20世纪50年代以来，城市世界开始经历转型时期，城市发展的内外部环境发生了很大变化，使很多城市面临各种困境，在这一过程中，人们开始重新思考城市发展的内在驱动力问题。

20世纪80年代末90年代初，随着市场营销学的发展以及城市的发展，现代营销之父菲利普·科特勒等人系统地提出了“地方营销”的概念。根据菲利普·科特勒的定义，所谓地方营销就是将地方视为企业，将地方的资源和未来视为产品，分析其内外部环境，以及在全球性竞争中的强项与弱项还有面临的机遇和威胁，确定目标市场，借此强化地方经济基础，主动培育和营销地方特色，针对目标市场进行创造、包装和营销，从而更有效率地满足和吸引既有的与潜在的目标市场。从这一观点出发，任何一个国家、城市甚至城镇都可以进行“地点营销”，菲利普·科特勒鼓励不同地点切合自身实际，建设作为居住、投资或旅游胜地的竞争优势和品牌形象。

目前在国内外的文献中，关于城市营销并没有一个统一的概念表述。英文文献中常见的有 city marketing、place marketing、selling place、regional marketing 等，国内则将其对应地翻译为城市营销、场所营销、地区营销和区域营销等。但是目前理论界沿用最多、最被认可的，还是科特勒提出的定义。

城市营销是经营城市的发展和高级阶段，现代城市之间竞争的加剧，要求城市的管理者要像推销商品一样来推销城市，这样才能赢得消费城市者的青睐，才能获得城市更大的发展。专家们认为，目前城市已进入营销时代，没有个性化的城市品牌、专业性的城市营销能力和体系就无法有质量、有效率地开展以吸纳投资等为主要形态的城市招商活动。

城市营销是市场经济发展对城市的必然要求。作为一个全新的概念，它是经济学、企业管理学、社会学、营销学的理论在城市建设与发展中的综合体现和反映。城市营销就是指把市场经济中的营销意识、营销机制和营销方式的理念与手段运用到城市建设和管理上，把城市中可经营的资源如城市土地、城市基础设施、城市生态环境、文物古迹和旅游资源等有形资产以及依附于其上的名称、形象、知名度和城市特色文化等无形的资产，通过对其使用权、经营权、冠名权等相关权益的市场运作，最大限度地盘活存量、引进增量，广泛利用社会资金进行城市建设，以实现城市资源配置的最优化和效益的最大化，实现城市的自我滚动、自我积累、自我增值的新的城市建设和管理模式，从而促进城市发展、社会进步、人民物质文化生活水平的提高。城市营销是对经营城市的质变性跃升。

城市营销是利用市场营销的理念和方法来管理城市，这是真正的本质。城市营销的基本原则要体现市场化，城市营销的观念是要进行城市定位。定位首先要建立在竞争的基础上，定位是一个竞争力分析的结构，城市营销的目标就是要提升城市的竞争力。城市营销的内容是提升城市内在能力。城市内在能力是城市人文环境、要素禀赋、产业结构、政府作为等方面的集合，其外在表现为城市个性、城市形象。城市营销的目的是满足政府、企业和公众的需求。从一定意义上讲，城市营销就是通过提升城市形象，获得与城市内在能力对应的收益。城市营销是一种综合的社会管理活动或过程，通过城市规划、城市建设、城市治理以及城市形象传播等一系列管理活动实现城市营销的目的。

总的来说，我们可以将城市营销界定为：将城市视为企业，将城市的资源和未来视为产品，分析它的内外部环境，揭示它在全球性竞争中的强项与弱项以及面临的机遇和威胁，确定它的目标市场，并针对目标市场进行创造、包装和行销的过程。

（二）城市营销的基本要素

1. 城市规划是城市营销的灵魂

城市营销必须通盘考虑，这就离不开科学的规划，因为城市规划是城市建设的灵魂、城市发展的龙头，我们不难设想没有科学合理规划的城市建设将是什么样子。

2. 经营土地是城市营销的起点

土地是政府掌握的最大的城市资产，同时也是城市的稀缺资源，所以它的收益是直接的，但许多地区把城市营销片面理解为经营城市土地，从而产生了不少问题，这也正从另一个方面说明城市土地在城市营销过程中的重要性，它是城市营销的起点。

3. 市场运作是城市营销的手段

要确立“无处不营销”的至上理念，利用城市资产优势，通过市场运作和机制创新，促进城市资产保值增值，以推动城市良性发展。走“以地生财”“以资生财”“企业化”“无中生有”之路。

4. 投融资渠道是城市营销的源泉

加快城市建设投融资体制改革，畅通投融资渠道。组建城市建设开发公司；按照“谁投资、谁营销、谁受益”的原则，采取多种形式吸引投资；通过发行股票、债券、彩券等方式进行融资。

5. 主导产业是城市营销的支撑

将培育城市主导产业作为近期或长期的发展战略。准确定位城市的主导产业，使资源在主导产业部门得以最优配置；以主导产业为中心，提升城市产业关联度；围绕主导产业，优化城市产业结构，加快传统产业的改组改造。

6. 形象塑造是城市营销的目标

塑造城市形象就像塑造一个产品品牌一样，既需要遵循统一的标准，又需要突出自己的亮点。通过改善城市生态系统，以优化城市环境，改善城市外在形象；城市形象工程必须体现一定的价值观、理念和社会文化艺术涵养；提高市民素质，树立市民形象；加大文化设施投入，提升城市文化品位。

7. 品牌建设是城市营销的基本战略

城市营销最重要的是打造、管理和维护城市品牌。城市品牌的塑造包括城市产品品牌、城市总体形象品牌的塑造。城市总体品牌的核心价值是一个城市的最灵魂的东西，环境、资源、文化、历史、经济和人本身都是构成和决定一个城市品牌价值的要素，这些要素结合起来最终决定了品牌的本质。

（三）城市营销的基本模式

1. 依据一定阶段城市发展的总体目标定位的不同进行划分

（1）环境经济模式。

环境经济模式是将城市作为最大的产品从总体上来规划、设计、建设和营销，通过营造城市最佳投资环境和最宜居环境，吸引国内外商家投资和国内外游客消费，为城市发展争取到足够的资金，进而带动城市经济社会发展的一种营销模式。环境经济模式在中国以大连、昆明为代表。

（2）产业经济模式。

产业经济模式是通过大力发展工业名牌，形成以名牌企业集团为支柱的工业体系，来提升城市知名度的一种营销模式。产业经济模式在中国以青岛、广州为代表。

（3）综合经济模式。

综合经济模式是指在城市建设过程中使环境与经济都得以兼顾，既大力推进环境建设，又建立起一系列工业品牌的一种营销模式。综合经济模式在中国以上海、香港为代表。

2. 依据城市营销过程中市场化运作方式的不同进行划分

（1）开发营销模式。

开发营销模式主要是通过土地、旅游、环保等资源的高质量、多层次的开发，使资源增值，增加对社会资本的吸引力，增强可变现能力。在中国，开发营销模式的代表是苏州、武汉、成都。

（2）资本转换模式。

资本转换模式主要是盘活城市拥有的有形、无形的存量资产，转换资本形态，优化资源配置，加快城市开发和建设，如土地置换、抵押置换等形式。

（3）节支效益模式。

节支效益模式主要是指在城市营销过程中从资金源头上抓起，精打细算，尽量少花钱多办事。比如公用事业单位实行企业管理，减少财政负担等。

某个城市选择何种模式，必须要结合自身实际和具体发展阶段来确定。在城市营销初级阶段，由于缺乏经验，应当选择少数部门或领域进行试点，优先选择易于资产化、资本化的有形资源进行营销，利用其放大效应筹集城市建设资金；当城市发展进入较高级城市化阶段，已具备了一定的物质基础时，城市营销的重点应当向精神文明、生态环境、教育文化等方面倾斜，否则将无法实现城市的可持续发展。

五、城市更新

城市更新是20世纪中期首先在欧美工业化国家兴起的旧城改造运动，其目的在于将老化的市区给予有效的改善，为市民创造更好的生活环境。城市更新的重点是对旧城区内建筑、土地、道路进行结构性调整。城市更新的兴起体现了人们要求建设一个更好、更公正、更富人性、更加舒适的都市社会的愿望。

城市更新是一项复杂的系统工程，是城市政府面对的共同课题。政府主导下的城市更新在改善城市面貌和投资环境、促进用地结构调整等方面发挥了积极的作用，并成为城市开发和建设的一个重要组成部分。为推动城市更新的健康发展，需要转变观念，积极探索面向社区的自下而上的规划体系和机制。

（一）西方的城市更新

第二次世界大战后西方国家为医治战争创伤，同时为解决城市发展中出现的各种社会问题，掀起了一场大规模地对旧城进行改造的城市更新运动。城市重建的方式是政府与私人合作，政府通过强制性购买措施提供重建用地，开发商则从事具体的重建工作。开发的手段是大规模推倒重建，对中心区建筑、土地和道路进行结构性调整，原有的居民住宅和混杂其中的中小商业则被置换到城市的其他地区，重建后中心区的功能以商业为主。

清理贫民窟是当时城市更新的主要内容之一。受当时“集中主义”建筑学派的影响①，政府支持发展高层建筑，政府对多层公寓建设给予更为优惠的财政补贴措施。到20世纪70年代这种全部用高楼大厦取代具有历史底蕴的老建筑的开发形式引起社会的强烈反对。

1973年，英国学者E.F.舒马赫发表《小的就是美的》，提出规划应“考虑人的需要”，主张在城市的发展中采用“以人为尺度的生产方式”和“适宜技术”。以此为标志，西方国家的城市更新进入一个新时期：从大规模、以开发商为主导的剧烈的推倒重建方式转向小规模、分阶段、主要由社区自身组织的谨慎的渐进式。

20世纪70年代后公共参与的规划原则开始广泛渗透到城市更新运动中。这一时期出现了一种自下而上的“社区规划”，这是由社区内部自发产生的“自愿式更新”。这种规模较小，以改善社区环境、创造就业机会、促进邻里和睦为主要目标的社区规划已逐渐发展成为20世纪80年代以后西方国家城市更新的主要方式。

在可持续发展思想的影响下，当今的城市更新以前所未有的多元化方式发展，城市更新的目标更为广泛，内容更为丰富。以小规模改造为主的社区更新，逐步在谋求与政府、社区、开发商和工程师等的多边合作。可持续的住区发展成为当前城市更新的发展方向。

西方近现代城市更新从理论到实践大体可分为两个主要阶段，前一阶段是在以形体规划为核心的城市规划思想影响下，大规模、激进式、非理性的阶段；后一阶段是20世纪70年代后在“人本主义”、可持续发展思想影响下，以强调功能的小规模、渐进式、多元参与为主要特征和方式的理性阶段。

西方城市更新包括以下几个特点：（1）城市更新以人为本。在“人本主义”思想的影响下，城市更新对人的尺度和需要给予充分考虑，西方后工业化时期的城市更新日益强调城市功能，特别是城市的商务、零售、娱乐和休闲功能。（2）社区建设成为城市更新的主要方向。城市更新的方式从大规模以开发区为主导的破坏式推倒重建转向小规模、分阶段，主要由社区自己组织的渐进式发展。社区环境的综合整治、社区经济的复兴以及居民参与下的社区邻里自建成为西方国家城市更新的主要方式。（3）可持续发展思想成为共识。城市更新从单纯的物质环境改造转向重视城市更新的社会经济意义。规划更多地注重

---

① 为了解决现代城市人口和建筑过分集中、城市中缺少空地的问题，两种理论流派应运而生。一派为“分散主义”，起源于霍华德的花园城市理论中的关于母城和子城的学说，后被其追随者进一步发展为卫星城学说，其核心思想是向外发展腾出空地。另一派为“集中主义”。法国人勒·柯布西耶在其著作《明日的城市》中提出要利用城市的三维空间发展解决城市存在的拥挤问题，采用的方式为向空中和地下发展，以节约土地。

住房建设和社区的可持续发展，强调规划过程的连续性。

20 世纪 90 年代以来，西方发达国家的城市更新运动与日渐兴起的可持续发展思潮相融合，出现了更加注重人居环境、生态环境和社区可持续发展等新的政策取向。1996 年 6 月，联合国在伊斯坦布尔召开的联合国第二次人类居住会议上确立了 21 世纪人类奋斗的两个主题："人人有合适的住房"和"城市化世界中可持续的人类住区发展"，明确指出了当前国际城市更新政策的价值取向。可以说，西方国家的城市更新运动已进入一个相对成熟、稳健的阶段。

（二）中国的城市更新

中华人民共和国成立以来，中国城市更新大致可以分为两个阶段。第一阶段从中华人民共和国成立到 20 世纪 90 年代以前，城市更新以局部危房改造、基础设施建设为主要目标，是小规模的空间物质性更新阶段。第二阶段从 20 世纪 90 年代后开始，在多样性动力机制推动下，城市更新包括了物质性更新、空间功能结构调整、人文环境优化等社会、经济、文化多目标的综合快速发展。

中华人民共和国成立后的旧城改造，由于社会、经济条件的限制，主要采取从老城边缘向中心指向的"填空补实"的方式，这一时期的城市建设，存在着标准偏低、配套不全、侵占绿地、破坏历史文化环境等问题，形成了独特的内旧外新的城市空间景观，城市空间形态受到了忽视。这一过程中伴生了大量的街道工厂，老城的生活和生产环境都有所恶化。

改革开放至 20 世纪 90 年代初期，老城空间功能结构衰退，出现了物质性老化等严重问题，严重阻碍了城市化的进程和社会经济的发展。这一时期中国城市建设"重生产、轻生活"的思路有所改变，非生产性建设的投资比例逐年上升，采用"拆一建多"的开发方式，在老城区和新区分别建设了一批多层盒形布局的兵营状住宅区，以求以最少的资金解决最多人的居住问题。这种"拆一建多"无意间破坏了城市的肌理，使城市失去特色。

20 世纪 90 年代以来，城市更新问题得到学者们的广泛讨论。随着社会主义市场经济体制逐渐完善和确立，整个社会政治经济环境处于大改革的转型期。对老城的更新进入大规模、快速化阶段，特别是对一直缺乏更新的城市中心区，更新的规模和力度更大，城市中心区的污染工业产业纷纷搬出中心区，腾出建设用地，利用土地级差地租，开发中心区，中心区商业化成为一股潮流。这与第二次世界大战后西方前期大规模推倒重建的城市更新有许多相似之处。

改革开放前，我国旧城区普遍存在着布局混乱、交通拥堵、市政设施短缺、居住拥挤、房屋破旧、环境污染等严重问题。在改革开放后的城市更新中，这些问题得到了不同程度的改善。但是，在旧城区的更新改造过程中，暴露出的一些问题也正日益突出和严重。比如，老城过度开发、新城郊区化，形象工程泛滥，社会关系和利益结构被扭曲，旧城区中的大量社区解体，城市历史文化特色遭受冲击。

目前，中国的城市更新在逐步转向更温和的发展，强调在更新中复原、保留、完善和逐渐改变，城市更新对现有结构的破坏性有所减弱。随着社会主义市场经济体制改革的深化，更新城市的思路和方式在不断地探索和完善。一些城市运用市场经济手段经营城市，优化提升城市的社会、经济和文化环境，在城市新陈代谢中逐步增强综合竞争力。

创新"城市更新"理念

上海新天地是一个最著名的、也是最成功的旧城区改造案例，并为许多城市更新者所模仿。新天地的改造一方面为众多的城市树立了成功的模范，另一方面也为上海带来了更大的价值。新天地开发借鉴了国外经验，采用保留建筑外皮、改造内部结构和功能，并引进新的生活内容的方式，这一做法在上海甚至是全国都是首创。

1997年，新天地主开发商——香港瑞安集团承接了太平桥一片区的城市改造任务，并提出了一个全新的改造理念：改变原有的居住功能，赋予其全新的商业经营价值，把百年的石库门旧区改造为能代表上海的新天地。依据这一理念开发的新天地在2001年诞生，并迅速成为上海时尚潮流的热点，吸引了国际关注，成为时尚休闲的旅游中心和具有国际知名度的聚会场所。上海新天地的成功得益于先进的经营理念和开发经验，赋予了这片旧区新的生命，刺激了其价值的最大实现。

现在，新天地已经吸引了中外各个阶层的广泛关注，各路明星、艺术家、驻沪外交官纷至沓来，国际模特大赛、时装表演、文艺风俗表演等时尚文娱活动纷纷亮相。曾经破败残垣的深巷已变成了文化的聚集点，发展成为具有国际影响力的交流观赏场所。这种改造和变迁在改变其本身的同时，也在塑造着新的上海品牌。

798艺术区是另一个以创意创造城市新空间的生动案例。对旧厂房进行艺术化改造，时下正成为中国许多城市创意产业的发展意向。在创意城市的过程中创作城市，在创新城市的过程中创造城市，把发展创意产业与推进产业结构和消费结构转型升级结合起来，把发展创意产业与旧城改造和保护历史文化遗产结合起来，让每一栋建筑、每一条街道乃至整个城市都能成为一件艺术品、一件文化产品。

在北京的东北角，有一个以20世纪50年代建成的工厂命名的艺术区，这就是798艺术区。它位于北京朝阳区酒仙桥街道大山子地区，故又称大山子艺术区，为原国营798厂等电子工业的老厂区所在地。此区域西起酒仙桥路，东至京包铁路，北起酒仙桥北路，南至将台路，面积60多万平方米。

从2001年开始，来自北京周边和北京以外的艺术家开始集聚798厂，他们以艺术家独有的眼光发现了此处对从事艺术工作的独特优势。他们充分利用原有厂房的风格（德国包豪斯建筑风格），稍稍进行装修和修饰，一变而成为富有特色的艺术展示和创作空间。现今798已经引起了国内外媒体和大众的广泛关注，并已成为北京都市文化的新地标。

2003年，798艺术区被美国《时代》周刊评为全球最有文化标志性的22个城市艺术中心之一。同年，北京首度入选《新闻周刊》年度12大世界城市，原因在于798艺术区把一个废旧厂区变成了时尚社区。2004年，北京被列入美国《财富》杂志一年一度评选的世界有发展性的20个城市之一，入选理由仍然是798艺术区。

六、数字城市

（一）数字城市的含义和作用

数字城市是人类对物质城市认识的又一次飞跃，是对城市发展方向的一种描述。其本质是对物质城市及其相关现象（经济社会特征）统一的数字化重现和认识，是用数字化的手段来处理、分析和管理整个城市，促进城市的人流、物流、资金流、信息流、交通流的通畅和协调。

数字城市的研究最早起源于20世纪80年代初美国斯基德莫尔和美林两个城市进行的三维城市模拟。之后，许多国家和城市开始着手数字城市的研究工作。虽然许多国家多年前就开始数字城市的综合建设实验，但就世界范围看，数字城市的研究目前仍处于探索阶段。

美国前副总统戈尔于1998年1月21日提出了“数字地球”的概念之后，中国学者特别是地学界的专家认识到“数字地球”战略将是推动我国信息化建设和社会经济、资源环境可持续发展的重要武器，并于1999年11月29日至12月2日在北京召开了首届国际“数字地球”大会。之后，与“数字地球”相关相似的概念层出不穷。“数字中国”“数字省”“数字城市”“数字化行业”“数字化社区”等名词充斥报端和杂志。国家测绘局（现国家测绘地理信息局）在2000年全国局长干部会议上明确提出，测绘局系统今后一个时期的主要任务是构建“数字中国”的基础框架。此后，多个省区的数字城市立项开展得如火如荼。信息产业部（现工业和信息化部）于2002年颁布了《中国城市信息化指南》。建设部（现住房和城乡建设部）于2004年颁布《城市数字化工程技术导则》，并从2005年起开始执行数字化城市管理试点。2006年2月，国家测绘局启动了“数字城市地理空间框架建设与应用试点项目”，其中有24个省、自治区、直辖市的53个城市参加了试点与推广工作。

2015年12月30日下发并实施的《中共中央国务院关于深入推进城市执法体制改革改进城市管理工作的指导意见》明确提出：积极推进城市管理数字化、精细化、智慧化，到2017年底，所有市、县都要整合形成数字化城市管理平台。基于城市公共信息平台，综合运用物联网、云计算、大数据等现代信息技术，整合人口、交通、能源、建设等公共设施信息和公共基础服务，拓展数字化城市管理平台功能。加快数字化城市管理向智慧化升级，实现感知、分析、服务、指挥、监察“五位一体”。

“数字城市”目前仍是一个概念，它是“数字地球”的组成部分，可以看作一个系统工程或发展战略，但不能看作一个项目或一个系统。它可能包括了很多系统，但是要对它下一个确切的定义是很难的，也难以界定哪些属于数字城市的内容，到了什么样的信息化水平可以看作实现了数字城市。但它并不是一个虚拟的东西，也不是一个可望而不可即的东西，它是一个在未来城市建设和城市生活中随处可见、随时可用、无处不在的系统。“数字城市”是一个城市发展的战略目标，并有一个逐渐发展的过程，而且在发展过程中将会对城市建设、市民生活、经济发展逐渐带来效益和便利。

数字城市是以计算机技术、多媒体技术和大规模存储技术为基础，以宽带网络为纽带，运用3S技术（航空航天遥感系统RS、全球定位系统GPS、地理信息系统GIS）、遥测、仿真/虚拟技术等对城市进行多分辨率、多尺度、多时空和多种类的三维描述，即利用技术手段把城市现实生活中存在的全部内容在网络上数字化虚拟实现。也就是说，用数字的方法将城市、城市中的活动及整个城市环境的时空变化装入电脑中，实现在网络上的流通，并使之最大限度地为人类的生存、可持续发展和日常的工作、生活、娱乐服务。

数字城市是广义的城市信息化，是“虚拟城市”，是一种新的社会经济系统，强调城市管理的技术系统。数字城市是城市规划、建设、管理与服务数字化工程的终极目标，为城市持续发展提供了重要的支撑工具，还为认识物质城市打开了新的视野，并提供了全新的城市规划、建设、管理与服务的调控手段。

综上所述，数字城市也可称为“城市管理信息系统”，是一个“虚拟城市”，是空间化、网络化、智能化和可视化的技术系统，是现实的城市在信息世界的反映和升华。数字城市是一种特殊的信息系统，是城市地理信息系统（UGIS）的延伸与发展。

数字城市作为城市地理信息系统的发展，对城市数据和信息资源的组织、城市规划与设计、城市管理与服务等具有重要的意义。具体表现在以下几个方面：

（1）充分利用城市现有的数据和信息资源的最佳途径。在以信息资源为主的知识经济中也存在大量浪费信息资源的状况：大量的数据所有权混乱，标准不一致，兼容性、可比性差，利用率低。数字城市能够从技术上根本改变这种现象，是充分利用城市现有的数据和信息资源的最佳途径。

（2）优化城市整体运行的全新解决方案。数字城市在计算机上建立起虚拟城市，再现城市的各种资源分布状态，是为城市各种资源在空间上的优化配置、在时间上的合理利用，宏观、全局地制定城市整体规划和发展战略，减少资源浪费和功能重建，实现可持续发展提供科学决策的现代化工具。

（3）提供一种全新的城市规划、建设和管理的理念。数字城市能使城市地理、资源、生态环境、人口、经济、社会等复杂系统数字化、网络化并虚拟仿真，优化决策支持和实现可视化表现。数字城市使城市建设与管理以及城市生产与生活充分利用数字化信息处理技术和网络通信技术，使城市规划者和管理者可以在有准确坐标、时间和对象属性的五维虚拟城市环境中进行规划、决策和管理。

（4）为知识的生产、流通和应用提供场所和工具。数字城市建立以后，来自全球定位系统、地理信息系统、地面台站网络等对地观测系统的数据源极其丰富，人们可以从这些海量数据中提取有效信息，并进一步转化为具有经济价值的知识。

（5）对市民生活产生深远的影响。数字城市已在某些方面弱化或消除了时间和空间的概念。随着数字城市逐步深入市民的工作和生活，市民的行为方式将发生巨大改变，市民有更大的自由按照自己喜欢的方式生活，各种各样的新的生活方式都将出现。

（二）数字城市的基本框架

数字城市运用遥感、遥测、网络、多媒体以及仿真、虚拟技术对城市的基础设施、功能机制进行监测和管理，开展辅助决策与服务。数字城市为人们提供了一种新的生存方式，即数字化生存，常用的功能包括电子商务、电子金融、电子社会、网络教育、电子医院、电子政务等。数字城市将整个城市的虚拟现实作为一个平台，整个城市是一个电脑的三维模型，用户可以从中选择所需的服务。

在数字城市基本框架中，电子商务位于系统的中心，智能交通和智能社区紧伴两翼，安全保障备受重视，政府加大投入电子政务和科技教育，文化娱乐和信息服务增长强劲，这些服务都运行在城市公用信息平台上，形成各具特色的业务平台，依托市域网络和城市地理信息工程，遵循政策法规和技术标准。数字城市建立城市信息资源管理中心，实施数据共享与交换，支持多种服务与决策。

城市公用信息平台在市域网的基础上开发和建设，有统一的标准和规范。城市公用信息平台的网络安全十分重要，采用国家安全部门认证的先进安全保密技术及防火墙，在信息网上建立起安全屏障。市域网采用 IPV6 协议，不但实现三网联结，电话网、有线电视网与互联网互联、互通，而且可以拥有点对多点的按需动态分配带宽的无线接入系统，使分散的、分布式数据库和信息系统联结起来，实现互操作、多种数据的融合与立体显示、仿真和虚拟。城市地理信息工程是整合城市信息资源和应用系统的理想手段，并在此基础上建设城市空间信息基础设施和海量数据库，提供地理空间数据支持和技术支持，推动信息工程建设。城市地理信息工程的技术基础是地理信息系统、全球定位系统、航空航天遥感系统和数据库管理系统（DBMS）等。

电子政务依托城市公用信息平台，实现政府上网和政府联网，公开办事制度和办事程序，形成自动化的政府办公支撑环境，提高办公效率和决策能力；电子商务涉及广泛，与金融机构合作，建立金融认证中心，改进和增加多种支付手段，开发高强度加密算法并在实际应用中提高支付的安全性，建立一批重要企业参与的物流配送体系；城市智能交通体系提供道路使用者对交通方式和路线的合理选择，提供交通管理者交通疏导和事故的应急处理，提供运输经营者的实时定位与监控系统，支持驾驶员的安全驾驶；城市科教信息网支持科教系统开展网上研讨、协同工作、成果发布、网上教育，实现资源共享，并支持边远地区的远程医疗，科教兴国；安全保障包括环境保护、疾病防治、贫困救济、保险、保安、养老、未成年人保护、妇幼保健、工会、减灾、相应宣传和许多民间的有助于社会安定的系统；智能社区依托城市公用信息平台，把千家万户对各个领域、不同层次的服务需求与能够提供服务的社会资源联系起来，推动新兴的社区服务业的发展，创造广阔的就业机会；城市综合信息服务体系提供多项综合信息服务，用户既可以通过多种有线方式上网，也可以通过移动信息终端无线上网，获得服务；文化娱乐既包括文化娱乐场所活动，也包括网上互动视频点播。

城市信息资源管理中心是城市信息资源开发和利用的管理机构，是建立在信息基础设施和各种应用之上的更高层次的信息管理设施。中心负责对城市信息资源的开发和利用进行总体规划，组织研究信息资源共享的技术手段（计算机技术、通信技术、网络技术、数据库技术等）和共享规则（标准、规范、政策、法律、模式等），实施信息工程的各项标准，协调各种数据处理、存储、共享、交换、集成、使用、融合与互操作，协调各系统间的数据交换。

（三）数字城市对传统政府管理的冲击

1. 城市政府权能的重铸

数字城市给城市带来无限的发展空间和机遇，也将伴随着社会结构调整促进政府角色的转换，将极大地影响政府的结构和职能，深刻地改变公众的期望和政府的工作方式。

（1）城市政府功能的输入和输出发生变革。

数字城市使城市政府具有更强的信息获取与控制能力，从而使政府职能向新的领域扩展，可以更集权、更有效地实现对社会的控制。数字城市使城市政府能有效地将获取的信息和自身的需求结合起来，寻求有效的解决方案。公共服务成为城市政府的核心职能。促进社会公平将成为城市政府的重要职能。建立灵敏的公共安全预警保障机制成为城市政府的当务之急。城市政府必须投入更大的力量致力于人力资源的开发，为市民创造更多的发展机会。

数字城市的建立，使市民、家庭和社区组织具有较强的自主性，使政府能摆脱繁杂的事务，专司社会运行规则的设置及运转监控职责。数字城市为城市政府职能输出准备了条件，政府可以将社会性、公益性、自我服务性的事务交还给第三部门（民间社团或社会中介组织等）承担，将本属市场的生产、分配、交换的经济职能归还市场。数字城市使城市政府部分职能收缩或流失，必然打破旧的权力平衡，导致城市政府管理方式发生剧变。

（2）城市政府管理的民主化趋势取得进展。

数字化技术的高度发达将破坏以权力集中为特征的官僚体制的技术基础，必然导致城市政府管理的民主化。在数字城市时代，城市行政管理民主化是一种必然趋势，是一种潮流，势不可当。数字城市在削弱政府集权控制的同时拓宽了民主管理的内涵，提高了民意在政府运作中的分量，从而在很大程度上改变未来政府管理的结构与模式。

现代信息技术的发展，打破了知识和信息被传统官僚机构垄断的局面，带来了知识和信息的社会化，作为财富和知识主体的社会、市场、公众的权力得到不断强化。个人电脑的出现，以及网络技术的发展，强化了分权和平等的观念，对打破城市政府信息垄断及由此衍生的集权控制具有潜在的破坏作用，扩大了市民的选择机会。

数字城市具有的网络异步传输与交互式沟通，弱化了市民对政府和社团的依附，迫使城市政府放弃固有的权力运作方式，从而强化个人和群体的自主权。顺畅通达的电子访问大大削弱了严格的科层制等级观念，数字城市无中心散布式的网络结构使平等自由的思想交流成为可能，促进了城市政府与市民交流的平等。此外，由于传播成本低廉，城市社区组织和市民通过网络传播其参政思想、表达参政意愿的能力大大增强，市民参与政府管理的能力提高了。

（3）数字城市深刻影响政府的决策品质与程序。

数字城市能提升城市政府决策信息的品质。首先，数字化网络技术大大提高了信息保真率，消除了信息与决策层之间的人为阻滞，使信息传递准确、及时。其次，网络拓展了决策信息源，改变了决策者的有限理性。数字城市的发展，通过互联网将各终端用户发展为潜在的决策信息源，使他们的意愿和要求可以随时在网络上发送，从而把恰当的信息提供给政府的领导者，避免信息不完全产生的有限理性。

另外，数字城市能提高城市政府决策过程的透明度，降低决策执行变形的发生率。数字城市强化了行政决策执行的监督。一方面，它简化了监督信息反馈的传输渠道，可避免反馈信息的失真，从而形成强大的监督网络来规范政府行为。另一方面，它使网络技术以“秘密投票”的方式确保监督者敢于监督，由于避免了泄密的隐患，能更有效地保障监督者的合法权益，消除其顾虑。

2. 城市政府管理模式的重塑

数字城市始终与城市政府再造相联系，是城市政府再造的工具和动力。传统的金字塔式政府管理模式是工业技术革命的产物，其特征是高度的集权统一。在环境压力大但变化不多的情况下，这种模式可以充分发挥其作用。而在现代信息社会，这种高度集权的金字塔式政府管理模式受到了严重的挑战。由于层级多、决策权高度集中，且存在难以完全克服的官僚主义作风和不负责现象，这种结构模式在迅速变化的环境面前显得机械和迟钝，影响政府形象。

传统的金字塔式政府管理模式是以高层政府垄断信息为前提的，而下层政府和基层公众至多只能掌握有限的局部信息。科层制交流模式往往是封闭的、不自主的，容易导致信息失真。而数字城市所营造的网络世界，具有全方位、多层次、多形式、多途径跨越时空的传输渠道，管理上层与下层在信息获得的范围数量、时差上的区别在不断缩小。城市政府管理高层信息垄断权与决策管理的垄断权逐渐流失，把不合时宜的传统的金字塔式政府管理组织结构改造成适应数字城市需要、以网络状水平式组织结构为特征的政府管理模式已成为重塑政府的世界性浪潮。

网络状水平式政府管理模式是与数字城市需要相适应的城市政府管理模式。在网络状水平式政府管理模式中，压平层级，使政府管理的组织结构趋近水平式模式，成为重塑政府的必要环节；行政权和决策权适当分散到各层级、各部门的管理岗位和工作人员，形成分层决策、分层行政的权力结构；在政府内部形成垂直和横向并存的网络式传输渠道，行政环境信息和政府指令信息的传输呈双向或多向性反馈型。这就使政府组织成为按系统整体原则建构的、有限刚性和有限柔性相统一的、能对行政生态环境做出及时反应的有机体，成为灵敏快速的决策系统和高效高质的政府管理系统。

案 例

2018—2019全球城市竞争力200强荣耀揭晓：中国9城入围全球50强

由中国社会科学院（财经院）与联合国人居署共同发布的《全球城市竞争力报告2018—2019：全球产业链：塑造群网化城市星球》，以50万人口以上的全球1 007个城市为样本，评选依据涵盖了经济、社会、环境、文化四大系统。

在此次发布的“2018年全球城市成长竞争力排行榜”中排名前10的城市分别是美国纽约、日本东京、英国伦敦、法国巴黎、美国洛杉矶、新加坡、中国香港、美国芝加哥、美国旧金山和中国深圳。这个数据已经很明显，全球城市竞争力最强的就是美国，占据了纽约、洛杉矶、芝加哥和旧金山四座城市。而中国香港和深圳则表现突出，高居榜单前10。

在全球四大湾区和十大城市群中，城市的发展水平参差不齐。其中，全球四大湾区的城市群平均经济竞争力水平旧金山湾区最高，往后依次为东京湾区、纽约湾区和中国的粤港澳大湾区。在全球十大城市群中，北加利福尼亚城市群平均经济竞争力水平最高，往后依次为美国东北部城市群、首尔国家城市群、莱茵—鲁尔城市群、美国中西部城市群、伦敦—利物浦城市群、荷兰—比利时城市群、中国长三角城市群、中国珠三角城市群和孟买大都市城市群。

在“2018年全球城市成长竞争力排行榜”排名前50的城市中，中国有9个城市入围，分别为：香港（第7名）、深圳（第10名）、上海（第14名）、北京（第22名）、广州

（第34名）、重庆（第40名）、杭州（第44名）、天津（第48名）、苏州（第50名）。另外，科尔尼全球资深合伙人、全球城市指数报告发起人迈克尔·海尔斯告诉媒体记者："世界上所有的城市都在发展并变得更加全球化，但是观察今年的城市排名与十年前的相比，你就会发现，中国城市的发展速度要比全球其他地区的城市快50%。"

全球城市经济竞争力20强中，北美和亚洲各占8席，西欧占4席，亚洲数量首次与北美持平。经济竞争力相近的城市集中连片分布，凸显了城市群发展的重要性，欧美国家城市群内部发展平衡，新兴国家集中在中心城市。城市经济竞争力梯队效应明显，各等级差异存在分化现象。

提高经济竞争力水平、缩小城市经济竞争力之间的差异成为追赶发达国家的关键。科技创新、产业体系和当地需求指数成为提升全球城市经济竞争力影响作用较大的驱动因素。耦合协调度较高的城市依然保持全球最具城市经济竞争力城市的宝座。

美国的城市经济竞争力优势明显，但中国也在迅速崛起。中国顶级城市的表现优越，整体竞争力水平持续飙升，部分二线城市的表现也较为亮眼，香港、深圳进入全球10强，9个城市进入50强，18个城市进入100强，这反映了中国城市竞争力水平在整体提升，中国城市发展已经进入从个别到群体晋升层级的新阶段。

资料来源：2018—2019全球城市竞争力200强荣耀揭晓：中国9城入围全球50强.［2019-03-01］. https://www.sohu.com/a/298447389_100077451.

拓展阅读

1. 陈柳钦. 城市营销及其公共性价值实现机制的构建. 产经评论，2010（5）.

2. 陈柳钦."数字城市"内涵与框架的研究综述. 中国市场，2010（42）.

3. 崔功豪. 中国城市规划观念六大变革：30年中国城市规划的回顾. 上海城市规划，2008（6）.

4. 董玛力，陈田，王丽艳. 西方城市更新发展历程和政策演变. 人文地理，2009（5）.

5. 方建德，杨扬，熊丽. 国内外城市可持续发展指标体系比较. 环境科学与管理，2010（8）.

6. 黄鹭新，谢鹏飞，荆锋，况秀琴. 中国城市规划三十年（1978—2008）纵览. 国际城市规划，2009（1）.

7. 科特勒，凯勒. 营销管理. 王永贵，于洪彦，译. 上海：格致出版社，2009.

8. 亚历山大. 体育与城市营销：欧洲经验. 沈体雁，杨开忠，高莹莹，译. 北京：东方出版社，2006.

9. 李成名，王继周，马照亭. 数字城市三维地理空间基础框架原理与方法. 北京：科学出版社，2008.

10. 林拓，水内俊雄. 现代城市更新与社会空间变迁：住宅、生态、治理. 上海：上海古籍出版社，2007.

11. 刘彦平. 中国城市营销发展报告（2009—2010）：通往和谐与繁荣. 北京：中国人民大学出版社，2009.

12. 芒福德. 城市发展史：起源、演变和前景. 北京：中国建筑工业出版社，2005.

13. 波特. 竞争优势. 北京：华夏出版社，2005.

14. 倪鹏飞. 中国城市竞争力报告（NO.9）. 北京：社会科学文献出版社，2011.

15. 倪鹏飞，克拉索. 全球城市竞争力报告（2009—2010）. 北京：社会科学文献出版社，2010.

16. 彭和平，侯书森. 城市管理学. 北京：高等教育出版社，2009.

17. 钱健，谭伟贤. 数字城市建设. 北京：科学出版社，2007.

18. 仇保兴. 中国城市化进程中的城市规划变革. 上海：同济大学出版社，2005.

19. 曲福田. 可持续发展的理论与政策选择. 北京：中国经济出版社，2001.

20. 任致远. 中国城市规划六十年. 规划师，2009（9）.

21. 沈海燕. 国内外城市竞争力研究综述. 杭州研究，2010（1）.

22. 汪德华. 中国城市规划史纲. 南京：东南大学出版社，2005.

23. 王佃利，张莉萍，高原. 现代市政学. 北京：中国人民大学出版社，2008.

24. 王凌曦. 中国城市更新的现状、特征及问题分析. 理论导报，2009（9）.

25. 未名. 中国数字城市TOP100排行榜. 互联网周刊，2010-01-05.

26. 雅各布斯. 美国大城市的死与生. 南京：译林出版社，2005.

27. 叶裕民. 中国城市化与可持续发展：第12卷. 金衡山，译. 北京：科学出版社，2007.

28. 余明江，段承章. 城市竞争力理论研究综述. 安徽工业大学学报（社会科学版），2010（4）.

29. 中国城市科学研究会. 中国城市规划发展报告（2008—2009）. 北京：中国建筑工业出版社，2009.

30. 中国科学院可持续发展战略研究组. 2009中国可持续发展战略报告. 北京：科学出版社，2009.

31. 中国科学院可持续发展战略研究组. 2011中国可持续发展战略报告. 北京：科学出版社，2011.

第三章

城市经济管理

重点问题

城市政府调控经济的职能和手段，综合运用各种调控手段需要注意的问题。

城市综合经济管理部门、专业经济管理部门、经济调节部门、经济监督部门各自的职责。

我国城市公共经济运行中存在的问题，如何对我国城市公共经济运营体制进行改革。

我国城市财政运行和管理中存在的问题，如何建立与城市财政相适应的财政运行机制。

关键术语

城市经济管理　城市综合经济管理部门　专业经济管理部门　城市经济调节部门　城市经济监督　私人经济　公共经济　城市财政管理　城市财政收入　城市财政支出

第一节　城市经济管理概述

城市经济管理，是指城市政府及其工作部门利用经济、行政、法律等手段，对城市经济活动进行计划、指导、组织、协调和监督等的一系列活动。城市经济在国民经济和城市发展中占有重要地位，起着决定性作用，它是城市管理体系和整个国民经济管理体系的有机组成部分，是城市政府管理的重要任务之一。

一、城市政府的经济调控职能和手段

（一）城市政府的经济调控职能

市场经济能够自发地进行市场调节，但是市场经济自身也存在许多缺陷，使市场经济不能很好地运行下去。可以说，每一个城市的经济总量都非常巨大、结构复杂并且具有相对的独特性。一旦出现市场失灵，城市政府干预城市经济活动就显得非常重要，而且每一种城市政府的调控方式、方法和方向均表现出一定的独特性。

城市政府的主要经济调控职能应定位在弥补市场缺陷、减少市场经济的波动、为市场经济的运行提供一个合理有序的制度框架上。这些基本的功能活动从总体上可以概括为以下四个方面：

1. 提供公共物品职能

公共物品具有非排他性和非竞争性，所以公共产品的交换行为难以产生，消费者与供给者之间的联系中断。为弥补市场的这个局限性，公共物品应主要由城市政府来提供。一般来说，纯公共物品和自然垄断性很高的准公共物品应该采取由政府直接生产的方式来提供，如医院、图书馆、中小学教育等（国防、警察等公共物品应由国家政府来提供，而非由城市政府来提供）。而一些基础设施行业，如道路、邮电等可以采取城市间接生产的方式来提供，如采取政府授权经营、政府参股、政府与私人企业签订合同等方式。

2. 计划调控职能

城市的经济社会发展规划对于一个城市的经济发展和社会效益具有关键性的作用。因此，城市政府应该根据国家的方针政策、经济和社会发展规划，以及城市所在地区的各种条件，按照功能分区，合理布置城镇体系，确定城市发展目标和方向，综合部署城市物质文明和精神文明建设的各项事业。

3. 法律调控职能

在市场经济条件下，法律调控是城市政府最基本的职能。城市在国家的法律法规框架下进行日常的经济活动时，要因地制宜地制定符合本地区特色的经济规章制度，为市场经济的发展提供有利的外部条件，对经济活动和社会事务进行法律调控。

4. 综合管理职能

城市政府在经济管理中，应遵循“宏观管好、微观放开”的原则，综合考虑城市的各方面因素，加强城市方方面面的管理，不断提高城市素质，增强城市的聚集效应和辐射作用。

（二）城市政府的经济调控手段

城市政府调控经济的手段和方式，归纳起来主要有以下四种：

1. 财政政策

财政政策包括财政收入政策和财政支出政策。财政收入主要源于税收。财政支出主要用于政府采购、公共工程建设和转移支付。政府部门运用财政调控经济时，一般都是“逆经济风向行事”，即在经济高涨时期实行紧缩性财政，使经济不会过热而引起通货膨胀；在经济衰退时实行扩张性财政，使经济不会严重萧条而增加失业。目前，我国正在实行事权划分基础上的分税财政体制，使城市政府有了稳定的收入来源，有利于增强城市政府利用财政杠杆调控区域经济的能力。

2. 金融手段

金融调节能够把宏观经济决策要求传导到微观经济活动中去，还能把微观经济活动的信息反馈上来，从而使微观活动与宏观控制紧密结合起来，达到促进城市经济稳定、健康发展的目的。金融对城市经济的调节作用主要体现在：通过吸收存款和合理控制贷款，促进城市建设的稳定发展；通过对信贷资金流向的调剂，促进城市产业结构的调整；通过信贷利率杠杆的运用，促进企业生产经营的最优化；通过金融机构的扩散和多种融资形式的发展，促进城乡之间、城市之间的横向联系。

3. 税收政策

税种的多少、税率的高低、税收的减免等均会影响到城市经济的运行。我国新的税收制度统一了企业所得税，改革了个人所得税，继续完善了增值税，取消了一些与经济社会发展要求不相适应的税收，合并了某些重复设置的税种，开征了一些确有必要开征的税种，在税收的处理上基本做到了尽量向国际惯例靠拢，初步实现了税制的简化与高效，基本适应了发展社会主义市场经济的要求，向着统一、规范和公平的目标迈出了实质性的一大步，税收的聚财和调节功能进一步增强。

4. 价格手段

价格对城市经济调节的作用主要体现在：调节城市生产结构；调节城市居民的消费结构，平衡供求关系；调节城市生产力布局；影响企业生产经营活动。我国的价格体系和价格体制，在经过多年的改革后，取得了很大的成绩，市场价格机制基本形成。但这并不意味着城市物价管理部门将无所作为，除需要经常开展市场物价监督检查、严厉查处违反物价管理制度的行为，以维护正常的市场交易秩序和公正、平等的交易原则之外，城市政府还可以利用各种基金和各种储备制度，加强对市场物价的干预，平抑市场价格。

城市政府在宏观经济的调控中，正确运用各种经济杠杆或经济调节手段，是自觉依据和运用价值规律的具体形式。城市政府必须综合、配套运用各种经济杠杆。在现实的经济活动中，各种经济杠杆的调控作用是交织在一起的，作为一种合力对城市经济活动产生影响。各种经济杠杆的综合调控需要注意以下几个问题：

(1) 综合运用各种经济杠杆，使其作用方向一致，才能保证宏观调控目标的实现。各种经济杠杆从不同的方面调节经济活动。为保证宏观调控目标的实现，必须保证各种经济杠杆发生作用的方向一致。

(2) 各种经济杠杆的调节功能彼此互相代替。综合运用各种经济杠杆，要选择对企业的经济效益和社会的经济效益的推动都比较有效的经济杠杆加以运用，并且注意在运用上有主次之分。

(3) 综合运用各种经济杠杆，才能掌握经济调节作用的量的界限。在调节作用方向一致的前提下，还要掌握它们综合调节经济的“度”的分寸。鼓励一种经济活动，如果超过适当的界限，就会助长此种经济活动的盲目性；限制一种经济活动，如果超过适当的限度，就会使一种经济活动窒息。因此，需要综合运用各种经济杠杆，掌握经济调节作用的量的界限。

(4) 成立经济协调小组，统筹协调各种经济杠杆的综合运用。在城市中，运用各种经济杠杆的主体，是市政府有关的经济部门。由于各相关部门“分兵把口”，在运用经济杠杆方面目标不容易完全一致，难以形成合力，有的甚至与国家的计划目标相脱节。为解决这个矛盾，需要统筹协调各种经济杠杆的综合运用，使之互相衔接和配套运行。

二、我国城市经济管理部门及职责

城市经济管理部门主要包括城市综合经济管理部门、城市专业经济管理部门、城市经济调节部门、城市经济监督部门四大类。随着社会的发展和行政管理体制的改革，城市政府的经济管理部门主要表现为三个明显的变动趋势：经济管理部门在整个城市政府部门中的比重在减少；经济管理部门内部的专业管理部门数量在减少、规模在缩小，而监督部门的数量在增多、规模在扩大；专业经济管理部门的边缘存在大量的类行政组织，如行业协会、行业总会、行业总公司等。

（一）城市综合经济管理部门及职责

城市综合经济管理部门是代表城市政府对整体经济活动进行综合协调、全面安排的政府机构。综合经济管理部门管理的虽是城市经济中的某一些方面，但这些方面的活动关系到城市经济的各个领域，它的管理能够产生整体效应，因而具有宏观管理的特征。

我国城市综合经济管理部门主要有三类：

1. 发展计划委员会

发展计划委员会是城市政府全面统筹编制区域经济的中长期计划及年度计划的综合单位。主要职责是研究制定经济、科技、社会发展的战略目标、重点和措施，根据国家和市场信号提供的社会需求和趋势预测，规划产业结构、行业结构、产品结构，统筹生产力布局，掌握投资主体、投资结构和投资重点项目的确定。搞好国民收入与支出平衡，确定消费比例、财政的收支平衡、信贷平衡、外汇平衡和主要物资的平衡，制订实现上述平衡和比例的经济杠杆的综合运用方案。

2. 经济贸易委员会

经济贸易委员会是城市人民政府管理全市经济日常工作的综合职能部门。主要职责是贯彻执行国家有关经济方面的方针政策、法律法规，结合市情制定全市经济方面的具体规定和实施细则；负责全市经济的规划协调、监督、服务工作，不断提高全市企业生产技术水平和管理水平，促进全市经济的发展。

3. 体制改革办公室

体制改革办公室是在市委、市政府领导下，推进体制改革的参谋和办事机构，负责全市经济体制改革的推动。通过试点、总结、推广、信息反馈等环节，把改革推向前进。体改办作为一个综合统筹部门，要充分调动各委办局抓改革的主动性和积极性，要有比较明确的责任制。

（二）城市专业经济管理部门及职责

专业经济管理部门是在计划经济体制下，根据归口管理的要求设置的。专业经济管理部门既是政府的职能部门，承担着行政管理职能、行业管理职能和行政执法职能，同时又是企业的主管部门，承担着企业生产经营的具体管理工作。为解决部门管理企业的弊端，使企业真正成为自主经营、自负盈亏、自我发展、自我约束的市场主体，城市政府机构必须由部门直接管理转向行业管理。

按照城市政府经济管理职能的总体要求，专业经济管理部门应以中观协调作为基本职能，对下层企业主要实行行业管理，原则上不再直接参与企业的生产经营；对与之平行的其他职能部门，既有工作上的横向交叉参与，又要在职责范围和决策权限上有明确的划分；对上则接受相应主管部门的指导。具体来说，城市政府的专业经济管理部门主要在以下方面发挥其职能作用：(1) 高效率的信息处理；(2) 广泛深入的调查研究；(3) 总揽全局的统筹规划；(4) 经济调节手段的综合协调；(5) 对微观经济活动的行业性监督；(6) 行业公共事务的协调服务。

行业管理与计划经济体制下的部门管理是有区别的。城市政府的专业经济管理部门要实现向行业管理的转变，必须按照建立社会主义市场经济体制的要求，紧紧抓住转变职能这个关键，把机构改革与深化经济体制改革、建立现代企业制度紧密结合起来，积极稳妥地推进专业经济管理部门的改制工作。各个专业经济管理部门，分别改为资产经营公司或者改为市委的内设机构，或者建立控股集团公司，根据市政府的授权承担资产经营职能逐步向行业过渡。

政府经济管理职能转变之后，政府对产业部门内部的众多行业管理需要通过一些中介性的组织来实行。这种中介性的组织包括经济实体和非经济实体。经济实体主要有资产经营公司或控股集团公司等，非经济实体主要指民间团体性的行业协会等。

(三) 城市经济调节部门及职责

我国城市经济调节部门主要有三类：

1. 财政局

财政局掌握着城市的财政收支情况，并对一切财务活动进行监督和管理。实行分税制后，城市政府有了独立的财政来源，增强了政府利用财政杠杆掌控经济的能力。

2. 税务局

税务局负责征税，运用税收杠杆调节生产、消费和收入。税收是城市政府参与并调节国民收入分配的一种手段，是政府财政收入的主要形式。

3. 物价局

物价局负责城市商品的价格管理，通过制定商品作价和收费原则调节城市经济生活。在市场机制基本形成后，物价管理部门除开展市场物价监督检查、查处违法行为外，还可以利用各种风险基金和储备制度，加强对物价的干预，平抑市场价格。

(四) 城市经济监督部门及职责

城市经济监督是城市政府依据国家的法规、计划、指令、政策及制度中规定的各项标准和限额，对社会再生产过程的各个环节进行的全面监察和督导。城市的经济监督是城市经济管理的重要方向，也是保证城市经济正常运转的必不可少的管理环节，具体包括：

(1) 审计监督。审计监督指城市审计机关依据法律规定，对被审计单位的财政和财务活动进行的审核和稽查。审计监督是预算、会计、决算、审计这一完整的财政行政系统的最后一个环节，是宏观经济监督的重要组成部分，也是对企业经济活动监督的有机组成部分。

(2) 工商行政管理监督。工商行政管理监督指城市政府工商行政管理部门承担的城市市场管理职能，包括广告业管理，企业执照、开业管理，尤其是市场的管理监督。

（3）物价管理和监督。物价管理和监督指城市物价管理部门针对企业的监督和行政事业单位收费的监督。主要内容包括严格执行物价法规所确定的定价权限、严格遵守国家定价商品价格规定、不得擅自涨价或变相涨价等。

（4）质量监督。质量监督指国家授权的质量监督检查机关和企业质量监督机构，依照质量管理的有关法规，主要针对工业产品质量所实行的监督。

（5）计量监督。计量监督指城市政府计量监督部门对各种计量器具及对商品数量实行的监督。

（6）财政管理和监督。财政管理和监督指城市财政机关依照财政法律程序对经济活动所实行的管理和监督，主要包括预算的编制、执行和监督，税务监督，财务监督，会计监督，统计监督等。

（7）银行监督。银行监督指银行依照银行法规，运用金融手段对企事业经济活动所实行的监督，主要包括信贷监督、结算监督和现金监督等。

第二节　城市公共经济管理

一、城市公共经济的含义、特征和意义

（一）城市公共经济的含义

公共经济是相对于私人经济而言的。私人经济是指以营利为目的的私人和各种所有制企事业的全部市场化生产经营、销售与服务活动。公共经济是以政府等公共机构为主体，以非营利的公共服务为宗旨，面向全社会无偿或部分有偿提供“公共物品”，以满足全社会的公共消费需求的全部生产和服务活动。

一般来说，城市公共经济是一种产生于竞争性分散经济基础之上的，又反过来对分散经济起扶助、制衡、服务和推动作用的经济系列。公共经济一般由政府主持和提供，通常涉及公共设施、公共服务、公共工程和公共投资等领域。

（二）城市公共经济的特征

1．公共性

公共经济涉及公众的基本利益和社会的共同需求，具有公共产品或准公共产品的特性，即公共物品性和效益的外在性。这种商品和服务具有非排他性和非竞争性的特点。公共经济一般是私人经济所不能（如投资额大）、不愿或不宜介入的领域（如国防、治安、司法）。

2．财政投入的无偿性

公共经济以国家财政收入为主要的筹资来源，公共财政与公共经济具有紧密的联系。公共财政通常要保障公共经济发展所需的资金，但公共经济的发展又可以带动城市经济的发展，增加公共财政收入。

3．经营管理的垄断性

国家对这种经济的发展具有直接的监督和控制职能。通常从产品的产量、定价、销售到服务都受到国家的严格控制。城市公共经济部门，存在着市场失灵的问题，但是这些部门是城市各类企事业单位经济社会活动的共同外部条件，是城市聚集经济效益的基础，是

城市社会化、现代化程度的重要标志。为了维持城市经济社会的正常运行，只能由国家或城市政府出面经营管理这些部门。

4. 收益的间接性和长期性

公共设施和公共服务的价值实现是不完全的，在很多情况下无法进入市场进行直接的交换，也就是不直接进入流通领域，因此，其市场价值是通过间接的方式实现的。但是其建设和维护又确实增加了社会的经济价值，不过其投资者却没有直接得到这部分价值，这也是公共经济具有外部性的表现。尽管公共经济的经济效益具有间接性的特点，但其社会效益是直接的。此外，一些经营性和准经营性的公共建设项目，初始成本大，但长期平均成本递减，且有一定的垄断性，所以其收益是长期且稳定的。

（三）发展城市公共经济的意义

城市公共经济作为城市经济的重要组成部分，在城市经济发展过程中发挥着巨大的作用。城市公共经济的发展能够为社会扩大再生产创造协作条件，保护和保障公私各类经济、分散经济的发展，并推动和制约公私各类经济、分散经济的发展。

城市公共经济的质量与数量对城市经济的发展不仅起着现实作用，而且起着长远的和根本的影响作用。城市公共经济的水平代表着城市管理的水平和城市的形象，是城市居民和城市外部对城市满意度的重要影响因素。因此，城市公共经济的完善，对于整个城市经济的发展具有重要意义，也直接关系到文明城市的建设与发展。

二、我国城市公共经济运行中存在的问题

1. 公共产品仍然实行指令性价格

由于长期受计划经济体制的影响，城市的公共产品和服务一直在低价格和福利性质的档次上运行，城市政府以财政补贴的方式来维持其低效运营。这种强制性的价格，使市场经济条件下应有的价格调节机制失灵，对经营公共产品和服务的企业形成不了吸引力，再加上管理部门缺乏资产经营意识，不能将现有的存量资产盘活，使依靠政府实现扩大再生产成为不得已的选择。另外，公共物品的投资长期以来基本依靠政府，而政府财力又难以全部满足投资需要，从而使其供给严重滞后于加工工业发展，成为经济发展的瓶颈。

2. 条块分割的经营模式，效率低下

中国城市公共经济实行的是条块分割的行政管理模式，水、电、气、热、通信、道路分属不同的行政管理部门，邮电、通信、电力等几乎没有任何管理权；水、气、热、道路等以地方的块块管理为主，立项、计划权等集中在城市建设行政主管部门。政府作为垄断经营者，把公共产品的生产任务和公共服务的提供任务，指令性地分配给其行政附属性公营企业，政府赋予公营企业特别垄断权，缺乏竞争机制和监督机制，导致公营企业整体运营成本高、质量水平低、经营管理效率低。

3. 公共经济规模效益差，技术水平低下

这主要表现在公共经济规模效益差，形不成整体的合力。城市公共经济建设资金除了由城市财政筹集和世行贷款外，还以各种收费来筹集，由各个部门分散管理。政府用于公共物品投资的资金分散，预算软约束、预算外资金不能最大限度地发挥作用。另外，公共经济的物质技术设备水平较低，特别是邮电通信和科学技术研究与国外相比落后几十年，

严重阻碍了公共经济劳动生产率的提高，使有限的资金难以在更大程度上满足社会对公共经济的需求。

4. 财政支出结构不合理，基础设施投资不足

1994年我国开始实行分税制，增强了城市财政的独立性，但分税制的实施仍然不够规范，在财政开支的比例分配中，经济建设支出比重大，城市维护与建设支出比重偏低，致使基础设施建设长期欠债，公共物品严重短缺。由于城市基础设施建设投资额巨大，单靠政府的投资很难解决问题，使用国外贷款和引进外资也十分有限，这使许多急需发展和完善的项目由于资金不足或难以到位，不能列入计划甚至延长施工期限，严重制约了城市公共经济的发展。

分税制

分税制是指在国家各级政府之间明确划分事权及支出范围的基础上，按照事权和分税制财权相统一的原则，结合税种的特性，划分中央与地方的税收管理权限和税收收入，并辅之以补助制的预算管理体制模式，是符合市场经济原则和公共财政理论要求的，这是市场经济国家运用财政手段对经济实行宏观调控较为成功的做法。

实行分税制是市场经济国家的惯例。市场竞争要求财力相对分散，而宏观调控又要求财力相对集中，这种集中与分散的关系问题，反映到财政管理体制上就是中央政府与地方政府之间的集权与分权的关系问题。从历史上看，每个国家在其市场经济发展的过程中都曾遇到过这个问题，都曾经过了反复的探讨和实践；从现状看，不论采取什么形式的市场经济的国家，一般都是采用分税制的办法来解决中央集权与地方分权问题的。

分税制是按税种划分中央和地方收入来源的一种财政管理体制。实行分税制，要求按照税种实现“三分”：分权、分税、分管。分税制的实质主要表现为：按照税种划分税权，分级管理。其中，税权是政府管理涉税事宜的所有权利的统称，主要包括税法立法权、司法权和执法权。其中，执法权主要包括税收组织征收管理权、税款所有权（支配权）。分税制就是要将这些税权（立法权、司法权、执法权）在中央及地方政府间进行分配。所以，分税制财政管理体制的实质，就是通过对不同税种的立法权、司法权、执法权在中央和地方政府进行分配，以求实现事权同财权的统一。

划分中央税与地方税，主要是根据财权与事权相适应的原则进行的，即把需要由全国统一管理、影响全国性的商品流通和税源集中、收入较大的税种划为中央税，税权均归中央；把与地方资源、经济状况联系比较紧密，对全国性商品生产和流通影响小或没有影响，税源比较分散的税种划为地方税，税权归地方；把一些税源具有普遍性但征管难度较大的税种划为中央和地方共享税，立法权归中央，司法权和执法权可归中央也可归地方。

中央税与地方税的划分，对于正确处理中央与地方政府之间的财政关系和税收分配关系，对于加强税制建设有着特殊的含义。其意义主要表现在：通过税收立法权、司法权和执法权在不同层级政府之间的划分和让渡，能够体现出一国政府的行政管理方式、法制建设程度、民主建设程度、财政管理体制和税收管理体制的科学化程度。

1994年，我国正式开始实行分税制。在新的形势下，一定要坚持按照“财力和事权相一致”的方向完善我国的分税制体制，财力和财权虽然只有一字之差，但是其带来的影响却是深远的，财权只是中央的行政形式划分，没有考虑到各地经济发展的不均衡性，而财力考虑到了我国二元经济的发展状况，正视了东、中、西部经济发展的差异。因此，在分税制改革进程中，要正确处理财权、财力和事权三者之间的关系，在中央有效控制的前提下，给予地方必要税种立法权、税率变动权限等，在中央给予地方纵向转移支付的同时，可以考虑东部经济发达地区给予中西部欠发达地区横向转移支付，以真正达到“财力和事权的一致”。

三、我国城市公共经济运营体制的改革

第二次世界大战以后，西欧各国城市重建时期，国家或城市政府直接投资建设和经营了大部分城市公共经济，从而使城市经济国有化程度有了不同程度的提高。由于经营效率不高，20世纪七八十年代以来，许多国家开始实行私有化改革。对于必须由国家经营的公共经济部门，也改变了国有国营的方式，力图引进竞争机制，纳入市场经济运行的轨道。

在这样一个大背景下，我国城市公共经济运营体制也进行了一系列的改革：

1. 引进竞争机制，改革城市公共经济的经营体制

无论公营企业还是私营企业，提高效率的普遍原则是激励机制和竞争机制。公共经济经营企业之间的竞争是提高其运营效率的先决条件。公共产品和服务生产具有一定程度的垄断性，被政府赋予特权的公共企业经常垄断生产。所以，增强激励机制，吸引政府以外的各种企业从事生产活动，使它们与政府公共企业一起在竞争中生存，是公共经济体制改革的第一步。

（1）改革政府的干预行为。

将政府直接生产与经营公共产品和服务的传统方式，改变为以补贴和管制方式来干预公共产品和服务的经营。对企业进行某些补贴，不是承担其生产经营的低效率，而是为了弥补其巨大的固定成本。采用管制方式，确实监督、审查公共部门的实际成本与价格状况，保证公共资源的优化配置。

（2）进行市场化改革。

随着科技的进步，一些公共产品和服务的经营部门已丧失其自然垄断性，顺应这一变化，应将不具备自然垄断性的公共部门果断推向市场。

（3）明确划分公共物品经营职能。

政府可以将城市道路、桥梁、港口等基础设施的专门经营权拍卖给私人、法人团体，由它们来经营；也可以将一部分垄断性行业的现有国有企业资产或将要建成投入使用的资产出售；还可以实行股份制改造，由私人企业或股份制企业来经营。对于不能出售和股份化的企业，政府可以采取租赁、托管和公司化等方法实行商业化经营，从而缩小政府直接经营的范围。

2. 改革城市公共经济的投融资体制

稳定、多渠道的投资资金供给，是公共经济发展的根本保障。为了满足城市公共经济

的快速增长，应纳入多元投资主体，开辟多种投资渠道：

（1）中央和地方（城市）政府的财政投资。

城市公共经济的产出中有相当一部分是纯公共物品，具有完全的非竞争性和非排他性，它们必须由政府来投资，这是市场经济中政府职能的一个重要方面。随着金融制度的创新和资本市场的发展，政府可以加以利用的财政融资手段逐步增加。

（2）经营公共产品和服务的民营企业的投资。

城市公共物品中有很大比例的准公共物品，它们应该实行企业化经营，通过对这些物品的经营，企业不仅可以为社会创造外部效应，也可以为自身带来经济效益，从而保证企业的自我积累、自我发展。

（3）政府和银行的低息贷款及发行债券筹资。

政府财政贷款以及争取世界银行、亚洲开发银行等的低息贷款，对于推动公共企业经营和管理，具有一定的积极意义。

（4）大力引进外资。

引进外资建设城市应该是目前中国公共物品建设重要的投资来源渠道。近年来，国外流入的私人资本已急剧增加，尤其是外资开始进入公共经济投资领域，而且作用不断增大。

（5）资金来源渠道的拓宽。

近年来，中国民间储蓄总额呈现出稳定增长的势头。立足可以动员和利用的资金，重点在于政府制定正确的金融政策，开辟投资渠道，活跃金融市场，使居民的储蓄一部分变成建设资金，引导居民将其闲散资金直接投资于城市公共经济的建设。

3. 改革城市公共经济的价格体制

价格体制改革的宗旨是：确定以社会边际成本定价准则，使城市公共产品和服务经营在总体上保持一定的收益水平；通过价格调整存量结构以减轻公共产品和服务运营压力，实现“以城养城”。

（1）总体上调公共产品和服务定价水平。

我国城市公共产品和服务供给不足是一种常态，为缓解供求矛盾、保障社会整体福利最大化，应该按照有偿使用的原则，提高水费、电费、电话费、煤气费、公共交通费、养路费等的收费标准。

（2）基础价格体现公共福利性特点。

公共产品和服务价格与城市居民生活密切相关，保持合理的基础价格对保障居民生活的需求具有重要意义。在制定公共物品价格的过程中，必须体现公共福利性和城市经济发展的可持续性特点。只有这样，才有可能对城市公共物品制定出科学合理的价格。

（3）依靠其他价格形式实现公共物品生产企业自我积累、自我发展。

对超额享受公共产品和服务的人，根据产品价值、服务质量等因素的差别制定浮动价格，拉开价格差别。比如，可以制定水、电等使用标准，对超额使用部分实行高价，以实现公共物品生产企业的自我积累和自我发展。

（4）实行浮动价格，加大浮动幅度。

在不同阶段，公共产品和服务价格高低应有所差别。例如，春运期间，有些城市提高过往车辆的收费，但这实际上是违背社会福利原则的。从政府提供公共物品和服务的原则来看，春运期间不应该提高收费，而在某些旅游季节适当制定较高的价格则较为合理。

第三节　城市财政管理

城市公共经济实际上是以国家财政收入为资金来源，对于政府活动有关的公共主体以及一切非直接进行生产活动的主体进行投资，为满足社会一般共同需要所进行的一种服务性活动。正是在此基础上，建立起了公共经济与公共财政的紧密联系。公共财政通常必须保证公共经济发展所必需的资金，并实施对公共经济的管理；而公共经济的发展，又可以带动整个城市经济的发展，从而增加公共财政收入。可以说，两者是紧密联系、相互作用的。

一、城市财政管理的含义、作用、特征和主要职责

（一）城市财政管理的含义和作用

城市政府的财政管理属于地方财政管理的范畴，是国家财政管理体系的重要组成部分。城市财政管理指的是，城市政府凭借国家赋予的权限，通过税收及其他多种形式实现财政收入，以作为城市政府实现各种政府职能的经济基础和财力保证，并通过财政支出利用价值形式参与国民收入的分配和再分配。

由于经济在现实中的基础作用，城市政府的任何活动都离不开相应的财政支持。在市场力量逐步扩大的背景下，城市财政管理面临着更大的挑战。加强和改善城市财政管理具有重要的意义：

（1）能够促进市政建设，实现城市的良好规划。改善和优化城市财政管理，能够强有力地提高城市公共设施建设和维护水平，使有限的资金在分配使用上更加趋向合理。好的城市财政管理还能为城市规划提供有力的支持。

（2）有利于控制和协调城市行政机构内部。改善和优化城市财政管理，不仅有利于城市政府以财政为手段对内部各部门进行控制监督，而且在财政管理的规章制度进一步完备的前提下，有利于减少各层级部门之间的矛盾摩擦，从而提高效率。

（3）有利于维持正常的经济秩序和社会环境。维护经济秩序包括营造法制化、良好竞争的市场氛围，反对权力在经济中的寻租和对外溢性行为的干预等。维护良好的社会环境包括正确处理公平与效率的关系、塑造良好的社会风尚等。这些都可以借助于城市财政管理的优化和改善来实现。

（4）能够保障和提高市民的生活水平，促进城市各项社会事业的全面发展。良好的财政管理，能够引导城市产业结构的调整并直接对社会经济运行产生重大影响，为市民生活水平的提高打下坚实的基础。而且，城市的科教文卫等各项事业的发展，均离不开财政管理的加强和改善。

（二）城市财政管理的特征

（1）非营利性。城市政府及其财政管理活动于市场失灵的领域，不能直接介入市场去追逐利润，只能以社会利益为活动目的，从事非营利性的活动，从而具有非营利性的特

点。需要指出的是，非营利性并不是指政府不能介入有收入的领域。如果某个行业被社会公众必需，却不能达到社会平均利润水平，这时可以由政府财政适当介入或者由政府与企业共同承担，以达到公共服务的目标。

（2）是一种高度法制化的管理。政府作为凌驾于社会之上的政权机构，有着不同于私人和企业的政治地位，它以非市场的方式参与社会资源的配置，因而需要法律对其行为加以约束和规范，使政府既为市场提供必不可少的服务，又不能侵犯市场正常的活动。政府财政管理行为的法制化是非常重要的，尤其是作为重点的预算管理的法制化需要解决一系列的问题。

（3）坚持统一领导与分级管理相结合。城市政府在进行财政管理时，既要遵循中央政府制定的全国统一的财政方针政策、计划和制度，又有必要根据本地区的实际情况在国家预算规定的范围内，统筹安排本地区的总预算。城市政府有权支配和使用依国家规定留下的机动财力，有权根据中央政府的政策和规章制度，结合本地实际情况，制定具体的执行办法和实施细则。

（三）城市财政管理的主要职责

（1）确保城市公共财政资源配置职能的实现。由于存在市场失灵的情况，需要政府力量介入和干预，通过政府的非市场手段来直接配置社会资源。财政管理可以确保其自身的介入所引起的社会资源配置的有效性。

（2）维护公平。通过对城市财政的有效管理，达到使国民收入、社会财富和社会福利公平分布的职责。政府除了保证经济运行的高效率外，还要遵循社会主流价值观认可的公平和公正标准，履行对国民收入、社会财富和社会福利的再分配，从而达到相对公平的任务和职责。

（3）维护稳定。政府以税收和公共支出等手段，实现充分就业、适度货币稳定、合理的国际收支等目标。充分借助税收的自动稳定器功能以及各种灵活的财政政策，在维护稳定的同时还要促进城市经济的直接增长。

城市财政管理主要由城市财政收入管理和城市财政支出管理两个部分组成。

城市财政收入是整个城市财政分配的前提，是城市政府为行使公共管理的职能，依据一定的权力原则或生产资料的所有权，从分散在各个微观经济主体的社会产品价值中集中起来的一部分货币收入。按照财政收入的形式进行分类，城市财政收入主要包括：税收收入、企事业收入、债务收入、其他收入。相应地，城市财政收入管理包含了这几部分的管理。其中，税收是我国目前城市财政收入中最主要的一种形式。与其他财政收入形式相比，税收具有强制性、无偿性、固定性的特点。城市税收管理主要是指税收的执法管理，包括以纳税人为对象的税收征收管理和以征税人为对象的税收行政管理。城市税收管理的主体是城市政府，各级政府主管税收工作的职能部门是税收管理的具体执行机构。现代城市税收管理体系主要包括城市税收服务系统、城市税收处罚系统和城市税收环境建设系统三个组成部分。

城市财政支出是财政分配的第二个阶段，是指城市政府将集中起来的货币资金有计划地分配使用到各种用途上去，以满足城市的再生产和其他各项活动的需要。城市财政的预算支出管理主要包括：（1）对城市政府投资性支出的管理。根据目前的情况，我国城市政府的生产性投资要适当缩减，政府投资的范围主要集中于市场失灵的领域，基础设施、基础产业的建设，新兴、重要科技攻关和推广应用项目的建设以及对贫穷落后地区的支援。（2）对城市政府社会消费性支出的管理。社会消费性支出是指城市财政用于社会共同消费方面的支出，主要包括行政管理费用支出和科教文卫事业费用支出。行政管理费用支出应该坚持保障供给和厉行节约的原则，管好用好，加强对政府行政管理费用的监控。要求城市政府在国民收入的再分配中用于科教文卫事业费用的支出不仅要占到一定的份额，而且要随着社会经济的发展不断增加。（3）对城市财政社会保障支出与财政补贴的管理。城市财政社会保障支出与财政补贴都属于转移性支出中的补助支出，主要包括社会保障和社会救济支出、价格补贴等。在城市社会保障支出方面，城市政府应逐步扩大保险范围，“显化”社会保障支出，列入预算统一管理，并在养老保险方面建立部分基金式的筹集模式。在城市财政补贴方面，应进行有效的整顿改革。

二、我国城市财政运行和管理中存在的问题

1. 城市财政收入方面存在的问题

（1）税收结构缺乏主体税种。1994 年分税制财政体制改革后，以增值税、消费税为主体税种的中央税收体系已经确立，并与经济增长之间有着很高的相关度。但地方税收体系并不健全，主要是缺乏税源大、征税范围广的主体税种。除了营业税、地方企业所得税、城市维护建设税等对地方财政收入的支撑作用较为突出外，其余都是零星小额税种，与经济增长的相关性较弱，不同程度地存在着收入不稳定且征收难度大的问题，难以发挥主体税种的作用。

（2）财源结构与所有制结构不协调。目前我国城市财政收入还没有调整到与现行所有制结构相适应的状况。虽然我国城市财政收入主要依赖于国有经济的状况有所改善，但国有经济还是我国城市财政收入的重要财源，出现了与现行多种所有制经济共同发展的经济结构相脱节的问题。

（3）财源的产业结构档次较低。发达国家的地方产业结构中，第三产业的增加值已经占到其全部增加值的 60%以上，其财政收入主要来源于第三产业。中国目前的产业结构有了很大的改变，第三产业比重不断上升，但财政收入并未与之相协调发展，城市财政收入仍主要来源于第二产业。

（4）税费关系比较混乱。一些地方政府收费收入来源不稳定，乱收费现象严重，以致出现费大于税的现象。这种状况不仅加重了企业和人民的负担，扰乱了正常的国民收入分配秩序，也导致税费关系十分混乱。此外，我国城市隐性的地方财政债务风险不断加大等问题也比较突出。

2. 城市财政支出方面存在的问题

（1）城市财政支出透明度比较低。预算科目设置不合理，政府财政运作中缺乏相应的信息公开机制。财政支出预算约束不严格，从科目设置到支出数额确定，依据不明确，缺乏规范性。

（2）城市财政支出效益不高。财政一直充当着“大出纳”的角色，加上财政本身有重收入、轻支出的倾向，导致财政支出的效益观念淡薄，缺乏支出管理责任制度。

（3）公众对城市财政管理的监督有限。财政监督弱化问题较为普遍，主要表现为财政支出过程中，从政策的掌握运用到财政拨款和财政监督均合为一体，缺少内在的制约机制和外在的监督机制。公众缺乏可以充分了解城市财政支出状况的渠道和途径，导致财政资金体制内循环、效率低下。

3. 城市财政管理方面存在的问题

（1）城市政府与中央政府间的财权与事权划分不够明确，城市政府在经济生活中存在“越位”和“缺位”现象，责任意识不够明确。

（2）城市财政支出的法律约束比较弱。成熟市场经济国家的地方财政支出以预算为法律依据，有着严格的程序。我国地方财政支出随意性大，法制建设滞后，无法可依、有法不依、执法不严等问题比较突出。预算编制的方式、程度等仍存在很多不合理的成分。

（3）城市财政调控职能的规范性不够。由于财政收入机制的不健全和财政支出管理的不完善，我国城市财政的调控职能也缺乏科学的规范性。

三、城市财政管理的改革与发展

当前和今后一个时期，财政部门将深入贯彻科学发展观，重点从六大方面扎实推进全国财政改革与发展。作为城市政府，财政管理的改革与发展也将从这六个方面进行重点的探索：

第一，加强和改善财政宏观调控，促进经济又好又快发展。综合运用税收、预算、国债、财政贴息、转移支付等手段，充分发挥财政政策在稳定经济发展、促进结构调整方面的作用，大力促进五个“统筹”。

第二，深化财政体制改革，规范政府间财政分配关系。围绕推进基本公共服务均等化和主体功能区建设，完善公共财政体系。健全中央和地方财力与事权相匹配的体制，加快形成统一、规范、透明的转移支付制度。完善省以下财政体制，增强基层政府提供公共服务的能力。

第三，调整和优化支出结构，进一步加大改善民生的投入。要加大对公共服务领域的投入，特别是要增加“三农”、教育、科技、卫生、就业、社会保障、环境保护、公共安全等方面的支出力度。

第四，进一步深化预算制度改革。改进预算编制办法，促进预算更加科学合理。深化部门预算制度改革，完善国库集中收付、政府采购等制度。

第五，建立有利于科学发展的财税制度，转变经济发展方式。深化税制改革，全面实施新的企业所得税法，促进企业公平竞争。改革资源税制度，促进资源能源节约利用。研究实行综合与分类相结合的个人所得税制度，发挥税收调节收入分配作用。建立健全资源有偿使用制度、生态环境补偿机制和支持节能减排的政策体系，建立健全稳定增长的财政科技投入机制，促进经济社会协调发展。

第六，加强财政管理和监督。坚持科学理财、民主理财、依法理财。大力推进财政预算管理的科学化、精细化。加快推进金财工程建设。强化预算约束，加强预算执行，加强财政监督，进一步提高财政资金的使用效益。

城市财政运行机制，是指财政体系中有机联系的各组成部分相互作用、相互制约、推动财政运行的过程。城市财政处于一定的社会、政治、经济环境之中，其运行状况对国家整个财政经济的发展具有重要的作用。

目前，城市财政困难是一个比较普遍的现象，这实质上是多种矛盾交织作用的结果。1994 年分税制改革以后，虽然税收执法的力度大为增强，运作也更加规范、合理，但是仍存在一些问题：财政赤字严重，企业亏损面大，城市宏观调控缺乏力度，中央和地方关系的制度安排缺乏明确的法规，执法机制还不完善，对违法者的追究处理机制还没到位等。这些缺陷的存在，急需我们完善城市财政运行机制和管理机制。

1. 建立与城市财政相适应的财政运行机制

财政运行机制是财政职能的实现形式，是整个财政体系中相互联系的组成部分。现代城市的发展要求必须建立科学、规范、高效的财政运行机制。城市政府必须在充分考虑国家政策和地方特色的基础上，建立适应我国社会主义市场经济发展要求的城市财政运行机制。

（1）建立和完善财政收入机制。

保证财政收入的稳定增长是增强城市经济实力和充分发挥城市各种社会功能的关键。城市政府要在分税制的基础上，发展经济、拓宽财源，增强城市的财政力量。一方面，要建立和完善地方税收体系，另一方面，要建立纳税申请和审核体系，依法纳税。

（2）建立和完善城市财政的预算管理机制。

对预算管理机制进行改革首先要从预算的编制着手，制定科学的预算支出管理办法，规范预算的编制程序，重视财政中长期计划的预算编制工作，借鉴发达国家的经验，采取部门预算编制方法，将预算支出按部门和项目进行分配。财政部门要采用复式预算，拓宽预算范围。

（3）建立和完善城市财政的支出机制。

科学规范财政支出，将财政支出的功能转变成为经济和社会发展提供基础的公共物品和公共服务，不再对企业经营和社会事务大包大揽。财政支出具体包括：维持性支出，主要指教育、卫生、环保及政权建设等方面的支出；转移性支出，主要指社会保障、对不发达地区的补助等；城市基础设施的支出。另外，要严格控制政府机关人员机构的编制，加强预算外资金的管理。

（4）建立和完善城市财政的监督机制。

要加强人民代表大会的监督。人民代表大会要督促政府部门严格执行年初预算，不随意追加新的预算；加强信息控制。主要利用社会监督机构的审计报告、税务检查信息、举报人提供的信息、经济活动情况和对主要企业的计算机情况联网，加强监控；建立一支高素质的执法监督队伍。

（5）建立和完善城市财政的平衡机制。

首先，动态平衡。无须经常改变政府的财政支出政策，这有助于减少不必要的财政支出波动。其次，积极的平衡。财政不应该以收定支、收多少钱办多少事，而应该积极主动介入到经济的运行过程中，即使突破了财政预算，只要赤字不是太大，也是可以接受的。另外，各个城市之间通过转移支付，由发达城市的财政盈余弥补落后城市的财政赤字，实现大体上的平衡。

2. 改革城市财政管理机制

城市财政管理机制是确定中央政府、上级政府与城市政府之间分配关系的根本制度，它确定了城市政府所拥有的财政管理权限和责任、财政预算收支的范围，是城市政府参与城市国民收入分配的具体制度。城市财政管理机制实质上是财政权限的划分问题。

1994年，我国开始实行分税制。2000年以后，税制仍在逐步完善，逐渐出台了取消农业税、改进个人所得税制度、促进增值税转型和改革资源税等政策。事实上，在1998年，为与市场经济体制相适应，中央就已在全国财政工作会议上做出了“构建中国公共财政基本框架”的决定。此后，中央政府也致力于公共财政框架的建立和完善。以2003年召开的党的十六届三中全会通过的《关于完善社会主义市场经济体制若干问题的决定》为标志，公共财政体制框架初步建立。但从政府支出规范性角度来看，有效的城市公共支出体制仍未建立起来。根据我国市场经济体制进一步完善的需要，我国城市财政管理体制改革应进一步做好以下工作：

（1）建立更加完善和彻底的分税制。

在巩固现有改革成果的基础之上，进一步明确中央和地方政府的事权划分，合理确定各级财政的支出范围，将税种统一划分为中央税、地方税和中央地方共享税，并分别征管。同时，要科学核定地方收支数额，逐步实现比较规范的中央财政对地方的税收返还和转移支付制度，建立健全分级预算制度，硬化各级预算约束。

（2）改进和规范复式预算制度。

进一步改进和规范复式预算，必须遵循以下原则：要有利于体现城市政府的社会经济管理职能和国有资产所有者职能分开的原则；要有利于拓宽城市政府预算管理范围，有利于清晰地反映城市政府各项预算收支状况，有利于考察各项资金的来源和使用效益，以加强对预算的管理和监督；能够反映城市政府预算的平衡情况，为城市政府决策提供较为准确的信息。

案例

2019年减税降费规模“前所未有”：全年减负将超2.3万亿元

近年来，我国持续推进减税降费，尤其是2019年推出了2万亿元减税降费计划。减税降费政策实施以来，不仅使企业获得真金白银般的实惠，而且有效地促进了经济高质量发展。

2019年以来，个人所得税改革、小微企业普惠性减税政策、深化增值税改革、降低社保费率等一系列减税降费政策落地，市场主体的税费负担明显减轻。国家税务总局数据显示，2019年前三季度，全国累计新增减税降费17 834亿元，其中新增减税15 109亿元，新增社保费降费2 725亿元。

“今年减税降费规模之大前所未有，几乎涉及所有企业和个人，全社会普遍受益，对激发主体活力、经济转型发展、产业结构调整升级、居民家庭生活改善等方面发挥了重要作用，预计全年减税降费规模将达到2.3万亿元以上。”中国财政预算绩效专委会副主任委员张依群对《证券日报》记者说。

普惠性特征明显

个人所得税改革作为2019年减税降费的“先手棋”，2018年10月1日起实施了第一步改革，将工资薪金所得基本费用减除标准由每月3 500元提高至5 000元；2019年1月1日起又实施了第二步改革，实行6项专项附加扣除，并实现了税制模式由分类计征向综合与分类相结合的方向转变。

国家税务总局数据显示，2019年前三季度，个人所得税两步改革叠加新增减税4 426亿元，人均减税1 764元。

国家税务总局局长王军表示，个人所得税减税惠及全部工薪阶层，无须缴纳工薪所得个人所得税的纳税人已超过1亿人，还要缴纳个税的纳税人也得到了不同幅度的减免，普惠性特征明显。

小微企业是促进创业创新和保持就业稳定的主力军。2019年1月18日，财政部、国家税务总局发布通知，实施小微企业普惠性税收减免政策，对月销售额10万元（含以下）的增值税小规模纳税人，免征增值税，同时放宽可享受企业所得税优惠的小型微利企业标准，预计每年可再为小微企业减负约2 000亿元。

国家税务总局数据显示，2019年前三季度，小微企业普惠性政策新增减税1 827亿元。其中，增值税小规模纳税人免税标准提高新增减税586亿元，惠及402万户纳税人；放宽小型微利企业所得税优惠标准新增减税734亿元，惠及469万户纳税人；地方“六税两费”减征政策新增减税507亿元，累计有3 238万户纳税人受益。

苏宁金融研究院高级研究员付一夫对《证券日报》记者表示，小微企业是经济发展的生力军，减税降费政策的落实，让小微企业得到了实惠，改善了小微企业经营困境。

激发创新活力

深化增值税改革是2019年减税降费的“主攻点”。2019年4月1日，深化增值税改革正式实施，主要内容包括降低增值税税率水平，将制造业等现行16%的税率降到13%，将交通运输业等现行10%的税率降到9%，保持6%一档税率不变。

同时，扩大进项税抵扣范围，试行期末留抵退税制度，对生产、生活性服务业进项税额加计抵减，确保所有行业税负只减不增。

普华永道中国间接税服务主管合伙人李军对《证券日报》记者表示，增值税税率调整将对纳税人的收入、成本、费用、税金及附加、利润等一系列财务指标产生深远影响。此轮增值税税率的降低将有效降低市场主体的实际负担，助力中国经济进一步发展。

国家税务总局数据显示，2019年前三季度，增值税改革新增减税7 035亿元，其中，2018年5月1日调整增值税税率翘尾减税1 184亿元，今年深化增值税改革减税5 851亿元。

“今年增值税减税规模将超过万亿元，占整个减税降费总量的一半。”张依群表示，增值税改革大幅度减轻了企业税收负担，增强了企业生产经营能力和行业竞争力。

随着减税降费真金白银红利的释放，企业发展信心增强了，科技创新获得了充足动力。

华铭智能终端设备股份有限公司研发的一项创新成果——基于智能云支付的城市轨道

交通自动售检票系统（AFC）已应用于上海市地铁的所有闸机设备，公司财务总监章烨军对《证券日报》记者表示："接下来，公司准备对上海地铁所有售票机进行'云支付'改造，届时，所有的售票机都能实现互联网购退票，此外，公司还承接了柳州轻轨1号线和郑州地铁5号线的新增设备项目。令人欣慰的是，国家出台的一系列减税降费措施，可以让公司大幅减少成本、增加现金流、提高员工的实际收入，提升员工的工作干劲。"

据章烨军测算，近两年的增值税税率下调政策已使公司少缴增值税145万元，预计今年下半年的增值税减税额将达到300万元。此外，个人所得税改革、房产税和城镇土地使用税的减税政策也将使公司今年的个税和房土两税税额比去年减少约110万元。

减税降费也激发了上市公司创新活力。2019年10月30日，上海昊海生物科技股份有限公司（简称"昊海生科"）在科创板挂牌上市，成为首家"H＋科创板"生物医药企业。"昊海生科已成长为国内生物医药行业细分领域的领军企业，这源于公司强劲的科创实力，还有国家税收政策的持续助力。"公司财务总监唐敏捷对《证券日报》记者说。

据唐敏捷测算，增值税税率从16%降为13%，2019年4月至9月，公司实际销售额为2亿多元，直接减少增值税661万元。2019年3月，昊海生物科技国际医药研发及产业化基地项目正式启动，所以，这项减税节省的资金刚好可以用于该基地的建设，真是一场"及时雨"。

"未来，昊海生科将继续加大研发力度，2019年研发费用预计高达3 700多万元，不仅深耕拳头产品，还积极拓展其他产品类型。"唐敏捷表示，随着新基地的建设，昊海生科将着力攻克生物医药领域的"卡脖子"技术，加快核心产品落地，公司也有望成为总投资过百亿元的跨国生物医药产业集团，为推动国家生物医药实体经济转型升级、生物医药产业创新发展贡献力量。

张依群表示，增值税改革的减税效果不仅是数量规模上减轻企业税收负担，更深远的意义在于推动企业实现高技术高品质发展，对保持中国经济在合理区间运行起到了至关重要的作用。

"未来，增值税改革还将不断深化，从减税规模向减税质量效果方面提升，进一步从减轻税负、简化税制、简便征收上下功夫，推进三档并两档和低税率改革，既要避免重复征税，又要降低税负，更要鼓励技术研发创新，从税制到税质再到经济质量的整体提升。"张依群说。

李军表示，对于增值税税率简并，即使企业自身业务适用的税率没有改变，其进项抵扣也会随着其他行业税率的变化而有所变化，几乎每个行业和企业的增值税税负都会不同程度地受到税率简并的影响。

资料来源：包兴安．2019年减税降费规模"前所未有"：全年减负将超2.3万亿元．证券日报，2019-12-17.

拓展阅读

1．阿特金森，斯蒂格里茨．公共经济学．蔡江南，等译．上海：上海三联书店，1994.

2．财政部干部教育中心组．财政工作研究与探索．北京：中国财政经济出版社，

2007.

3. 甘肃省哲学社会科学规划项目课题组. 完善财政体制　增强基层政府公共服务能力（三）：当前财政管理体制方面存在的问题分析及改革建议. 财会研究，2010（3）.

4. 高培勇. 中国财税体制改革 30 年研究：奔向公共化的中国财税体制改革. 北京：经济管理出版社，2008.

5. 胡书东. 经济发展中的中央与地方关系. 上海：上海三联书店，2001.

6. 胡欣，江小群. 城市经济学. 上海：立信会计出版社，2005.

7. 贾康，赵全厚. 中国财税体制改革 30 年回顾与展望. 北京：人民出版社，2008.

8. 梁小燕. 中国财政支出存在的主要问题及改进思路. 经济研究导刊，2010（28）.

9. 林毅夫，等. 中国的奇迹：发展战略与经济改革. 上海：上海三联书店，1999.

10. 吕炜，刘晨晖. 中国经济转轨进程中的财政改革原理. 财经问题研究，2010（11）.

11. 楼继伟. 中国经济 50 人看三十年：回顾与分析. 北京：中国经济出版社，2008.

12. 马国贤. 政府预算理论与绩效政策研究. 北京：中国财政经济出版社，2009.

13. 彭和平，侯书森. 城市管理学. 北京：高等教育出版社，2009.

14. 赫希. 城市经济学. 北京：中国社会科学出版社，1990.

15. 谢旭人. 中国财政 60 年. 北京：经济科学出版社，2009.

16. 许梦博. 国内区域中心城市财政问题研究. 税务与经济，2006（2）.

17. 杨灿明. 我国财政改革与发展中的三大问题. 国家教育行政学院学报，2007（7）.

18. 张昭. 在市场化改革中不断寻找集权分权的最优结合点：中国财政管理体制改革的演进轨迹. 贵州社会科学，2009（12）.

19. 张卓元. 中国六十年城市经济体制和政府职能变化. 中国城市经济，2009（10）.

20. 中国发展研究基金会. 公共预算读本. 北京：中国发展出版社，2008.

21. 中国社会科学院财政与贸易经济研究所课题组. "十二五"时期的中国财政支出结构改革. 经济理论与经济管理，2010（11）.

城市土地管理和住房管理

重点问题

- 我国城市土地使用制度的改革。
- 我国城市土地有偿使用制度的内容。
- 城市用地结构优化的原则。
- 城市旧城改造的方式和原则。
- 城市住房政策的主要内容以及城市住房管理的主要内容。
- 中国城市住房制度改革的发展阶段。
- 中国城市住房制度改革取得的成绩和存在的问题。

关键术语

城市土地　城市土地管理　城市土地开发　城市土地的权属管理　城市地籍管理　城市土地规划管理　城市土地有偿使用制度　城市用地结构　旧城改造　城市住房政策

第一节　城市土地管理

一、城市土地和城市土地管理问题

（一）城市土地的含义和特性

土地是一种供给有限但用途多样的特殊经济资源。对土地的理解，一般有广义和狭义之分。广义的土地包括地球表面的陆地及各种自然资源，如土壤、水、大气、矿物、森林、草地等；狭义的土地仅指地球表面的陆地。英国著名经济学家马歇尔在其《经济学原理》一书中把土地定义为：大自然无偿地资助人们的地上、水中、空中、光和热等物质和力量。

土地是人类生存发展的基础和依托。在现代社会中，城市土地由于特殊的区位决定了其愈加凸显的意义，人们常用“寸土寸金”来形容城市土地的稀缺和珍贵。城市土地是一个与城市人口、城市经济活动相关联的地域性概念，它是城市形成和发展的前提，也是城市人口和城市各种活动的基础。在我国，城市土地一般是指城市市区内的土地，属于国家所有。

城市土地与其他地区的土地一样，有其自然特性：

（1）稀缺性。土地的面积是有限的，是不可再生的。

（2）固定性。在一定历史时期内，它总是固定在地球的某个位置上。

（3）耐久性。土地是一种不容易损耗的、可以反复使用的财富。

（4）差异性。土地在地基条件方面具有差异性。

从城市土地的社会特性来看，具有以下几个属性：

（1）价值的密集性。人类对城市土地投入了大量的劳动，因而同数量的城市土地比农业用地价值要高得多。城市土地使用的高度集约化，使城市土地价格十分昂贵。

（2）区位的效益性。也就是地理位置的差异性。位置不同，经济意义差别会很大，常常是决定城市土地租金和价格的关键。

（3）报酬的递减性。对土地的使用超过一定限度时，收益就开始下降，任何过度开发都既会破坏环境，又会造成经济损失。

（4）保值性。城市土地能够起到一种银行储蓄的作用。

（5）利益的复杂性。城市土地的价值具有异质性，有些不会带来收益，有些没有收益而且亏损，有些能够带来效益。

（6）适应价格变动具有缓慢性。由于土地及其地面建筑物的固定性，城市土地不可能在较短的时间内从一种用途转到盈利更大的用途上，而是需要一个长期的过程。

（二）城市土地管理问题的提出

城市土地管理是城市政府在国家有关土地的法律法规的指导下，为调整土地关系，组织土地合理开发利用所进行的各项工作的统称。城市土地管理的任务是对城市土地的占有、分配流转及使用进行规划、组织和监控，借以调整城市土地关系，保护和开发城市土地资源，保护土地所有者和使用者的合法权益，促进城市社会经济的可持续发展。

西方早期著名的思想家和经济学家的著作及手稿中多涉及土地问题，而且几乎无一例外地强调了土地对人类的重要意义。对城市土地管理的理论研究出现了一系列具有深远影响的著作，其中 1928 年美国人阿尔伯特·G. 希曼的《城市土地经济学》一书，是有关城市土地问题最早的专著之一，该书对城市土地经济学的性质、研究对象以及土地市场的运行，政府有关城市用地管理措施等进行了阐述，这表明对城市土地管理的研究有了一个飞跃。第二次世界大战后，随着郊区化等城市新问题的出现，西方学者对城市土地经济的研究进一步完善起来，该时期拉特克利夫的《城市土地经济学》被西方学术界视为第二次世界大战以来关于城市经济学的最重要的一部著作。同时，伴随着城市土地管理理论的发展，城市政府关于城市土地管理方面的措施和政策也发生了相应的演变。随着城市中各种新问题的出现，对城市土地管理的研究更加活跃。

西方学术界一般认为，政府加强对城市土地管理的原因在于以下几个方面：

（1）提供公共物品用地。政府作为公共设施的提供者，势必要对公共设施项目的用地进行科学的设计和管理。地方政府往往通过制定相关的法规或行使其权力对公共用地进行管理，以保证城市的开发与城市公用设施的建设能够配套进行。

（2）减少外部不经济。为避免个人决策给他人带来外部不经济，减少由此产生的社会成本，一些大规模的土地使用政策往往由国家或地方政府从社会的长远利益出发来制定。

（3）提供优良的外部环境。政府有关城市用地的相关政策，可以为城市土地市场的运行、私人交易提供良好的、有秩序的外部环境。

（4）公平合理地分配土地资源。城市政府通过相关的土地政策加强对城市土地的管理有助于城市土地资源在横向上和纵向上公平合理地分配。

从城市土地的功能来看，城市土地承受着庞大的城市人口和城市生产生活的全部设施，对人类具有巨大的不可代替的作用；城市土地又是一种有限的、不可再生的资源，位置固定，这些都要求城市政府必须以生态效益为前提对土地进行科学的管理。

目前，我国大多数城市人多地少，城市空间结构存在许多不合理之处，在经济迅速发展、城市规模迅速扩大、城市改造加速的形势下，如何更加合理地开发、利用土地，是摆在每一个城市政府面前的一项重大课题。

二、我国城市土地管理

（一）我国城市土地管理机构及其职责

国务院自然资源主管部门主管全国土地的管理和监督工作，县级以上地方人民政府自然资源主管部门的设置及其职责，由省、自治区、直辖市人民政府根据国务院有关规定确定。国务院授权的机构对省、自治区、直辖市人民政府以及国务院确定的城市人民政府土地利用和土地管理情况进行督察。

县级以上人民政府自然资源主管部门对违反土地管理法律、法规的行为进行监督检查。县级以上人民政府自然资源主管部门履行监督检查职责时，有权采取下列措施：（1）要求被检查的单位或者个人提供有关土地权利的文件和资料，进行查阅或者予以复制；（2）要求被检查的单位或者个人就有关土地权利的问题做出说明；（3）进入被检查单位或者个人非法占用的土地现场进行勘测；（4）责令非法占用土地的单位或者个人停止违反土地管理法律、法规的行为。

（二）我国城市土地管理的内容

1. 城市土地的权属管理

城市土地的权属管理简称地权管理，即对土地的所有权和使用权的归属进行管理，包含两个方面的内容：（1）对土地所有者和土地使用者所依法享有的占用、收益及处分的权利进行保护；（2）对土地所有者和使用者的这些权利进行限制和调节，主要采取法律形式进行，在实施的过程中也包含政治、经济和行政的手段。

2. 城市地籍管理

城市地籍管理是国家为取得有关地籍资料和全面研究土地的权属、自然和经济状况而采取的以土地调查（测量）、土地登记、土地统计和土地评价等为主要内容的国家措施。

地籍管理的对象是作为自然资源和生产资料的土地，管理的核心是土地的权属问题。

3. 城市土地规划管理

城市土地规划管理是在城市土地空间上组织合理利用城市土地的一项综合性措施，实际上是城市政府合理分配或安排城市土地、调整城市土地关系、确定城市土地不同应用方向的过程。城市土地规划管理的主要目的在于摸清城市土地利用现状，合理分配城市土地资源，优化城市土地空间布局。一般来说，城市土地的规划包括城市土地利用总体规划、城市各类用地的具体规划和城市企业用地规划三部分。

4. 城市土地的行政、经济、法制管理

城市土地的行政管理是指城市政府运用行政手段以及城市规划，对土地的所有权、使用方向方法等做出规定并予以监督实行。城市土地的经济管理是指城市政府运用各种经济杠杆，对城市土地的所有权和使用权进行管理。城市土地的法制管理是指城市政府运用法律手段管理城市土地、维护城市土地的所有权和使用方向等。

（三）我国城市土地使用制度的改革

我国原有的城市国有土地管理使用制度，是在中华人民共和国成立之初对城市土地私有制进行改造的基础上建立和发展起来的。这一土地制度主要以行政方式对土地进行分配，土地的使用是免费的，不能进行交换和流通。改革开放以来，随着我国社会主义市场经济的逐步发展，这种国有土地使用制度暴露出了一系列弊端：城市土地产权模糊；土地资源浪费严重；土地配置不当，利用率低；土地收益大量流失；排斥公平竞争。这就要求我国必须对原有的城市国有土地使用制度进行改革，按照市场经济的要求建立新的土地使用制度。

1994 年 7 月，全国人民代表大会常务委员会通过《中华人民共和国城市房地产管理法》，该法确认了“国家依法实行国有土地有偿、有限期使用制度”，使我国城市国有土地使用制度改革的法律体系更完善。通过国有土地使用制度的改革，使新增土地和转让原来行政划拨土地步入批租制轨道，原来的行政划拨土地变为缴纳土地使用税。

2007 年 8 月，全国人民代表大会常务委员会对《中华人民共和国城市房地产管理法》做出修改，在第一章“总则”中增加一条：“为了公共利益的需要，国家可以征收国有土地上单位和个人的房屋，并依法给予拆迁补偿，维护被征收人的合法权益；征收个人住宅的，还应当保障被征收人的居住条件。”这促进了我国城市国有土地使用制度更加规范化的发展。

我国城市土地使用制度改革的目标是实现土地资源配置的市场化，让城市土地进入市场，培育、规范和完善城市土地市场。虽然土地储备制度增强了地方政府对土地市场的调控能力，显化了城市存量土地资产价值，但土地使用权出让主要采用协议为主的方式，土地资源的分配仍在较大程度上受行政行为左右，地价形成机制仍属行政定价模式，无法实现土地资源的市场价值。

可以说，加大市场机制在土地资源配置中的作用是深化土地制度改革的必然趋势。2001 年 4 月，《国务院关于加强国有土地资产管理的通知》颁布，该通知要求：“为体现市场经济原则，确保土地使用权交易的公开、公平和公正，各地要大力推行土地使用权招标、拍卖。国有建设用地供应，除涉及国家安全和保密要求外，都必须向社会公开。商业性房地产开发用地和其他土地供应计划公布后同一地块有两个以上意向用地者的，都必须由市、县人民政府土地行政主管部门依法以招标、拍卖方式提供。”2002 年 7 月颁布的《招标拍卖挂牌出让国有土地使用权规定》要求，商业、旅游、娱乐和商品住宅等各类经营性用地要以招标、拍卖或者挂牌方式出让国有土地使用权，并且对招拍挂出让的原则、范围、程序、法律责任进行了系统性规定，确立了市场配置土地资源的制度。2003 年颁布的《协议出让国有土地所有权规定》要求，土地协议出让也必须公开和引入市场竞争机制。2004 年颁布《国务院关于深化改革严格土地管理的决定》提出，要“禁止非法压低地价招商”，同时要求加快工业用地进入市场化配置。2006 年颁布《国务院关于加强土地调控有关问题的通知》中规定了工业用地必须采用招拍挂方式出让，且出让价格不得低于公布的最低标准价。2007 年 3 月通过的《中华人民共和国物权法》对土地招拍挂方式做出了明确规定，从法律高度确立了国有建设用地使用权招标拍卖等公开竞价方式出让的市场配置制度，使土地市场化再次向前推进了一步。2008 年颁布的《国务院关于促进节约集约用地的通知》提出，今后对国家机关办公和交通、能源、水利等基础建设、城市基础设施以及各类社会事业用地积极探索有偿使用，进一步提高土地出让的市场化程度。

2018 年印发的《自然资源部关于健全建设用地“增存挂钩”机制的通知》，提出向批而未供土地和闲置土地亮剑，强力破除土地资源无效低效供给，提高资源供给质量和效率，以改革举措切实落实党的十九大精神，深化供给侧改革，推动高质量发展。另外，2019 年新修订的《中华人民共和国土地管理法》和《中华人民共和国城市房地产管理法》从 2020 年起施行。

以上相关法律法规的出台，进一步扩大了市场机制在土地资源配置中的作用，促使城市土地使用制度改革向纵深发展。但是，由于我国处于经济转型期，社会主义市场经济体制还不完善，城市土地市场发育不健全，深化土地使用制度改革的任务依然繁重。

（四）我国城市土地有偿使用制度的内容

2019 年新修订的《中华人民共和国土地管理法》第二条规定：“国家依法实行国有土地有偿使用制度。”所谓国有土地有偿使用制度，即国家以土地所有者的身份将国有土地的使用权在一定年限内以协议、招标或拍卖的方式出让给土地使用者，由土地使用者向国家支付土地使用出让金，以达到土地资源科学、合理配置的制度。

在我国社会主义市场经济条件下，土地是一种特殊的商品和有限的不可再生的宝贵资源和资产，其稀缺性和商品属性构成了土地有偿使用的经济土壤；同时，国有土地属于国家所有，由不同的使用者使用，土地所有权和使用权发生了分离，这为实行国有土地有偿使用制度提供了理论依据。通过实行土地有偿使用，国家土地所有权在经济上得到了体现，土地资源得到了高效和合理配置。目前，我国国有土地有偿使用制度的形式主要有以下几种：

（1）土地使用权出让，即国家以土地所有者的身份，将国有土地使用权在一定年限内让与土地使用者使用，由土地使用者按照出让合同的约定向国家支付土地使用权出让金的行为。出让的最高年限按不同的土地用途确定，出让的方式有协议、招标、拍卖三种。

（2）土地使用权出租，即国家将土地出租给承租人使用，由承租人向国家缴纳租金的行为。这种方式，出租的年限一般较短，每年缴纳的租金较少，承租人承受能力较强，容易被承租人接受。

(3) 土地使用权作价入股，即国家将土地使用权作价，作为出资投入企业，形成国家股，国家从企业生产利润中取得相应的股息。这种方式，实质上是国家向企业的一种投资行为。

(4) 土地使用权授权经营，即国家以一定年限的土地使用权作价后授权给经国务院批准设立的国家控股公司、作为国家授权投资机构的国有独资公司和集团公司经营管理。被授权的公司和投资机构负责该土地的保值、增值，并可以凭政府主管部门发给的授权委托书向其他企业以作价出资（入股）或者租赁方式配置土地。

(5) 收缴土地使用费或者场地使用费。外商投资者与中国企业依据《中华人民共和国外商投资法》，在我国取得土地使用权，中方企业或者外商投资企业依法向中国政府缴纳土地使用费或者场地使用费。

三、城市用地结构优化

（一）城市用地结构的含义

为了合理地规划和利用城市土地，首要的问题是对城市土地进行分类，这是优化城市土地结构的基础。城市土地分类的依据不同，分类也有所不同。

依据城市土地所有权的不同，可以分为公有土地和私有土地。

依据城市地貌的不同，可以分为陆地和水面。

依据城市利用程度的不同，可以分为过度利用土地、低度利用土地、未利用土地及利用不当土地等。

依据土地使用的用途的不同，可以分为居住用地、工业用地、商业（金融）服务用地、机关及公用事业用地、城市交通用地。

另外，主要的城市用地还包括了城市绿化带、草坪、林带以及其他方面的一些用地。城市的水面则主要用于公园、港口和水利设施。

随着城市经济的发展，以城市土地的用途进行分类的内容是不断变化的。现在的大城市还存在市区土地与郊区土地的划分，这一划分也具有重要意义。

城市用地结构是指一个城市的建成区内土地的功能分区结构，它是城市内部功能分化和各种活动导致土地利用的内在差异而形成的一种地域结构，包含了各类用地面积占城市总用地面积的比重。

根据区域经济学所揭示的各种不同经济活动主体选址的规律，城市中的工业企业、商业企业、居民区将按照地租的差异分布于一个同心圆的城市功能分区中，或被称为同心圆城市。这种城市土地利用的单中心、同心圆型分层结构模式，只是城市地域结构演变的基本模式。随着社会经济的发展，城市内部空间结构形成的各种因素不断发展变化，城市的土地结构必然会有不同的演化，出现扇形结构、多中心结构等类型。

（二）城市用地结构的优化

1. 我国城市用地结构存在的问题

城市用地结构是否合理，对于城市的经济效益、社会效益和环境效益的影响很大。近年来，随着城市土地使用制度及土地管理体制的逐步改革，我国城市土地利用结构也逐步得到了改善。但从全国的情况来看，仍然存在一系列问题：(1) 城市用地中工业用地比重偏大；(2) 城市中道路、绿地面积少；(3) 城市中土地布局混乱，城市用地功能分区不明显；(4) 土地利用效益低下，浪费严重。

2. 城市用地结构优化的原则

在城市中，工业用地、商业用地和居住用地均受到距离和空间位置差异的影响，城市土地的工商业利用表现出强烈的区位效益。因此，优化城市用地结构，就是要充分尊重土地的空间区位差异，合理规划利用土地。城市用地结构优化需要遵循以下原则：

(1) 地域分异原则。在进行土地布局时，要充分考虑土地的自然特性，保证因地制宜。

(2) 区位利用原则。要自觉利用区位理论，确定各种区位的最佳土地利用途径和方式，求得土地利用总体经济效益的提高。

(3) 生态系统平衡原则。在对土地进行利用的过程中，不能破坏土地的生态平衡，而要提高其生态系统的总体功能。

(4) 系统综合原则。在对土地进行配置时，应考虑到各业态之间的有机结合，提高土地系统的综合效益。

3. 城市用地结构优化的内容

合理利用城市土地、实现城市土地结构优化的内容主要有以下几方面：

(1) 规划调整城市土地，并根据区位利用的原则使不同位置的土地各得其所。以恢复和发展城市的中心聚集功能为主，发挥既有的聚集优势，调整工业区和居住区混杂的现象，增加交通用地，加强绿地建设。

(2) 对土地采取最集约的利用。城市政府要做好土地利用的长远规划，调整土地使用权。

(3) 提高城市内各行业生产力水平，不断提高土地利用效果。提高企业的技术水平、管理水平和设备使用情况，提高生产力水平，从而提高单位土地的利用率。

(4) 实行城市土地的有偿使用，以经济杠杆促进城市土地合理利用。城市土地的有偿使用，对土地使用者施加了经济上的压力，有利于有效控制土地浪费，同时也能调动土地使用者使用土地的积极性，提高土地集约化经营水平。

四、城市旧城改造

（一）城市旧城改造的含义

旧城改造是除了少数新兴城市外，几乎所有的城市都面临的一项紧迫而又艰巨的任务。城市旧区是城市在长期发展和演变过程中逐步形成的，由于历史和现实的原因，我国绝大多数城市的旧城区都存在着布局混乱、居住拥挤、交通阻塞以及公共设施短缺等问题，影响着城市经济和社会的发展。

旧城改造主要是指对一个城市旧城区的物质环境中不适应经济和社会发展需要的部分进行改造，使城市旧城区的整体功能得到改善和提高。旧城改造是调整城市现有配置结构的基本途径。旧城改造不仅是对旧有建筑的更新改造，而且是要对功能布局的调整、生活服务设施的完善以及市政基础设施和公共设施的改造进行一番综合的治理。

我国关于旧城改造的研究经历了一个渐进演化的过程。20 世纪 80 年代前期，涉及旧城改造的研究大多停留在规划界与建筑界，研究的主题是历史文化名城的保护。随着旧城改造在城建比例上的提高，有关的综合性研究开始展开，重点放在具体改造项目的实施政策和操作技术上。20 世纪 90 年代初，旧城改造的实践更多的与新区开发结合在一起，研究的重点也触及了旧城与新区综合开发的效益、旧城改造后土地增值的分享，以及与城市整体改革的配套问题。

目前的旧城改造研究，已成为一项系统的工程，集城市产业的重新布局和组合，企业、居民的重新选点等诸方面于一体，因此应从发展土地市场、劳动力市场及资本市场的角度来把握。我国各个城市对旧城改造及其相关的基础设施建设的认识不尽相同，从总体上来说，是将其作为以营利为目的的市场化经营行为，还是以改善居民生活条件为目标的社会公益性计划行为，决定了城市整套的相关政策，特别是土地政策的制定。

随着我国城市经济发展速度的大步前行，旧城改造也以空前的规模与速度在展开，日益成为我国城市建设的关键问题和公众关注的焦点。一方面，由于我国旧城底子薄、欠账多，长期以来又缺乏有效政策引导和雄厚资金保证，许多旧城都存在布局混乱、房屋破旧、居住拥挤、交通堵塞、环境污染、市政和公共设施短缺等问题；另一方面，由于我国日益紧张的土地资源问题，为形成“集约化”用地、转变土地使用机制，城市建设将由外延向内涵发展。城市正面临着物质空间和人文空间的大变动和重新建构，城市的结构整体调整成为中国世纪之交的城市发展主题。

（二）城市旧城改造的方式

从目前我国的实际来看，旧城改造的方式大致有以下几种类型：

（1）采用保留、改建、拆建相结合的办法，对旧城区进行综合治理。这种方法在节约投资、充分利用原有设施方面存在突出的优点。

（2）以危房、棚户区为改造重点。许多城市都把危房、棚户区的改造作为旧城改造的突破口和重点。

（3）调整用地布局，改善旧居住区环境。合理布局、调整用地功能或以企业进行搬迁，改善居民的居住环境，推进企业的改造和发展。

（4）旧城改造与基础设施和其他工程的建设相结合。一些大型公共建筑和市政公用基础设施的建设和用地调整对某一地区会产生综合性的影响，不仅改变旧城的面貌，而且部分地改善了城市的功能。

（5）旧城改造与保护历史文化古迹相结合。一方面要对有保留价值的古建筑、古民居、旧街区加以保护，另一方面也应注意其他各项改造都要与其风格相协调。

国外城市文化遗产保护历程

当今世界的许多国家，维护城市的历史风貌，保护文化遗产，不但已成共识，而且成为法律。1834 年，希腊有了第一部保护古迹的法律。这是国际上第一部具有现代意义上的文物保护国家立法。1840 年，法国公布了首批保护建筑 567 栋，1887 年通过了第一部历史建筑保护法，首次规定了保护文物建筑是公共事业，政府应该干预。俄罗斯圣彼得堡法律规定，涅瓦大街的建筑不准拆。尽管内部可以进行现代化装修，但外观不许有一丝一毫改变。20世纪六七十年代，世界范围内形成了一个保护文物古迹及其环境的高潮，保护历史文化遗产的国际组织在此期间通过了一系列宪章和建议，确定保护的原则，推广先进方法，协调各国的历史文化遗产保护工作。通过的主要文件有《国际古迹保护与修复宪章》（1964年5月，简称《威尼斯宪章》）、《保护世界文化和自然遗产公约》（1972年11月）、《关于历史地区的保护及其当代作用的建议》（1976年11月，简称《内罗毕建议》）、《保护历史城镇与城区宪章》（1987年10月，简称《华盛顿宪章》）、《关于真实性的奈良文件》（1994年，简称《奈良文件》）。

《威尼斯宪章》是关于古迹保护的第一个国际宪章，意义重大、影响深远。它连同《奈良文件》一起阐述了对文物古迹的保护原则和方法，概括地说有以下几点：（1）真实性原则。要保存历史遗留的原物，修复要以历史真实性和可靠文献为依据，对遗址保护其完整性，用正确的方式清理开放。（2）可识别的原则。修补要整体和谐又要有所区别，不可以假乱真。（3）要保护文物古迹在各个时期的叠加物，它们都保存着历史的痕迹，保存了历史的信息。（4）完整性原则。连同环境一体保护，古迹的保护包含着它所处的环境，除非有特殊的情况，一般不得迁移。《内罗毕建议》和《华盛顿宪章》是针对历史地段保护的，它们的制定有其历史背景。在第二次世界大战后的经济复苏时期，大量人口涌入城市，需要大规模地建设住宅，当时普遍的做法是拆掉老城区，拓宽马路，盖起新楼房。但是不久人们发现，这样做的结果是建筑改善了，历史环境却被破坏了，城镇的历史联系被割断，特色在消失。人们意识到，除了保护文物建筑之外，还应保存一些成片的历史街区，保留城镇的历史记忆，保持城镇历史的连续性。在历史街区内，单看这里的每栋建筑，其价值可能尚不足以作为文物加以保护，但它们加在一起形成的整体面貌却能反映出城镇历史风貌的特点，从而使价值得到了升华，所以有保护的必要。

1987年通过的《华盛顿宪章》总结了各国的做法与经验，归纳了保护历史地段共同性的问题。文件列举了历史地段应该保护的内容：（1）地段和街道的格局和空间形式；（2）建筑物和绿化、旷地的空间关系；（3）历史性建筑的内外面貌，包括体量、形式、建筑风格、材料、色彩、建筑装饰等；（4）地段与周围环境的关系，包括与自然和人工环境的关系；（5）该地段历史上的功能和作用。从这些内容看，历史地段保护更关心的是外部的环境，强调保护延续这里人的生活。所以，关于保护的原则和方法，文件强调要鼓励居民积极参与；要精心建设和改善地段内的基础设施，改善居民住房条件，适应现代化生活的需要；要控制汽车交通，在城市中拓宽汽车干道时，不得穿越历史地段；要有计划地建设停车场，并注意不得破坏历史建筑及其周边环境；在历史地段安排新建筑的功能要符合传统的特色，不否定建造现代建筑，但新的建筑在布局、体量、尺度、色彩等方面要与传统特色相协调。

（三）城市旧城改造的原则

城市的旧城改造有着广泛的内涵和外延，是涉及各行各业、千家万户的一项复杂的系统工程。由于涉及面广且影响重大，旧城改造工作必须在参照城市总体规划的前提下有依据、分步骤地进行。从总体上来看，旧城改造必须遵循以下原则：

(1) 必须与新区建设总体协调、合理布局。城市旧城改造与新区建设应充分统一协调起来，在改造旧城区的同时，根据旧城改造的情况和城市整体发展的需要建设新区。

(2) 要有长期规划，根据实际情况的需要制订分期实施的开发计划。城市旧城改造要因地制宜，根据旧城区的现实情况和城市自身经济实力的大小制定旧城改造的规划。

(3) 要与基础设施建设相配套。城市的旧城改造要与其基础设施的建设统筹规划、配套而行，对基础设施进行优先建设，注意与市政建设各部门的协调统一，在基础设施的建设上要有长远的眼光。

(4) 综合开发，形成投入产出的良性循环。成功的旧城改造，应具有自身造血的功能。这既包括根本的管理制度上的改革，也包括某一具体改造项目的运作。

(5) 对有纪念意义的建筑加以保护。城市的老城区，往往是城市中古建筑比较集中的地带，对于城市中的一些有纪念意义的建筑，在旧城改造的过程中应予以必要的保护。

(四) 城市旧城改造中的土地权限及其补偿

1. 城市旧城改造中对土地使用权的补偿

我国的城市土地归国家所有，当政府需要征用城市土地进行再开发时，要对拆迁区各类房屋的产权人进行合理补偿。这主要包括以下几种情况：拆迁区的企、事业机关单位拥有房屋的产权和土地的使用权；私有住宅房产主只有房屋产权；而公、私住宅的租户则只有在契约有效时，才对所租房屋拥有使用权。

旧城改造中土地开发部分最大的支出是对原土地使用者的拆迁补偿费用。尽管被拆迁者在土地价值较高的地区拥有产权多属偶然，当初他们既未付出很高的代价购买土地的使用权，也没有为土地的增值进行过投资。但在旧城改造的过程中，房产主一般都将房产连同土地的使用权进行有偿转让，其中土地暗含的价值已通过种种公开的或地下的交易体现出来。因此，政府要进行征地、改造，如果不对此进行补偿，就难以实施。

尽管各个城市在其拆迁管理条例细则中对各类房屋的拆迁都做出了具体的规定，或作价补偿，或产权调换，但实际上只有在大规模开发时对个人私有住房的拆迁才行之有效，其余的情况，则不得不遵循双方自愿的民事原则，即由市场进行调控。在大多数情况下，土地使用权的成交价远比地上房产的重置价要高很多。

2. 城市旧城改造中对建筑产权人的补偿

在待改造的旧平房区中，私房所占的比例往往很高，需要制定对私房利益进行补偿的政策。根据我国大多数城市的拆迁法细则及在拆迁过程中的实际做法，对私房主的补偿与安置主要有回迁、现金补偿、另迁三种方式。对租住私房用户的补偿政策，基本上延续了对公房承租户的补偿安置政策。

当前我国旧城改造中，在土地、房产的拆迁补偿问题上仍存在大量深层次的矛盾，对企、事业单位房产、私人房产及房屋承租人不同基准的补偿政策，使应由法律控制和市场调节的界限变得混乱不清。价格多轨，交易的明暗共存，模糊了合法的盈利和非法的投机之间的界限。这些问题的解决，有赖于土地有偿使用制度的全面建立和住房租金制度的改革。

市场机制在目前的旧城改造中发挥了重要作用，但如果不从根本的管理制度上进行改革，旧城改造工作的健康运行必然会受到影响。这方面的改革主要包括：(1) 土地开发与房产开发的相对分离，以土地使用权有偿转让、出让以及广泛的土地使用税的征收取代实物地租。(2) 开辟土地使用权转让的二级市场，同时开征土地闲置费，刺激土地市场流通，扭转目前少数大开发公司控制大量土地、造成土地浪费的局面。(3) 显化土地级差地租，强化中心商务区及高级公寓的土地价格，降低城市边缘住宅用地的地价，使住房价格接近一般居民的收入水平。(4) 加快租金改革，建立住房租赁市场，在此基础上，实现以现金补偿方式取代新房安置补偿方式，提高土地增值分享的透明度，降低旧城再开发成本。

第二节　城市住房管理

一、城市住房问题

城市的可持续发展必须以城市住房的良性发展为基本的前提。伴随着工业革命和城市化而产生的住房问题，与全球性的城市化历程密切相关，一直是世界各国普遍关注的焦点问题。恩格斯在其《论住宅问题》中指出的，所谓住房问题实际上是大工业发展和城市发展所造成的“住宅缺乏现象”。迄今为止，世界上几乎每一个国家在工业化和城市化过程中，都经历过住房短缺的严峻形势。尤其是进入20世纪后，经济迅速发展，城市化加速，住房供应紧缺与居民要求改善居住条件的矛盾仍然是世界各国普遍面临的问题。

由于经济发展的不平衡，各国面临的住房问题也不相同。在一些发达国家，主要是一些区域性的或特殊阶层的住房短缺，而在不发达国家，全国性的住房短缺问题普遍存在。然而，这并不意味着只有不发达地区才需要发展住房，发达国家同样也需要发展住房。虽然第二次世界大战后，经济发达的欧美等国家经过长期的探索，使绝大多数人的居住水平和可支付能力得到改善，但又产生了新的住房供应和支付能力问题，原有的住房供应系统对此却毫无办法。因此，发达国家也仍然需要继续寻求新的解决住房问题的办法。

在经济发展水平较低的中国，住房发展和管理也一直是一个艰巨而复杂的问题。中华人民共和国国成立以后到20世纪80年代以前，我国住房发展一直没有很大的突破，住房问题日益严峻。20世纪80年代以后，我国政府开始重视人民的居住问题，也认识到住房的商品属性，加大了住房投资量和建造量，住房紧张的状况开始好转。政府采取各种积极措施改革住房制度，实行了一系列的住房政策。从中央到地方各级政府、各有关部门都采取了积极的措施，提出了明确的住房目标、方针和实施保证。同时，住房研究机构纷纷成立，如中国房地产业协会等，学术研究也不断加强。随后，国家又将发展住房建设列为新的经济增长点和新的消费热点，大大加快了住房发展的步伐。政策的实施及住房投资建设的快速发展，使我国居民的居住条件得到了大幅度的改善，缓解了住房紧张矛盾。但我国城市的人均住房面积和发达国家的水平还有很大差距，并且当前全国城市中仍然存在大量的住房困难户。与此同时，我国的城市化水平还在上升，中心城市的房价一路攀升，住房问题仍然十分严峻。

世界各国的统计资料表明：当一国的人均国民生产总值进入300～1 400美元的经济发

展阶段，是住房产业迅速发展的时期，住房需求不断增加，此时是解决居民住房问题的关键时期；人均国民收入达到 8 000～10 000 美元以上时，住房需求才开始减少。目前的中国，正好处于住房产业的快速发展时期，住房问题的解决处于关键性阶段。

二、城市住房政策

归纳而言，住房问题主要表现在以下三个方面：(1) 住房紧缺问题，即住房供求不能达到平衡。(2) 居住质量问题，即住房的质量不符合居民对现代生活的要求。(3) 经济负担问题，即城市居民住房的持有方面两极分化、苦乐不均，低收入者无法承受昂贵的租金或房价因而居住拥挤，甚至无家可归；而另一部分人却拥有豪华住宅或房屋闲置。

城市住房政策就是政府针对以上问题所采取的各种管理手段和方法。这些手段和方法有的是注重住房的分配，对低收入阶层居民进行经济资助，帮助他们改善居住条件，使城市中的居民都能达到本国政府所规定的住房服务标准；有的是注重扩大住房存量，增加供给，纠正市场供给中产生的供求不平衡现象。虽然住房供给主要取决于经济支持，但解决住房问题一开始就不单纯是经济问题，而是政治、经济、社会等多因素的综合。因而，世界各国都制定了适合各自国情的住房政策。不论各国住房政策如何千差万别，从总体上看，住房政策都着重调整住房的供需关系。

(一) 住房政策的演变

由于住房问题对社会的安全和稳定具有重大的影响，各国政府都极为重视，并制定住房政策干预住房建设。住房政策的演变大致可以分为以下三个阶段：

(1) 第一阶段。

由国家制定住房政策干预住房的供给与需求是 19 世纪末出现的，而在此之前，住房同其他一般商品一样完全由市场配置供给。许多国家大致都经历了这样一个过程：在经济发展中出现了住房的短缺和大量“棚户区”现象，于是国家作为土地所有者、开发者以及低收入阶层住房的主要改善者介入住房问题，主要措施是大量兴建公共住房，用于安置无力购房的低收入家庭。

(2) 第二阶段。

对公共住房高投入和国有住房供应的高水平管理的要求，很快使一些拥有庞大低收入人口的国家政府认识到，能够得到政府提供的住房的低收入人口仅占迅速增长的低收入人口的一个很小比例。公共住房需要大量财政投入，低租金使用扩大了住房需求。由于投资所限，住房质量不可能得到提高，即使是一些富裕的国家承担大量的公共住房补贴也存在困难。所有这些情况，导致普遍地放弃了由政府直接提供住房的计划，取而代之的是把政策重点转移到鼓励和支持住房自有化上来。政府对少数极困难的家庭提供住房补贴，对大多数家庭重点是提供土地、规划、金融等方面的资助和服务，促进住房自有化。

(3) 第三阶段。

在这个阶段，政府采取行动或制订计划以明确居民利用各种资源的权限，并因人因地制宜加以自由利用。1996 年联合国第二次人类居住会议对此的描述是：“政府将立足于建立立体体制和财政框架，使私营部门、非政府组织和社会团体充分参与，为人人都有适当的住房和可持续人类住区这两个目标的实现做出贡献。使所有人都能公平地行使和履行个人的权利和责任，并在改善和维持其生活环境的活动中充分发挥其能力的条件。”

（二）住房政策的主要内容

1. 公共住房政策

公共住房政策，是以帮助低收入家庭解决住房问题或实现国家所有的住房福利分配为主要内容的住房政策。公共住房政策在市场经济发达的国家主要是用于为低收入者提供住房，它有两种形式：(1) 国家投资建设国有住房，低租金出租给低收入家庭。第二次世界大战后的英国、法国、德国、美国、瑞典、荷兰等国都兴建了大批公共住房供低收入居民租用。(2) 国家提供土地、贷款、税收优惠或资金，支持团体住房合作社建设住房成为集体所有的公共住房。如瑞典的公益住房、法国的社会住房、英国的公共住房、日本地方政府住房等都属集体所有。

社会主义国家中的公共住房政策，过去主要是以福利方式分配住房给广大城市居民使用。比如中国，随着计划经济向社会主义市场经济的转变，进行了住房经济体制改革，改革的中心是逐步改变国家对住房包干分配的政策，充分发挥和利用市场机制的作用，实现住房再生产的良性循环。同时，对低收入者的住房给予保障。

实行公共住房政策需要政府征用大量土地，拨出巨额资金，对城市财政造成了巨大的压力，因而大多数国家都对公共住房政策进行了调整，鼓励私人建造和拥有住房，缩小公共住房的比例。其措施包括：用法律手段推动地方政府出售公房，以各种优惠条件推动居民买房，提高房租，逐步扩大住房私有的比例等。

2. 住房自有化政策

住房自有化政策，是通过自有住房的增多使租房户的比例降低，达到减少房屋租赁过程中的交易费用和降低房租的目的。在发达国家，实施住房自有化政策，重点是帮助低、中等收入阶层购买或自建住房，政府给予优惠和方便条件。具体措施一般可分为需求与供给两个方面。在需求方面，减免自用住房所产生的归属所得税，向中、低收入阶层提供购置自用住房的长期低息贷款和贷款利息补贴。在供给方面，主要是鼓励自建住房，在土地、建筑材料等方面创造方便条件，提供建房贷款及补贴，帮助和促使住房建设合作社的创立和发展；政府兴建供出售的公共住房，扩大住房供给量，减免售房资本所得税，鼓励低价售房。

比如，在中国，住房自有化政策是以住房商品化的形式出现的，是将住房的福利性质转变为住房的商品性质，改变过去无偿分配、低租使用的住房政策，鼓励居民购买住房，在政府补贴的条件下，实行货币化分配。

住房自有化政策把住房的所有权与使用权紧密地结合起来，有利于住房的维护和管理，扩大了有产阶层的数量，减轻了政府财政补贴的压力，从而有助于稳定社会。

3. 住房补贴政策

住房补贴政策是针对低收入家庭解决住房问题的一项措施。在许多国家，接受住房补贴的是低收入者和特殊人群，如老年人、残疾人、多子女家庭等。

住房补贴的方式一般有按人头补贴和住房实体补贴两种。人头补贴是按人口数发给家庭住房补贴，它的作用是扩大低收入家庭的住房支出，间接地刺激低收入家庭的住房需求，使低收入家庭的住房消费不至于和国家规定的最低标准差距过大。住房实体补贴是把补贴直接补助在建房、买房和租房上，国家建造的公共住房以低租金或低价格向居民出租或出售，与应收回投资的差额形成补贴。但在许多国家，住房实体补贴只有公共住房才可得到，由于供给量不足，需要排队等待相当长的时间。

在住房补贴政策中，人头补贴与人口和收入挂钩，可以起到真正帮助低收入者的作用，因而在20世纪90年代，许多国家逐步减少住房实体补贴而保留住房人头补贴。

4. 住房金融政策

在工业化和城市化发展过程中，几乎所有国家都经历了“房荒”、“贫民区”或“棚户区”的困扰。因此，各国政府一致认识到，住房是一种特殊的商品，对住房问题完全采取市场机制的办法是行不通的。各国普遍建立起有政府参与的住房金融体制，以此作为政府干预住房资助、投资和建设的基本途径。近20年来，各国的城市住房信贷发展很快，各国已把信贷作为解决住房问题和促进住房自有化的杠杆和手段。

各国发展的实践证明，不仅高收入水平的国家能够发展住房信贷，低收入水平的发展中国家只要政策得当、措施得力，也能发展住房信贷。越来越多的发展中国家，如新加坡、巴西等，都把发展住房信贷作为住房发展和住房自有化的中心环节和主要杠杆。我国在住房制度改革中，就学习和借鉴了新加坡实行住房公积金制度的经验。

三、城市住房管理

在城市住房制度改革的过程中，城市住房管理的内容也发生了变化。为了实现和保证合理的城市住房建设规模与速度，改善市民的居住条件，城市政府要加强城市住房的规划管理，并运用法律的、经济的、行政的手段监督管理城市住房的建设、流通、分配和消费。

1. 城市住房规划管理

城市住房发展规划是城市总体规划的一个有机组成部分，是对城市住房的建设规模、速度和平面布局等做出的总体安排。它直接制约着城市住房再生产运行的基本方向，是城市政府进行住房管理的重要依据。城市政府在制定城市住房发展规划时，必须依据城市的性质、规模和结构，充分考虑城市住房的自然、经济、社会条件以及技术要求，坚持以下原则：

（1）符合城市总体规划的要求。把城市住房发展规划纳入城市总体发展规划进行统一的综合平衡，以实现城市住房发展与城市经济、社会发展的协调。

（2）符合居民的生活活动规律。充分考虑到采光、通风和防火、防震、防洪等方面的要求，努力为居民创造舒适、优美、安全、卫生、方便的居住环境。

（3）合理有效地利用城市土地和空间。实现城市住房建设的经济效益、社会效益和生态环境效益的有机统一。

（4）充分考虑城市的地方特色。比如，要考虑到城市的性质、气候、地形、地貌、习俗等，力求城市住房建设的个性化。

（5）搞好城市住房区的公共服务设施的规划。比如，交通、教育、医疗卫生、商业、金融、邮电等方面的规划。

（6）为城市住房生产和施工工业化以及建筑群体多样化创造条件。

2. 城市住房建设管理

城市住房的建设需要投入大量的资金和建筑材料，涉及规划、设计、土地、市容、环境、市政公用设施等部门，需要城市政府进行统筹安排。加强城市住房建设的管理，对于贯彻城市住房发展规划、保证城市住房供给的稳定增长具有十分重要的作用。城市政府对城市住房建设的管理主要包括以下内容：

（1）加强城市住房建筑标准的管理。城市住房建筑标准是国家对一定时期内城市住房建设的主要经济指标所做的统一规定，包括面积、造价、层次、层高、住户比例、民用建筑综合指标等。城市政府应监督开发商认真执行国家的有关规定。

（2）推行城市住房的综合开发。城市住房综合开发是指统一规划、合理布局、综合开发、配套建设的建设方式。综合开发既适用于新城区征地开发，也适用于老城区拆迁再开发，它能打破条条、块块的界限，相对集中地使用人、财、物，并按照系统工程原理，合理配置建房资源，实现规划、设计、施工、管理的专业化协作，从而降低城市住房建设的成本，提高城市住房建设的整体效益。

3. 城市住房流通管理

城市住房具有位置的固定性、使用的长期性及价值量大等特点，城市政府需要加强对城市住房流通的管理，以保证城市住房流通的顺利实现。城市住房流通管理包括城市住房的产籍管理、产权管理、交易管理等。城市政府对城市住房流通的管理主要应做好以下工作：

（1）加强对城市住房市场的管理。城市政府要加强对城市住房买卖和租赁的监督管理，确定合理的城市住房价格体系。

（2）加强对城市住房的产权、产籍管理。制定相应的政策法规和规定，审查、确认和保障城市住房产权，监督城市住房产权的合法行使，并通过城市房产登记和测绘，将积累的城市房产资料进行整理分析，用特定的簿册加以控制，以及时掌握城市住房的现状和变动。

（3）建立健全涉及城市住房流通的税收制度。

4. 城市住房分配和消费管理

城市政府应根据城市住房发展规划的要求，加强对城市住房分配和消费的监督管理，确保城市住房总需求与总供给的均衡发展。

城市政府应合理确定城市住房分配的制度和方式，制定城市住房分配的定额或标准；调节城市住房的再分配，合理解决城市低收入阶层的住房问题；协调好城市住房消费与城市社会经济发展的关系；做好城市住房调整和互换工作，及时制止和纠正城市住房的不合理使用的现象；强化城市住房的维护管理。

四、中国城市住房制度的改革

中国传统的住房制度是一种以国家统包、无偿分配、低租金、无限期使用为特点的实物福利性住房制度。这种住房制度难以有效满足城市居民的住房要求，而且造成了国家的沉重负担。对传统福利性的住房制度进行彻底改革，实行住房商品化和社会化势在必行。1979 年邓小平提出了关于房改的问题。1980 年 6 月，中共中央、国务院批转了《全国基本建设工作会议汇报提纲》，正式宣布实行住房商品化政策。

（一）中国城市住房制度改革的发展阶段

在过去 40 多年的时间里，中国城市住房制度改革经历了以下几个阶段：

1. 试点售房阶段：1979—1985 年

这一阶段的房改政策重点是试点售房，分为全价售房和补贴售房两种途径。1979 年国家拨款给西安、柳州、梧州、南宁四个城市，要求这几个试点城市建房向居民出售，同年底各省、自治区相继试点试行。由于初始阶段全价售房难以被居民接受，效果不理想，在试行阶段基本上采用的是补贴售房的方式推进。在此阶段内，1982 年国家以郑州、沙市、常州、四平为试点，试行新建住房补贴出售，个人住房只需交纳 1/3 的房价款，其余 2/3 由地方政府及职工所在单位补齐。这种补贴方式并没有减轻国家和单位补贴住房的财政负担，经过几年实践，最后被取消。

2. 补贴阶段：1986—1990 年

这一阶段主要实行提租补贴，根据住房的折旧费、维修费、管理费、投资利息、房产税五项因素，合理调整公房租金。根据调租幅度，发放一定数量的住房券，用于抵交新增租金。这一政策体现了多住房多交租金，改变了以往的等级制的分配方式。同时建立城镇、个人、企事业单位三级住房基金，积极组织出售公房，同时在财政信贷和金融方面提供配套措施。1986 年确定了烟台、常州、蚌埠、唐山为试点市。1988 年国务院召开了第一次全国住房制度改革工作会议，同年发布了《关于在全国城镇分期分批推行住房制度改革的实施方案》，这次改革使传统的福利住房制度第一次受到实质性冲击，标志着住房制度改革进入整体方案设计和全面试点阶段。

3. 以售代租阶段：1991—1993 年

1991 年 11 月，国务院下发了《关于全面推进城镇住房制度改革的意见》，这是中国住房制度改革的一个纲领性文件，明确了住房制度改革的指导性思想和根本目的，制定了房改的总体目标和阶段目标，要求从 1992 年起在全国范围内推进全民住房制度改革。

4. 全面推进阶段：1994—1998 年

这一阶段标志着中国的房改已从探索和试点阶段进入了全面推进和综合配套改革的新阶段。1994 年 7 月，国务院下发了《关于深化城镇住房制度改革的决定》，提出了房改的总体目标、城镇住房制度改革的基本内容。这个文件进一步明确了住房产权，规定职工以市场价购买的住房，产权归个人所有，可以依法进入市场。

5. 住房货币化：1998 年至今

1998 年 7 月 3 日发出了《国务院关于进一步深化城镇住房制度改革加快住房建设的通知》，确定改革的目标是停止住房实物分配，逐步实行住房分配货币化，对不同收入者，提供不同档次的住房。对高收入者，提供商品房，实行市场价；对中低收入者，提供经济适用住房，实行政府指导价；对最低收入者，提供廉价租房，实行政府定价。建立和完善以经济适用房为主的多层次住房供应体系，发展住房金融，培育和规范住房交易市场。

截至 1998 年底，全国已经全面停止实物分房，中国城镇住房制度发生了一次根本性的转变。但在执行住房货币化改革的过程中，住房补贴的发放和群众对住房需求满足的程度还不能令人满意，住房不公平现象进一步扩大，并随着房价的飙升更加恶化。而经济适用房由于政策目标不明确，执行过程中失当、失控现象严重。

2003 年以来，中央一方面继续推进住房制度改革，一方面加大对房地产市场的调控力度。国务院先后颁发“国八条”“国六条”“新国八条”等一系列文件，提出在高度重视稳定住房价格（特别是普通商品住房和经济适用住房价格）的同时，加快建立和完善适合我国国情的住房保障制度。

2007 年以来，中央进一步加大宏观调控的力度。8 月，《国务院关于解决城市低收入家庭住房困难的若干意见》发布，规定：低收入家庭主要通过廉租住房解决，外加经济适用住房；中等收入家庭根据各地实际可以采取限价商品房和经济租用房的办法解决；高收入家庭主要通过市场解决。这是中国房改历程中一个新的里程碑。

2007 年 10 月，党的十七大提出，要加快推进以改善民生为重点的社会建设，努力使全体人民“住有所居”。11 月，温家宝总理在新加坡国立大学明确阐述了我国住房政策的原则：首先，政府最重要的职责是搞好廉租房，让那些买不起房或进城打工的农民工能够租得起房、住得上房；其次，建设主要面向中产阶级的经济适用房；再次，高档住房主要靠市场调节，但必须有国家的宏观调控，防止利用房地产炒作，造成市场混乱。温总理的谈话被称为“房产新政”，为我国今后的住房建设和改革指明了方向。2010 年，为应对全球金融危机，根据中央保增长、扩内需的决策部署，《国务院办公厅关于促进房地产市场平稳健康发展的通知》印发，加大了保障性安居工程建设力度，促进居民合理住房消费。

自 2010 年 4 月《国务院关于坚决遏制部分城市房价过快上涨的通知》印发后，房地产市场出现积极变化，房价过快上涨势头得到初步遏制。为巩固和扩大调控成果，逐步解决城镇居民住房问题，继续有效遏制投资投机性购房，促进房地产市场平稳健康发展，必须进一步做好房地产市场调控工作。2011 年 1 月 26 日，国务院总理温家宝主持召开国务院常务会议，研究部署进一步做好房地产市场调控工作，会议确定的相关政策措施简称“新国八条”。

2015 年，中央经济工作会议提出要明确住房制度改革方向，以满足新市民的住房需求为主要出发点，以建立“购租并举”的住房制度为主要方向。中共中央政治局在 2019 年 4 月 19 日召开的会议上，再次对房地产市场做出部署，强调“要坚持房子是用来住的、不是用来炒的定位，落实好一城一策、因城施策、城市政府主体责任的长效调控机制”。

（二）中国城市住房制度改革取得的成绩和存在的问题

中国自 20 世纪 80 年代初以来实行的住房制度改革，已经摸索出一条适合中国国情的可行之路，取得的成效主要表现在以下方面：

（1）居民住房条件得到很大改善。根据相关部门的最新统计，截至 2018 年底，中国城市居民人均住宅建筑面积 39 平方米。改革开放 40 多年来，中国城乡居民的居住条件和生活环境发生了天翻地覆的变化。中国城镇居民人均住宅建筑面积在 1978 年为 6.7 平方米，2018 年中国城镇居民人均住宅建筑面积已达到 39 平方米，增加 32.3 平方米。住房质量、住房成套率、配套设施与环境大为改观。

（2）从住房福利制度改变为以产权私有为主的制度。确认住房的商品属性和发展住房市场，符合建立市场经济体制的基本方向，有效地发挥了市场在配置住房资源方面的作用，合理地调整了国家、地方、单位和个人之间的利益关系。单位建房、实物分房的旧体制被打破，住房货币分配制度逐步发展，统一的房地产市场体系基本建立，市场在资源配置中的基础性作用得到越来越充分的发挥。

(3) 房地产及相关产业的迅速发展。房地产及相关产业成为推动经济增长的重要力量，在一段时间内成为促进国民经济持续快速发展的支柱产业，中央、地方政府均出台相关措施促进房地产的发展。

但是，在住房制度改革过程中也出现了一些突出的问题，主要集中在以下几个方面：

(1) 住房商品化的改革过于强调出售和购买。在强调住房的商品属性的同时，还应充分认识到住房的特殊性，即针对低收入者的保障性。房改的关键是实现住房商品化。但是，住房商品化并不等于单一的买房形式，其途径包括租和售两种，只要租金达到了商品化租金，即包括折旧费、维修费、管理费、贷款利息、房产税、地租、保险费、利润等因素，则住房一样实现了商品化。反之，如果低价出售公房，反而造成了国有资产的流失。从商品交换角度看，住房商品化并不取决于出售还是出租，而是取决于房价和房租的价格水平是否主要由市场机制决定，取决于租售比价是否合理。

(2) 出售公房时没有真正体现房屋实际价值。由此，出现了实物分配不公平的延续和固化，价值上的隐性不公在已购公房上市交易时凸显出巨大的利益差异。另外，大量新建住房以实物分配或准实物分配的方式进入旧体制，从而延续并加剧了旧福利体制下的分配不公矛盾，并且阻碍了住房分配货币化的顺利进行。

(3) 货币化补贴政策本身不完善。绝大多数中低收入家庭被推向了价格很高的商品房市场。但政策规定的补贴水平（按照经济适用房价格进行设计）与房价（普通商品住房的租赁价格和出售价格）之间未构建有机联系，由此出现了即使拿了补贴但仍然买不起、租不起商品房的问题，这一问题在大城市中尤其突出。

(4) 住房供给价格水平与普通居民购买力脱节。房地产市场上存在房价过高和供给结构不合理等突出的问题，住房供给价格水平与普通居民的购买力严重脱节，具体表现在：房价上涨过快，已成为社会关注的热点问题；市场需求大，供求矛盾突出；市场供应结构不合理，商品住宅中中低价位、中小户型住宅供应比例偏低。

(5) 经济适用房制度在实施中发生严重扭曲，中低收入群体的住房供求矛盾非常突出。我国的经济适用房是一个将住房保障和市场化结合的操作模式，但因掌握不当，令其社会保障作用在现实中发生了严重扭曲，与政策初衷南辕北辙。经济适用房的“实惠”被不少非中低收入者挤占，令经济适用房陷入了既不经济又不适用的尴尬境地。

案　例

土地出让金下降政府缺钱？楼市调控应有之义

土地出让金趋稳正是房地产市场调控的应有之义，反映了我国房地产市场和土地市场正逐步回归理性。财政部发布的 2019 年第一季度财政收支数据显示，第一季度国有土地使用权出让收入下降 9.5%，但国有土地使用权出让收入安排的支出则增长了 45.2%。上述一降一增，让不少人为地方政府的“钱袋子”着急。我国正实施积极的财政政策，无论是基础设施建设，还是社会保障兜底，都需要钱。土地出让金下降，会不会让地方政府囊中羞涩，该办的事情难以顺利推进？

不必担忧。且不说第一季度土地出让金降幅不大，就是换个思路，按大家通常引用的面粉涨价带来面包涨价的逻辑，如果土地出让金即卖地收入继续一路高歌，这些地方的高房价还能降下来吗？许多持币待购的刚需购房者是不是又要叹息一番？这么说是有充足理由的。各地房屋的建设安装成本差别并不大，造成一二线城市和广大小城市巨大房价鸿沟的主要原因是土地价格，土地成本在购房成本中占比超过一半。

笔者认为，土地出让金趋稳正是房地产市场调控的应有之义，反映了我国房地产市场和土地市场正逐步回归理性。原因有以下几点：

一是第一季度土地出让金下降是在前期高基数基础上的下降，属于高位回落。数据显示，2018 年，我国土地出让金收入高达 6.5 万亿元，创下历史新高，与 2017 年相比上涨 25%。如此迅猛增长，势必不可持续。因此，第一季度土地出让金下降，属于高位回落，是可以接受的。

二是不论土地市场还是房地产市场的发展形势，都与政策紧密相关。当前的调控导向是“稳”字当头，从高位上适度回落是调控的应有之义。2019 年调控政策的一个重要原则，是保持政策的连续性和稳定性，防止大起大落，特别是要把稳地价、稳房价、稳预期的责任落到实处。地价适度回落，恰好符合稳地价的政策目标。

三是在调控之下，房地产开发商和消费者对未来走势的预期趋稳，不会因为担忧房价猛涨而急于入市。

四是各地供地方式也在改革之中，以往“招拍挂”下比拼价格的模式正在某种程度上得到纠正。在“房住不炒”的思路下，这两年我国加大调控力度，供应了一批共有产权等保障性用地，也有一些农村集体产权用地推向市场作为租赁用地。即使商品房用地，在供应时也加上了不少限制性条件，比如限房价，比如增加刚需户型供应。这些政策，突出了土地的保障属性，使土地出让不再唯价格论，是调控的应有之义。

当然，对一些土地财政占比高的地方政府来说，土地出让金下降确实可能造成财政支出上的困难，但这是时势使然，也是未来发展的方向所在。相关地方与其哀叹土地出让金下降，不如多想办法发展其他产业，降低并摆脱自身对土地出让金的依赖。毕竟，靠卖地收入可以谋一时，不可谋长远。

此外，在“一城一策”政策指导下，不排除个别地方以各种名义，重走多卖地、抬房价的老路。对此，有关部门须未雨绸缪，增强政策前瞻性，防止房价、地价报复性反弹。

资料来源：黄晓芳．土地出让金下降政府缺钱？楼市调控应有之义．经济日报，2019-04-26.

拓展阅读

1. 柏必成．改革开放以来我国住房政策变迁的动力分析．公共管理学报，2010（4）.

2. 傅崇兰，白晨曦，曹文明．中国城市发展史．北京：社会科学文献出版社，2009.

3. 布朗，丁日成．城市土地管理的国际经验和教训．国外城市规划，2005（1）.

4. 黄健文，徐莹．从“旧城改建”到“三旧改造”：对我国旧城改造的历程与相关称谓回顾．华中建筑，2010（11）.

5. 黄进华．中国住房制度改革30年回顾与总结．哈工大报，2008-11-02．
6. 黄姝瑜．浅谈我国旧城改造中存在的问题．四川建筑，2010（5）．
7. 黄微燕．探索城镇住房制度改革．经济师，2011（3）．
8. 黄小虎．中国土地管理研究．北京：当代中国出版社，2006．
9. 黄小虎．解决城市住房问题应实行“三轨制”．中国房地信息，2010（8）．
10. 黄小虎．我国城镇住房制度改革思路的演变．红旗文稿，2010（1）．
11. 黄兴文，蒋立红，等．住房体制市场化改革：成就、问题、展望．北京：中国财政经济出版社，2009．
12. 贾秀兰，卢凤．城市土地管理制度的国际比较与启示．规划管理，2006（4）．
13. 建设部课题组．住房、住房制度改革和房地产市场专题研究．北京：中国建筑工业出版社，2007．
14. 黎显扬．旧城改造的国际经验．上海房地，2010（1）．
15. 李建建，戴双兴．中国城市土地使用制度改革60年回顾与展望．经济研究参考，2009（63）．
16. 刘雪明．保障性住房政策执行的监督缺陷及其完善路径．中国房地产，2010（11）．
17. 莫海明．城市旧城改造的房屋拆迁补偿问题研究．广西师范学院学报（自然科学版），2008（4）．
18. 任荣荣．“十二五”时期我国城镇住房发展思路．中国经贸导刊，2010（20）．
19. 唐钧．社会政策视野下的城市住房问题．中国发展观察，2007（10）．
20. 王佃利，张莉萍，高原．现代市政学．北京：中国人民大学出版社，2009．
21. 王晓旭，龙君．建国以来我国城镇住房制度改革历程与思考．理论月刊，2010（6）．
22. 夏宁．公共廉租房的监控及其相关环节．改革，2010（3）．
23. 原玉廷，周娟．城市土地管理体制：变迁、缺陷及完善．理论探索，2010（5）．
24. 臧慧怡，仓昀．我国中小型城市旧城改造探析．现代商贸工业，2009（21）．

城市基础设施管理

重点问题

- 城市地下空间开发利用的意义。
- 城市基础设施的分类和作用。
- 城市基础设施资金来源和投融资方式。
- 城市基础设施产业化发展的必要性和可能性。
- 我国城市基础设施建设和管理中存在的问题及原因分析。
- 如何促进我国城市基础设施的良性发展。

关键术语

城市基础设施　城市地下空间　共同沟　政府全包全揽方式　操作维修合同方式　出租开发操作方式　交钥匙合同方式　BOT 方式　BTO 方式　BOO 方式　BOOT 方式　城市基础设施的产业化

第一节　城市基础设施概述

一、城市基础设施的含义和范畴

（一）城市基础设施的含义和特性

城市基础设施中的“基础设施”一词，英文表述为“infrastructure”，即“基本结构”“永久性设施”等意思。1985 年 7 月，在北京召开的“城市基础设施学术研讨会”将城市基础设施的含义界定为“既为物质生产，又为人民生活提供一般条件的公共设施，是城市赖以生存和发展的基础”。概括而言，城市基础设施是为企业生产和居民生活提供基本条件、保障城市存在和发展的各种工程及其服务的总称。

城市基础设施又被称为城市公用事业、市政工程设施和城市公共设施等，这些概念在内涵与外延上都有交叉之处，但严格说来是有区别的。城市公用事业主要指自来水、电力、煤气和公共交通等部门，市政工程设施主要指道路、桥梁、隧道和下水道等。可以说，城市基础设施既包括城市公用事业，又包括市政工程设施。城市公共设施的内涵与外延则比城市基础设施广泛，不仅指城市基础设施，而且包括城市事业设施，如公共的教育、文化、卫生和体育等部门。因此，城市基础设施又被称为生产性基础设施或技术性基础设施，而事业性基础设施则被称为非生产性基础设施或社会性基础设施。

城市基础设施在城市运行过程中体现为设施、产品（服务）和产业三种形态。设施一般指城市基础设施自身的物质形态，既不是产品，也不是产业。产品（服务）是指借助于城市基础设施而开展的经济活动所生产和提供的产品或服务。实体的基础设施在这里指的是一种生产手段。产业是指把基础设施实体或产品（服务）作为经营对象的产业和行业，如通信产业、环保产业、公共交通企业等。这三种形态在性质和程度上呈现出螺旋上升状态。设施是最原始、最基本的表现形式，产品和服务是设施的衍生形态，产业是最高形态的城市基础设施表现形式。

城市基础设施的特性主要表现在以下五个方面：

（1）服务的公共性和双重性。城市基础设施是为整个城市社会服务的，它是一种公共物品，具有非排他性和非竞争性。城市基础设施既为生产服务，又为生活服务。

（2）经营管理的多样性和垄断性。在城市基础设施的经营管理中，对于城市基础设施的补偿，主要包括市场补偿、财政补偿、两者相结合三种方式。城市基础设施的垄断性是指特定的服务主体为特定的区域服务，并不排斥其他经营形式的存在。

（3）形成的同步性和建设的超前性。城市基础设施要和城市的发展步调一致，在计划安排上，应该使城市基础设施与其他设施配套建设，形成服务合力。同时，为了达到形成能力上的同步性，必须从基础设施建设项目的特点出发，超前于城市其他项目进行建设。

（4）运转的协调性和系统性。城市基础设施与城市其他设施共同构成一个大系统，其本身又由各个子系统组成，各项基础设施都构成一个独立的系统。为此，各系统之间必须协调发展，保持一定的比例。

（5）效益的间接性和长期性。除了一些有明显经济效益的设施项目可以直接收回建设资金外，大多数基础设施的投资费用是不可能从项目运行中直接收回的。城市基础设施投资大、使用期限长，效益在短期内难以得到反映，需要通过一段长期的使用和运营才能表现出来。

（二）城市基础设施的范畴

由于各国国情不同，对城市基础设施范围的界定有所区别。但概括而言，城市基础设施可以分为以下六类：

（1）能源设施。能源设施为城市提供动力"血液"，维持着城市的正常生产和生活。主要包括电力的生产、输配和供应设施，燃气（天然气、液化石油气、煤制气）和暖气的生产、输配和供应设施等。

（2）供、排水设施。供、排水设施不仅和市民的日常生活密切相关，而且对环境有着重要的影响。主要包括城市水资源开发、利用保护设施，自来水生产和供应系统，污水、废水和雨水的接纳、输送、净化及排放系统，中水供应系统等。

（3）交通设施。交通设施为市民的出行提供了必不可少的条件。主要包括城市对外交通设施和内部交通设施两部分。对外交通设施包括航空、铁路、航运、长途汽车和高速公路，对内交通设施包括道路、桥梁、隧道、地铁、轻轨高架、公共交通、出租汽车、停车场、轮渡和交通安全设备等。

（4）邮电通信设施。在信息时代，邮电通信设施发挥着重要的作用。主要包括邮政设施、电信设施（电报、市内电话、长途电话、移动电话、无线电寻呼、计算机互联网）、电视和广播等。

（5）环保设施。环保设施能够通过净化市民的生活环境来提高生活质量。主要包括绿化、园林、垃圾收集和处理、环境卫生、环境监测和治理环境污染等。

（6）防灾设施。防灾设施主要是应付城市的突发事件，充分保障城市的正常运行和市民的生命财产安全。主要包括城市防洪设施、公共消防设施、防地震设施、防止地面沉降设施、人民防空设施以及防风、防潮设施等。

城市基础设施系统是一个牵一发而动全身的系统工程，它是由若干独立运作、完整的子系统组成的相互联系、互为条件、协调运转的大系统，每一个子系统又是由相互联系的子系统的内容和活动构成的。

城市基础设施的范畴不是一成不变的。随着社会的进步、城市化水平的日益提高，城市生产社会化和专业化不断发展，社会分工越来越细，城市基础设施的内容也从简单到复杂、由低级到高级渐进地发展，范围不断扩充。古代社会的城市基础设施总的说来是局部的、小规模的和简陋的，到近代社会以来，由于社会生产的中心转移到城市，人口大多数生活在城市，城市基础设施才获得全面的、大规模的和健全的发展。

（三）城市地下空间的开发利用

1. 城市地下空间

城市地下空间是指城市规划区内地表以下的空间，其开发利用形式主要为地下铁道、人行通道、地下商业街、城市共同沟、各种地下库房和人防设施等。城市地下空间是一种宝贵的资源，是城市空间资源的重要组成部分。城市地下空间开发和利用的潜力不仅在于可以消除城市处处可见的停车场、高速公路和购物中心，还可以进一步理顺地面上的发展空间并为城市其他方面的发展消除障碍。

目前，世界上几乎每个国家的城市都面临着发展空间日益紧张的问题。城市空间在平面扩展受限的条件下，向高空和地下发展是城市发展的两个方向。城市在向高空发展的同时，人们一刻也没有停止向地下发展的探索。通常将地下空间竖向层次划分为三个层次：地下30米以上的浅层、地下30～100米的中层和地下100米以下的深层。一般而言，不同层次的地下空间有不同的用途：浅层设置共同沟、敷设地下管网，中层修建地下街、停车场等，深层建地铁等。这样的划分可有效地利用地下空间资源。目前国际上多数国家地下空间开发层次仍在地下30米以上浅层开发阶段，其用途多为综合性开发。一个城市可开发利用的地下空间资源量一般是城市总面积乘以开发深度的40%。1863年英国伦敦建成世界上第一条地铁，此后，世界各国对城市地下空间开发利用的成功经验数不胜数。实践表明，地下空间的开发利用在技术上、经济上是完全可行的，已经成为现代城市建设的主要途径。

发达国家的发展历史表明：当人均 GDP 达到 500 美元以后，城市就具备了大规模开发利用地下空间的条件和实力；人均 GDP 在 1 000～2 000 美元之间，则达到地下空间开发利用的高潮。这无疑给我国的诸多大城市带来了新的发展空间和契机。随着地下空间开发规模的不断增大和开发项目的增多，地下空间开发已逐步成为我国大中城市规划建设的重要内容，也是目前我国现代化城市建设的一大特色。

城市地下空间的开发能够有效地缓解城市发展与土地资源紧张的矛盾，提高土地利用率，对于扩大城市生存发展空间具有重要的现实意义和深远的历史意义，目前在国内外已经达成了共识：21 世纪是地下空间开发利用的世纪。具体而言，城市地下空间资源开发利用的作用表现在以下几个方面：

（1）有利于促进城市土地的高效利用。地下空间的合理开发利用可以调节城市土地利用结构，提高土地利用效率，节省土地资源，缓解城区高密度，扩充城市空间容量，扩充基础设施容量，增加城市用地。发挥城市拥挤地区地下空间的潜力，不仅可以把地面作为城市公园和休闲场所来使用，还可以通过地下通道的建设，把地面交通空间让给行人、自行车、公共交通及应急车辆等。

（2）有利于改善环境，促进城市的可持续发展。地下空间的合理开发利用有利于减少环境污染，改善城市生态。可以把有碍观瞻的停车楼、高架桥、购物中心等设施转移到地下，从而达到美化城市景观的作用。另外，由于无须考虑建筑物外部的覆盖层和装饰，可以大大提高建筑材料的使用效率，降低建设成本。可以说，没有城市地下空间资源的开发利用，就没有城市的可持续发展。

（3）有利于节约能源，保持良好的气候条件。地下空间与地上空间相比具有恒温、恒湿、隔热、遮光、超静、气密等优点。利用地下空间的“绝缘”功能，吸收噪声并保持地下空间的冷、热能。另外，可以使人们免受极端恶劣气候的影响。

（4）有利于加强安全管理。可以用其做银行的地下保险库或者军事掩体等。地下空间的合理开发利用有利于提高城市总体防灾抗毁能力，是建立现代化的城市防灾减灾综合空间体系的重要途径。

2. 共同沟的建设

共同沟也叫“地下城市管道综合走廊”，即地下管廊。它是把设置在地上架空或地下敷设的各类公用管线集中容纳于一体并预留检修空间的地下隧道，主要适用于交通流量大、地下管线多的重要路段，尤其是高速公路、主干道。共同沟是经济发展到一定阶段时，城市市政配套建设的一种先进模式。

法国巴黎早在 1833 年就开始兴建共同沟。欧洲、日本、美国等发达地区和国家的城镇都在 20 世纪逐步形成了较完善的地下共同沟系统。目前，国外大城市已普遍采用共同沟、地下污水处理场、地下电厂、地下河川以及其他地下工程，其总趋势是将有碍城市景观与城市环境的各种城市基础设施全部地下化。1994 年底，在上海浦东新区初步建成了国内第一条规模较大、距离较长的共同沟，为国内推行共同沟的建设开了先河。

早在1833年法国巴黎开始有系统规划排水网络的同时，就开始兴建共同沟；1890年德国汉堡开始建造100年不落后的共同沟；到20世纪，西班牙、匈牙利等国也开始兴建；日本的城市共同沟建设起步于1923年关东大地震之后，目前已成为共同沟建设最先进的国家。我国1958年在北京天安门广场敷设了一条长1 076米的共同沟，1977年配合毛主席纪念堂施工，又敷设了一条长500米的共同沟；1994年，上海浦东新区开始建设国内第一条规模较大、距离较长的共同沟；2003年，建设中的昆明新城修建了全国最长的共同沟。此外，武汉、合肥、宁波、广州、济南、沈阳、大同等城市都不同程度地修建了共同沟。

共同沟已成为衡量城市基础设施现代化水平的标志之一。共同沟一般分为干线共同沟、支线共同沟、电线电缆专用共同沟及干-支线混合共同沟等。共同沟其实就是一种地下隧道，它犹如一个大口袋，将各种公用管线收入袋中，能够从根本上解决“拉链路”现象，避免城市空间污染。同时，留有供检修人员行走的通道，便于科学合理地做好地下管线的规划和铺设、集中管理。共同沟内排水、消防、电气系统、监控设备、通风、照明等附属设施一应俱全。

共同沟避免了由于埋设或维修而出现的道路多次开挖的麻烦，由于管线不接触土壤和地下水，避免了酸碱物质的腐蚀，延长了使用寿命。共同沟为规划发展需要预留了宝贵的空间，保证了可持续发展的需要。共同沟为各类市政公益管线设施创造了一种“集约化、综合化、廊道化”的铺设环境条件，使道路下部的地层空间资源得到高效利用，使管线的运营与管理能在可靠的监控条件下安全高效地进行。

二、城市基础设施的分类和作用

（一）城市基础设施的分类

1. 按照政府对基础设施所有权的控制程度及其客观属性进行划分

（1）垄断性城市基础设施。

垄断性城市基础设施包括城市供水、供电、通信、对外交通、防灾设施等。垄断性城市基础设施是指决定国计民生、影响重大、由客观或其他社会经济原因形成的在生产和生活中不能替代、不可缺少的一类城市基础设施。这类城市基础设施必须由城市政府控制其所有权，经营权可以按市场规律放开，但对其产品和服务的价格或收费标准还是要进行必要的合法干预。

（2）非垄断性城市基础设施。

非垄断性城市基础设施包括城市燃气、供热、园林、绿化、环境卫生等设施。非垄断性城市基础设施是相对于垄断性城市基础设施而言的，其基础地位虽然重要，但可以通过多元化经营、竞争来降低成本，实现自然资源和社会资源的合理配置。

2. 按照城市基础设施的建设投资及其经营权的可市场化程度进行划分

（1）经营性城市基础设施。

经营性城市基础设施包括城市供水、供电、邮电通信、污水处理、环卫、燃气、供热等设施。经营性城市基础设施可以通过国家的立法作为保证，以经营权的市场化为手段，采取投资、融资、建设、合理定价（收费）等方式，实现建设、经营、发展的良性循环。

（2）非完全经营性城市基础设施。

非完全经营性城市基础设施包括城市道路、防灾、绿地、环境监测等设施。非完全经营性城市基础设施是那些公益性极强、难以明确具体服务对象、以达到社会和环境效益为主要目的的基础设施，必须由政府财政投资及补贴来维持经营和发展。

（二）城市基础设施的作用

城市基础设施是城市生存和发展的根本条件，其作用主要表现在以下几个方面：

1. 城市基础设施是城市存在和发展的物质基础，是社会生产不可缺少的外部条件

城市同乡村的一个重要区别，是基础设施的质量和数量不同。新建或扩大一个城市，总是基础设施先行；基础设施是生产设施和生活设施发挥作用的前提。由此可见，基础设施是城市存在和发展的物质基础。一个城市的基础设施容量大、现代化程度高，则预示着它有很大的发展潜力。社会的第一、二、三产业，包括属于第三产业的党政机关的产业活动，都离不开基础设施的作用。基础设施为各单位提供能源、水资源、交通运输条件、通信条件等。

2. 城市基础设施是市民生活的基本条件，为生产和生活提供一个减少污染的环境

城市基础设施是市民维持基本生活水平的必要条件，又为市民提高生活水平创造了条件。地铁、电脑联网和电视等使市民享受到现代生活的乐趣。生活水平越高，市民对基础设施的依赖性越强。现代城市的生产和生活日益现代化，但同时面临着环境污染的严重威胁。环境污染不但增加生产的成本，而且损害市民的健康。因此，城市的环保设施等既是环境污染的屏障，也是生产和生活的卫士。

3. 城市基础设施能够避免和减轻各种灾害对生产和生活的危害

中国地域辽阔，自然环境复杂，每年许多城市都遭受洪水、台风、风沙和暴风雪等自然灾害的袭击。城市的各种防灾设施在抵御和减少各种灾害给城市生产和生活带来的损失方面，发挥着巨大的作用。如果没有城市基础设施的保护，让各种灾害得逞，城市的生产和生活水平非但不会提高，反而会大幅下降。

4. 城市基础设施是城市现代化的前提和重要标志，是城市竞争手段和竞争力的表现

对于城市现代化来说，城市基础设施的先进和完善是决定性的条件和标志。经济发达国家所走过的城市化道路已经为我们积累了正反两个方面的经验，其城市化和城市的现代化走的就是一条先行完善城市基础设施以带动整个城市现代化，带动城市经济、社会的全面发展和生活质量的提高的道路。另外，经济全球化的发展，使国与国之间、城市与城市之间、企业与企业之间的竞争日益激烈，企业之间的竞争不仅取决于企业自身的技术水平、经济实力等因素，而且取决于城市的经济环境，特别是基础设施的先进性和完善程度。企业的竞争力与城市的竞争力是联系在一起的，不能分割。

第二节　城市基础设施的经营和管理

一、城市基础设施的管理机构及其职能

（一）城市基础设施的管理机构

（1）综合管理机构。城市政府设置的建设委员会或规划建设委员会以及类似的机构，

一般是综合管理机构。城市基础设施管理的专业机构均履行各自的职责权限，但动态中的城市基础设施管理必然产生大量的相互交叉和相互协调的职能，而城市政府又无力或很难直接履行这项职能，需要综合管理机构代表城市政府进行有效的、统一的宏观管理。

（2）专业管理机构。根据技术性质和功能特点，城市基础设施可以划分为若干专门系统，如水系统、电系统、交通系统、通信系统、环境系统等。从事专门系统的管理机构就是专业管理机构。

（3）协调机构。城市政府为了协调城市基础设施管理和城市其他各项事业管理的关系，达到城市管理的综合效益而设置的跨部门、跨专业、跨领域的委员会。

（4）临时机构。影响城市基础设施管理的动态因素很多。目前，我国城市管理正处于发展完善阶段，难免面临一些新出现的或突击性的任务。这些任务依靠常设机构往往难以顺利而高效地完成，需要城市政府设置一些临时机构。这些机构完成任务后就随之撤销。

（二）城市基础设施管理机构的职能

城市基础设施的管理部门属于专业经济管理部门，即实施行业管理的部门。城市基础设施的管理应由计划经济下的部门管理向市场经济下的行业管理转变。具体而言，就是实施政企分开，包括所有权与经营权分离，即将国有城市基础设施的经营权从政府部门中分离出来全部落实给企业，把企业推向市场，政府部门保留所有权，只行使行业管理职能，不再直接指挥、干预企业正常的经营活动。现有的基础设施行业的事业单位（大多数以政府名义出现）也应与政府脱钩，转变为具有法人资格的经营管理实体，与企业一样在行业主管部门的监督下进行业务活动。

按照上述原则，政府主管部门对城市基础设施的管理主要表现在以下几个方面：

（1）制定行业的发展方针、政策、规划、规章、强制性产品标准、服务标准、规范等，并监督其实施。

（2）实施市场管理，包括市场准入、资格认定、质量监督、服务监督等。

（3）与有关部门协同监督、实施城市基础设施产品和服务的价格与收费标准的管理。

（4）对于具有直接经济收益的设施，如城市供水、燃气、供热等行业，着重培养市场机制的形成，促进建立一种以市场投入为主导的建设、经营新机制，广泛吸收多种所有制经济成分共同参与，形成有序竞争的局面。

（5）对于没有直接经济收益或直接收益很少的设施，如城市道路、环境卫生、园林、绿地、防洪等设施，其维修、养护、保洁等业务应采取招标等市场竞争方式选择胜任、高效的企业来承担，并按合同办事。

二、城市基础设施经营和管理的内容以及特点

（一）城市基础设施管理的内容

城市基础设施的管理内容主要包括以下几个方面：

1. 城市供电管理

城市供电管理的内容：（1）输变电建设管理。输变电建设管理包括做好负荷预测，制定电网发展规划；变电所所址选择；送电线路的路径选择。（2）供电设备运行、检修管理。运行管理要加强巡视检查，进行定期计划检修和事故抢修，预防季节性事故和外力破

坏事故，加强技术管理。(3) 用电营业管理。一是做好用户业务扩充管理工作；二是加强电能质量管理，包括频率质量管理、电压质量管理和供电可靠性管理；三是抓好计划、节约、安全用电。

2. 城市供水管理

城市供水管理的内容：(1) 水资源管理。要防止地表水被污染，合理安排取水量。地下水宜饮用，但需平衡采水与灌水，控制地面沉降。(2) 供水工程的建设管理。它包括取水、净水和配水的工程管理。(3) 供水的水质和水压管理。根据具体情况，可分别采取水厂一次加压、管网中途加压或局部地区加压等做法。(4) 节约用水管理。一是加强宣传，二是实行计划用水，三是使用节水设备，四是提高水的重复利用率。

3. 城市供气管理

城市供气管理的内容：(1) 供气规划管理。国外城市的燃气化，大多数经历了从煤制气到油制气，再到以天然气为主的过程。(2) 供气工程的建设管理。一方面选择燃气化的途径，另一方面确定供气规模。(3) 供气的安全管理。要控制燃气的质量，监督执行燃气器具的标准，提倡安装燃气警报器。

4. 城市道路管理

城市道路管理的内容：(1) 对新建或改建道路的质量、进度的监督。(2) 对道路的维修和养护。(3) 路政管理。路政管理包括掘路管理、占用路面管理以及对人为损坏道路的管理。

5. 城市灾害管理

城市灾害管理的内容：(1) 各种防灾设施的建设和维护。(2) 防灾报警系统和预警系统的建设和管理。(3) 防灾物资的储备管理。(4) 普及防灾救灾知识。

(二) 城市基础设施经营和管理的特点

城市基础设施的效益需要从经济效益、社会效益和环境效益三个方面进行综合的衡量。由于城市基础设施具有公益性，它的部门和单位不能像一般的企业那样，以营利为主要目标，而只能以社会效益为首要的目标，在此前提下，兼顾经济效益；虽然它们有生产性，受投入产出的经济规律制约，但其中多数的部门和单位通过市场与财政的复合补偿，来实现投入产出的资金循环。这种区别决定了城市基础设施的经营与管理，具有不同于一般企业经营与管理的特点。

1. 根据在公益性方面和市场化程度上的区别，实行不同类型的经营管理模式

经营管理模式主要有以下几种类型：少数完全靠市场补偿实现投入产出循环的部门和单位，实行与一般企业一样的企业化经营管理。少数完全靠财政补偿实现投入产出循环的部门和单位，实行全额拨款的事业单位管理。一部分主要靠市场补偿、次要靠财政补偿实现投入产出循环的部门和单位，基本上实行企业化的经营管理，同时财政给予适当的补贴。一部分主要靠财政补偿、次要靠市场补偿实现投入产出循环的部门和单位，实行差额拨款的事业单位管理。

2. 根据经营管理模式的不同，实行不同的定价制度

不同的经营管理模式下实行不同的定价制度：实行完全的企业化经营管理的部门和单位，所提供的产品和服务的价格，在市场竞争中形成，但受城市政府的物价管理部门的监督。全额拨款的事业单位所提供的产品和服务的价格，由上级部门确定，并经物价部门批

准。基本上实行企业化经营管理的部门和单位，所提供的产品和服务的价格，主要在市场竞争中形成，但受物价部门的指导。差额拨款的事业单位所提供的产品和服务的价格，主要由上级部门在参考市场竞争行情后确定，并经物价部门批准。如果扩大再生产的任务较重，价格可含微利；如果主要是维持再生产，价格可只含成本；如果公益性较强，市场化程度较低，价格可允许适当的亏损。

3. 无论实行哪一种经营管理的模式，都要努力提高经济效益

这是适应社会主义市场经济体制、参与市场竞争的需要，减轻财政负担的需要，以及增加城市基础设施的部门和单位员工收入的需要。城市基础设施的部门和单位员工提高收入水平，不能靠涨价，只能靠提高产品和服务的质量，增加产品和服务的数量以及降低产品和服务的成本来实现。实行企业化经营管理的部门和单位，可以运用一般企业的管理制度；实行事业性管理的部门和单位，也必须运用各种形式的经济责任制，把员工的收入与提高质量、增加数量和降低成本挂钩。

三、城市基础设施建设的资金来源和投融资方式

（一）城市基础设施建设的资金来源

目前，城市基础设施建设资金的筹集，已从单一途径转为多元化途径，筹集的渠道主要包括：

（1）城市政府的财政拨款。这是基础设施建设资金的主要来源。

（2）城市建设税与配套费。如附加费、初装费、增容费与建设基金等。

（3）国外的长期低息贷款。

（4）向国内外贷款或发行债券。

（5）公用事业的合理收费。

（6）土地批租收入。对经营性土地实行有偿出让。

（7）基础设施与公共设施的有偿使用和企业化经营收入。

（8）市政设施部门专营权有限期出让。

（9）组建基础设施建设的上市股份公司。

（10）吸引大企业投资市政设施建设。

（11）融通社会基金。比如借用城市社会保险基金等，实际上这是资金的相互融通。

（12）向国内金融机构短期借款。

以上各种筹资途径可以归纳为四类：城市财政支出、基础设施运营收入、发行股票债券向社会集资、向国内外银行贷款。

（二）城市基础设施建设的投融资方式

城市基础设施投资主体多元化是时代的要求及其发展的必然趋势。投资主体多元化决定了其投融资方式的多样性。综观中外城市基础设施管理的投融资方式，可以归纳为以下几种类型：

（1）政府全包全揽方式。政府全包全揽方式是指项目完全由政府规划、投资、管理和运营，运营结果一般没有盈利和利润，或者说利润微薄，这种方式适用于一些非经营性的基础设施项目。

(2) 操作维修合同方式。操作维修合同方式是由政府和私营公司合作经营项目的方式，私营公司承担基础设施的运作，合作双方根据事先签订的合同办事。

(3) 出租开发操作方式。出租开发操作方式是指政府将一部分城市基础设施出租给私营公司或个人操作经营。这种方式适用于一些已经老化的基础设施，目的是让私营公司或个人利用自己的资源来更新设施设备，同时私营或个人投资者可以通过收取设施使用费回收投资，赢得利润。

(4) 交钥匙合同方式。交钥匙合同方式是指政府通过签订合同的方式，委托私营公司和个人，根据合同要求的标准建设基础设施项目，并在竣工后由政府支付款项的方式。这种方式的特点是私营公司只拥有项目经营权，而所有权掌握在政府手中。当然私营企业和个人可以通过参与投资来分得红利。

(5) BOT 方式。BOT 即建设（build）— 经营（operation）— 转让（transfer）的缩写。BOT 是指项目完全由私人集团或国际财团提供资金，根据合同，投资集团一定期限内拥有项目使用权，并负责对项目进行维修和经营，待合同期满，将项目所有权交还政府。它一般是发达国家和发展中国家建设基础设施所采用的一种特殊投融资方式。这种方式适用于那些规模大、建设周期长、价值转移慢、资本回收困难的项目，如环境卫生设施、通信设施和生活动力设施等。

基于BOT方式的其他方式

企业资本或私人资本在介入基础设施项目的运作过程中，由于基础设施种类、投融资回报方式、项目财产权利形态的不同，BOT 方式出现了不同的变异方式。

1. BOOT 方式

BOOT（build-own-operate-transfer），即建设—拥有—经营—转让，是私人合伙或国际财团融资建设基础产业项目，项目建成后，在规定的期限内拥有所有权并进行经营，期满后将项目移交给政府。BOOT 方式中，私人既有经营权，也有所有权。采取 BOOT 方式，从项目建成到移交给政府这一段时间一般比采取 BOT 方式长一些。

2. BOO 方式

BOO（build-own-operate），即建设—拥有—经营，承包商根据政府赋予的特许权，建设并经营某项产业项目，但是并不将此项基础产业项目移交给公共部门。在 BOO 项目中，项目公司有权不受任何时间限制地拥有并经营项目设施。

3. BTO 方式

BTO（build-transfer-operate），即建设—转让—经营。对于关系到国家安全的产业如通信业，为了保证国家信息的安全性，项目建成后，并不交由外国投资者经营，而是将所有权转让给东道国政府，由东道国经营通信的垄断公司经营，或与项目开发商共同经营项目。

4. DBFO 方式

DBFO（design-build-finance-operate），即设计—建设—融资—经营。这种方式是从项目设计开始就特许给某一私人部门进行，直到项目经营期收回投资，取得投资收益。但项目公司只有经营权没有所有权。

5. BLT 方式

BLT（build-lease-transfer），即建设—租赁—移交，是指政府出让项目建设权，在项目运营期内政府成为项目的租赁人，私营部门成为项目的承租人，租赁期满结束后，所有资产再移交给政府公共部门的一种融资方式。

6. PPP 方式

PPP 是英文“public-private partnership”的缩写，是指政府公共部门和私人部门合作完成基础设施的投资和建设，满足经济与社会发展对基础设施的要求。简言之，PPP 是指公共部门通过与私人部门建立伙伴关系提供公共产品或服务的一种方式。PPP 是在英国首先发展起来的特许权经营制度。该词最早由英国政府于 1992 年提出，当时界定为政府与私营商签订长期协议，授权私营商代替政府建设、运营或管理公共设施并向公众提供公共服务。PPP 本身是一个意义非常宽泛的概念，有广义和狭义之分。通过 PPP，合作方可以达到与预期单独行动相比更为有利的结果，合作各方参与某个项目时，政府并不是把项目的责任全部转移给投资方，而是与参与各方共同承担责任和融资风险。PPP 方式最大的优点在于将市场机制引入到基础设施的投融资领域。

（三）城市基础设施投融资基本模式的演进

1. 传统的基础设施投融资模式

在传统计划经济体制下，基础设施投融资资金来源于财政收入，政府既是投资主体，又是融资机制中融资和被融资的对象，基础设施建设的投资决策权和项目审批权高度集中在中央和省市一级政府。政府是基础设施资金的供给者，无论基础设施建设规划和决策、基础设施建设资金的筹集与使用以及项目建成后的管理与运营，均由政府统一包揽。

政府的可投资金有限，以及政府对地区基础设施建设的具体情况不够了解，对基础设施重要性的认识不足，导致了基础设施建设资金投入不足，基础设施服务水平和能力低下，一些重要的公共事业，如自来水、公共交通甚至被划为非生产性建设的次要地位，使社会生产受到一定影响。

2. 以政策性投融资公司为主体的基础设施投融资模式

我国经济的持续快速发展，促使政府投向城市建设的基础设施项目、公共建筑项目的资金逐年增加。随着投融资体制的改革，政府以外的资金投入该领域的金额也呈逐步递增趋势。20 世纪 90 年代以后，我国基础设施建设的投融资体制改革逐步展开。2011 年，《国务院关于印发投资管理体制近期改革方案的通知》发布，各地区和大小城市纷纷组建了基础设施投融资公司。

按照项目区分理论，基础设施项目可划分为经营性项目、准经营性项目和公益性项目。三种项目的区分主要在于提供服务的有偿程度上，收费机制完善并且价格到位的项目就是经营性项目；拥有收费机制，但收费无法达到要求的项目是准经营性项目；没有收费机制的项目就是公益性项目。经营性项目降低价格就可以转化为准经营性项目，准经营项目取消收费机制可转化为公益性项目，三种项目可以相互转化。

（1）政府财政部门将现金、存量资产和增量投资注入政策性投融资公司，委托其对现金进行投资管理并经营基础设施资产。这些现金和资产包括国债资金、专项建设投资资金、存量基础设施资产、储备土地和施工过程中营业税、所得税等税收和一些费用的返还。政策性投融资公司通过投融资中介和金融机构获得政策性贷款、经营性转让、项目融资等途径扩大融资。

(2) 政府决定具体投资项目以后，政策性投融资公司提出具体项目方案，由政府相关部门决定最终采用的方案。在项目建设期间，投融资公司负责经营性项目、准经营性项目、公益性项目的具体投资和管理，政府建设主管部门对投融资公司进行监督和管理。

(3) 三类项目将项目收益上缴到政府财政部门，而投融资公司则通过政府财政部门的投资来偿还在资本市场等融资的资本成本并进行增量投资。

政策性投融资公司提高了基础设施建设的融资能力和基础设施建设所筹集资金的使用效率，实现了政企分开，解决了基础设施建设事权和财权不统一的状况，在一定程度上起到了将政府从投融资具体行为中剥离出来的作用，为政府从投融资活动的具体操作者向管理者过渡提供了途径。在政策性投融资公司的平台下，投融资主体的多元化和投融资行为的市场化有了实现的可能。

四、城市基础设施的产业化

城市基础设施产业化作为城市经济发展的一大趋势，具有实施的必要性和可能性。

1. 基础设施产业化是城市经济发展的趋势

随着科学技术和社会生产力的发展，城市基础设施中有越来越多的系统形成独立的产业或行业。例如，已经形成庞大的能源产业、交通产业、运输产业、通信产业、环保产业等。城市基础设施产业还能带动其他一系列产业，如基础材料产业、房地产业、汽车产业、装备工业等，因此基础设施产业是城市经济乃至国民经济的支柱产业，是新的经济增长点。

2. 产业化适应基础设施建设量和投资量不断扩大的需要

社会生产力的发展，经济社会化程度的提高，基础设施内容越来越广泛，城市经济对基础设施的需求日趋扩大，从而对基础设施的依存性也越来越大。城市现代化在很大程度上取决于基础设施现代化。在城市现代化过程中，基础设施建设量迅速增加。只有不断实现产业化，才能适应城市基础设施投资和建设增长的需要；反之，投资和建设的增加，又要求基础设施实现产业化。

3. 产业化有利于提高城市基础设施的使用效率

目前，我国城市中的许多企业效益不高，不能说同城市基础设施落后没有关系。通过市场交换，推行产业化经营，是目前条件下维持公平和提高效率的手段，甚至是最重要的手段。所以，近几十年来，许多国家把城市基础设施的建设、管理和经营，同其他生产经营领域一样交给企业，实行产业化经营。大量事实证明，不少城市基础设施项目由政府投资、建设和管理往往投资很大，却效率低下、分配不公，而交给企业投资、建设和管理后效率明显提高。产业化经营和管理是城市基础设施发展的趋势和方向。

4. 城市政府职能的转变和有限的财力需要基础设施产业化

城市政府把一部分基础设施建设和管理交给企业去办，变成企业的经营活动，以集中精力办好只能由城市政府办的事。这样，可以更有力、更灵活地筹集资金，动员更多的社会资金投入城市基础设施建设。一部分基础设施实行产业化经营，政府就可以加强规划、调控、监督的职能。虽然城市的财政收入不断增长，但与基础设施发展相比，仍然不能满足扩大基础设施建设的需要，这是我国目前城市发展中的普遍现象。为了解决这一矛盾，基础设施产业化是一个行之有效的方法。即使由政府投资建设的项目，也可以实行产业化建设和经营。

5. 科学技术的进步为产业化提供了技术条件

一方面，城市基础设施领域成为科学技术的重要领域，许多国家和城市致力于这个领域的研究，取得的重大成果推进了基础设施的建设，有利于基础设施的产业化经营，提高建设和经营效益。另一方面，科学技术的发展，特别是计量技术的发展，对许多基础设施的使用和消费都可以直接计量，即原来不能分割出售的，现在能精确地按单位出售，这也为产业化经营创造了技术条件。

第三节　我国城市基础设施管理

一、我国城市基础设施建设和管理中存在的问题及原因分析

我国城市基础设施建设和管理中存在的问题主要表现在以下几个方面：

1. 总体水平滞后，超负荷运行

近几十年来，我国的经济发展迅猛，然而城市基础设施总体水平滞后的局面依然十分突出，已成为制约经济进一步发展的“瓶颈”，直接导致低效率的资源配置和经济波动，这种供给不足的问题更是引发了复杂的社会发展矛盾。目前，我国城市基础设施大多超负荷运行、故障频生，远远不能满足城市发展的需求，其中突出表现为：电力供应不足，停电频繁；道路设施不足，交通堵塞；供水设施不足，缺水严重。2003 年以来，随着我国经济的快速发展，对电力等能源需求的力度与日俱增，但由于受制于原来低水平的基础设施建设的格局，在经济发展的高潮期却出现了杭州等大城市由于缺电而不得不采取拉闸限电的措施。据不完全统计，我国南方部分城市每年因缺电而造成的直接经济损失就高达上千万元；北京、上海等城市由于交通拥挤、道路堵塞，因车速下降每年带来的营运损失达几亿元；北方的各大城市普遍面临水荒，如大连市缺水，每年要减少工业产值几亿元。

2. 城市基础设施规划滞后

我国许多城市存在着严重的“重建设、轻规划”现象，有些地方甚至建设在先，规划在后。(1) 城市基础设施规划缺乏超前性和战略眼光，往往只顾满足一时的需求或只顾及眼前的经济利益，从而使有些基础设施从一开始建成就成了落伍的。(2) 城市基础设施规划缺乏科学性，有些大型基础设施项目没有经过科学的调查、勘探和完善的设计，也没有经过专家的论证或听取广大市民的意见。(3) 城市基础设施规划缺乏切实可行性，许多城市领导为突出政绩，常常不顾城市发展的实际要求，大搞“政绩工程”或“形象工程”，投入的资金越大，造成的资源浪费和损失就越大。

3. 城市基础设施管理乏力

目前，我国大部分城市基础设施的管理工作无法可依或有法不依，单纯地依靠人治手

段或行政手段解决问题，城市管理工作薄弱、缺乏章法，从而造成城市管理混乱、城市面貌不整洁、城市基础设施运行效益低下或损坏严重等现象。在不少城市，常有马路被“开膛破肚”若干次而仍未停歇的现象发生，这不仅反映了城市基础设施规划缺乏超前性，也反映了城市基础设施管理工作的不规范、不协调。城市基础设施管理部门多达十几个，政出多门，各自为战，缺乏统一协调。此外，城市基础设施管理缺乏专业人才也是城市基础设施管理乏力的重要原因。

4. 市场化融资的应用和发展还不普遍

我国目前的政策性投融资公司多为国有独资公司形式，政府是实际的投融资主体，同时又是投融资市场的管理者。政策性投融资公司只是充当了政府的出纳角色，只负责筹集资金和支付资金，缺乏对基础设施建设的全方位参与和管理。对基础设施建设项目没有建设前期的项目决策权，经营性项目收益和公益性项目支出都是由政府进行使用和调配，政策性投融资公司只是负责项目资金筹集和资金支付。虽然新的融资模式被不断推出，但国内的基础设施建设项目的资金来源依然主要集中在财政拨款、国债基金和银行贷款等渠道，市场化融资的应用和发展还不普遍。

5. 城市基础设施效益低下

我国城市基础设施建设普遍存在着“小而全”“大而全”的重复建设问题，“市长管厂长、厂长管社会”等现象比较突出。许多城市基础设施建设没有汲取历史教训，没有真正意识到提高城市基础设施建设的社会化水平的重要性，不少地方仍存在盲目的重复建设，不注重城市基础设施建设的社会和经济效益，城市基础设施建设在质量和数量、空间和时间上无法与城市的各项建设协调发展，给政府带来了沉重的财政负担，也影响了城市的发展。

我国城市基础设施发展中存在的问题主要可以归结为以下三个方面的原因：

1. 认识上的偏差

受历史因素和急功近利思想的影响，我国城市基础设施建设的观念非常淡薄，长期以来偏重经济项目的投资，不少城市在制定城市经济和社会发展战略时，往往过多地局限于近期目标而缺乏长远的战略眼光，使城市基础设施建设失去了大好时机。人们往往习惯把城市基础设施建设称作配套设施，把它从城市发展和建设的主要的、重要的环节降低到了为别的工程从属配套的地位，从根本上降低了对其重要性的认识，认为城市经济的发展主要依靠物质领域的建设，忽视了基础设施在物质生产过程中所起的作用。此外，对城市基础设施的认识存在偏差，往往只注重基础设施作为“服务性”或“非生产性”的一面，而没有看到其生产特征，没有把城市基础设施作为社会物质生产部门的一个组成因素来对待，使城市基础设施能力不足，给整个城市的物质生产带来巨大的负面影响。

2. 制度上的缺陷

计划经济体制是城市基础设施发展落后的根本原因。计划经济条件下，我国长期以来实行“投资-回收”体制，国家财政收入主要来源于企业税利，而不是通过城市建设和运营渠道获取。从国家和政府角度看来，城市建设特别是城市基础设施建设只有投入而没有产出，这就导致了长期以来将城市基础设施投资看作“非生产性”投资而不予重视。在此前提下，由于国家是企业的直接经营者，在资源有限的情况下追求工业现代化，必然倾向于向企业投资而紧缩城市基础设施的投资。

3. 决策上的失误

我国政府一直是基础设施投资的唯一主体，政府在投资政策上一直表现为基础设施投资比重较低的状况，不但没有优先发展城市基础设施，而且经常削减基础设施投资，尽管后来为了扩大内需用于基础设施建设的投资大幅度增加，但由于历史上欠账太多，以及现实中人口基数过大等原因，至今基础设施建设仍有积重难返之势。国家在制定政策过程中往往忽视价值规律的作用，把基础设施当作福利设施，过于压低其产品和服务的价格而又不给基础设施增加补贴，致使基础设施行业难以维持简单的再生产，从而严重影响了城市基础设施的发展。另外，我国长期实施优先发展东部沿海地区的战略，致使城市基础设施管理存在较大的地区差距，中西部城市基础设施建设严重滞后。

二、促进我国城市基础设施的良性发展

随着信息社会和知识经济时代的来临，世界各国都在加速发展新经济时代所需要的城市基础设施建设。面对我国基础设施的落后局面，以及基础设施领域日益激烈的国际竞争，有必要探索基础设施的发展规律，研究基础设施发展中的一系列问题。

1. 加大对城市基础设施建设规律的研究

认真总结国内外城市基础设施建设的经验和教训，认清城市基础设施的特点及其在城市建设中的作用。加大对城市基础设施建设的研究，注重对城市基础设施进行定量分析。由于城市基础设施建设的周期长，为了以后我国经济发展的需要和合理使用有限的资金，可由城市的相关管理部门组织城市基础设施的调研与考察，开展相关的研究与讨论，集中专家和实际工作者的智慧，对城市的发展问题逐一进行会诊。根据城市的现状和整体发展规划，分别提出一批有针对性的建议，供城市和相关的部门决策参考。此外，还要培养专门的城市建设管理人才，学习和借鉴国内外的经验，加强情报信息工作，使我国城市基础设施建设能够逐步适应生产发展和人民生活水平提高的要求。

2. 建立完善的城市基础设施管理法规体系

城市基础设施管理法规体系是指国家颁布的城市基础设施管理的法律和为执行这些法律所规定的若干有内在联系的规章、制度所构成的一整套规范性文件体系。城市基础设施的建设和管理与方方面面有着千丝万缕的联系，相关的法律法规建设也应该注重体系的完善，这样才能真正使法律法规对城市管理起到指导和规范的作用。完善的城市基础设施管理法规体系是做好城市基础设施管理的重要保证，这对规范和加强城市管理工作、消除城市管理中的“人治”影响、全方位提升城市的综合竞争力具有重要的现实意义和积极的影响。

3. 改革城市建设体制

改革城市建设体制是解决城市基础设施发展和管理落后的关键。城市是一个综合有机体，城市基础设施建设和发展应当与整个城市的建设与发展有机结合在一起，才能为整个城市社会的发展提供相应的服务能力。要想实现城市建设的良性发展，使城市管理更加科学有效，就必须做到“两个统一”：其一是要统一规划、建设和管理，即城市基础设施的建设和管理应当由市政府统一规划。在城市建设中，最好是按计划成片地建设，毕其功于

一役，路修到哪里，地下管线就铺设到哪里，路灯就亮到哪里，花草树木就种植到哪里，同时还须把托儿所、幼儿园、学校、商业服务网点等配齐。其二是要统一投资开发，即按照社会效益好又切实可行的投资比例进行城市基础设施投资。寻找一个科学、合理和切实可行的投资比例，保证基础设施建设的正常发展。凡属城市建设项目的资金和材料要一律集中，按城市总体规划方案的年度计划统一投资建设，不再按系统分散下达各企事业单位自行投资建设。这样不仅能保证专款专用，保证建设项目的及时完成，还能提高资金的使用率，取得更大的经济和社会效益。

4. 营造开放的城市发展环境

现代城市是一个开放的系统，在当今社会生产分工日趋严密细致、社会联系日益广泛的条件下，为了求得城市自身的生存和发展，任何城市几乎是不可能成为封闭型城市的，而必须是开放型城市。随着科学技术的飞速进步和生产力的发展，城市活动的脉搏和运动的频率正在以前所未有的速度加快，人员、物资、能源、资金和信息的流动，物流、信息流的输入输出反映出城市的开放性功能，显示出城市的辐射力和吸引力的大小。另外，城市的开放表明，在市场的作用下，城市对外界的依赖程度越来越高。因为一座城市不仅需要输入原材料和燃料，而且要将制成品输出，甚至到国际上去寻找市场。我们必须根据现代化城市这种物流和信息流的动态性质，来确立城市管理开放性的政策，在开放和交流过程中，逐步提高城市基础设施建设和管理的水平。

案　例

绿色基础设施与美国城市雨洪管理的智慧

快速城市化背景下，城市自然地表被人工不透水面分割，不仅增加城市洪涝灾害风险，也污染城市水环境，影响居民生活质量。国内外为应对城市雨洪管理难题已进行了一系列自然渗水储水的可持续发展方法探索，如美国的“雨洪最佳管理措施”（BMPSS）、“低影响开发理念”（LID）和“绿色基础设施理念”（GI），英国的“可持续城市排水系统”（SUDS），澳大利亚的“水敏感城市设计”（WSUD），新西兰的“低影响城市设计与开发”（LIUDD），日本的“雨水储存渗透计划”，以及我国新兴的“海绵城市”建设等。面对城市复杂的水生态、水环境和水安全问题，这些政策反思以往“灰色”基础设施这类单一的工程措施，认为应寻找更加多样、多尺度的自然生态方法，通过模拟自然生态系统特征，在源头吸收、减缓和过滤雨水，实现良性的城市水循环。

美国城市雨洪管理模式转变——绿色基础设施的出现

美国城市雨洪管理的探索发展历经了雨污分流、场地滞留、总体规划、水质管理和可持续发展五个阶段。20 世纪以前，城市降水在美国通常被视作废水而非可利用的资源，城市雨洪管理以建设传统雨水管网（“灰色”基础设施）促进雨水快排为主。20 世纪 70 年代的“雨洪最佳管理措施”成为新型城市降雨径流控制体系中最具代表性的理念，一系列场地滞留设施被应用于雨洪管理实践中。20 世纪末，雨洪管理进入基于可持续发展的新时期，其中“低影响开发理念”强调恢复雨水下渗的自然生态过程，对雨水进行分散式小规模的就地净化。21 世纪开始的“绿色基础设施理念”，进一步丰富了多尺度可持续的雨洪管理模式。

20 世纪初，基于“雨洪最佳管理措施”和“低影响开发理念”的推广成果，“绿色基础设施理念”在美国形成，其核心是将城市绿色空间提升为一个系统，由城市周边区域及城市内部空间的一切自然、半自然和人工的多功能生态网络组成。城市开放空间、湿地、公园、生态停车场、雨水花园、绿色屋顶和其他自然地域组成的绿色网络作为城市支持系统的一部分，成为支持城市和社区发展的必要基础设施。城市雨洪管理策略由此转变为大规模排水管网与小规模分散的绿色基础设施的结合，在消减城市灰色基础设施负荷的同时，也达到环境—经济—社会复合效益。“绿色基础设施理念”的提出使社会科学与自然科学联系更加紧密，能够从整体上组合和维护城市空间系统功能，对城市规划和雨洪管理发挥至关重要的作用。

“绿色基础设施”是一个在空间尺度上由中心、连接廊道和小型场地组成的自然与人工要素绿色空间系统。基于“绿色基础设施理念”的城市雨洪管理策略，核心是将城市中各个层次的绿地系统与雨洪管理有机结合，在不同的城市区域和空间尺度下具有不同的构成方式和功能侧重。雨水径流通过绿地以自然下渗的方式被吸收或排除，能够有效地改善水质和空气质量，补给地下水，降低城市热岛效应，美化城市环境，改善动物栖息地，增强环境的适应性和弹性。

美国城市雨洪管理的智慧——多元化的激励策略

（1）自上而下的强制性政策。“绿色基础设施理念”最早由政府强制推广，即政府对每个用户收取雨洪管理费用和增加不透水面的处罚。

（2）自下而上的免费公益性政策。对于居住用地，进入 21 世纪以来，美国多地政府开始尝试向试点社区免费发放雨水回收桶，鼓励居民自主收集雨水。居民可向政府提交申请，大大提高了住宅的雨水回收利用率。

（3）经济激励机制。为了鼓励私有土地所有者对其地块不透水面进行改造，美国政府推出多种经济激励创新政策。2010 年费城水利局开始实行不透水面积和总面积奖励政策，非居住用地所有者将不透水面改造成绿地可获得奖励。2014 年，水利局出台了“绿色英亩”改造项目，1 绿色英亩表示 1 英亩在合流下水道服务区内的不透水面至少有 1 英寸的降雨是通过绿色基础设施来管理控制的。承包商申请后可为土地所有者设计具体的绿色基础设施并进行后期运营和维护，目前在购物中心或商业街区应用较广，该项目于 2017 年实现了 1 000 英亩（约 405hm^2）的改造目标。

资料来源：胡宏．基于绿色基础设施的美国城市雨洪管理进展与启示．国际城市规划，2018（3）．

拓展阅读

1．城市基础设施投融资体制改革课题组．中国城市基础设施投融资体制改革研究报告．北京：中国建筑工业出版社，2002．

2．陈雪，刘国强．我国城市基础设施发展中存在的问题和解决途径．科教探索，2008（11）．

3．迟福田．走进 WTO 的中国基础领域改革．北京：中国经济出版社，2002．

4. 格里姆赛，刘易斯. 公司合作伙伴关系：基础设施供给和项目融资的全球革命. 济邦咨询公司，译. 北京：中国人民大学出版社，2008.

5. 丁向阳. 城市基础设施市场化理论与实践. 北京：经济科学出版社，2005.

6. 丁芸. 城市基础设施资金来源研究. 北京：中国人民大学出版社，2007.

7. 罗清泉，陈仲常，王青. 城市基础设施现代化指标体系. 重庆：重庆大学出版社，2010.

8. 马彦琳. 现代城市管理学. 北京：科学出版社，2006.

9. 倪鹏飞. 中国城市竞争力报告（NO. 9）. 北京：社会科学文献出版社，2011.

10. 牛凤瑞，潘家华. 中国城市发展报告 NO. 1. 北京：社会科学文献出版社，2007.

11. 潘家华. 中国城市发展报告 NO. 3. 北京：社会科学文献出版社，2010.

12. 彭和平，侯书森. 城市管理学. 北京：高等教育出版社，2009.

13. 上海市发改委. 改革创新投融资体制. 解放日报，2008-12-02.

14. 孙浩. 城市基础设施的公私合作管理模式研究. 北京：中国人事出版社，2007.

15. 孙磊，冯海. 浅谈城市基础设施管理模式的发展. 民营科技，2010（8）.

16. 西尔弗曼. 地下世界：城市基础设施. 哈尔滨：哈尔滨工业大学出版社，2008.

17. 王立校，靳秉强. 现代城市基础设施管理体系初探. 经济论坛，2008（15）.

18. 吴获. 城市基础设施建设与政府职能改革. 兰州学刊，2006（2）.

19. 肖云. 城市基础设施投资与管理. 上海：复旦大学出版社，2004.

20. 余池明，张海荣. 城市基础设施投融资. 北京：中国计划出版社，2004.

21. 张波. 城市管理学. 北京：北京大学出版社，2007.

22. 张伟. 城市基础设施投融资研究. 北京：高等教育出版社，2005.

23. 张永桃. 市政学. 北京：高等教育出版社，2006.

24. 周建亮. 城市基础设施民营化的政府监管. 上海：同济大学出版社，2010.

25. 周煊. 北京市城市基础设施建设吸引外资问题研究. 北京：中国经济出版社，2010.

城市环境管理

重点问题

- 中国城市环境管理的原则。
- 城市环境日常管理的主要内容。
- 城市环境管理的政策手段。
- 中国城市环境保护制度。
- 中国城市环境保护的对策分析。
- 建设生态城市的原则和途径。

关键术语

城市环境　城市环境管理　城市环境的综合治理　城市园林绿化管理　城市环境卫生管理　城市市容管理　城市环境污染　城市环境问题　生态城市　循环经济

第一节　城市环境管理概述

一、城市环境和城市环境管理

（一）城市环境及其特征

环境是相对于主体而言的，是指在主体周围并与主体有直接或间接关系的因素或条件。城市环境也是相对于城市中的主体（人）而言的，是指影响城市居民生产和生活的各种自然与人工外部条件的总和。城市环境是城市人类活动的基础，同时又受到城市人类活动的各个方面的影响，是一种特殊的自然-人工复合的环境，有其特殊的结构、功能和特征。

城市环境主要包括城市自然环境、城市人工环境、城市社会环境。城市自然环境又称城市自然条件。城市人工环境是指由人工建造的或由人类活动形成的物质环境。城市社会环境包括城市社会的经济基础、上层建筑以及与经济基础和上层建筑相适应的政治、经济、法律、宗教、哲学、艺术的观念与机构等。本章所说的城市环境指的是城市人工环境。

城市环境的基本特征包括：

1. 城市环境是一种高度人工化的复合环境

城市环境既不是单纯的自然环境，也不是单纯的人工环境和社会环境。自然环境、人工环境和社会环境的高度融合是城市环境最显著、最基本的特征。城市环境的发展既要遵循自然规律，也要遵循人类社会的规律。

2. 城市环境是以人为本的环境

人是城市环境的主体，不但创造了城市的人工环境和社会环境，而且剧烈地改变了城市的自然环境，因此人是城市环境的创造者。人创造城市环境是为了人本身，“以人为本”是城市环境的根本宗旨。但这并不意味着追求人对自然的绝对主宰和控制，而只是强调城市环境的“人文关怀”。

3. 城市环境是一个高度开放的环境系统

城市环境不仅是其自身原有基础的演化，而且深受周边地区和其他城市的影响。每一个城市都在不断地与周边地区和其他城市进行着大量的物质、能量和信息交换，输入原材料、能源，输出产品和废弃物。城市功能的发挥必须同时保持输入和输出的畅通，否则城市无法生存，这种开放性是保证城市社会经济活动持续进行的必不可少的条件。

4. 城市环境是一个脆弱的体系

城市环境是高度人工化的环境，受到人类活动的强烈影响，自然调节能力弱，主要靠人工活动进行调节，因此城市环境的结构和功能表现出相当的脆弱性。对城市新陈代谢过程中大量的废弃物和排泄物，城市自身的容量非常有限，极易造成环境污染。与乡村地区相比，城市是人类生产和生活活动集中之地，污染源众多，污染物数量大，污染现象严重。

（二）城市环境管理

无论人类文明如何发达，都无法摆脱自然环境演变和发展规律的制约。随着人类文明的快速发展和财富的快速积累，人类的生产和生活活动排放到自然环境中的有害物也呈加速增长趋势，城市生态系统的调节机能受到严重破坏，造成了城市生态系统的恶性循环，引发了日益严重的城市环境问题。这就要求人类必须高度重视城市环境保护和管理。

环境管理是一个处于不断变化和发展中的概念。20 世纪 70 年代以前，人们把环境管理仅仅看作以技术措施处理由生产发展带来的污染问题。1972 年斯德哥尔摩第一次人类环境会议以后，越来越多的国家开始认识到环境管理不仅是一个技术问题，更重要的是一个社会经济问题；不仅要用自然科学的方法去解决污染和生态的破坏，还要用科学的政策、方法来维护环境质量。

所谓城市环境管理，就是运用经济、法律、技术、行政、教育等手段，限制人类损害环境质量的行为，积极营造良好的城市环境，协调城市经济发展与环境系统的关系，达到既发展经济，满足人们的物质需要，又不超出环境容量极限的目的。

城市是人类与环境结合起来的空间地域系统，在“人类-环境”系统中，人是主导的方面。所以环境管理的实质，是影响人的行为，使人类对环境总资源进行最佳利用，以达到人类的一切基本需要得到满足，而又不超过生物圈的容许极限。换言之，环境管理的核心问题，是遵循生态规律和经济规律，正确处理城市发展与生态环境的关系。

城市环境在特定的时空中存在三种状态：（1）最佳状态——城市环境的优化、理想化；（2）中等状态——城市环境的正常化、一般化；（3）最劣状态——城市环境的劣化、污染化。城市环境保护和管理就是使环境达到优化目标。

世界著名的环境保护组织

1．绿党

20世纪80年代在欧洲各国先后创建了绿色政治组织——绿党。1980年1月，欧洲第一个绿党在德国诞生。目前，西方各国基本上都成立了绿党，通过各种途径保护环境，绿党已成为当今国际环境保护事业中一支重要的力量。

2．绿色和平组织

绿色和平组织成立于1971年，一直致力于“建立一个绿色和平的世界”，主要分为两个部分：国际绿色和平和设立在30个国家的43个分会，比如在德国，称为德国绿色和平。国际绿色和平与分支机构不是领导和被领导的关系，而是协调与合作的关系。绿色和平组织关注地球环境和生物多样性所面临的最严峻威胁。

3．国际地球之友

国际地球之友成立于1971年，是一个总部位于荷兰的68个国家环保组织联盟，主要游说国际货币基金组织、世界银行和贸易官员多注意当地的需要，并评估其计划对环境的影响。成员包括国家成员组及非政府组织。每个国家成员组都是一个自治机构，有各自的资金和战略。

4．世界自然基金会

世界自然基金会成立于1961年，是世界最大的、经验最丰富的独立性非政府环境保护机构。世界自然基金会因其黑白两色的大熊猫标识而广为人知，是一个以解决问题为目标的环保组织，在全世界拥有将近520万名支持者和一个在100多个国家活跃着的网络。

5．大自然保护协会

大自然保护协会1951年成立于美国，是世界上最大的民间环境保护组织，致力于在全球保护具有重要生态价值的陆地和水域，以维护自然环境、提升人类福祉。坚持采取合作而非对抗性的策略，以及用科学的原理和方法来指导保护行动。

6．联合国环境规划署

联合国环境规划署成立于1973年，是联合国的环境保护机构，总部设在肯尼亚首都内罗毕。自成立以来，在保护全球环境中做出了巨大贡献，积极推动国际环境公约的谈判、制定、履行，并注重全球环境监测、评价和早期预警。

二、中国城市环境管理的机构和原则

（一）中国城市环境管理的机构和职责

我国城市政府的环境保护局对城市的环境保护和管理工作实施统一的监督管理，是市人民政府环境保护行政主管部门。它依照法规和行政法规，对全市环境保护工作实施统一监督管理，承担市人民政府环境保护目标与任务，加强工业污染防治、城市环境综合整治和生态环境保护，组织实施环境管理制度和措施，促进城市经济和社会持续、协调、健康地发展。各级城市人民政府的其他履行城市环境管理职责的有关政府机构、社会组织，是执行社会内部分工、综合管理环境的公共机构，如城市园林管理局、环境卫生管理局以及"绿色之家"环保协会等。这些机构不同于工矿企业的环境管理机构。

根据《中华人民共和国环境保护法》等有关文件的规定，城市人民政府环境管理机构的职责主要有：

（1）执行国家环境保护的法律和标准，拟订本市的法规、规章、标准和规范性文件，制定适合本市市情的环境政策和措施。

（2）组织制定城市环境保护和管理的规划与计划以及环境统计与预测工作，参与制定城市规划、城市经济和社会发展规划。

（3）制定、修订城市环境质量标准体系和污染物排放标准及其相应的基础方法标准，确定环境污染总量控制的区域和指标，组织落实各级环境目标责任制，协调城市环境综合整治和定量考核工作。

（4）监督检查各单位、各部门和下级政府执行国家环境保护与管理的方针、政策、法律法规的情况，将执行情况、存在的问题向上级人民政府报告，并提出改善城市环境管理的对策和建议。

（5）直接监督重大的建设项目，审批开发建设项目、技术改造项目以及新建工业区的环境影响报告书和"三同时"① 执行情况，参加选址和工程竣工的验收，组织实施环境管理的各项制度。

（6）组织环保的科技攻关，促进环保产业的发展。

（7）管理城市的环境监测网络，发布环境状况公报，协调环境污染纠纷。

（8）总结、交流与推广环境管理及污染防治的先进经验和技术，组织开展环境科学的教育工作、科学研究及宣传普及活动。

（二）中国城市环境管理的原则

基于中国城市环境的实际情况，环境管理的原则主要包括以下几个方面：

（1）全面规划、合理布局的原则。城市环境保护和管理的规划要与城市的经济社会发展计划相结合，努力在城市发展和环境保护之间建立良性的互动。应从环境预测、城市环境区划、环境保护目标以及加强城市环境保护的步骤措施等方面制定具有良好操作性的政策。

（2）以防为主、防治结合的原则。在积极治理过去遗留下来的环境污染的同时，更要

① 所谓"三同时"是指防治污染和其他公害的设施必须与主体工程同时设计、同时施工、同时投产的制度。

着重预防新污染的发展，变消极被动地应付为积极主动地防治。城市环境管理部门要采取预防措施阻止城市环境问题的产生，或者把环境污染或生态破坏控制在维持城市生态平衡及公众健康的限度之内。

（3）环境保护和经济建设协调发展的原则。这是中国城市环境管理的核心内容和主导原则。坚持环境保护和经济建设协调发展原则，就必须坚持把城市环境保护纳入城市经济社会发展规划，城市及其各部门的发展计划都应当规定环境保护的任务和目标。既要反对以牺牲环境为代价来发展经济，也要反对以保护环境为理由而不发展经济。要努力形成环境保护与经济发展的良性循环，使经济发展为环境保护提供充分的财力和物力，促使环保产业成为经济发展中的重要产业。

（4）环境保护责任制的原则。根据“谁污染谁治理、谁开发谁保护”的原则，在明确污染主体责任的基础上，把环境管理全面纳入经济个体的管理和生产经营活动之中，从而消除和减轻其对环境的污染。

（5）环境管理法制化的原则。这是推动城市环境保护进程、巩固城市环境治理成果的重要保障。把城市中不同活动主体在环境保护方面的责任义务、环境管理机构的权力职责以及其他更为细化的关于环境保护的相关问题用法律的形式确定下来，无疑会使城市的环境保护获得法定意义上的强大动力。

三、城市环境管理的内容

就城市环境发展的特点而言，城市环境管理主要包括两大部分内容：一是城市环境的综合治理，即防治城市环境污染；二是城市环境的日常管理。

（一）城市环境的综合治理

城市环境的综合治理，指的是强化政府环保部门的职权，依靠政府其他部门的分工配合，运用各种手段，组织和监督各企业、社会组织和市民，从各方面防治环境污染的管理过程。

城市环境的综合治理体现在以下几个方面：

（1）领导体制的综合性。在中共市委和市政府的领导下，由市政府总负责。市政府的环保部门强化职权，对城市的环境保护工作实施统一的监督管理，并对城市环保负专职管理的责任。市政府的其他部门在各自职权范围内，负有分工配合环保部门工作的责任。

（2）防治内容的综合性。环境保护不仅自身的内容非常丰富，而且渗透到城市经济和社会发展的各个方面。坚持环境防治内容的综合性，有利于实现环境效益、社会效益和经济效益的统一。

（3）运用手段的综合性。要综合地运用经济、法律、行政、技术、教育等方面的手段，有效地进行城市环境的综合整治。

（4）依靠力量的综合性。只有增强各单位和市民保护环境的自觉性，城市环境的综合整治才能具有坚实的社会基础。

城市环境的综合治理主要发挥以下两方面的作用：

（1）预防城市环境向坏的方向发展。通过实施我国城市环境管理预防方面的基本制度，如环境监测制度、环境影响评价制度、“三同时”制度、许可证制度等，依法进行管理。

（2）治理已经被污染的环境。通过实施我国城市环境管理治理方面的基本制度，如谁污染谁治理制度、惩罚与奖励制度等，运用经济手段进行管理。

（二）城市环境的日常管理

城市环境的日常管理主要包括城市园林绿化管理、城市环境卫生管理、城市市容管理三个方面。

1. 城市园林绿化管理

城市园林绿化管理是城市环境管理的重要内容，是城市形象建设的重要环节。城市园林绿化管理是城市政府的行政主管部门依靠其他部门的配合和社会公众参与，依法对城市的各种园林绿化进行的建设、养护和管理。城市园林绿化对城市的环境具有积极的保护作用，主要体现在净化空气、减弱噪声、净化污水、调节小气候、防止火灾、监测环境污染、保持水土等方面。

城市园林绿化管理的内容主要包括以下几个方面：

（1）园林绿化的规划管理。城市政府应当把绿化建设纳入国民经济和社会发展计划，城市政府应当组织规划行政主管部门和绿化行政主管部门等共同编制城市绿化规划，并纳入城市总体规划。

（2）园林绿化的建设管理。城市新建、扩建、改建工程项目和开发住宅区项目，一般均应配套建设绿地，并服从市政府发布的面积比例规定。城市政府每年应在城市建设资金中安排保证公共绿地建设的经费，并按照绿化养护数量，从城市维护事业费中核拨养护经费。鼓励单位和个人投资、捐资兴建公共绿地。城市绿化工程的设计和施工，应当委托持有相应资格证书的设计或施工单位承担。

（3）园林绿化的产权管理。任何单位和个人都不得擅自占用城市绿化用地，都不得损坏城市树木花草和绿化设施。

（4）园林绿化的监督管理。除了特殊规定外，其他的迁移、砍伐、采伐树木或变更绿地、林地，都必须办理审批手续，领取许可证。保养公共绿地，须建立责任制，落实到组织和个人。

（5）城市公园的管理。公园内的建筑面积一般以不超过公园面积的2%～3%为宜，必须保持公园的整洁，禁止开展有损公园性质和功能的各种活动。

（6）城市古树名木的管理。对城市古树名木实行统一管理、分别养护。市政府的绿化主管部门应当建立古树名木的档案和标志，划定保护范围，加强养护管理。在单位管界内或私人庭院内的古树名木，由该单位或居民负责养护，市政府的绿化主管部门负责监督和技术指导。严禁砍伐或迁移古树名木。

2. 城市环境卫生管理

城市环境卫生管理是城市环境管理的一个重要内容，是城市形象建设的关键环节。它对城市的生存和发展，起着非常重要的作用。城市环境卫生管理保护着市民的身体健康，保障着经济建设的正常进行，保持着城市的整洁面貌，有利于城市对外交往和发展旅游业，是城市精神文明建设的重要组成部分。

城市环境卫生管理是城市政府的卫生行政主管部门依靠专职队伍和社会力量，依法对道路、公共场所、垃圾、各单位和家庭等方面的卫生状况进行管理，为城市的生产和生活创造一个整洁、文明的环境。

城市环境卫生管理的内容主要包括以下几个方面：

（1）环境卫生管理规划的制定和实施。市、区和县的政府应制定城市环境卫生事业发展规划，并纳入城市规划、城市经济和社会发展计划。

（2）环境卫生事业的资金管理。环境卫生事业所需经费，由政府按任务量拨付。环境卫生作业单位受委托清运、处理垃圾和粪便时，实行有偿服务。

（3）环境卫生作业单位管理。市、区和县的环卫部门领导各自的环境卫生作业单位，负责清扫道路和公共场所，清运、处理垃圾和粪便。

（4）环境卫生设施管理。城市的环境卫生设施分为环境卫生公共设施和环境卫生工程设施两类。任何单位和个人不得损坏和盗窃环境卫生公共设施；带有经营性公共场所性质的单位，应自行设置环境卫生公共设施；建设居住区、工业区等，应配套建设环境卫生公共设施，资金由建设单位负责，环卫部门应参与这类设施的规划、设计审核和竣工验收。

（5）环境卫生监督管理。城市政府环卫部门指导和监督各单位遵守环卫法规，履行环卫义务。环卫部门的环境卫生监察队伍监督检查各单位分工责任范围内的环境卫生，有权对违反环卫法规的行为予以处罚。

城市垃圾管理是城市环境卫生管理的最基本的、最核心的内容，也是城市形象建设的最基本的任务。它是城市政府的环境卫生行政主管部门依靠企业、事业单位的专业化作业和城市各单位、市民的积极支持，对生产和生活垃圾进行收集、运输和处理的管理活动。城市垃圾管理对城市的环境管理乃至整个城市管理，具有特殊意义。它不仅关系到人类的健康和城市的整洁，更重要的是关系到保护资源和人类的可持续发展。

城市垃圾管理的现代化有三个标志：（1）城市政府和市民高度重视垃圾问题；（2）市民自觉坚持分类倾倒垃圾；（3）垃圾的收集、运输和处理科学化。

城市垃圾管理应遵循以下原则：（1）要朝着分类倾倒垃圾的方向努力；（2）遵循“经济、封闭、卫生”的原则运输垃圾；（3）逐步实现垃圾处理的无害化、减量化和资源化。

3. 城市市容管理

城市市容管理是城市政府的市容行政主管部门依靠市容监察队伍和社会参与，依法对城市的建筑外貌、景观灯光、户外广告设置和生产运输等的整洁、规范进行的管理活动。

城市市容管理的内容主要包括以下几个方面：

（1）一切单位和个人都应当保持建筑物的整洁和美观。

（2）在市政府规定的街道两侧的建筑物阳台和窗外，不得堆放、吊挂有碍市容的物品。

（3）主要街道两侧的建筑物，应选用栅栏、绿篱等作为分界。

（4）在城市中设置户外广告、标语牌、画廊、橱窗等，应当内容健康，外形美观，并保持整洁。

（5）任何单位和个人不得在街道两侧和公共场地堆放物料，搭建建筑物。因建设等特殊需要，堆放物料，临时搭建建筑物等，须经市容行政部门批准。

（6）在市区运行的交通运输工具，应保持外形完好和整洁，不得滴漏和洒落。

（7）城市的施工现场应保持整洁。

（8）任何单位和个人都不得在城市的建筑物、设施以及树木上涂写、刻画等。

第二节　城市环境问题及其对策

一、城市环境污染和环境问题

城市环境污染，是指由于人们的行为等使城市环境系统的构成或状态发生了不良变化，扰乱城市环境的生态平衡，破坏了城市生态系统的分解污染、自我净化的能力，使城市环境不断劣化的状态和过程。城市是人类生产和生活活动密集的场所，也是环境污染较为严重的地区，城市环境往往处于高负荷甚至超负荷状态。

城市环境污染的特点主要表现在以下几个方面：

（1）范围的广泛性。一方面，环境污染带有国际性或全球性，几乎所有的国家和城市都面临环境污染的问题。另一方面，环境污染具有跨地域性，有些环境污染本身就具有跨地域特征，有些环境污染虽然发生在一个地区，但会流动到其他地区。

（2）影响的深远性。环境污染会对城市生态环境造成长期的影响。生态系统有其自身特有的平衡，但人类的活动及其所带来的污染正在妨害生态系统的平衡，最终可能威胁到人类自身的生存。

（3）内容的全面性。城市中人类活动的范围涉及城市的方方面面，导致了城市环境污染在内容上非常全面。城市生态环境中的各个要素，包括大气、水域、土壤、植被、气候等都不同程度地受到污染。

（4）危害的严重性。许多有害的化学物质，由于看不见、闻不到、难以监测和治理，危害非常大。同时，现代城市往往面积小、人口密度高、环境污染强度却很大，也造成了城市污染危害的严重性。

城市的环境污染是多方面的，由城市环境污染所引发的各种问题称为城市环境问题。城市的环境问题主要有以下几个方面：

（1）大气污染。

城市的大气污染物主要包括生产和生活活动中排入大气中的悬浮颗粒物、含硫化合物、氮氧化物、碳氧化物等。城市大气的气态污染物主要来自工业、生活和机动车对煤和石油的大量消耗，其中直接危害最大的是二氧化硫、一氧化氮、二氧化氮和一氧化碳。

（2）水污染。

城市生活污水和各种工业污水未经处理或处理不当即排入周围环境，就会造成对环境特别是城市水环境的污染。这些污水中含有大量的有机和无机污染物，不仅破坏水域生态系统，造成水生动物的大量死亡或绝迹，而且直接威胁人们的饮水安全和身体健康。

（3）固体废弃物污染。

固体废弃物是指人们在生产和生活中认为无用而丢弃的固体和泥状物质，主要包括工矿业固体废弃物、建筑废弃物、生活垃圾、水底和管道污泥以及废水处理渣等。随着经济的发展和人们生活水平的提高，城市中各种废弃物的排出量迅速增加，不仅影响城市环境的整洁美观，而且向郊区和农村地区转移和扩散，更严重的是固体废弃物不仅占用土地，而且污染地下水及水源地，释放有毒有害气体，造成危害极大的二次污染，加剧大气、水和土壤环境的恶化。

（4）噪声污染。

从其发生源来看，城市的噪声污染主要包括交通（汽车、飞机等）噪声、工业噪声、建筑业噪声、商业和娱乐场所噪声、家庭生活噪声等。噪声会使受害者出现心理和生理不适症状，如烦躁不安、耳鸣眩晕，严重者会出现听觉失灵，进而可能成为噪声性耳聋，噪声一旦引起心脏、脑血管等疾病的并发，将直接威胁受害者的生命安全。极强噪声能使受害者的整个机体受到严重损伤，造成脑震荡甚至死亡，还会危及建筑物、现代化生产、科研和国防建设。

（5）电磁波污染。

近些年，随着各种现代化的无线通信、广播、电视、监测、遥控等技术的发展和推广，电磁波的污染已经引起许多人士的关注。但是电磁波无形、无声、无味，其存在不易被人察觉，其危害也不能直接显现，因此电磁波污染并未受到应有的重视。事实上，电磁波污染的危害是极大的。它不仅直接对人的神经系统构成危害，而且对精密仪器、仪表的正常工作造成影响，使之出现偏差甚至失灵，对这些仪器、仪表所承担的各项事业（医疗、教育、国防、金融等）构成威胁。由于电磁波污染造成的航空、交通、医疗等事故日益增多，电磁波污染还包括各种电磁波之间的相互干扰，出现信息上的混乱。

（6）土壤污染。

土壤污染主要表现在城市近郊区环境的污染上。土壤的污染源包括滥施的化肥、农药、工业废水和废渣以及生活污水和垃圾等。随着城市规模的扩大，尤其是特大城市、大都市区、城市群地区，土壤污染问题不断加重，污染了的城郊土地在为城市生产和提供蔬菜、瓜果、牛奶等副食品时，食物安全性没有了保障，反过来危及城市居民的生命健康。

二、城市环境管理的政策手段

世界银行在一份题为《里约后五年：环境政策的创新》的报告中强调了环境治理手段的重要性。在这份报告中，世界银行把城市资源管理和污染控制的手段分为利用市场、创建市场、行政手段与公众参与四种类型。

1. 利用市场的政策手段

利用市场的政策手段主要是通过“看得见的手”即政府干预来解决环境问题，对造成外部影响的行为征税或补贴，又称为“庇古手段”。前者适用于负外部性行为，譬如对污染环境的厂家征税，使其因此而承担污染成本从而消除外部影响。后者则适用于产生正外部性影响的经济行为，譬如对植树造林补贴。利用市场的主要思想是由政府给外部不经济性确定一个合理的负价格，由外部不经济性的制造者承担全部外部费用。利用市场的政策手段主要包括以下三种方法：

（1）对产生正外部效应的单位给予补助或津贴。通过提供补贴，刺激产量的增加，也包括实施鼓励企业开展治污领域的科技研究与开发的抵税式支出手段，实行刺激企业投资治污设备的税收优惠政策等。

（2）征收环境税。西方环境经济理论认为，由于环境问题的重要经济根源是负外部效应，那么，为消除这种负外部效应，就应该对产生负外部效应的单位征税或收费，其数额应等于该企业造成的损害，以便使私人成本和社会成本相等；相对而言，对产生正外部性影响的企业给予补贴，补贴的诱惑使本来不排污的企业可能加入排污的行列，并且只要补贴数量大于治理污染的边际费用，企业就会增加排污，以求得更多的财政补贴。所以，解决外部性的最好途径是征收环境税而非提供补贴。

（3）征收资源补偿费。一些个人或集体从使用资源中获益，为之付费却很少，或基本上是无偿使用，导致资源的低水平维护和过度浪费。引进资源补偿费可以改善环境资源的维护水平。中国现行资源税仅对矿产品和盐类资源课税，征收范围基本上只属于矿藏资源占用税。增加征收资源税，将资源税的征税对象扩大到矿藏资源和非矿藏资源。应增加水资源税、森林资源税和草场资源税，对自然公园和保护区的观光费，向生态资源使用者征收的开发许可证费和使用费等。

2．创建市场的政策手段

创建市场的政策手段主要是通过“看不见的手”即市场机制本身来解决环境问题，又称为科斯手段。遵循科斯的思路，把产权与外部性联系起来，强调通过产权的界定和交易而使外部成本内部化。根据科斯定理：如果交易成本为零，且产权是明晰的，则不论谁拥有产权，市场机制都可以使资源得到优化配置。比如，如果排污权界定给了居民，则厂商要排污时就必须向居民购买此项权力，从而承担排污的成本。

科斯手段包括明晰产权、可交易的许可证等。明晰产权（包括所有权、使用权和开发权）是在征税之外解决外部性或者是将外部性内在化的第二种渠道。只要能把外部效应的影响作为一种财产权明确下来，并且谈判的费用不大，那么，外部效应问题可以通过当事人之间的自愿交易而达到内部化。比如使用企业合并、建立可交易的许可证制度与排污权都是通过“创建市场”提高城市资源管理的手段。明晰产权适用于传统认为是公共资源的领域，如土地、水资源利用、森林的开采等，特许经营者签订了长期合同，这些领域的产权界限明晰化，才能保障一种可持续发展的开发模式。同样，交易的许可证与排污权制度建立后，促进了环境资源管理市场的建立。

3．行政性政策手段

行政性政策手段包括在市场机制不健全的城市环境管理领域的行政命令和控制手段，比如，标准、禁令、许可证和配额仍是最常见的管理手段。这些手段直接，能够保证结果的确定性，因此成为城市政府倾向于选择的手段。在某些情况下，行政手段是唯一可行的手段，比如对特别危险的有害物质的控制、城市土地功能分区等。在城市环境管理中涉及广泛的公共利益，不适宜由私人介入的，应该采取行政性管理方式。另外，在污染源数量较少的情况下，行政性手段往往更能节约成本。

4．参与性政策手段

参与性政策手段是指鼓励市民参与城市环境问题的解决。环境是我们人类共同生活的地方，发展则是在环境中改善人类的命运，两者不可分割。城市资源环境与市民的生活质量密切相关，鼓励市民参与城市可持续发展具有重要的意义。

信息公开使城市中的消费者抵制对城市环境有害的产品和服务，使用对城市环境友好的产品和服务。比如电器附带的能源效率标志使消费者可以选择耗能少的产品。超市中的绿色蔬菜供应使消费者有了选择无公害食品的可能等。将企业的污染排放情况公开，使得市民可以监督厂商对城市环保的遵守程度。

鼓励市民参与的重要途径还有对城市重大项目的环境评估进行市民听证。一方面可提高市民的环保意识，另一方面在关系与市民切身利益的社区开发中为公共利益提供了一种源头性的保障。

三、中国城市环境保护制度

1983年底，国务院宣布，环境保护是中国的一项基本国策，要求贯彻经济建设、城乡建设、环境建设同步规划、同步实施、同步发展，实现经济效益、社会效益、环境效益相统一的指导方针。一直以来，城市环境保护都是中国环境保护的重点工程，政府采取了一系列的城市环境保护制度。

1. 环境保护目标责任制

这是城市环境保护设施综合决策的基础。《中华人民共和国环境保护法》明确规定：地方各级人民政府应当对本行政区域的环境质量负责。具体实施方法就是环境保护目标责任制和考核评价制度。县级以上人民政府应当将环境保护目标完成情况纳入对本级人民政府负有环境保护监督管理职责的部门及其负责人和下级人民政府及其负责人的考核内容，作为对其考核评价的重要依据。考核结果应当向社会公开。

2. 环境影响评价制度

环境影响评价是对规划和建设项目实施后可能造成的环境影响进行分析、预测和评估，提出预防或者减轻不良环境影响的对策和措施，并进行跟踪监测的方法与制度。环境影响评价根据开发建设活动的不同，分为单个开发建设项目环境影响评价、区域开发建设项目环境影响评价和发展规划、政策的环境影响评价三种类型。环境影响评价制度是贯彻“预防为主、防治结合、综合治理”方针的重要手段，对协调经济与环境的关系起着重要作用。1979年的《中华人民共和国环境保护法（试行）》首次规定了这项制度，1989年12月颁布的《中华人民共和国环境保护法》重申了该项制度，1998年11月29日国务院第253号令《建设项目环境保护管理条例》再次强调：“国家实行建设项目环境影响评价制度。”2003年9月1日颁布实施《中华人民共和国环境影响评价法》，环境影响评价制度正式进入法制化轨道。

3. “三同时”制度

“三同时”制度是指一切新建、改建和扩建的基本建设项目、技术改造项目、资源开发项目，以及可能对环境造成影响的其他工程项目，其污染防治和其他环境保护设施必须与主体工程同时设计、同时施工、同时投产。1973年经国务院批准的《关于保护和改善环境的若干规定（试行草案）》中提出“三同时”管理制度，在1989年颁布实施的《中华人民共和国环境保护法》中做了进一步规定。

4. 城市环境综合整治定量考核制度

城市环境综合整治定量考核制度是以量化的指标体系综合评价一定时期内城市政府在城市环境综合整治方面的工作进展，激发城市政府开展城市环境综合整治的积极性，促进城市环境改善的制度。城市环境综合整治定量考核包括四类指标：环境质量指标、污染控制指标、环境建设指标和环境管理指标。城市环境综合整治定量考核实行分级定量考核。国家按照统一指标体系进行考核，省、自治区、直辖市则分别对所辖地区和县级市进行考核。在国家统一指标的基础上，地方的考核指标体系根据地方特点和需要进行调整，考核工作由各级环保部门执行，年度考核结果通过报刊、年鉴等各种媒体向社会公布。

5．排放污染物许可证制度

排放污染物许可证制度简称排污许可证制度。排污许可证制度以改善环境质量为目标，以污染物总量控制为基础，规定排污单位许可排放的污染物种类、排放量以及排放去向。排污许可证制度使环境管理从定向管理走向定量管理。在 1989 年召开的第三次全国环境保护会议上，排放污染物许可证制度被确定为环境管理制度之一。1989 年 7 月国务院批准颁布的《中华人民共和国水污染防治法实施细则》第九条规定："经调查核实，对不超过国家和地方规定的污染物排放标准及国家规定的企业事业单位污染物排放总量指标的，发给排污许可证。"

6．排污收费制度

排污收费制度规定，按照污染物排放的种类、数量和浓度，根据国家收费标准，向排污者征收费用，用于保护环境。1982 年国务院发布实施《征收排污费暂行办法》，1988 年国务院发布执行《污染源治理专项基金有偿使用暂行办法》。随着环境保护工作的不断深入，2003 年 7 月 1 日施行的《排污费征收使用管理条例》对排污收费制度具体内容进行了修改：按照污染要素的不同，将原来的超标收费变为排污收费和超标收费并行；将排污费纳入财政预算，列入环境保护专项资金进行管理；个体工商户被列为排污收费的收缴对象；排污费必须用于重点污染源防治、区域性污染防治、污染防治新技术新工艺的开发示范和应用。

7．污染集中控制制度

污染集中控制制度就是创造一定的条件，形成一定的规模，实行集中生产或处理，以使分散污染源得到集中控制的一项管理制度。治理污染的根本目的是谋求整体环境质量的改善，同时讲求经济效益，以尽可能小的投入获取尽可能大的效益。污染集中控制能形成规模效应，有利于减少污染治理的成本。污染集中控制所需资金主要由排污单位、受益单位以及城市建设费用解决。

8．限期治理制度

限期治理制度是对严重污染环境的企业、事业单位以及特殊保护的区域内超标排污的已有设施，由有关管理机构依法命令其在一定期限内完成治理任务、达到治理目标的法律规定。限期治理可以推动污染单位积极治理污染，使有关行业、地域的污染状况得到迅速改善，有利于集中运用有限资金解决突出的环境污染问题以及历史遗留的环境难题。

9．城市空气质量报告制度

1997 年 6 月 5 日，北京、上海、重庆、大连、厦门等 13 个重点城市率先开展城市空气污染周报工作。2000 年新修订的《中华人民共和国大气污染防治法》明确规定了重点城市开展空气质量周报工作的要求，鼓励有条件的城市实行日报和预报工作。2000 年 6 月 5 日，中国环境监测总站在中央电视台和各大报纸发布全国 40 个重点城市的空气质量日报。目前，中国城市均开展一定的空气质量信息发布，但发布水平与发达国家（地区）的城市相比存在明显差距，我国城市空气质量信息发布亟待完善。

从 1985 年开始，中国环境保护工作由污染源治理和工业污染防治进入到城市环境综合整治阶段，即在城市政府的统一领导下，通过法制、经济、行政和技术手段达到保护和改善环境的目的。污染防治从末端治理向全过程控制转变，从单纯浓度控制向浓度与总量控制相结合转变，从分散治理向分散与集中治理相结合转变，并利用世界银行贷款开始了清洁生产的试点。另外，加强重点流域、重点区域的污染综合防治与环境基础设施建设，生态保护与污染防治并重。

1997 年，国家环境保护局在全国开展了创建国家环境保护模范城市的活动。国家环境保护局制定了环境保护模范城市的考核指标体系，其目的是引导城市政府走可持续发展道路。国家环境保护模范城市是当前全国城市环境保护的最高荣誉。国家制定的创模考核指标包括基本条件、经济社会、环境质量、环境建设、环境管理共 5 大类 26 项指标。

10. 环保税征收制度

从 2018 年 1 月 1 日起正式施行的《中华人民共和国环境保护税法》，对直接向环境排放大气污染物、水污染物、固体废物和噪声应税污染物的企业事业单位和其他生产经营者征收环保税，对推动企业污染治理起到了显著的作用。这标志着中国有了首个以环境保护为目标的税种，在全国范围对大气污染物、水污染物、固体废物和噪声 4 大类污染物、共计 117 种主要污染因子进行征税。

法律规定，县级以上地方人民政府应当建立税务机关、生态环境主管部门和其他相关单位分工协作工作机制，加强环境保护税征收管理，保障税款及时足额入库。

生态环境主管部门和税务机关应当建立涉税信息共享平台和工作配合机制。生态环境主管部门应当将排污单位的排污许可、污染物排放数据、环境违法和受行政处罚情况等环境保护相关信息定期交送税务机关。税务机关应当将纳税人的纳税申报、税款入库、减免税额、欠缴税款以及风险疑点等环境保护税涉税信息定期交送生态环境主管部门。

四、中国城市环境保护的对策分析

近些年来，我国对环境保护问题的重要性认识有所提高，在城市环境保护方面取得了一定的成绩。但是，城市环境仍然面临着严峻的挑战，需要采取有效的政策，控制环境污染，改善环境质量。进一步强化我国城市环境保护，可以从以下几个方面来考虑：

（1）环境保护制度的创新。

我国环境管理制度和法律体系已基本形成，并在过去的环境管理中发挥了相应的作用。但是，这些制度和法律体系大部分是在计划经济为主的体制基础上形成的，有许多不适应经济发展和环境保护需求的方面。其主要表现在：现行法律体系中缺少重要的环境污染防治方面的法律法规，特定方面的环境监督管理法规未能及时补充完善，国内法和国际法的协调也存在问题。为此，需要对城市环境保护的相关制度进行改革和创新，围绕有效的筹集资金和利用资金，以及以城市环境综合整治为核心进行制度建设。

(2) 环境保护技术的创新。

技术创新的作用，在传统资源利用方式难以为继、现实中不断出现新的环境污染问题以及环境管理的行政手段不能奏效的情况下体现得尤为明显。技术创新是实现资源、环境和社会协调发展的关键所在，保持环境、资源和社会发展的持续性，实际上是持续进行技术创新的结果。我国环境保护方面的科技应用水平较低，借助于技术创新改进资源的利用方式，提高资源利用效率，减轻资源利用对环境造成的负面影响，是非常迫切的任务。

(3) 环境管理体系的改革。

我国的环境保护管理体系由环境管理保护的行政管理体系、环境保护的科学研究体系和环境监测体系三部分组成。在环境管理保护的行政管理体系方面，环保部门形成了行政垄断，未能寻求政府各部门间的合作，环保经费严重不足，管理效率低下。在环境保护的科学研究体系方面，还有待加大投入，加大技术创新的步伐。在环境监测体系方面，需要在完善环境监督网络体系、提高现有监测项目的水平、掌握污染源的排污达标和总量变化等方面取得进展。

(4) 原有经济结构的改革。

我国城市经济近些年来的高速增长，很大程度上是依赖于资源密集型工业的扩张，并由此形成了高污染型的经济结构模式。因此，要对城市环境进行综合治理，首先就是要对这种经济结构进行改革。对原有经济结构的改革不能沿用原先简单搬迁的办法，而必须立足于工艺技术革新以及污染整治技术的发展，立足于污染工业的区位集中和集中整治。

(5) 环境保护市场的培育。

首先，排污权交易市场的发育，是环境污染治理的有效途径之一，能够诱导排污权向最有效率的企业流动，使企业由向政府索取排污权转变为在市场交易中获得排污权，并相应减少政府治理环境的成本，促进环境保护的发展。其次，环保产业的发展，能够形成一股强大的经济力量，有力地推动我国污染防治工作的进展。我国环保产业已初步形成了一个产品种类比较齐全，污染治理技术、自然保护、生态工程基本配套的新兴产业。

第三节 生态城市的建立

生态城市理论作为一种理想的城市模型并不是现代才出现的，早在几千年前就已经出现了它的雏形。比如古希腊哲学家柏拉图的“理想国”，古罗马建筑师维特鲁威的“理想城”，16 世纪的“乌托邦”，欧文的“新协和村”，霍华德的“田园城”等。现代的生态城市理论就是在这些模型下产生的。

城市生态系统的发展变化是随着工业化、城市化的进程而变化的。这一进程导致了城市中的人类与其生存环境之间的关系失衡，导致人的生存环境质量下降，并引发了其他诸如人口问题、环境问题、资源问题、社会问题等一系列令世人关注的问题。由此，一些学者提出了城市生态系统理论和可持续发展理论，在这两个理论的基础之上，一些学者提出了生态城市理论。

一、生态城市的含义和特征

（一）生态城市的含义

生态城市作为一个正式的科学概念是在1971年联合国教科文组织发起的“人与生物圈计划”中提出来的。在这一过程中，苏联生态学家尤尼斯基（O. Yanitsky）提出了生态城市的模型，他认为生态城市是一个社会、经济、自然三者协调发展的，物质、能量和信息高效利用的，生态良性循环的人类聚居地。随后，中外学者提出了许多关于生态城市的不同概念。

20世纪80年代，国际社会开始对生态城市进行研究，以寻求可持续发展的人类居住形式。1986年，我国江西宜春市提出了建设生态城市的目标，迈出了生态城市建设的第一步。1990年，在美国加利福尼亚州的伯克莱城召开了第一届国际生态城市会议，与会的12个国家介绍了生态城市的理论与实践情况，内容涉及城市社会、经济和自然系统的各个方面，并草拟了今后生态城市发展的十条计划。1992年，在澳大利亚的阿德雷德举办了国际生态城市研讨会。大会就生态城市设计原理、方法、技术和政策进行了深入的探讨，并提供了大量的研究案例。1996年，在西非的塞内加尔举行了第三届国际生态城市会议，会议探讨了“国际生态重建计划”。1999年海南率先获得国家批准建设生态省，2001年吉林和黑龙江又获得批准建设生态省。随后，多个省市提出建设生态省、生态市的奋斗目标。2002年8月，第五届国际生态城市会议在中国深圳举行，与会代表一致呼吁把生态整合方法和原则应用于城市规划和管理。这次大会通过的《深圳宣言》对生态城市的发展产生了深远的影响。2003年，国家环保总局在生态示范区规划建设实践的基础上颁发了生态县、生态市、生态省规划建设的试行标准，为规范生态住宅小区及生态县、市、省的建设起了重要的引导作用。

从历史发展的角度看，人类在社会发展中的生态思想经历了生态自发—生态失落—生态觉醒—生态自觉几个阶段，反映了人对自然的关系从敬畏顺应—控制征服—保护利用—协调共处的变迁。生态城市概念的提出和付诸行动，正是人类生态觉醒和自觉的直接表现，反映了人类社会有限理性的不断进步过程。所以，生态城市是生态文明时代的产物，是在对工业文明时代城乡辩证否定的基础上发展而来的新的更为高级的人类生存空间系统。

生态城市这一概念与“绿色城市”“健康城市”“山水城市”“环保模范城市”“园林城市”等概念虽有联系，但又有区别。在中外学者提出的众多关于生态城市的概念中，大致上可以分为两大类：一类从环境的角度理解生态城市，更注重眼前的现实，具有很强的现实可操作性，不过其内涵狭窄。另一类从系统的角度理解生态城市，从问题的根本出发，全盘考虑，具有很强的理论性和可操作性，这应当是进行城市设计的理论基础。这两种角度都有其合理之处，都有其重要的理论意义或现实意义。

简言之，生态城市就是与生态文明时代相适应的人类社会生活新的空间组织形式，即一定地域空间内人-自然系统和谐、持续发展的人类住区，是人类住区发展的高级阶段、高级形式。生态城市已经超越了传统意义上的“城市”概念，是一个高度城市化的区域，而且也超越了狭隘的环境观念，整合了社会、经济、技术和文化生态等方面的内容。生态城市不仅要实现社会文化生态、经济技术生态、自然环境生态的持续发展，更重要的是实现社会-经济-自然复合生态的整体和谐。

“生态城市”是一种经济高效、环境宜人、社会和谐的人类住区。因此，“生态城市”最基本也最深刻的思想渊源就是人与自然和谐相处的思想。生态城市是一种在城市生态环境综合平衡制约下的城市发展模式，涉及经济、社会、环境、制度的持续性。生态城市不仅包含了塑造城市外在形象的内容，还包含了生态文明在公众中的普及和人与人、人与社会、人与自然关系的调整。

（二）生态城市的特征

生态城市与传统城市相比，有本质的差别，主要表现在以下几个方面：

（1）和谐性。和谐性是生态城市的核心。生态城市的和谐性，不仅反映在人与自然的关系上，更重要的是反映在人与人的关系上。生态城市不是一个用自然绿色点缀而僵化的人居环境，而是营造满足人类自身进化需求、文化气息浓郁、富有生机与活力的生态环境。

（2）整体性。生态城市不是单单追求环境优美或自身的繁荣，而是兼顾社会、经济和环境三者的整体效益，在整体协调的新秩序下寻求发展。生态城市建设不仅重视经济发展与生态环境协调，更注重对人类生活质量的提高。

（3）持续性。生态城市是以可持续发展思想为指导的，兼顾不同时间、空间，合理配置资源，公平地满足现代与后代在发展和环境方面的需要，不因眼前的利益而用“掠夺”的方式促进城市暂时的“繁荣”，保证城市发展的健康、持续、协调。

（4）高效性。生态城市一改现代城市“高能耗”“非循环”的运行机制，提高一切资源的利用效率，物尽其用，地尽其利，人尽其才，各施其能，各得其所，物质、能量得到多层次分级利用，废弃物循环再生，各行业、各部门之间注重协调联系。

（5）区域性。城乡之间是相互联系、相互制约的，只有平衡协调发展的区域才有可能发展成平衡协调的生态城市。因此，生态城市是在区域平衡基础之上发展起来的，表现出明显的区域特征。

二、建设生态城市的原则和途径

（一）建设生态城市的原则

生态城市的规划和建设是一项综合性的系统工程，必须有明晰的思路，确定具体的原则，才能使这项工作有条不紊地进行。欧美一些国家在这方面已进行了有益的尝试。结合国外的有关理论并根据我国建设生态城市的实践，建设生态城市应遵循以下原则：

（1）以人为本原则。建设生态城市的目的就是为人们的工作和生活创造良好的环境，提供良好的条件，以满足人的生理需求和心理需求，满足现实需求和未来需求，实现人的全面发展。如果忽略了人的需求，生态城市的建设也就毫无意义可言。

（2）因地制宜原则。也就是从本地的实际情况出发，建设既符合一般特征，又具有自己城市特点的生态城市。具体来说，就是要结合本地的各方面条件，发挥自己的优势，借鉴其他城市成功的经验，建设具有鲜明城市个性的生态城市。因此，需要国家给地方政府以较大的自主权，使市一级政府充分发挥自己的主动性和创造性。

（3）系统性原则。在城市建设和环境、社会、经济的综合治理过程中，应追求整个生态城市系统的整体最优而不是单个子系统的最优。此外，生态城市的建设还应当考虑与其他城市及区域的搭配关系，努力做到大中小城市相结合，城市与乡村相结合，人工环境与自然环境相结合。

（4）城市建设、社会发展、环境保护同经济发展相协调的原则。科学的战略规划是生态城市建设的前提。城市战略规划要始终贯穿城市建设、社会发展、经济增长与环境保护之间协调发展的思想，建立对城市建设和企业项目建设的论证审查机制，对项目建设的环境效应、社会效应和经济效应，从长远、全局的高度进行严格论证和评估。

（5）法律、经济、行政手段与培养绿色文明理念相结合的原则。各种手段对生态城市的建设起着直接规范和调节作用，而和谐价值观的形成是生态城市建设的核心。因此，需大力加强包括生态文化在内的精神文明建设，把绿色文明理念融入经济、社会的发展中。

（二）建设生态城市的途径

2002年8月召开的第五届国际生态城市会议通过的《深圳宣言》定义的建设生态城市，包括生态安全、生态卫生、生态产业代谢、生态景观整合、生态意识培养等方面的内容。（1）生态安全。向所有居民提供洁净的空气、安全可靠的水、食物、住房和就业机会，以及市政服务设施和减灾防灾措施的保障。（2）生态卫生。通过高效率、低成本的生态工程手段，对粪便、污水和垃圾进行处理和再生利用。（3）生态产业代谢。促进产业的生态转型，强化资源的再利用、产品的生命周期设计、可更新能源的开发、生态高效的运输，在保护资源和环境的同时，满足居民的生活需求。（4）生态景观整合。通过对人工环境、开放空间（如公园、广场）、街道桥梁等联结点的自然要素（水路和城市轮廓线）的整合，在节约能源、资源，减少交通事故和空气污染的前提下，为所有居民提供便利的城市交通。同时，防止水环境恶化，减少热岛效应和对全球环境恶化的影响。（5）生态意识培养。帮助人们认识其在与自然关系中所处的位置和应负的环境责任，尊重地方历史文化，诱导人们的消费行为，改变传统的消费方式，增强自我调节的能力，以维持城市生态系统的高质量运行。

建设生态城市是一项复杂的社会系统工程，单靠一个部门或某一群体是不可能完成的，它涉及城市物质环境的生态建设、生态恢复，还涉及价值观念、生活方式、政策法规等方面。我国是发展中国家，综合国力、科技水平、人口素质、意识观念与发达国家相比差距较大。针对环境差、底子薄、人口多的国情，建设生态城市应坚持以下政策途径：

1．加强理论研究，制定生态城市指标体系

生态城市应采用整体的系统理论和方法全面系统地理解城市环境、经济、政治、社会和文化间的相互作用关系。政府应积极支持和组织环境经济学家和相关领域的专家学者探讨、研究，扩大环境经济学研究的领域。

生态城市建设的目标是多元化的。应按生态城市建设的阶段分解为阶段性的目标，形成评价指标体系。在生态城市评价指标体系的指导下来编制城市规划条例、城市建设条例和城市管理条例。

2. 编制生态城市建设规划，指导生态城市建设实践

生态城市总体规划应全面地从城市的经济、社会、生态环境各方面进行综合研究。以人为本制定战略性的、能指导和控制生态城市建设与发展的蓝图与计划。生态城市总体规划应把生态建设、生态恢复、生态平衡作为强制性内容。

为搞好生态城市规划，应注意以下几点：根据生态经济原理来发展新兴产业和调整改造老产业，进行旧城改造和新区建设；建立专门的生态城市发展规划的编制和实施机构；规划编制过程应公开、透明，广泛征求社会各界和市民的意见；城市规划不能"一刀切"，避免全国上下生态城市都是一个模子；用系统论的观点指导规划的编制。

3. 发展循环经济，推行清洁生产

生态城市的建设要求环境保护工作尽快实现转型，将重点从点源污染控制转向清洁生产，并提升到循环经济的高度。循环经济是对物质闭环流动型经济的简称，是以物质、能量梯次和闭路循环使用为特征的。在环境发展方面表现为污染低排放甚至污染零排放。循环经济把清洁生产、资源综合利用、生态设计和可持续消费等融为一体，运用生态学规律来指导人类社会的经济活动，本质上是一种生态经济。环保行政主管部门有责任把生态城市建设的理念渗透到总体规划和各部门的产业发展规划中去，使之成为国民经济发展规划的指导思想。

推行清洁生产是一种从源头控制环境污染的措施。清洁生产包括清洁的产品、清洁的生产过程和清洁的服务等方面的内容。清洁生产的实施不仅能够给企业带来有形的经济效益，而且能给社会带来无形的生态效益，应予以大力推广。要重视和加强对违法者的法律责任追究，保障清洁生产法的有效实施，重视回收行业的作用，积极建立回收行业的运行体制。

循环经济的特征

循环经济作为一种科学的发展观、一种全新的经济发展模式，具有自身的独立特征，专家认为其特征主要体现在以下几个方面：

（1）新的系统观。

循环是指在一定系统内的运动过程，循环经济的系统是由人、自然资源和科学技术等要素构成的大系统。循环经济观要求人在考虑生产和消费时不再置身于这一大系统之外，而是将自己作为这个大系统的一部分来研究符合客观规律的经济原则，将"退田还湖""退耕还林""退牧还草"等生态系统建设作为维持大系统可持续发展的基础性工作来抓。

（2）新的经济观。

在传统工业经济的各要素中，资本在循环，劳动力在循环，而唯独自然资源没有形成循环。循环经济观要求运用生态学规律，而不是仅仅沿用 19 世纪以来机械工程学的规律来指导经济活动。不仅要考虑工程承载能力，还要考虑生态承载能力。在生态系统中，经济活动超过资源承载能力的循环是恶性循环，会造成生态系统退化；只有在资源承载能力之内的良性循环，才能使生态系统平衡地发展。

(3) 新的价值观。

循环经济观在考虑自然时，不再像传统工业经济那样将其作为“取料场”和“垃圾场”，也不仅仅视其为可利用的资源，而是将其作为人类赖以生存的基础，是需要维持良性循环的生态系统；在考虑科学技术时，不仅考虑其对自然的开发能力，而且要充分考虑到它对生态系统的修复能力，使之成为有益于环境的技术；在考虑人自身的发展时，不仅考虑人对自然的征服能力，而且更重视人与自然和谐相处的能力，促进人的全面发展。

(4) 新的生产观。

传统工业经济的生产观念是最大限度地开发利用自然资源，最大限度地创造社会财富，最大限度地获取利润。而循环经济的生产观念是要充分考虑自然生态系统的承载能力，尽可能地节约自然资源，不断提高自然资源的利用效率，循环使用资源，创造良性的社会财富。在生产过程中，循环经济观要求遵循“3R”原则：资源利用的减量化（reduce）原则，即在生产的投入端尽可能少地输入自然资源；产品的再使用（reuse）原则，即尽可能延长产品的使用周期，并在多种场合使用；废弃物的再循环（recycle）原则，即最大限度地减少废弃物排放，力争做到排放的无害化，实现资源再循环。同时，在生产中还要求尽可能地利用可循环再生的资源替代不可再生资源，如利用太阳能、风能和农家肥等，使生产合理地依托在自然生态循环之上；尽可能地利用高科技，尽可能地以知识投入来替代物质投入，以达到经济、社会与生态的和谐统一，使人类在良好的环境中生产生活，真正全面提高人民生活质量。

(5) 新的消费观。

循环经济观要求走出传统工业经济“拼命生产、拼命消费”的误区，提倡物质的适度消费、层次消费，在消费的同时就考虑到废弃物的资源化，建立循环生产和消费的观念。同时，循环经济观要求通过税收和行政等手段，限制以不可再生资源为原料的一次性产品的生产与消费，如宾馆的一次性用品、餐馆的一次性餐具和豪华包装等。

4. 建立和完善法律法规体系，加强执法监督

应当建立保障城市生态环境保护的法律体系，以适应生态城市建设的需要，以监督保障生态城市建设，依法规范建设生态城市中的各种行为，促进生态城市建设法律化、制度化、规范化。只有建立了完善的法律保障制度，才能使生态城市建设走向高效益、高层次的管理。

有效执法监督的前提是：有一套完整、严密、可操作的适应城市生态化发展的法律综合体系，有一支素质高、责任心强、公正廉洁的执法队伍。

5. 提高国民素质，形成生态文化

生态文化是物质文明与精神文明在自然与社会生态关系上的具体表现，是生态建设的原动力。其核心是如何影响人的价值取向、行为模式，启迪一种融合东方天人合一思想的生态境界，引导一种健康、文明的生产消费方式。生态城市的建设要求市民有良好的素质，包括科学的世界观和自然观、健康的身体和心理素质、高尚的价值观和道德品质。没有公众的积极参与，生态文化也就不可能形成。

为提高国民素质、形成生态文化，必须开展深入持久的绿色文明教育，加强包括生态

文明在内的精神文明建设，多层次、多形式培养市民生态意识、生态伦理和社会公德，使绿色文明理念深入人心。

案 例

“万亿俱乐部”城市能否成为高水平环境治理引领者?

2019年1月后，省级地方两会陆续召开，已有北京、天津、河北、西藏、湖北等多个省区市召开省级地方两会，晒出2018年经济成绩单。从经济总量来看，多个省份实现了重要跨越。其中，江苏省首次迈入“9万亿俱乐部”大门；北京GDP首次突破3万亿元，成为继上海之后第二个GDP超过3万亿元的城市。

改革开放40年来，我国城市经济体量逐年增大。2018年之前，GDP超过1万亿元的城市有14个。其中，上海、北京的GDP分别于2006年、2008年突破1万亿元；2010年广州的GDP破万亿元；2011年至2017年，深圳、天津、苏州、重庆、武汉、成都、杭州、南京、青岛、无锡、长沙的GDP分别突破万亿元。与此同时，各地的生态环境质量也相应开始好转。达到“库兹涅茨曲线”的拐点，实现经济增长与环境污染的脱钩，是高质量发展的必然要求。

2018年我国国内人均GDP预计接近1万美元，而部分地区将会率先达到1.5万美元甚至更高。从国际经验来看，人均GDP达到2万美元是一个地区或城市发展的转折点，城市发展质量将进一步提高，创新发展、协调发展、绿色发展将成为发展主旋律，也更关注人们本身的需求。“城市让生活更美好”，城市美好生活的创造需要有稳定强韧的产业支撑，也需要精细的城市管理。城市治理本身就是经济发展的动力，也是提升城市生活品质的手段。蓝天白云，青山绿水，健康放心的食品，以及不断完善的基础设施，都是未来城市供给的重要内容。

对于进入“万亿俱乐部”的城市来说，经济发展已经为生态环境保护奠定了坚实的基础。在此背景下，如何才能顺利实现经济增长与环境污染、资源消耗的脱钩，是值得深入探讨的问题，其中至少包含四项议题。

第一，GDP达到万亿元规模的地区是否也会相应增加地方的环保投入。必须承认的是，不论是从GDP占比还是地方财政支出占比角度，我国环保产业在国民经济中的占比都处于较低水平，2000年至2017年，我国环保投入占GDP比重徘徊在1%～2%之间。根据发达国家经验，环保投入占GDP比重在1%～1.5%区间，才能遏制环境污染的趋势；占比达到2%～3%，才有可能改善环境质量。由此可见，我国环境污染治理投入潜在空间仍然较大。

第二，环保投入增加，是否会切实促进新业态、新工艺的产生。新时代的环境治理更加重视与居民生活息息相关的领域，生态环境质量是否变好成为衡量一个地方环保成绩的重要指标。这就要求城市的产业结构必须摆脱对高能耗高产出的路径依赖，转向培育低耗能高附加值的产业；城市要以更大力度发展公共交通，减少私家车的使用。对于企业而言，则须重新研究各投入生产要素的组合，创新工艺，重组生产经营模式，甚至引入全新的生产要素和生产条件的组合。

第三，投入环境治理的资金如何使用。各城市 GDP 体量的增加，也将带动环保投资的增加，那么，如何更科学地使用则是关键问题。在常规的水、大气、土壤治理方面如何更高效地投入，生态修复技术使用是否有经济合理性等，都值得思考。合理分配环保投资，不出现治理资金的浪费，本身就是一种政策的绿色化过程。

第四，环境治理制度是否会产生更多创新的措施。在我国现阶段的生态环境保护中，越来越注重经济手段在环境治理过程中的作用。因为经济手段充分利用了市场的力量，透明度高，在实践运用中也卓有成效。这与发达国家环境治理政策基本上是由较强依赖的"命令-控制"型环保管理政策向"经济激励"型和"自愿型"演变相一致。

对此，GDP 突破万亿元的城市在公共服务更加均等化的进程中，如能设计更多的财政保障政策，比如对于污染排放达标企业给予适当减免或退税奖励，以起到激励的作用等，便是 GDP 增长后对环保政策结构和模式的优化，也将会进一步推动环境的治理。

资料来源："万亿俱乐部"城市能否成为高水平环境治理引领者?. 中国环境报，2019-01-23.

拓展阅读

1. 陈炳水. 市政学. 北京：中国环境科学出版社，2010.
2. 陈强，尤建新. 现代城市管理学概论. 上海：上海交通大学出版社，2008.
3. 戴星翼，胥传阳. 城市环境管理导论. 上海：上海人民出版社，2008.
4. 董骁，冯肃伟. 论循环经济. 上海：上海人民出版社，2009.
5. 郭宏鹏，刘百军. 专家称紫金矿业污染事件暴露环保制度性缺陷. 法治周末，2010-08-16.
6. 李燕凌. 市政学导引与案例. 北京：中国人民大学出版社，2011.
7. 刘悦秋，刘克锋. 城市生态学. 北京：气象出版社，2010.
8. 鲁亚诺. 生态城市：60 个优秀案例研究. 吕晓惠，译. 北京：中国电力出版社，2007.
9. 马彦琳，刘建平. 现代城市管理学. 北京：科学出版社，2005.
10. 牛凤瑞. 城市学概论. 北京：中国社会科学出版社，2008.
11. 石剑荣，陈亢利. 城市环境安全. 北京：化学工业出版社，2010.
12. 宋雅杰，李健. 城市环境危机管理. 北京：科学出版社，2008.
13. 孙逊，杨剑龙. 网络社会与城市环境. 上海：上海三联书店，2010.
14. 王德起，谭善勇. 城市管理学. 北京：中国建筑工业出版社，2009.
15. 王佃利，张莉萍，高原. 现代市政学. 北京：中国人民大学出版社，2008.
16. 杨宏山. 城市管理学. 北京：中国人民大学出版社，2009.
17. 杨小波. 城市生态学经典案例和实验指导. 北京：科学出版社，2008.
18. 袁占亭. 资源型城市环境治理与生态重建. 北京：中国社会科学出版社，2010.
19. 张波. 现代城市管理学基础教程. 北京：国家行政学院出版社，2010.
20. 张莉华. 我国生态城市建设中存在的问题与对策. 学习时报，2007-05-21.
21. 张永桃. 市政学. 北京：高等教育出版社，2006.

22. 周俊. 城市管理学导论. 上海：上海大学出版社，2006.

23. 邹冬生，赵运林. 城市生态学. 北京：中国农业出版社，2008.

24. 中国科学院城市环境研究所可持续城市研究组. 2010 中国可持续城市发展报告. 北京：科学出版社，2010.

25. 中华人民共和国环境保护部. 2003—2007 全国城市环境管理与综合整治年度报告汇编. 北京：中国环境科学出版社，2009.

城市交通管理

重点问题

- 城市交通的影响因素。
- 城市交通的通行方式和评价标准。
- 发展城市公共交通的重要性。
- 如何认识城市交通系统的可持续发展理念。
- 城市交通管理的基本原则。
- 城市交通系统管理和城市交通需求管理的措施。
- 中国城市交通问题及其对策分析。

关键术语

交通　城市交通　城市公共交通　城市交通系统的可持续发展　城市交通系统管理　节点交通管理　干线交通管理　区域交通管理　城市交通需求管理

第一节 城市交通概述

一、城市交通及其影响因素

（一）交通和城市交通

交通是指人和物以某种确定的目标，在一定的设施条件下，采用一定的方式，通过一定的空间进行流动，包括航空、水运、铁路和道路上的交通。城市交通是指城区范围内的交通，是城市各种用地之间人和物的流动。城市交通是一项独具特色、由多种类型交通组合而成的交通系统。这些流动都是以一定的城市用地为出发点，以一定的城市用地为终点，经过一定的城市用地而进行的。

城市交通系统是城市社会经济系统的一个子系统。现代城市交通系统已经发育为一种立体化、综合化的系统。城市交通系统主要由三部分构成：（1）城市交通基础设施系统，包括城市道路、桥梁、轨道系统等。（2）城市客货运输系统，包括公共汽车、电车、出租汽车、地铁、轻轨、轮渡等公共客运系统，人力三轮车、自行车、摩托车、私人汽车等个体客运系统，以及城市内部的货物运输系统。（3）城市交通控制系统，包括交通标志、信号系统，交通信息采集、传输、控制等交通管制系统。

城市中各种相对独立而又相互配合、互为补充的交通类型构成了城市综合交通。从形式上看，城市综合交通可分为地上交通、地下交通、路面交通、轨道交通、水上交通等；从地域关系上看，城市综合交通可分为城市对外交通和城市交通两大部分。

城市对外交通和城市交通具有相互联系、相互转换的关系。城市对外交通泛指城市与其他城市间的交通，及城市地域范围内的城区与周围城镇、乡村间的交通。其主要形式包括航空、铁路、公路、水运等。城市交通是指城区范围内的交通。其主要形式包括城市道路上的交通、轨道交通和水运交通（轮渡、船运）等。

（二）城市交通的影响因素

城市交通是一个复杂的系统，是城市社会经济和物质结构的基本组成部分，它把分散在城市各处的城市生产、生活活动联结起来，在组织生产、安排生活、提高城市客货流的有效运转及促进城市经济发展方面起着十分重要的作用。影响城市交通的因素主要有以下几个方面：

（1）城市规模。城市规模决定了交通需求总量，当需求超过供给时，就会产生交通拥堵。纵观城市发展历史，中小城市交通不拥挤，交通拥堵不畅者多为大城市。

（2）城市形态。城市形态影响着路网结构与交通方式。城市形态是指城市的空间结构，如中心组团、分散组团、条形、串形等城市形态。大城市不宜采用中心组团形态，宜采用分散组团形式；各组团要有明确的定位，要有相当的规模，要有充足的就业岗位。

（3）土地利用。在城市的发展中，土地的使用性质、土地开发强度决定了出行生成与出行吸引，决定了交通需求空间分布特征，决定了路网布局与交通系统的发展方向。

（4）人口密度。城市人口总量决定城市规模，决定交通总需求。城市各个组团、各个分区的人口应与其用地规模相匹配。同时应考虑到，随着经济的发展、人民生活水平的提高，居民平均出行次数将增加。此外，流动人口的交通需求很大，应充分考虑这一问题。

（三）城市交通的一般问题

城市交通的发展往往很难赶上城市扩张带来的对交通发展的实际需求，最终城市交通问题不可避免地产生。城市交通的一般问题主要表现在以下三个方面：

1. 车与路的紧张关系

一些世界性的大城市如北京、上海、首尔、东京等城市的中心区域，在上下班高峰时间大部分路口都处于饱和或超饱和状态。交通拥堵给城市带来了巨大的经济损失。在交通拥堵的压力下，城市拼命扩张版图，进一步恶化了土地的供求关系。

2. 人与车的紧张关系

交通工具不足、运输能力不够导致了乘车难的问题。出租车和私人轿车的增加，对缓解市民乘车难的问题没有太大的意义。因为，这些小型车辆整体承载容量有限，反倒占用了过多的道路空间，远没有公交车承载容量那么大。

3. 交通环境污染

交通工具的迅速增加也加剧了城市的环境污染。城市交通带来的环境污染主要体现在大气污染和噪声污染两个方面。机动车已成为一氧化碳、二氧化硫、氮氧化合物、碳氢化合物等污染物的主要排放源。能否有效控制交通工具这个污染源，成为能否有效控制整个城市环境污染的关键环节。

二、城市交通的通行方式和评价标准

（一）六种通行方式

除了步行的方式之外，交通都要依赖一定的工具。城市交通基本上依赖三种工具，这三种工具都是19世纪的发明：1825年，美国人史蒂文森发明了蒸汽机车，就是以后的火车，当然以后的火车又经历了种种变化；1874年，英国人劳森发明了自行车，今天自行车的结构和劳森的相比没有大的变化；1885年，德国人本兹发明了4冲程的汽油机，为以后的汽车奠定了基础，现在的奔驰车就是以他的名字命名的。现代城市依赖的机械交通手段基本上是这三种交通工具的变种，也就是说这三种方式构成了城市交通的三原色。

（1）步行。步行应该说是人类最古老的行进方式了。古代人步行的能力是非常强的，加上人类有这么漫长的迁徙历史，以至到今天步行成了生理上的一种必需。如果完全取消这种生存方式的话，和祖先的断裂太大，身体恐怕要出毛病。因此，步行还是应该保持为城市人的一种交通方式，可以把交通和锻炼结合起来。

（2）自行车。中国是世界第一大自行车王国。目前的中国，自行车仍然是一种通行的最重要的、最普遍的工具。在世界范围内，近些年来自行车有回升的趋势。一些发达国家的城市采取这种交通方式，往往并不是经济制约的结果，而是出于一种反省，认为自行车是一种更理想的交通方式，因而放弃轿车而选择自行车。

（3）公共汽车。对一个规模很大、人口密度很大的城市，公共汽车毫无疑问将是一个重要的选择。相较于发达国家的大城市，中国大城市的公共汽车数量太少，公共汽车的配置远远满足不了需求，以致乘坐公共汽车往往非常拥挤。

（4）出租车。在多年的发展之后，目前出租车行内的竞争太激烈，造成很大的浪费，经常跑空车。所以，应适当控制出租车的数量。

（5）地铁和轻轨。世界上很多大城市的市内交通都倚重于地铁。地铁往往承担了50%以上的交通。在国外，大城市地铁、轻轨和长途火车是衔接在一起的。我国的人口密度很大，很适合发展地铁。

（6）私人轿车。汽车工业的发展使私人轿车得以普及，尽管城市公交系统的技术条件和技术手段更为先进和丰富，但私人轿车已经在城市交通系统中占据了前所未有的重要地位。

（二）七项评价标准

评价交通方式利弊可以用以下七项标准：

（1）舒适。这是狭义上而言的舒适。舒适因人而异，在一定意义上，几种交通方式在舒适上互有短长，但往往都依赖一定的条件。比如，在短程出行且空气质量又较好的情况下，往往骑自行车会比较舒适。公共汽车要是不拥挤且有座位，也是比较舒适的。轿车的舒适程度比较高，但碰到堵车，碰到太多红绿灯，也会增加司机的劳动并且影响心情。

（2）耗时。耗时的问题可以从三个层面来比较。第一个层面是技术所能提供的时速。从物理性能上看，火车最快，其次是轿车、出租车、公共汽车，再次是自行车，最慢是步行。第二个层面是由于现实中的车速取决于很多因素。如果碰到堵车，轿车的时速就未必比自行车快了。第三个层面是有效时间的耗费，这和现实当中选择哪一种交通方式有很大的关系。比如，坐公共汽车或地铁，能够利用时间看书看报，但自己开车就必须专注于开车，这样消耗的有效时间可能就超过了公交。

（3）费用和物质上的可持续性。公交公司很难盈利，基本上亏本。票价提升虽然是一个扭亏的办法，但是票价也不能涨得太高，避免人们无法承受。地铁的难处在于它的初始投资太大，但地铁可以节省很多地皮，可以把省下的地皮，用于其他项目的开发，对当地的经济发展是很有好处的。另外，当私人轿车成为一个城市的主导交通工具时，所需要的地皮是最多的，总和成本也是最高的。

（4）对居住、择业、择校的影响。如果出行半径更长一些，选择余地就会大些。如果出行半径较小，就要考虑就近择业、择校或居住。这主要是基于对工作和生活的便利程度做出的选择。

（5）参加非职业性活动的便利。比如，在购物、娱乐、访友等方面的便利程度如何。

（6）安全问题。相比较而言，汽车是最不安全的手段。每年死于轿车车轮下的人数非常庞大。

（7）对环境的影响。比如污染问题、噪声问题、对公共空间的侵犯问题。在这个指标上，私人轿车和其他交通工具呈现出比较大的反差，其他交通方式的污染和噪声通常不大，轿车对环境的污染却很大，而且，轿车对公共空间的侵犯比较严重。

三、城市的公共交通

现代城市交通系统是随着城市交通方式的发展而逐步发展变化的。世界各国的城市交通发展历程大都经历了以下三个阶段：以兽力或人力交通为主的阶段、机动化的公共交通阶段、机动化的私人交通阶段。从表面上看，城市交通从一个阶段发展到另一个阶段，技术手段在不断提高，居民出行的自由度和方便程度也在提高。但进入私人交通阶段后，出现了严重的交通拥堵，带来了各种交通问题，成为大多数城市尤其是特大城市面临的难题。世界各国都曾以各种手段来解决交通拥堵等问题，但都没有获得明显效果。通过各种尝试，人们开始认识到公共交通的优越性，把公交优先作为解决城市交通问题的重要途径。

城市公共交通是市民公共使用的客运业，即在城市及其辖区范围内供公众出行乘用的、经济方便的各种客运交通方式的总称。城市公共交通是城市经济生活的重要组成部分，是城市赖以生存的重要的城市基础设施，主要由公共汽车、电车、轨道交通、出租汽车、轮渡等交通方式组成。

城市公共交通与城市的发展有着非常密切的关系，是国民经济中具有先导性的行业，是关系国计民生的社会公益事业。科学地搞好城市的公共交通系统对于建立现代化城市、适应高速的经济发展，具有十分重要的作用。一些发达国家尽管小汽车的普及率很高，但也带来了事故增加、能源消耗剧增、环境恶化等严重困扰。因此，许多发达国家对城市公共交通采取了一系列倾斜政策。

（一）国外城市公共交通的发展

20 世纪 50 年代初，西欧诸国的城市交通由自行车、摩托车向小汽车转化。法国曾提出“要使每个职工拥有一辆小汽车”的口号，结果导致了严重的交通堵塞，经过反思最后选择了发展公共交通，致力于快速轨道交通和地铁的建设。20 世纪 60 年代，联邦德国对全国 20 多个城市的有轨交通进行全面改造，70 年代后开始大规模修建地铁。这些轨道交通构成了市区内、市区与郊区间的客运骨架，并通过换乘点紧密衔接公共汽车和长途汽车线路，联系着全国各地。目前，西欧大城市大都建有完善的公共交通系统设施，供开车进城的人们存车、换乘，以减少市区小汽车的停车量和交通量。另外，城市道路网密集，等级功能分明，有利于公共汽车线路分布。

以下是国外城市公共交通管理的几种成功模式：

1. 伦敦模式：公共交通与私人交通相结合

英国许多城市十分重视城市交通的组织与管理，实行公共交通与私人交通相结合的发展模式。伦敦一些主要的铁路车站、地铁站与公共汽车站或小汽车停车场结合在一起，在公共建筑和大客流量的地方都设置换乘枢纽。伦敦以私人小汽车为连接家庭与铁路车站的交通工具，用铁路干线沟通新城、外伦敦和市中心之间的交通，再由公共汽车把地铁和地面铁路车站连接起来，形成由两种交通工具组成的一个独特的运输体系。这样的交通模式将公共交通与私人交通（小汽车）两种工具相结合，既能发挥公共交通工具的优点，又利用了个体交通工具的长处。当然，这样的交通模式须有一些基本条件来保证，如要有完整的铁路网和公共汽车运输网，城市边缘要有足够的小汽车停车场，市内公交车站要设计合理，站距短，换乘方便，更主要的是要有鼓励公共交通发展的政策来保障。

2. 芝加哥模式：小汽车交通为主，公共交通优先并重

芝加哥在 20 世纪 60 年代以私人小汽车为主导。但是，随着城市的发展，城市交通问题的不断出现，芝加哥市政府开始注意到城市的发展必须兼顾经济与交通两个方面，制定了限制和分散市中心的交通流量、坚持优先发展公共交通的政策，道路建设也以快速公交系统为主，大力发展未来公交走廊，提高已有的市中心区、新建郊区、工业点及通往区域外的公交服务水平。所以，芝加哥的交通存在着小汽车发展与公共交通优先并重的特色。

3. 新加坡模式：法制交通

新加坡市中心区道路较狭窄，但交通十分畅通，这是市政府大力扶植公共交通，并采用经济、行政、技术等措施相结合的综合管理的结果：(1) 针对市中心道路窄的情况，组织单向交通体系。(2) 实行市区交通限制制度，建立电脑化交通控制系统，对私人小汽车以抽取重税的办法加以限制，同时以严格的交通法规，强化交通管理。

由于新加坡对汽车控制极严，其城市交通情况几乎是世界上所有大城市中最好的。新加坡通过全面控制交通法达到压缩小汽车交通需求、扶植公共交通的目的，所以新加坡模式代表了一种典型的法制交通模式。

4. 德国模式：管理规范

德国优先发展城市公共交通发展的做法也很有特色。其公共交通管理的主要特点有四个方面：(1) 以竞争为基础，充分发挥市场机制的调节作用。从公交公司的选择机制看，政府选择公交运营商的方法主要有两种，一种是招投标，一种是指定，其中以第一种方法为主。(2) 定位于公益事业，政府提供适当补贴。德国政府为公共交通提供补贴，但这种补贴是将公共交通定位于公益事业、为了取得社会效率而提供的。政府出于环保和提高社会效益的目的，鼓励居民多使用公共交通，政府通过为公共交通提供补贴来降低票价。(3) 管理灵活多变，充分发挥社会中介机构的作用。在德国的公共交通管理中，处于政府和企业之间的社会中介机构发挥着重要作用，具有重要职能。中介组织在政府和市场之间起到了重要的桥梁作用。这种组织形式的优点就是比较灵活，能够解决很多单纯政府和企业都难以解决的问题。(4) 综合规范，重视公共交通的统一管理。德国的公共交通管理非常重视统一性，除国家铁路由联邦政府管理外，公共交通联合会负责所有地方公共交通的统筹安排，包括地方铁路、地铁、轨道交通、公交汽车等。

世界各大城市公共交通路线特征

日本东京、德国柏林：共线及跨线运营组织

在线路物理相互连通的基础上，在线路、车站、车辆、信号设备等硬件设备兼容的条件下，通过能力富裕区段内可考虑采用共线及跨线运营组织。该方法充分利用区段通过能力和列车客座能力，缓解了线路终端换乘站的换乘压力，最大限度提高了乘客直达比例，减少了乘客换乘次数。日本东京地铁、JR 铁路和民营铁路之间的线路直接连通，共线及跨线运营里程达到 580 千米以上。除银座线、丸之内线、大江户线外，11 条地铁线路与其他城市轨道交通线路均实现了共线及跨线运营。德国柏林地铁实施“独立运行”和“共线运行”相结合的运行模式，其中 U1 和 U3 线在某些区段共线运行；而在其中一个换乘站，U1 可以使用 U3 的 2 条股道，还可以使用 U4 的 2 条股道，行车组织十分灵活。

美国纽约、法国巴黎：多线并行

多线并行是在客流超强地区设置多条平行线路，列车各行其道，运营组织相对简单，方便乘客出行。纽约地铁部分线路同一方向有 3 条以上行车轨道，当一条轨道线路维修时，仍可保证双向行车，故纽约地铁可以 24 小时连续运行。巴黎市区内城市轨道交通也多采用多线并行模式，不少车站能实现 4 线以上换乘，极大地方便了乘客出行。

美国旧金山：灵活编组和大小编组

大小编组可以很好地协调工作日的早晚高峰时段、节假日期间客流分布和需求不均衡的问题。灵活编组可在运营过程中实现列车拆分和合并，解决较长的城轨交通线路在郊区与市区内的客流差异性问题。美国旧金山轻轨 T 线上运行的 3 节编组列车最终拆解为“1+1+1”的 3 列车，分别驶向 K、L、M 线。

法国巴黎：快慢车配合多交路运营

长短交路的运营模式会出现长交路列车乘客的候车时间延长，跨交路出行的乘客需要换乘的问题。所以，往往采用多交路配合快慢车的运营组织形式：在长交路开行快车，以缩短长距离区间的乘客旅行时间；在短交路则仍开行慢车，适应沿线客流集散需求。法国巴黎RER-B线高峰时段采用多交路配合快慢车的运营模式，列车平均停站数减少了25.59%。在机场1号航站楼—塞夫朗博多特等区间采用站站停模式，吸引距市区不同距离范围内的郊区客流，直达市区主要换乘枢纽，迅速疏解高峰时段郊区涌向市区的通勤客流；而在让蒂伊—巴纽采用交错停站模式，提高旅行速度的同时，缩短了该区段内旅客等待候车时间。

资料来源：韩宝明，代位，张红健．2018年世界城市轨道交通运营统计与分析．都市快轨交通，2019（1）．

（二）中国城市公共交通的发展

改革开放前，由于我国经济发展水平落后、发展速度缓慢，城市交通的供需矛盾并不十分突出，公共交通客运量在市民出行中占很大比重。20世纪70年代后，自行车拥有量开始增长，自行车客运量在城市居民出行总客运量中占的比重逐渐增大。改革开放以来，城市公共交通得以相应的发展，城市居民的出行逐步改善。同时，城市私人机动车拥有量增长迅速。1994年，我国开始实施家庭轿车发展战略，轿车进入家庭的势头很猛。随着私人小汽车拥有量和使用量的增加，一些城市交通拥堵、出行不便等问题日益突出，严重影响了居民的正常生活，制约了城市经济的发展，城市交通问题成为城市政府面临的棘手难题。中国作为一个经济持续高速增长的发展中国家，城市公共交通的定位是一个值得认真研究的问题。优先发展城市公共交通，不仅是缓解城市交通拥堵的有效措施，也是改善城市人居环境、促进城市可持续发展的必然要求。

2018年10月26日，由北京市交通委员会、北京交通发展研究院主办，中国电信股份有限公司北京分公司承办的“第四届世界大城市交通发展论坛——交通大数据与人工智能在交通治理中的应用分论坛”，在北京国家会议中心召开，来自美国、新加坡、日本、韩国等一些国家和国内一些城市的交通管理者及专家，共同探讨了现代大都市交通面临的共同问题，认为发展公共交通是缓解交通拥堵的根本出路。

近年来，我国城市公共交通事业取得了快速发展。截至2017年底，我国在公共汽电车交通方面线路总长度已达63.27万公里，是全国高速公路总里程的4倍，其中全国有24个城市公交线网覆盖率超过了70%，11个城市500米站点覆盖率超过80%，对满足社会公众基本出行需求发挥了重要作用。另外，我国在轨道交通（包括地铁、有轨电车、轻轨、单轨、磁悬浮、APM等）方面已覆盖33个城市，162条线路，总运营里程达4 824公里。其中8个城市运营里程超过200公里，13个城市运营里程超过100公里。有18个城市轨道交通成网运行，其中9个城市换乘站超过10座，16个城市换乘站超过3座。2017年全国新开通了35条轨道交通线路。为了进一步保障城市公共交通安全有序运营，保护城市公共交通活动当事人的合法权益，促进城市公共交通发展，发挥城市公共交通对经济社会协调和可持续发展的作用，中华人民共和国司法部于2019年5月10日发布通知，就《城市公共交通管理条例（征求意见稿）》公开征求意见，涵盖规划建设、运营服务、安全管理、城市轨道交通特别规定、法律责任等方面。

中国的一些大城市，通过吸收和借鉴国际经验，积极倡导建设轨道交通、公交专用道等，通过大力发展公共交通来缓解日益严峻的城市交通问题。优先发展城市公共交通已经成为中国城市交通发展的方向。

一些城市还进行了公交管理体制的改革试点，取得了较理想的效果。比如上海的“三制”改革，即首先是票制改革，取消月票，实行普票。其次是机制改革，优化财政补贴，实现良性循环。最后是体制改革，实行多家经营，形成竞争格局。改革后，传统计划经济体制下的“等、靠、要”变成了社会主义市场经济条件下的“争、创、抢”（争客流、创效益、抢市场）；企业的经营思路、分配机制、管理思想更加灵活；班次、车辆、线路都得到了有效保证，司乘人员服务更热情、乘客对公交的满意程度显著提高；公交系统连续多年大幅度亏损的势头得到了有力遏制，部分企业做到了收支平衡。

四、城市交通系统的可持续发展

在认识到城市交通对城市经济社会发展和生态环境造成巨大负面影响的同时，考虑到能源的限制和土地资源的有限性，西方发达国家城市规划师和交通工程师提出了城市交通的可持续发展理念。

可持续发展是一种综合的发展，它的核心在于尽快发展经济以满足人类日益增长的基本需要，但经济发展又不能超出资源环境的承载力。因此，要求人们在发展经济的同时，关注生态环境保护和社会资源的有效配置。可持续发展涉及经济、社会和环境三个方面，是经济可持续发展、生态可持续发展和社会可持续发展的协调统一。

城市交通系统可持续发展指的是交通系统、社会系统、经济系统和环境系统的协调发展，即交通—社会—经济—环境构成的复合系统的多维协调发展。经济可持续发展是交通可持续发展的资金条件，资源是交通可持续发展的物质条件，环境和社会是交通可持续发展的基础和约束条件。城市交通可持续发展的目标是实现城市交通与社会、经济、资源环境的协调发展。在满足城市社会经济发展对交通需求的同时，重视城市生态环境保护和资源合理利用，符合城市的社会—经济—生态复合系统长期可持续发展的整体需求，并要求现阶段的发展不能损害未来的城市交通发展能力。

城市交通可持续发展的内涵可以概括为以下三点：

（1）满足社会日益增长的交通需求。城市交通系统可持续发展的根本目的不是自身的发展，而是保证社会经济的可持续发展，满足人们对交通活动数量上和质量上的需求，提高人们交通活动的效率。

（2）提高环境资源的效率。资源环境体系的基本承载力是决定城市社会经济活动规模与范围的基础。城市交通发展受到承载力水平的制约，对环境资源的索取一旦超过了允许阈值，便会受到自然的惩罚。通过改善交通结构、改进交通工具和有效的交通管理措施可提高交通系统的效率，降低单位交通量的资源消耗量，提高城市交通的环境承载力。

（3）环境保护。交通工具的污染物排放和噪声污染是影响城市交通系统环境的两大方面。城市交通系统可持续发展要求注重环境保护，减少对环境造成的负面影响。

第二节　城市交通管理

一、城市交通管理的必要性

解决城市交通问题的根本途径，一是合理安排与调整城市用地布局（功能分区），逐步形成合理的路网结构，处理好城市交通与对外交通枢纽点的衔接；二是采取合理的城市交通政策，提高城市交通管理水平。也就是说，在一定的路网结构下，城市交通管理在解决城市交通问题中扮演着重要角色。

在城市的发展中，城市交通管理在促进与改善居住、娱乐与工作以及生产者和消费者之间的关系方面起着关键性作用。如果没有城市交通管理，城市交通基础设施在城市生产、流通、消费过程中所承担的纽带功能就无法有效地发挥。城市交通管理包括制定交通运输政策和交通规划，制定交通管理规划、投资、资金筹措、制定规章和设立机构等。

城市交通管理是一项非常复杂的系统工程，涉及社会经济发展、人民生活等许多方面，管理的本质特征不仅有其技术的内涵，而且在实施的过程中更赋予了其政府行为的属性。因此，城市交通管理不仅仅是一个技术问题，而且是在一定的宏观和微观政策框架下，与城市社会、经济和国家产业政策等发展密切相关的综合性问题。

根据我国当前的国情，我国的城市交通管理应当从行政管理手段和技术管理手段两个方面同时着手，一方面通过行政手段进行"节源"，减少城市道路交通流量；另一方面利用技术手段，通过对交通流的管制和合理引导，均匀交通负荷，提高道路网络运输效率。

城市交通管理内容可以分为交通系统管理和交通需求管理两个方面。城市交通管理应考虑到社会的各种因素，尽可能采取合理的管理策略和措施。

二、城市交通管理的基本原则

城市交通管理应遵循以下基本原则：

1. 交通分离原则

不同的交通工具有不同的运行速度、不同的配套设施，有必要在一定程度上进行分离，使同一交通工具在同一车道或车道内同一区域内通行，以便加快交通速度，防止不同速度的交通工具互相干扰。实行交通分离通常采取画线分离、设置隔离墩、修建立体交叉和专用道路以及采取交通信号控制等措施，在空间和时间上分离道路上的交通。

交通分离可以分为三种方式：(1) 混合交通。这是较低级的分离方式。机动车、自行车、行人等同在一个车道内通行，一般机动车在中间，非机动车在右边，行人靠左边。(2) 并列交通。各种交通形态占有同一通行带的特定部分，根据置右原则，中间走机动车，两边走自行车，两侧走行人。(3) 分离交通。这是交通分离的最高形式。不同的交通工具有不同的运行车道，一般由机动车专用道、自行车专用道和行人专用道组成，每条专用道不互通，交叉时采取立体结构形式。另一种形式是实行车辆分离，将不同的车种、不同方向和不同车速的车辆进行分离。

2. 交通流量均分原则

不同时间和空间内的交通流量是不同的，如果不对交通流量的分布进行调节，就会形成流量在某个区域内或某个时间段的过分集中，超出道路的负荷能力，造成交通拥挤。

交通流量均分可以分为两种方式：(1) 时间性交通流量均分。城市交通最为拥挤的时间大多为上下班时间，因此，可以对上下班时间进行调整，采取灵活的时间规定。(2) 空间性交通流量均分。空间性交通流量的分布状况好坏，一方面取决于城市道路的规划建设是否合理，具体措施是规划建设中安排好干道、支道和环城路、高架、地面、地下等道路的关系，使交通流量有分流空间；另一方面取决于均分流量的管理措施是否得当，具体措施是在狭窄和繁忙的地段采取单向交通，在拥挤的道路上禁止某种或几种车辆通过，用可变交通标志引导交通等。

3. 交通连续原则

交通连续原则指的是在交通过程中，时间、空间、运行管理上和交通参与者本身精神的连续。交通连续措施包括：交通工具的连续、交通组织的连续、交通设施的连续等，这些措施都是为了保障交通运行的连续性。只有这样，才能使运输工具和交通参与者占用的道路面积和时间减少，加快交通流量。

4. 交通总量削减原则

交通总量是制定交通政策的主要依据，指的是所有交通参与者与其旅行时间（或旅行距离）的乘积的总和。交通总量包括机动车交通量、非机动车交通量以及行人交通量等。使交通总量达到最小的办法是，尽量减少交通参与者的数量或将交通参与者的旅行时间缩短，当然，最好是两者同时减少。

5. 优先权原则

广义上的优先权是指对有利于城市交通状况好转的交通方式在政策上优先扶持，在规划建设上优先考虑，在对道路交通资源的使用上优先。狭义上的优先权仅指对有利于城市交通状况好转的交通方式在对道路交通资源的使用上优先。

三、城市交通系统管理

交通系统管理（traffic system management）是对交通流的管理，是指交通管理部门通过对交通流的管制及合理引导，使交通流在道路网络上重新分布，均匀交通负荷，提高道路网络系统的运输效率，从技术上缓解交通压力，是一种技术性管理。

交通系统管理是为了提高交通路口、交通主要干道和交通网络系统（城市交通的点、线、面三方面）的运输效率，增加交通通过能力。主要可以采取以下一些有效措施：

1. 节点交通管理

交通节点往往是城市交通的瓶颈。节点交通管理策略就是以交通节点（交叉口）为管理范围，采取一系列的管理规则及硬件设施控制，优化利用交通节点的时空资源，提高交通节点的通过能力。常用的节点管理方式有：(1) 进口拓宽，增加交叉口进口车道数，提高交叉口在单位时间的通行能力；(2) 进口渠化，根据交通量及转向流量大小设置不同转向的专用进口车道，优化利用交叉口空间及通行时间；(3) 信号配时优化，根据交叉口交通量、转向流量大小优化信号灯配时，使有限的绿灯时间内放行尽可能多的车辆；（4）在交通量较大的交叉口，采用定时段（高峰小时）或全天禁止左转（全交叉口或部分进口），以提高交叉口通行能力。

2. 干线交通管理

制约城市交通能力的另一因素是城市的交通主要干道。干线交通管理是以某条或若干条交通干线为交通管理范围，采取一系列管理措施，优化利用交通干线的时空资源，提高交通干线的运行效率。干线交通管理不同于节点交通管理，它以干线交通运输效率最大为目标。干线交通管理应以道路网络布局为基础，根据道路功能确定具体的交通管理方式。常用的干线交通管理方式有：规划交通拥挤线路单行线、公共交通专用线、货车禁行线、自行车禁行线（或专用线）、“绿波”交通线、特殊运输线路等。

3. 区域交通管理

区域交通管理是城市交通系统管理的最高形式，它以全区域所有车辆的运输效率最大（总延误最小、停车次数最少、总体出行时间最短等）为管理目标。区域交通管理是一种现代化的交通管理模式，是现代城市交通系统管理的发展方向，它需要以城市交通信息系统为基础，以通信技术、控制技术、计算机技术为技术支撑。目前，区域交通管理有下列形式：（1）区域信号控制系统，有定时脱机式区域信号控制系统、响应式联机信号控制系统两种控制模式；（2）智能化区域管理系统，它是智能化交通系统的主体，正在研制和试运行的有车辆线路引导系统和智能化车辆卫星导航系统等。

城市交通系统管理通过改善城市交通的点、线、面的运输效率，扩大城市交通能力，以此来适应城市交通发展的需要。相对于城市交通需求管理来说，城市交通系统管理具有较大的积极性和主动性。目前，我国大多数城市的城市交通系统能力能够进行改善和提高，所以城市交通管理部门应该在这方面下功夫，在不用投入大量资金的情况下适度改善城市交通状况，缓解城市交通压力。

四、城市交通需求管理

交通需求管理（traffic demand management）是对交通源的管理，是指政府从宏观的角度利用行政手段干预城市交通的发展规划，影响城市交通结构，通过削减不必要的交通需求，减少道路交通流量，从根源上缓解交通紧张局面，是一种政策性管理。

交通需求管理主要是从控制城市交通总需求的角度来进行城市交通的宏观管理。通过制定城市交通准入制度来减少道路交通流，缓解道路交通紧张；制定城市交通长远规划以增加城市交通能力；利用经济杠杆来调节城市交通需求。主要可以采取以下一些有效措施：

1. 优先发展策略

城市公共交通具有其他交通方式不可比拟的优势，在发展城市交通时应考虑优先发展城市公共交通。各城市应根据道路网络、环境控制和能源储备等实际情况，制定优先发展的实施措施。发达国家除了采用发展公交的措施外，还采用多占位车辆优先，即载有多名乘客（两人以上）的小汽车在交叉口、收费口通道享有优先通行权，有的城市设置了专用车道以鼓励驾车人员多带乘客，以便减少道路上的小汽车数量。

2. 限制发展策略

当道路交通网络总体负荷达到一定水平后，交通拥挤将会加重，因此必须对某些交通工具实施限制或控制发展以防止交通拥挤状况进一步恶化。一般说来，应限制交通运输效率低、污染大、能耗高的交通工具的发展。比如，适当控制小汽车、摩托车和自行车等出行方式的发展速度，结合各城市具体情况对出租车交通实施总量控制。但采用限制发展策略可能会对经济发展产生一定的负面效应，在实施前必须对可能造成的正、负面效益做认真的分析和定量化评价，处理好限制发展与不发展之间的关系。

3. 禁止出行策略

当某些城市的道路网络总体负荷水平接近饱和或局部区域内超饱和时，应在特定的时间段、特定的区域内，对某些车辆实施禁止出行或通行。禁止出行策略一般为临时性的管理策略，同时由于它有一定的副作用，在实施前必须进行“事前事后”效果的定量化评价。常采用的禁止出行策略有：某些重要通道或区域的车辆单双号通行，在某些时段或区域对某种交通工具实施禁止通行等。

4. 经济杠杆策略

经济杠杆策略是介于管理与禁止出行策略之间的柔性较大的管理策略，通过经济杠杆来调整出行分布或减少出行需求量。其基本原则为：对鼓励的交通行为实行低收费，对限制的交通行为实行高收费。常用的措施有：收取市中心高额停车费（减少城市中心区的交通量），收取某些交通工具的附加费（减少其出行量），对某些重要通道在过分拥挤时收取拥挤费（调节交通量）。

城市交通需求管理是一系列适应性的城市交通管理措施，它的实施会对国民经济和人民生活产生一些负面影响。因此，不同的城市应该在城市交通发展的不同阶段选择不同的策略，尽可能给社会造成最小的影响。

第三节　中国城市交通问题及其对策

一、中国城市的交通问题

交通问题的类型和大小因城市而异。一般而言，当前大城市的主要交通问题是交通拥挤、停车困难、公共交通日益萎缩、交通事故多、行人交通不方便、交通污染等。随着私人小汽车的发展，这些问题还在加重。一般来说，城市交通系统的运行一旦出现交通问题，就会带来巨大的经济损失。据统计，我国城市市区内的机动车平均速度只有13公里/小时，比自行车还慢2公里/小时；由交通堵塞造成的经济损失每年可达数百亿元。

1. 城市交通设施与城市交通需求严重失衡

虽然我国一直在致力于城市交通设施的建设，但其建设速度远远滞后于机动车辆和交通流量的增长。随着机动车的快速增长，交通环境污染日益严重，我国机动车交通已成为城市主要的大气污染源和噪声污染源。大多数城市的道路系统不完整，交通流过于集中在少数干道上，迂回运输现象比较普遍，城市的交通结构不合理。同时，城市中缺少各种车辆的停车场地、人流集散场地，甚至缺少人行道，而城市道路被“马路市场”、摊贩、车辆的停放及其他堆放物占用的状况十分严重。一些城市的交通设施老化折旧比较严重，迫切需要更新。而且，某些城市政府决策者为了追求政绩，无视城市规划的科学性和前瞻性，无视市民的生活需求，中心城区的土地开发强度之高几近野蛮、无序，许多功能性的基础设施布局也常常显得随心所欲，无形中加剧了城市交通的压力。

2. 混行交通状况加剧交通拥挤

我国城市的道路交通拥挤程度大大高于拥有同等水平机动车的国外城市。大量非机动车与机动车混行，不仅使道路交通复杂化，增加了管理难度，而且降低了原本薄弱的交通设施的使用效率，影响了车辆和公共设施的使用效益，增大了使用者的负担。在一些城市中，混合交通较多，道路功能较为混乱，客运与货运、市内与过境、机动车与非机动车等往往在同一路面上混合行驶，致使道路通行能力逐年下降。

3. 交通事故频发

我国交通事故居所有意外事故之首，其死亡人数和直接经济损失远远大于煤矿、铁路、航空、水运等其他危险行业，交通事故四项指标呈逐年上升趋势。交通事故已成为“世界第一害”，而中国是世界上交通事故死亡人数最多的国家之一。从 20 世纪 80 年代末中国交通事故年死亡人数首次超过五万人至今，中国（未包括港澳台地区）交通事故死亡人数已经连续多年居世界第一。城市是车辆集中之地，成为交通事故频发之所。

4. 公共交通发展不充分

城市公共交通设施建设严重不足，公交换乘枢纽设施建设滞后，线网密度、场站覆盖率低，公交专用道建设步伐缓慢，大运量公交系统建设缓慢，公交运力结构失衡，没有真正发挥大运量城市公共交通方式在大城市交通出行中的主力军作用。公交的结构较为单一、落后，仍然以传统的公共汽车地面运输为主，公交优先政策执行不到位。在市场化进程中，对公交企业还没有形成一套科学合理的财政补贴补偿机制，只注重经济效益，忽视公益性，公共交通服务水平低。另外，城市公共交通发展缺乏系统完善的法规保障和政策支撑体系，作为龙头的公交规划的重要性被忽视，规划内容不完善，导致城市公共交通中轨道交通、公共汽电车、出租车等组成部分难以发挥系统的整体性。在法规不完善的情况下，公共交通的发展依赖于政府的行政手段，在某些问题的处理上依赖政府机关的协调和行政干预，无法可依的现象影响了城市公共交通事业的健康发展。

5. 交通管理水平不高

一些中小城市尚未建立交通指挥中心、交通监控中心等先进交通管理设施系统，交通管理停留在人工管理指挥的“点控制”阶段，离交通管理的信息化和智能化的“线控制”和“面控制”还有很大差距。现行的道路交通管理体制是“区分职能、多头管理”。城市内部的交通设施规划建设、公共交通运输、城市道路安全及交通秩序的维持均有相应部门负责。但是，行业管理外的税收、价格的制定、重大设施的建设还要与相关部门联系，加之管理方法、管理水平、程序等问题，对正常的交通运输活动造成了负面影响。长期处于条块分割和政企不分的局面，交通投资、交通建设、交通管理、交通规划分属于不同的部门，由此产生交通建设和管理的互相推诿和扯皮。

机动车要合法地上路行驶须接受以下部门的管理：

(1) 公安部门：车辆及驾驶员业务管理，交通安全管理及交通事故处理。

(2) 交通部门：交通规费征收与稽查、通行费征收、路政管理、运政管理。

(3) 农机部门：农用车及拖拉机业务管理。

(4) 工商部门：征收营运车辆工商管理费。

(5) 税务部门：征收车船税及车辆购置附加税。

(6) 林业部门：可以上路检查拉运木材车，检疫木材。

(7) 煤焦管理部门：可以设站检查煤焦拉运车。

(8) 城市客运办：检查管理出租车并征收出租车管理费。

(9) 乡镇交管部门：可在辖区范围内上路检查。

二、中国城市交通问题的对策分析

改善城市交通状况，一般从两个方面着手：一个是城市交通设施的建设，另一个是城市交通的管理。城市交通不仅是硬件，而且还是软件，城市交通设施的价值在于它们提供的服务，而这一切都是通过管理来实现的。因此，我们主要从交通管理方面来探讨具体的对策。

1. 做好城市交通规划工作

交通规划应当是建立在对交通需求进行分析的基础上，而且应当尽可能是量化分析。城市交通的规划应当按照系统论的观点进行，不仅要注意城市交通与城市用地、城市的经济社会、城市的地理环境的关系，还要注意城市对内交通和城市对外交通、客运和货运、静态交通建设和动态交通建设的协调，更要注意利益和成本之间的比例和分配。

2. 平衡交通供给和需求的关系

要解决城市交通拥挤的难题，必须在注重供给的同时，注重对交通需求的控制和引导。可以提高道路设施服务定价，征收车辆购置税、道路使用税、私人购油税等，使个人在做出行决策时不仅要考虑个人出行费用和时间成本，还要考虑自己的加入给其他交通参与者带来的成本增加，使个人边际费用和边际社会费用大体平衡。

实施交通需求管理，不但要促进交通参与者的交通选择行动变更，以减少机动车出行量，提高交通效率；而且还要求在时间上分散交通需求；实施时差出勤、客货分时段出行；通过向驾驶员提供道路交通信息和拥挤、事故状况，促使交通需求在空间上分散化；通过提高公共交通的服务水平，促进人们利用大量、快速的公共交通；实施各种综合对策对交通发生源进行调整等。

3. 实行公交优先战略

根据世界各国的研究成果和实践经验，公共交通优先的政策主要有三种：(1) 在经济上采取政府扶持。市政府可以在建设时予以财政支持，优化公交线网，发展快速、大容量、方便、舒适、多样化的公共交通系统。在运营时给予财政补贴、减免税收等优惠政策在经济上扶持城市公交。(2) 在法规上规定公交优先。为使公共交通的管理和发展有法可依、有章可循，要制定相关的公共交通法规和交通规章制度，保障公共交通对交通资源的优先占用，如建设规划时予以优先，开辟专用车道，设置公交优先信号，解除某些限制使公交能够优先其他车辆通行等。(3) 限制私人交通工具的发展。不仅要对公交采取扶持的政策，还要对影响公交运行的私人交通方式予以限制和引导，其对象主要是自行车、摩托车和小汽车。所谓限制，主要是对私人交通工具的使用制造不便，对其进行控制，如在购买私人交通工具时征收额外的税收，提高其使用油价、停车费等，在道路上通行时进行控制，禁止其驶入某些线路。

4. 改革城市交通的管理体制

交通管理体制改革的首要任务是科学设置管理机构。简化办事程序、减少管理层次、优化人员结构、提高行政效率，整合成立综合的交通行政管理机构，全面履行城市交通运输管理职能，统筹城乡综合运输体系的构建和协调发展，促进改革快速推进。逐步理顺交通管理体制和运行机制的关系，为城市交通的科学发展提供体制保障。

5. 建立健全交通监管体系

(1) 建立完善的交通发展政策和法规体系。通盘考虑城市交通的发展政策、汽车工业发展政策、城市土地政策、环保政策，以及建设资金投入政策和税收、价格政策等一系列关系国民经济发展和行业发展的重大政策问题，将城市交通发展政策纳入国家能源交通政策制定中统一考虑，对城市用地布局、规划与设计的一系列技术设计标准、建设标准、规范和法规进行引导性研究、调整、修改，对城市交通管理有关交通法规进行引导性研究、深化，对公共交通发展进行立法保障。(2) 建立严格的交通法规监管体系。运用经济、法律和技术等手段，加大对交通违章者的处罚力度等，建立严格的交通法规监管体系，能够使人们自觉成为执法、守法、护法的城市道路使用者，自觉地加入城市交通法规的监管队伍，为维护良好的交通秩序贡献力量。

6. 借助现代化、科学化的交通管理手段和设备

现代化、科学化的交通管理手段充分有效地利用现有道路网络等综合措施，使现有道路交通设施发挥最大作用。为此，世界各国纷纷开发和建立智能交通系统，把它作为解决交通拥挤、交通事故、环境污染、交通能源问题和加速交通运输产业高科技化的战略决策。智能交通系统是将先进的信息技术、数据通信传输技术、电子控制技术以及计算机处理技术等有效地综合运用于整个交通管理体系而建立起来的全方位、实时、准确、高效的综合运输管理系统，该系统包括先进的交通管理系统、先进的驾驶员信息系统、先进的车辆控制及安全系统等。

7. 帮助弱势群体的交通出行

城市交通具有公共物品的某些特性，必须注重其社会效益，不能仅仅根据市场规则单纯追逐经济效益。政策中应该有价值判断，要考虑到贫困者、老人和残疾人等弱势群体的利益。老人比一般人口更依赖公共运输和出租车，贫困者因面临经济负担也更为依赖公共交通运输。残疾人与一般人最突出的区别是他们对出租车的依赖度比一般人高七倍。他们不愿意利用公共交通，主要出于结构上的障碍和安全上的担心。

案 例

智慧治堵：城市交通治理新实践

日前，高德地图联合中国社会科学院社会学研究所等单位联合发布《2018 年第一季度中国主要城市交通分析报告》。受监测的 361 座城市中，有 65 座城市在通勤高峰时期受到拥堵的严重威胁。

在一片“拥堵红灯”中，浙江省杭州市却由治堵前的前 3 位大幅下降至 2018 年一季度的第 83 位。出色的治堵成绩离不开杭州以“互联网＋”思维，科学破解拥堵难题。同样，山东济南、四川成都等城市采用“互联网＋交通大数据”等治堵手段后，都取得了良好成效。

智慧信号灯及时疏解堵点

“高峰期在路口排队，连续几个绿灯都过不去，眼看着另一个方向却没几辆车通行。”在城市开车的驾驶员大多有过这种经历。目前，许多城市路口采用的是传统交通信号灯，控制系统无法感知全路段的交通运行情况，导致交叉路口成为拥堵蔓延的源头。

在济南交警支队交通处副处长王峰看来，交通信号灯分秒必争，几秒钟的差异，对交通拥堵程度都会有不小的影响。他说：“与传统交通信号灯相比，智慧信号灯可以根据实时路况自动调控，信号配时方案更‘智慧’，‘监控’的路段范围也要大得多。”

2017 年起，济南开始逐步使用智慧信号灯。据介绍，以前交通信号灯的配时方案顶多分早高峰、晚高峰等 5 个时段。智慧信号灯则更加细化，包括除了早晚高峰、平峰以外的早晚次高峰、次平峰、夜间等 11 个时段。节假日、从周一到周日每天还会有不同方案。

数据显示，大明湖区域的 7 条主干道、43 个路口进行信号灯整体区域优化后，工作日平均延误时间缩短 18.8%，周末平均延误时间缩短 23%。

智慧信号灯是“互联网＋”大数据治堵的一个应用实践。信号灯控制系统采集小汽车轨迹数据后，对路口的交通流实时预判，并仿真出不同配时方案实施后可能出现的交通状况，由此给出最优配时方案。济南的智慧信号灯由济南交警与滴滴出行合作开展。滴滴出行智慧交通项目负责人章文嵩表示，在实施信号灯配时方案后，还可以利用控制系统对路口交通流进行实时监测与分析评价。在看到配时方案效果的同时，还可对配时方案进行快速迭代、优化，从而让智慧信号灯不断进化。

广东省广州市也在 2017 年采用了滴滴智慧信号灯，缓解天河北区交通拥堵。智慧信号灯系统首先定位出区域内的拥堵点和拥堵时段，然后针对性地进行优化。阶段性优化完成后，区域内总体平均延误时间缩短 6.3%，关键干道如天河北路缩短 11.9%，天寿路缩短 23.9%。

智慧信号灯还可以增强公共交通的吸引力与竞争力。“交叉口信号灯优先，是公交优先的具体体现。”深圳市都市交通规划设计研究院副院长张海涛认为，在公交的主要客流走廊、公交专用道及 BRT 线路走廊上布置智慧信号灯，采用绿波控制、公交信号优先等调控手段，可以有效提高公交通行能力，降低延误时间，继而提升公交运营速度及准点率，优化乘客乘车体验。

云平台多维研判高效调度

智慧治堵是一项综合性的系统工程，除智慧信号灯外，济南还在国内城市中率先推出智慧诱导屏、潮汐“拉链车”等一系列智能化举措。章文嵩介绍，依托海量高精度出行数据，结合政府及多方交通数据，滴滴的智慧交通云平台能够实时监控城市路网交通运行效率。通过多维度的研判分析，挖掘交通现状存在的问题，并推出一体化解决方案。

这一系统已被济南交警引入日常警务工作和公众出行服务，对路面交通状况进行实时监控、分析和研判，实现精确指挥调度和精细交通管理。根据《2018 年第一季度中国主要城市交通分析报告》，济南的交通拥堵程度下降了 6.5%，已经退出“全国十大最拥堵城市”名单，智慧治堵成效正逐步显现。

杭州市也有智慧治堵的成功经验。2015 年前，杭州的中河—上塘高架曾经被高德地图评为“全国最拥堵、高峰时间时速最低的一条快速路”。而最近的一次统计中，该路段平均延误时间缩短了 15.3%，出行时间节省了 4.6 分钟。从“堵城”到“治堵典范”，杭州的成功经验源于 2016 年提出的“城市数据大脑”概念（简称“城市大脑”）。“城市大脑”治理交通拥堵，是对交通流量、拥堵指数、主干道车速、快速路车速等城市交通基础数据进行融合后，对交通堵点进行预判。

此外，“城市大脑”每两分钟还会对交叉路口、快速路、匝道以及道路断面交通情况进行检测，与历史数据进行对比后，发现城市交通堵点。目前，“城市大脑”已在杭州部分地区开展了试点。经过“城市大脑”的调度实践，莫干山路平均延误降低 8.5%，出行时间节省了 1 分钟；萧山区 5 平方公里的试点范围内，车辆平均通行速度提升超过 15%，出行时间平均节省了 3 分钟。

杭州市民对城市交通的总体评价满意度已从 2012 年的 65%提升到 2017 年的 86%。下一步，“城市大脑”交通应用将覆盖杭州市域，并结合“最多跑一次”改革，使交通参与者及时准确获取动静态交通信息。

市民掌上参与共建共管

在城市交通治理中，如何让普通市民从旁观者变成参与者？在成都，“蓉 e 行”App 的出现带来了改变。2017 年 12 月，成都市民高先生注册成为“蓉 e 行”的一员。截至 2018 年 5 月初，他一共举报了近 20 起违法，提出了交通组织优化建议 3 条，还在上面处理了一起自己的电子眼违法。

高先生说：“为城市交通出力，自己也享受了便捷，何乐而不为呢？”“以前在路上开车碰到违法的、造堵的，心里很愤怒却无可奈何。有了‘蓉 e 行’后，用手机就可以举报违法，还有很多其他功能，很方便。”截至 2018 年 5 月 14 日，“蓉 e 行”注册人数超 141 万人，绑定车辆约 60 万，违法举报超 34 万笔，电子监控违法处理超 21 万笔，交通设施保障上报 7 000 多件，交通组织优化建议 1 317 件。

“蓉 e 行”这一创新之举，有效实现了通过互联网举报突出交通违法、报告交通设施问题、谏言交通管理良策、激发社会公众共担交通治理之责。“全民参与、共享成果”，正在成为城市治堵的新动向。

2018 年 5 月 14 日起，新疆乌鲁木齐市交警部门通过微信公众平台，向社会公开收集缓解交通拥堵的措施和建议，包括交通组织、占道施工、交通设施等 6 个方向。乌鲁木齐市交警部门将认真梳理市民提出的缓堵措施和建议，对措施可行、效果显著的建议和措施进行评估，并选取优秀的措施给予适当奖励。

推动交通管理向交通治理转型升级，正在借由智慧交通的方式，形成“政府主导、社会主力、市民主体”的交通共建共享新局面。

资料来源：韩光胤，杨美霞．智慧治堵：城市交通治理新实践．[2018-05-23]．http:www.zgjtb.com/2018-05/23/content_146184.htm.

拓展阅读

1．程爱军．从公共经济学视角分析“公交优先”政策解决城市公共交通问题面临的困境与对策．社科纵横，2008（5）.

2．陈艳艳，刘小明，陈金川．城市交通需求管理及其应用．北京：人民交通出版社，2009.

3．范广根．市政管理．天津：南开大学出版社，2008.

4．江玉林．畅通、高效、安全、绿色：中国城市公共交通可持续发展重大问题解析．北京：科学出版社，2010.

5．李建国．城市轨道交通系统概论．北京：机械工业出版社，2009.

6．李俊．人性化城市交通发展研究．北京：中国社会科学出版社，2007.

7．李林波，陈川，施澄．国内外城市公共交通发展之比较研究．上海工程技术大学学报，2006（3）.

8．李瑞敏．城市道路交通管理．北京：人民交通出版社，2009.

9．陆化普，毛其智，李政．快速城镇化进程中的城市可持续交通．北京：中国铁道出版社，2008.

10．陆锡明．亚洲城市交通模式．上海：同济大学出版社，2009.

11．朴立华．现代城市交通系统．成都：西南交通大学出版社，2008.

12．山中英生，等．城市交通中存在的问题及其对策．张丽丽，译．北京：中国建筑工业出版社，2009.

13．清华大学“城市可持续交通”课题组．中国城市可持续交通：问题、挑战与实现途径．北京：中国铁道出版社，2007.

14．孙斌栋．我国特大城市交通发展的空间战略研究．南京：南京大学出版社，2009.

15．王德起，谭善勇：城市管理学．北京：中国建筑工业出版社，2009.

16．文国玮．城市交通与道路系统规划．北京：清华大学出版社，2007.

17．吴建军．城市交通系统复杂性：复杂网络方法及其应用．北京：科学出版社，2010.

18．杨晓光．高品质城市交通系统研究及实践．上海：同济大学出版社，2008.

19．张文尝，马清裕．城市交通与城市发展．北京：商务印书馆，2010.

20．赵云林．城市概论．天津：天津大学出版社，2010.

21．中国可持续交通课题组．城市交通可持续发展：要素、挑战及对策．北京：人民交通出版社，2008.

22. 中国中心城市交通改革与发展研讨会学术委员会. 中国中心城市可持续交通发展年度报告（2008）. 北京：人民交通出版社，2008.

23. 住房和城乡建设部城市交通工程技术中心，中国城市规划设计研究院. 中国城市交通发展报告. 北京：中国建筑工业出版社，2009.

第八章

城市社会管理

重点问题

- 城市人口管理的核心和发展趋势。
- 城市人口规模管理的对策。
- 城市人口素质的现状，如何提升城市人口素质。
- 城市流动人口存在的主要问题，如何加强对城市流动人口的管理。
- 中国城市社会管理的发展历程。
- 中国城市社区管理的现状和改革。
- 城市社会保障体系主要包括哪几个方面？其各自的模式和具体内容。
- 中国城市社会保障制度的改革。

关键术语

城市人口　城市人口管理　人口密度　人口素质　城市流动人口　城市社区　城市社区管理　社会保障　社会保障管理　城市社会福利　城市社会保险　城市社会救助　城市社会优抚

第一节　城市人口管理

城市人口是相对于农村人口而言的，指居住在城市地区的从事生产经营活动和其他工作的非农业人口，既包括拥有城市户籍的常住人口，也包括来自其他城市和农村的暂住的流动人口。城市人口管理，就是指相关市政部门对城市常住人口的户籍和人口变动的行政管理，以及对城市流动人口的管理。

城市人口是城市经济社会赖以发展的基本劳动力资源，为消费市场的扩大提供了有利的条件。城市人口管理是城市政府的重要职能。随着我国城市化进程的加快，加强城市人口管理是充分发挥城市功能的有力保障，是维护城市正常生产生活秩序的必要条件，是提高城市经济效益和市民生活质量的重要举措。

在中国，城市人口管理部门主要是城市公安局及其派出所、城市卫生健康委员会及其街道卫生健康办公室。

公安局的人口管理职责包括：（1）户政管理。进行户籍登记，实施常住、暂住、出生、死亡、迁入、迁出、户口变更的登记七项登记制度，由户口登记机关用其设立的户口登记簿进行登记。在户口登记的基础上，户口登记机关应以人为单位建立户口登记项目的人口卡片，以便于管理和查找。（2）居民身份证管理。居民身份证由公安机关统一印制、颁发和管理（办理、补发、更换身份证）。2003 年 6 月 28 日，第十届全国人民代表大会常务委员会第三次会议通过了《中华人民共和国居民身份证法》，代替了 1985 年 9 月正式公布的《中华人民共和国居民身份证条例》。《全国人民代表大会常务委员会关于修改〈中华人民共和国居民身份证法〉的决定》于 2011 年 10 月 29 日通过，自 2012 年 1 月 1 日起施行。（3）人口统计与人口普查。城市户口管理部门应在户口登记和资料调查的基础上，按公安部统一制发的人口统计报表进行统计，逐级汇总上报，并向城市政府和有关部门提供人口统计资料。

卫生健康委员会的人口管理职责包括：（1）开展计划生育的宣传和教育工作；（2）规划制定城市人口生育指标；（3）落实计划生育政策，开展计生保健和服务工作。

城市人口管理的核心是城市人口的数量调控、质量提高和就业引导。控制城市人口数量、提高城市人口素质、把人口流动纳入有序状态，是城市人口管理的基本要求。可以说，城市人口合理化、素质优良化、就业结构多元化等是城市人口管理的基本目标。

我国城市人口管理的改革趋势是逐步取消城乡二元户口制度，实施居民身份平等待遇，促进城乡人口有序流动、协调发展，有步骤地实现城乡人口居民化，取消户籍限制和歧视。2003 年 8 月，公安部发布《三十项便民利民措施》，其中，在户籍管理方面推出了包括新生婴儿随父随母自愿选择落户，方便到西部投资、兴办实业和所需人才落户，高校新生入学自愿落户等七项便民利民措施。

公安部发布《三十项便民利民措施》中的户籍管理措施

（一）到西部地区工作的应届大学毕业生，可以根据本人意愿，将户口迁到工作地区，也可以迁回原籍。

（二）到西部地区投资、兴办实业的人员以及西部开发建设所需要的各类人才，可以不迁户口，户口迁入西部地区的，如果今后迁回原迁出地工作、生活，也可以将户口迁回原迁出地。

（三）在大、中城市落户的高中级专门人才到小城镇或者农村工作的，可以不迁户口。

（四）考取普通高等学校、普通中等专业学校的学生，入学时可以自愿选择是否办理户口迁移手续。

（五）新出生婴儿的常住户口登记，随父随母自愿选择。

（六）取消出国、出境一年以上的人员注销户口的规定（在国外、境外定居的除外）。

（七）取消被判处徒刑、被决定劳动教养的人员注销户口的规定。

2007年，公安部宣布，已有12个省、自治区、直辖市（河北、辽宁、江苏、浙江、福建、山东、湖北、湖南、广西、重庆、四川、陕西）相继取消了农业户口和非农业户口的二元户口性质划分，统一了城乡户口登记制度，统称为居民户口，实现了公民身份法律意义上的平等。公安部指出，中国还将以具有合法固定住所为基本落户条件，进一步调整户口迁移政策，促进人才交流和人口的合理有序转移；完善暂住户口登记，探索建立居住证制度；放宽夫妻投靠、老年人投靠子女及未成年子女投靠父母落户的条件限制，放宽对投资、兴办实业和购房人员的落户政策，放宽各类人才落户政策，探索建立居住证制度和居民身份证唯一化制度。

一、城市人口规模的管理

人口问题的首要内容就是在城市人口规模的影响下，人口与城市发展的相互关系。长期以来备受关注的主要是大城市的人口规模问题，即大城市人口规模或人口密度超过城市的承受力，从而给大城市的进一步发展带来的社会性障碍。事实上，对一个国家而言，城市问题除了包括大城市规模控制之外，还应包括中小城市的人口分布状况是否使城市的运行潜力得到充分发挥以及大中小城市之间、城乡之间在人口分布上是否存在各种不合理现象等。

（一）人口规模、人口密度和城市的聚集效应

我国原建设部在有关城市规划的文件中按照居住人口的数量、规模将城市的规模等级分为：按市区非农业人口，特大城市，100万人以上；大城市，50万～100万人；中等城市，20万～50万人；小城市，20万人以下。事实上，在中国人口发展的背景下，一般的大城市的人口规模都在百万以上，超大城市的人口规模甚至超过了千万。

城市的人口数量决定着城市社会变迁的深度和广度，同时，人口的密度也影响着城市的发展。人口密度是指一定数量的人口在一定面积的建成区内聚居的概念，也可以用人均建成区面积来形容。人口密度直接影响到城市系统要素的互动频率。城市规模大、人口聚集程度高，城市内部经济活动交换的频率就会提高，由此而产生的社会经济效益相对也越高。只有城市规模和密度达到一定的量，才能使城市快速有效地运转，创造出由聚集产生的规模效益。

人口密度与城市的规模效应并不完全是正相关的关系。如果人口密度过小，占地过多，会导致土地利用的低效率；如果人口密度过大，也会增加城市的承受压力，城市活动强度会大大超过城市环境容量，容易引起城市环境恶化，导致聚居生活质量的下降。人口密度和人口规模比例不当都容易损害城市的综合效益。根据测算，50万～100万人口的规模，人口密度在1.2万～1.3万人/平方公里的城市，其城市效益最高，同时表现出来的人口聚集效益也比较高。从国际经验来看，人均GDP在3 000美元以下时，如果没有特殊的限制或壁垒，人口和经济主要是向大城市集中，这是城市化的一般规律。在这个阶段，一般不应限制中小城市向大城市发展，城市政府应该创造条件让那些有能力扩展为大城市的

城市尽早达到最佳的规模。

近年来，一系列重大政策密集出台，户籍制度改革的政策框架基本构建完成。城乡统一的户口登记制度全面建立，各地取消了农业户口与非农业户口性质区分，“城里人”和“乡下人”户口身份之别不复存在。户口迁移政策进一步完善，各地普遍降低了农业转移人口和其他常住人口在城镇落户门槛，超大城市、特大城市积极建立完善积分落户制度。农业转移人口市民化面临的制度性难题逐步破解，“人地钱”挂钩①机制初步建立，农村“三权”改革②稳步推进，教育、社会保障、住房等重点领域配套改革取得实质性进展，居住证制度加快落地。户籍制度改革基础进一步夯实，各地深入开展户口登记管理清理整顿，积极推进居民身份证“三项制度”（异地受理、挂失申报和丢失招领）建设，扎实推动解决无户口人员登记户口问题。2017年7月起，在全国各地全面实施的居民身份证“三项制度”工作，极大方便了长期外出、工作、学习、生活的群众，这项惠民政策给群众带来了极大的便利。

北上广深的人口趋势分化

《国家发展改革委关于培育发展现代化都市圈的指导意见》印发，提出放开放宽除个别超大城市外的城市落户限制。新一轮的城市“抢人大战”又将打响，但超大城市人口竞争呈现了不同的态势。

在中国，北京、上海、广州、深圳是中国GDP最高、人口最多的4个城市，是公认的一线城市。但同为超大城市的它们，在人口流动方面却呈现不同的状况，北京、上海在人口疏解的政策背景下，常住人口呈净流出状态，广州、深圳户籍政策较宽松，则正处于常住人口大幅增长的时期。

1.6万平方公里的北京，究竟能够（应该）承载多少人，一直备受各界关注。过去40年，北京用“人口数量”实力证明着自己的吸引力——常住人口数量从1978年的871.5万一路攀升，2016年达到峰值2 172.9万。特别是2000—2011年，由于外来人口快速增加，其常住人口突破2 000万关口，年均增加59.5万。

根据北京市统计局和国家统计局北京调查总队公布的最新数据，2018年末，北京常住人口2 154.2万，相较2017年末的2 170.7万，减少了16.5万。而2016年末，北京常住人口达到峰值，为2 172.9万。

这是自1978年以来，北京首次出现连续两年常住人口下滑的情况。过去40年间，北京仅在1997年出现过人口负增长，从1996年的1 259.4万下降至当年的1 240万，其后呈持续上升状态。

北京市统计局副局长庞江倩早前在分析下降原因时，曾总结了四点原因：一是全国劳动人口数的逐年减少，二是全国城市化建设使人口向特大城市流动的速度在放缓，三是经

① “人地钱”挂钩是指财政转移支付与农业转移人口市民化挂钩、城镇建设用地新增指标与农业转移人口落户数挂钩、基建投资安排与农业转移人口市民化挂钩，是调动地方政府吸纳农业转移人口落户积极性的政策机制。

② “三权”就是指农村土地的所有权、承包权、经营权。“所有权”归“农村集体”所有，“承包权”归签订承包合同的农民所有，“经营权”则是农村土地流转后负责经营土地的人所有。

济增速放缓和产业结构优化令就业人口增长放缓，四是北京市自然增加人口减少。用庞江倩的话说，“首次出现常住人口负增长符合北京人口发展变动的趋势”。

2017 年 9 月，《北京城市总体规划（2016 年—2035 年）》获批，明确北京要加强“全国政治中心、文化中心、国际交往中心、科技创新中心”功能建设，同时要严格控制城市规模。以资源环境承载能力为硬约束，切实减重、减负、减量发展，实施人口规模、建设规模双控，倒逼发展方式转变、产业结构转型升级、城市功能优化调整。到 2020 年，常住人口规模控制在 2 300 万以内，2020 年以后长期稳定在这一水平。

数据显示，2015 年末，上海市常住人口总数为 2 415.27 万，比 2014 年末减少了 10.41 万，而 2017 年，在上海常住人口下降 1.37 万的同时，北京同步下降，其罕见引发外界广泛关注，甚至有评论把这一年称作“一线城市的人口拐点”。

在中国南边的两个一线城市，广州、深圳却呈现了完全不同的人口趋势，2018 年末常住人口较上一年分别增加了 40.6 万、21.2 万，常住人口分别达到 1 490.44 万、1 274 万。

对于城市人口未来的发展，四座城市的想法也不一样。《北京城市总体规划（2016 年—2035 年）》要求到 2020 年常住人口规模控制在 2 300 万以内，2020 年以后长期稳定在这一水平。《上海市城市总体规划（2017—2035 年）》中计划，到 2035 年，上海市常住人口控制在 2 500 万左右。《广州市城市总体规划（2017—2035 年）》草案提到，2035 年广州常住人口规模将控制在 2 000 万左右。《深圳市国民经济和社会发展第十三个五年规划纲要》中提到，到 2020 年，全市人口发展预期目标为 1 480 万。

（二）城市人口规模管理的对策

城市人口规模的管理主要包括城市人口计划生育管理和城市人口迁移管理。城市人口计划生育管理涉及城市人口的自然增长现状和发展趋势。城市人口迁移管理表现在城市居民的迁入和迁出的交换活动，反映出城市人口的机械变动。不论是城市人口的自然变动还是机械变动，都直接影响着城市人口规模的变化。要使城市充分发挥其功能，对城市人口的规模进行科学管理是不可缺少的条件之一。

1. 城市人口计划生育管理

我国人口基数庞大，“控制人口数量、提高人口素质”的基本国策规定了我国在相当长的一段历史时期人口管理的任务和目标。城市人口是全国总人口的一部分。城市要贯彻“控制人口数量”的基本国策，首要任务是降低人口出生率，即对城市人口实行计划生育政策，包括晚婚晚育、提倡一对夫妇一个孩子、坚决杜绝计划外生育等内容。这也是城市人口计划生育的管理内容和具体任务。

另外，由于城市人口中存在着难以进行生育管理的阶层，比如无任何组织系统的居民、后迁入的城市人口、流动人口等，这些阶层往往是一些生育欲望强烈的居民，对这些人进行计划生育管理工作存在极大困难。

为此，计划生育管理应采取以下对策：（1）健全管理机制。城市卫生健康委员会及其街道卫生健康办公室贯彻执行生育政策、计划和任务，保质保量配备专职人员，分层管理任务落实到专人，难度大的地区加强力量。（2）发动群众自我管理。近年来，城乡都陆续成立了计划生育协会。城市应将这一组织建设到基层，充分发挥专门机构与群众组织相结合的有效作用。尤其是对于城乡接合部盲目流入城市的人口，应通过计划生育协会和居委会一起管理。（3）加强城市流动人口的生育管理。对这部分人的生育管理，要制定规划，划清职责，明确任务，实行分区分单位包干，特别要依靠和发挥居民委员会的力量。

1982 年，"计划生育"被确定为基本国策。根据国家统计局数据显示，2012 年全国总人口增长率为 5.0%，2013 年全国总人口增长率为 4.9%，在人口增长过快得到控制后出现了下降趋势。为了促进人口均衡发展，新时期党中央适时调整生育政策。2013 年，党的十八届三中全会决定启动实施单独二孩政策；2015 年底，党的十八届五中全会会议公报提出，促进人口均衡发展，完善人口发展战略，全面实施一对夫妇可生育两个孩子政策。

然而近年来，随着我国经济社会的发展，生育观念、生育意愿正在出现新的变化：育龄女性数量下降；受教育程度上升、生活成本提高带来生育意愿下降，进而导致人口出生率下降。国家统计局发布的数据显示，2018 年末，我国总人口为 139 538 万，其中人口出生率为 10.94‰，比 2017 年下降 1.49 个千分点。

2. 城市人口迁移管理

城市人口的机械变动对城市人口的规模及城市社会经济发展起到直接的作用，加强对城市人口迁移管理意义深远。（1）城市人口迁移要有严格规定。市民的迁入迁出要有利于城市发展并严格遵循城市的总体规划和人口规模总体设计。设计城市人口总体规模，确立每年迁移增长人口限额；制定迁入人口的原则，以经济活动人口为主要部分，非经济活动人口的迁入要严加限制；鼓励人才流动。（2）健全城市人口迁移的管理机构。明确管理机构的权利和义务，以公安部门为主统一指导人口迁移活动。（3）适当调整城市迁移人口结构上的平衡。根据城市发展的需要，注意城市人口的职业平衡、年龄结构、性别结构的平衡等。（4）制定城市流动人口的管理措施。从治安角度、生活服务角度、经济管理角度出发，制定切实可行的管理措施。

二、城市人口素质的管理

人口素质主要是指人的科学文化素质、身体健康素质和思想道德素质。人口素质直接关系到民族的兴衰、国家的富强、家庭的幸福。提高人口素质是中国的国策。在现代经济中，一个地区的人口素质是该地区生产力水平提高、科学技术推广普及以及社会经济发展的基础。同时，人口素质高低也可反映一个地区社会发达的程度。下面以中国为例加以论述。

（一）城市人口素质现状

目前，中国的城乡差距仍然很明显，城市人口的受教育机会仍然大大高于农村，城市人口的素质相对较高。城市人口的发展水平能影响和反映一个国家人口素质的发展进程。虽然近些年中国城市的人口素质总体上有所提升，但与发达国家的城市人口素质相比，差距还非常明显。这种差距突出表现在以下两个方面：

1. 教育投入不足

教育投入不足是城市人口素质提高的基础性障碍。人力资本的核心是教育投资，事实上教育投资的过程是人力资本积累的过程。公共教育投入严重不足导致人口的受教育程度低，导致高等教育的发展滞后，造成教育及其他智力开发落后，将成为我国社会经济发展的桎梏。1993 年印发的《中国教育改革和发展纲要》提出，要在 20 世纪末将国家财政性教育经费支出占国民生产总值的比例提高到 4%。为实现"更好的教育"，需要教育投入的保障，其中，尤以 4%目标最受瞩目，最牵动人心。2012 年如期实现 4%目标，并于 2016 年首次突破 3 万亿元。2018 年全国教育经费总投入为 46 135 亿元人民币。在各级教育经费投入中，义务教育投入最多，达 20 858 亿元。相较于农村教育投入，城市教育投入较多，但城市政府投资的热情不够高。

2. 人口素质结构不合理

由于教育体制的缺陷以及用人制度的不合理导向，中国教育的不同领域，从家庭、学校到社会，重视考试分数、忽视体能训练和素质教育的社会现象普遍存在。应试教育导致的"高分低能"只能是人的素质的片面提高，而不是人的素质的全面发展。

（二）提升城市人口素质的对策

1. 提高出生人口素质

"控制人口数量、提高人口素质"是中国的基本国策。首要的任务是从重视人口的身体素质入手，加强人口优生优育管理。优生优育是提高未来人口质量的战略措施。2002 年，《中国提高出生人口素质、减少出生缺陷和残疾行动计划（2002—2010 年）》推出，同时广泛的宣传、培训工作也得以开展，其目的和任务是降低中国先天缺陷和残疾婴儿的出生数量。近几年，有的学者提出了人口素质逆淘汰问题，引起了社会对出生人口素质的广泛关注。关注逆淘汰的核心问题是关注出生缺陷，这一点早已得到世界很多国家的高度重视。

提高出生人口素质，事关城市千家万户的幸福，事关国家和民族的未来。城市政府要科学制定提高出生人口素质的规划及行动计划，全面实施出生缺陷干预工程，实行定期评估、通报制度。人口和计划生育技术服务机构与医疗保健机构要在各自职责范围内密切配合，大力宣传和普及预防出生缺陷科学知识，实施计划生育生殖健康促进计划，加强婚育咨询和指导，积极开展婚前和孕前保健、孕产期保健、产前筛查和诊断、产后访视、新生儿疾病筛查和康复等工作。促进住院分娩和母乳喂养，为贫困妇女提供必要的生育救助和安全接生。倡导科学婚检，加强性病和艾滋病防治工作，预防艾滋病母婴传播。对影响出生缺陷的生物遗传、社会环境、不良生活方式等重大危险因素进行研究、评估和干预。普及婴幼儿抚养和家庭教育的科学知识，开展婴幼儿早期教育，强化独生子女社会行为教育和培养。

国家人口和计划生育委员会（现国家卫生和计划生育委员会）自 1999 年已开始在全国范围启动了"出生缺陷干预工程"试点，并于 2007 年将工作重点定位在出生缺陷一级预防，提出宣传倡导、健康促进、优生咨询、高危人群指导、孕前实验室筛查和均衡营养六项重点任务，并开展全系统全面的推进。为减少先天性病残发生，从 2011 年起，国家人口和计划生育委员会采取向专业医疗机构、科研院所"购买服务"等方式，组建覆盖全国的干预网络，从孕前优生健康检查开始，最大限度降低出生人口缺陷。

2. 全面发展教育事业

城市现代化的过程，实质上就是市民现代化的过程。因此，我们必须把重点放在培养高素质的劳动者和高层次的人才队伍上，加大教育、科技的投入，以科学技术带动经济的增长，实现“科教兴市”的战略目标。(1) 多渠道办学，使高等教育大众化。加快高等教育的发展步伐，加大教育投入，采取积极的政策措施，鼓励多渠道筹资办学，引入市场机制，发展教育产业，使高等教育的投入进一步社会化、市场化。(2) 发展高等职业教育，全面检查和评估基础教育。改革现有部分高等专科学校、职业大学、成人学校以及中等专业学校，发展高等职业教育，使其成为中国高等教育中的重要组成部分。另外，科学地制定一系列统计指标体系和调查方法，剔除统计水分，全面检查和评估中国的基础教育，找出其发展的主要障碍，了解各个不同地区的真实状况，制定切实有效的措施，推动基础教育的全面发展。

三、城市流动人口的管理

城市流动人口是指非城市常住户口而暂时逗留于城市的人口。城市流动人口分为两类：(1) 正常的流动人口，包括探亲访友、旅游、联系、业务、开会、推销商品以及在城市暂时较长时间停留的外地建筑队伍和进城从事家务活动、手工业、饮食服务业的农民等；(2) 非正常的流动人口，包括盲目进入城市的无业游民、乞丐、躲避计划生育进城的孕妇以及流窜作案的罪犯等。

城市人口流动是市场机制发展的必然产物，也是城市辐射和扩散作用的一种体现。流动人口可以为城市带来廉价劳动力，降低企业生产的成本，同时农民工多从事城市居民不愿干的重活、脏活、累活，方便了城市居民的生活，也是对城市就业结构的一种有利补充。但同时，因为暂时性的流动人口是自发行为，人口迁移不在国家的行政计划之列，因此，过度的迁移容易在短期内给城市基础设施和生活供应造成巨大的压力。与此同时，对人口净流出的省份而言，劳务收入已经成为地方经济发展的重要力量，劳务输出成为中部许多人口大省的经济增长点。在物质收益之外，农民工带来了城市生活方式和价值观念效应。他们返回家乡都会把城镇的生活方式及价值观念传导给迁出地，引起连锁反应，推动了农村社会的变化。

目前，城市在经济、文化、医疗、教育、公共设施等各种社会资源方面具有明显优势，对流动人口的吸引力不言而喻。尤其是一些大城市人口流动形成“盆地聚集效应”，流动人口数量仍在继续增多。越来越多的流动人口观念在更新，与以前一心想着“打工”“流动”持不一样的心态，由被动型、生存型流动向主动型、发展型流动转变。许多流动人口已经不再频繁流动，而是追求与居住地的文化融合。他们的打工所得不再一味寄回家乡，而是更多地开始考虑在城市里置业、做生意、投资等，其融入城市的愿望非常强烈。下面仍以中国为例加以论述。

(一) 城市流动人口存在的主要问题

1. 城乡劳动力双剩余影响了人口的流动

目前，中国农业剩余劳动力转移遇到的最大问题是农村不断增长的剩余劳动力与城市工业和乡镇企业有限的吸收能力之间的矛盾。在体制转轨的阶段，城市企业中有一批失业和下岗职工加入原先主要由农民工从事的行业，城市剩余劳动力和农村剩余劳动力存在局部的竞争。新形成的贫困阶层，势必引发各种社会问题，给城市治安管理带来很大压力。

2. 对农民工排斥和歧视的现象很普遍

中国目前许多城市面临的就业压力乃至长期的城乡分割制度所形成的心理定式，使城市管理者过多地强调流动人口的负效应，而较少考虑其正效应以及政府对流动人口应承担的责任和义务。在这样的心理和观念的作用下，对农民工是招之则来、挥之则去，歧视排斥更是家常便饭。目前对农民工的法律保障和服务措施还不健全，他们的合法权益容易受到侵害，并可能沦为新的贫困群体。

3. 流动人口的文化素质不高

农村劳动力整体素质不高是农村剩余劳动力向城市转移困难的重要原因。而且，农村劳动力素质低加剧了劳动力过剩，他们将本该接受教育的时间用在了务工上，加剧了劳动供给的竞争。受教育程度低也决定了他们的创新意识和整体能力较低，难以适应新的和更多的就业岗位。

（二）加强城市流动人口管理的对策

（1）积极引导流动人口合理流动，防范流动失衡。一方面应通过经济和行政手段，适当限制大城市人口的无限流入；同时，应适当分流高度集中的大城市社会资源，引导制造业集聚区产业转移，着力发展中等城市和小城镇的人口吸纳力，通过政策引导，促进农村劳动力就地、就近转移，避免过度集中到大城市。

（2）构建流动人口全国服务平台。目前，流动人口管理分属多个部门，分别涉及公安、劳动保障、医疗、计生、房管等，这些部门大多没有实现信息的共享和协调。同时，各地区之间、各省区之间、同一系统的不同层级之间，信息共享机制也未建立，不利于及时准确全面掌握流动人口情况。因此，应积极建立各部门参与、全国联网的流动人口信息服务平台，准确把握流动人口轨迹，为流动人口的管理和合理流动提供支持。

（3）建立流动人口突发应急机制，维护社会稳定。目前，除了公安部门因为工作原因关注农民工状况较多外，城市里的其他政府部门对农民工问题往往缺乏了解，尤其是对于出现农民工春节前的大规模讨薪、节前犯罪率突然增长、集中退保等问题时，无法真正帮助政府和企业解决问题。城市政府可以探索设立常态化的农民工日常管理与服务机构，可以参照北京市流动人口管理办公室的做法，设立由党委统一领导、专人负责并有各项预备处置的机制。

第二节　城市社区管理

一、城市社区的含义和中国城市社区管理的发展

（一）城市社区及其管理

城市社区一般是指聚集于城市范围内的社会群体和组织按照一定的规范和制度结合而成的社会实体。社区原来是社会学的一个研究单位，是介于邻里与区域之间的社会实体。完全意义上的城市社区具有以下五个要素：人、地域、制度、心理归宿与传统、团体与互动。

城市社区的特点可以从以下四个方面来加以认识：（1）地理特征。城市中被道路环绕

的居住地段为社区的地域，这一地域边界较为确定，范围较小。（2）人口特征。城市社区人口密度高，人口异质性强。（3）经济特征。城市社区一般进行的是无生命物质的生产，一般不与自然界直接打交道，分工较细，技术要求较高，生产成果较多。（4）文化特征。城市社区文化是多元性、现代性的，不存在唯一的生活习惯和价值取向。

城市社区主要可以分为以下三大类：

（1）法定社区。主要是指具有法定地位，其界限可以明确标示在地图上的社区，尤其是指街道办事处、居民委员会两级辖区。

（2）自然社区。这是指人们长期共同生产生活或按照自己的意愿选择而形成的聚集区。比如各种住宅小区、居民小区等。这种类型的社区规模不等，界限也比较模糊，划定标准不统一。

（3）功能社区。这是指人们从事某些专门的活动而在一定地域上形成的聚集区。比如一所大学、一家医院等。这种类型的社区一般都具有自己独特的文化和生活方式，社区成员职业结构简单，同质性较高，对社区有明显的归属感和认同感。

这三种类型的社区界限并不分明。由于社区之间的联系愈发紧密，人口流动日益频繁，社区的边界变动不定，对社区的管理也在不断地发生变化。

中国城市社区管理是指在市及市辖区内人民政府的领导下，以街道为主导、居委会为协同，以社区组织和社区成员为依托，运用各种手段，合理调配和利用社区资源，发展社区事业，强化社区功能，解决社区问题，提高社区成员的生活质量，促进社区经济和社会协调发展的过程。

推进城市社区建设，是改革开放和社会主义现代化建设的迫切要求，是繁荣社区基层文化生活、加强社会主义精神文明建设的有效措施，是巩固城市基层政权和加强社会主义民主政治建设的重要途径。切实加强城市社区建设，对于促进经济和社会协调发展、提高人民的生活水平和生活质量、扩大基层民主、维护社会稳定、推动城市改革与发展具有十分重要的意义。

随着国有企业转变机制和政府转变职能，企业剥离出来的社会职能和政府转移的服务职能，大部分由社区承担。比如下岗工人就业、社会救助、流动人口管理、维护社会治安、计划生育、扫黄禁毒等，都需要社区配合。社区作为城市居民生活的家园，对居住环境、服务管理、文化娱乐等提出了更高的要求，这些多样性要求需要以社区为载体，发挥社区的依托功能。社区成为城市贫富差距、农民工权益保障、困难群体救助、医疗卫生等社会矛盾的交汇点，维护社会稳定的功能更加突出。可以说，社区在促进社会和谐、化解社会矛盾、维护社会稳定中处于前沿地位，社区建设关系党执政的根基。在我国城市化的进程中，社区的地位和作用将日益突出。

（二）中国城市社区管理的发展历程

1949 年中华人民共和国成立，人民政府废除了保甲制，继以街道取而代之，以加强城市政权和城市管理工作。因为当时没有统一的法律根据和组织形式，各地街道组织的名称、地位有很大差异。当时全国各城市的街道组织大致有三种类型：（1）街政府，是城市基层政权；（2）街公所或街道办事处，是市或市辖区的派出机构；（3）“警政合一”，在公安派出所内设行政干事或民政工作组，承担救济、调解、教育工作。

20 世纪 50 年代初，各地的基层社区组织处于初创时期。各城市普遍建立了居民委员会，但居民委员会的名称和管辖范围也是一再变动。上海、天津等地较早开始探索建立功能类似现在居民委员会的基层组织。到 20 世纪 50 年代中期，中国大部分城市基层社区组织体系基本确立。1954 年 12 月，第一届全国人民代表大会常务委员会第四次会议通过《城市街道办事处组织条例》和《城市居民委员会组织条例》，以法律的形式确定城市街道办事处和居民委员会的性质、任务和作用。

1955 年后，全国各地都普遍设立、健全了包括区政府、街道办事处和居民委员会、居民小组在内的基层社区组织体系。在"文化大革命"期间，伴随着中国政治动荡，城市基层组织陷入无政府状态，城市基层行政管理瘫痪，街道办事处和居委会被易名为街道革委会，成为阶级斗争的工具。

20 世纪 80 年代，随着全国范围内的拨乱反正，街道革委会被撤销，重新恢复了街道办事处和居民委员会的名称。恢复后的市辖区政府是城市基层政权组织，街道办事处是其派出机构，居民委员会作为群众性自治组织在街道办事处的指导下开展工作。城市基层组织管理进入了规范化阶段。1989 年，第七届全国人民代表大会常务委员会第十一次会议通过了《中华人民共和国居民委员会组织法》，对现阶段居委会的性质、任务、构成原则和机构设置、经费来源等都做了明确的规定。社区组织取得了明显的发展。

在计划经济时代，由无数个单位组织起来的城市社会本身像一个大单位，城市作为中观层次，其管理任务主要是执行上级"单位"下达的任务。城市整个社会结构体现出了政府—民众的二层结构，形成纵向的政府对民众控制管理的高度集中和民众对政府的高度依附，整个社会缺乏一个维护公众利益的中间组织。从横向看，单位处于社会经济生活的中心，成为国家和个人之间的中介，各个单位又按照同一模式设置；党管干部、党组织贯穿单位组织管理的过程。城市基层社会具有横向的高度分割和封闭性。社区支离破碎，难以完成整合的功能，社区发挥的实际作用局限于老弱病残的管理、社区环境保护和调节邻里纠纷等细枝末节的问题上，距离真正的基层管理还有很大的距离。

从 20 世纪 80 年代中期开始，中国经济体制改革的重点从农村转移到城市，社会转型促使街道办事处和居民委员会的职能逐渐转向经济乃至社会服务方面。1987 年 9 月，全国开展了城市社区服务的工作，社区概念深入人心。街道办事处也成立了社区服务性机构，中国社区进入了大发展时期。街道办事处和居民委员会在城市基层管理中发挥着重要的作用。

20 世纪 90 年代，城市社会和组织结构进入了新的转型期。20 世纪 90 年代中期，民政部的一项调查显示：中国城市人口结构已经表现出三个比较明显的变动趋势，即人口老龄化、无单位归属人员增多、外来人口大量增加。城市人口和社会结构出现的重大变化预示着城市社区将进入一个大的调整期。

1995 年，党的十四届五中全会提出了实行两个具有全局意义的根本性转变，即经济体制从传统的计划经济体制向社会主义市场经济体制转变，经济增长方式从粗放型向集约型转变。由此，开展适应社会主义市场经济体制的城市基层政权和基层组织建设提上了议事日程。上海率先提出了《关于加强街道、居委会建设和社区管理的政策意见》。1998

年，民政部在原基层政权建设司的基础上设立基层政权和社区建设司，为中国的社区建设提供了组织保障。一些省、直辖市先后出台政策或制定规划，创造出各具特色的模式，如上海模式、青岛模式、石家庄模式、沈阳模式、重庆模式等，为全国城市社区建设实践提供了借鉴。2000年11月19日，中共中央办公厅、国务院办公厅批转了《民政部关于在全国推进城市社区建设的意见》，对城市社区建设的意义、指导思想、基本原则、主要目标、工作内容、工作开展、组织建设等做了详细的规定，形成了较为系统和完整的工作思路。2017年6月12日，中共中央、国务院印发并实施《关于加强和完善城乡社区治理的意见》。该意见是新中国历史上第一个以党中央、国务院名义出台的关于城乡社区治理的纲领性文件。该意见的起草遵循了四个原则：一是坚持党对城乡社区治理的领导。把加强基层党的建设、巩固党的执政基础作为贯穿社会治理和基层建设的主线，对如何充分发挥基层党组织在城乡社区治理中的领导核心作用进行了顶层设计。二是坚持以人民为中心的发展理念。三是坚持问题导向的总体思路。四是注重城乡统筹的整体设计。该意见提出了加强和完善城乡社区治理的指导思想、基本原则和总体目标，明确了当前和今后一个时期的战略重点、主攻方向和推进策略，为开创新形势下城乡社区治理新局面提供了根本遵循。

各大城市探索社区管理新模式

上海模式：社区是由街道党工委、办事处和城区管委会构成的领导系统，由市政管委会、社区发委会、社区综治委、财政经济委员会组成的执行系统，辖区内企事业单位、社会团体及其他自治性组织构成的支持系统。其特点是将社区定位于街道社区，存在着将街道居委会一体化的倾向，主要是依靠行政力量在街道居委会中发展社区。

青岛模式：市委市政府、区委区政府分别成立市社区建设工作委员会，区社区建设指导委员会，负责市、区两级社区建设与发展的指导、协调等，街道办事处党政领导及与居民生活相关的有关部门成立各街道社区建设协调委员会，研究部署街道范围内的社区工作。其特色是赋予社区更多管理与服务内容，强化了社区服务功能。

沈阳模式：借鉴国家政权机构的设置方式，在社区设立了社区成员代表大会、社区协商议事委员会和社区居民委员会作为社区自治的主体，同时通过建章立制，明确了三个自治主体间的关系，强化社区党组织的核心领导地位与作用。

武汉模式：武汉市江汉区将本该由社区支配而不适当集中到政府手中的权力下放到社区，然后建立起“权随责走、费随事转”的工作机制。其辖区内的百步亭社区，取消街道办事处，社区直接受区委区政府领导，与居民有关的行政机关下沉到社区实施一条龙服务，其考核由居民负责。

二、城市社区管理的体制和功能

我国城市社区实行“两级政府、三级管理”的管理模式。两级政府是指市政府和区（县）政府，三级管理是指市政府、区政府和街道办事处。

街道办事处是城市和市辖区人民政府的派出机构，其管辖的范围与公安派出所的管辖区域大致相同。中国街道办事处的建制标准是：10 万人以上的市辖区和不设区的市应当设立街道办事处。5 万人以上的市辖区和不设区的市，一般不设街道办事处。街道办事处设主任 1 人，干事若干名，必要时可设副主任 1 人，专职干部一般不超过 7 人，其中必须包括 1 名专做街道妇女工作的干部。由于街道办事处不是一级政权，所以其组成人员不是选举产生，而是由区或不设区的人民政府委派，办公费用以及工作人员的工资由区（不设区的市）人民政府统一拨发。街道办事处的主要任务是：办理市、市辖区（不设区的市）人民政府交办的有关居民的工作事项，指导所属居民委员会的工作，反映居民的意见和要求。

居委会是在城市居民区、企事业单位和机构住宅区或在农村的镇设立的基层群众性自治组织。它在基层政权的指导和帮助下，由城镇居民自己组织起来管理本区域内的公共事务和兴办各种公益事业。居委会主要是根据居民的居住状况并参照公安户籍段的管理区域设立，一般有 100～600 户，也有超过 600 户的。居委会一般由 5～7 人组成，设主任、副主任和委员若干人，并设置治安保卫、人民调解、民政福利、公共卫生等工作委员会。居委会下设居民小组，居民小组由 15～40 户居民组成。

1982 年《中华人民共和国宪法》首次以根本大法的形式明确了居民委员会作为基层群众自治组织的性质，即按居民居住区设立的居民委员会……是基层群众性自治组织……居民委员会的主任、副主任和委员由居民选举。2018 年，第十三届全国人民代表大会常务委员会第七次会议通过并颁布了新修订的《中华人民共和国城市居民委员会组织法》，明确规定："居民委员会是居民自我管理、自我教育、自我服务的基层群众性自治组织。"居委会的工作性质具有区域性、基层性、群众性、自治性等特点。

根据新修订的《中华人民共和国城市居民委员会组织法》，"不设区的市、市辖区的人民政府或者它的派出机关对居民委员会的工作给予指导、支持和帮助。居民委员会协助不设区的市、市辖区的人民政府或者它的派出机关开展工作。"这里的派出机构即街道办事处。街道办事处和居委会的关系不是领导与被领导的上下级关系，而是指导、支持、帮助和协助的关系。居委会是城市自治组织，是实现人民直接民主的组织形式，它一方面要接受街道办事处的指导，另一方面更应该贯彻三自方针，代表和反映居民的意愿和合法权益。

城市社区管理的内容主要包括以下几个方面：

（1）社区组织管理。主要是监督社区的各类组织机构，明确工作目标和工作职责，指导各类组织开展工作，并对其工作成果进行考评。比如，组织和指导居民选举居委会干部，并帮助居委会开展工作；成立街道机构、主要社区单位、职能部门在社区的延伸机构及居民代表组成的社区发展委员会，充分发挥协调作用，推动共建活动和资源共享活动的开展，更好地满足社区成员的需要。

（2）社区服务管理。主要是提供各种便民服务：为社区内的单位和组织提供双向服务，调动社区内的资源实现共享，实现单位功能的社会化；提供社会福利服务，为鳏寡孤独和生活困难的社区居民提供社会福利的无偿或低报酬服务；根据社区居民的需求，建立和健全社区服务网络，完善社区服务体系，广泛开展社区服务，并对服务质量进行监督。

（3）社区文化和教育管理。社区文化管理主要是对社区文化娱乐设施进行规划和建设，健全各类文体活动组织，帮助和指导这些组织开展社区文化娱乐活动、群众性文体活动，引导社区居民进行全民健身活动；社区教育管理则是要建设和完善社区学校、继续教育中心、培训中心以及远程教育机构，组织和发动社区居民广泛参与，进行普法、科普、时事政治、实用技能、兴趣爱好、道德伦理、医疗卫生常识等各种内容不同、形式各异的教育活动。

三、中国城市社区管理的现状和改革

（一）中国城市社区管理的现状

社会主义市场经济的发展和城市化进程的加速推进，为城市生活增加了新的、更多的内涵。城市人口结构的变化以及由此推动的社会多元化趋势与传统的城市行政管理模式的矛盾成为当前城市社区管理的基本矛盾。在这一背景下，城市社区管理呈现出功能发挥相对滞后的缺陷。

（1）社区管理职能不明确。在城市的市、区、街管理体制中，许多城市政府一直沿用"条条"（部门）管理为主、"块块"（街道）管理为辅的社会管理方式。一些专业管理机构将许多分内职责下放到街道，而财权和人权却留在市、区一级的职能机构中，街道办事处成为专业管理机构的基层执行机构。"条条"管理体制极大地限制了街道办事处的权力，对于需要街道办事处综合治理的难点却只能采取突击治理的办法。

（2）社区服务机制僵化。近年来，社区服务发展较快，但主要是依靠行政手段和政府的投入，市场机制发挥得不够充分，城市社区服务组织还不善于运用经济手段和市场手段开展工作。社区工作采用政府投资的老办法，成本高、效率低下，社区服务产业没有形成规模，缺乏相应的支持。

（3）基层管理缺乏效率。城市社区管理的大部分职能和具体的任务都是由以街道办事处和居委会为主的基层社区承担。在实际工作中，街道办事处从基层政权的派出机构发展成为集行政管理、社区管理和社区服务等于一体的综合性机构。城市基层管理行政化的特点使政府直接统揽了城市管理的有关工作，使其难以走向市场，增加了管理成本，降低了管理成效。

（4）市民参与不够。作为政府派出机构，街道办事处对基层事务的管理代表了一种政府干预，政府介入范围过大，社区公共事务被纳入政府管理框架内，相应的社会团体和中介性服务组织参与不够，居民参与社区建设不够。

（5）监督制约不力。对社区管理权力缺乏有效的监督和制约机制，很难保证社区权力的正确行使。主要表现为：监督的主客体错位，居民不能真正发挥监督主体的作用；监督制裁软弱，监督组织没有仲裁效力，往往只能做一些督促和调解工作；监督法规不健全，监督制度不完备，缺乏可操作性。

（二）中国城市社区管理的改革

社区改革的过程实际上就是城市组织管理体制、政府工作方式和运行机制乃至社会管理方式变革的过程。

1. 落实责任主体

推行管理体制改革要抓好区、街、社区三个不同的环节。城市政府应该把加强社区建设纳入城市发展的规划，落实区、街管理的工作权限，管理实践中应该强化街道的三级管理。在处理区、街关系中淡化区属观念，强化社区意识。为了整合社区资源和组织管理能力，应该在社区建立由区政府支持和参加的社区建设委员会，统筹规划社区的建设目标，确定社区的重大项目，协调社区建设中的重大问题。此外，由街道办事处组织驻区单位组成社区管理委员会，下设市政管理、社会发展、社会治安、社区经济等部门，对市政管理、社会发展、社会治安、社区经济等进行协调统筹。与此同时，在管委会建立社区综合执法队伍，综合执法队伍按照公务员管理，实行收支两线，审批收费缴财政，罚款直接缴银行，不与执法人员的经济利益挂钩。

2. 推进社区自治

（1）综合协调政府、市场和社区的关系。政府要改变政社合一的社会管理模式，充分发挥社区自治机制的作用，利用社区的自组织、自协调的功能，转变社区居委会目前的功能角色。

（2）加强对居委会的建设。建立社区代表会议和社区居民委员会，选拔能力强的人员充实到居委会的干部队伍，优化居委会管理人员的结构。

（3）进行财务自治。居委会自己兴办生产和生活服务设施获得的利润可以自由支配，政府应该扶持居委会兴办经济，拓宽财源，增强其兴办公益事业的能力。当然，财务自治不包括居委会工作人员的工作经费和来源，这部分经费仍需要政府拨付。

（4）实行社区管理自治。管理自治以居委会为城市社区自治的主体组织，以社区居民会议为社区自治的监督组织。按照“社区自治、议行分设”的原则探索社区内议事层与执行层分开的城市社区自治组织形式。

（5）组织、动员各方力量进行社区共建。在不违反《中华人民共和国城市居民委员会组织法》的前提下，按照民主自治的原则，把社区内居民、单位组织起来，调动各方积极性，共同建设社区。

（6）业主自治。业主自治是在小区管理中业主们通过民主选举成立业主委员会，为维护业主合法权益，针对物业公司以及一些政府部门的侵权行为展开一系列活动。

3. 完善社区服务

引入市场机制发展社区服务事业，对社区服务的价值重新定位，将社区从原先的区街政府号召式、志愿性、临时性的社会义务工作转变为一项在城市宏观政策指导下的城市微观管理改革实践。社区服务已不是简单解决社区个别闲散人员的饭碗问题，而是成为再就业工程的重要组成部分，成为构筑社会保障和社会安全网络中的环节。社区管理应按照政府引导、社会参与、企业运作和公众受益的思路，制定新对策，改变单纯由政府主导的老办法，调动多元投资主体的积极性，使社区服务从原先的公益型事业转变为产业化、市场化、长期化的经营型社会行为。

第三节　城市社会保障管理

一、城市社会保障概述

社会保障在当代社会中发挥着越来越重要的“减震器”功能。中国是世界上最大的发展中国家，人口众多，经济发展起点低，地区之间、城乡之间发展不平衡，完善社会保障体系的任务十分艰巨和繁重。

（一）社会保障的发展

社会保障行为是随着人类社会的产生而发展的。在原始社会，生产力水平极低，人类为了生存过着群体生活，互助互济，同甘共苦。随着工业革命和现代化大生产的出现，社会有了贫富分化，家庭保障日渐削弱，社会矛盾加剧，原来的邻里互助保障、行业同人互助、富人和官府临时性的救助与施舍、宗教慈善保障已显得力不从心，一些危及社会稳定的行为不断出现。

19 世纪 30 年代，英国颁布实施《济贫法》，通过立法的形式来保障公民权利，标志着社会保障制度的萌芽。19 世纪 80 年代，德国强行推出了世界上第一部社会保险法——《医疗保险法》，标志着现代社会保障制度的形成。1935 年，美国颁布了第一部社会保障法典《社会保障法》，首次公开使用“社会保障”一词，标志着社会保障制度的最终形成。自 20 世纪中叶，以“高福利”为内涵的社会保障制度出现在发达国家，社会福利得到空前的发展。1952 年，在日内瓦国际劳工组织制定并通过的《社会保障最低标准公约》，成为国际保障事业的里程碑。20 世纪 70 年代以来，“福利国家”的社会保障陷入困境。为摆脱困境，许多国家又相继走上了社会保障制度改革之路。

一些由于“福利刚性”（福利待遇只升不降）而导致劳动力成本过高的国家纷纷设法改革，调整或削减社会保障项目，设计各种“反福利欺诈”措施，防范“福利陷阱”（谁削减福利谁下台），以适应国际竞争的需要。由于不少国家的社会保障制度被政党政治绑架，每次合理的改革措施都可能因为在野党的反对而止步不前，改革社会保障体系成为西方国家的头号内政难题。

为了绕过福利利益集团的反对，化解社会保障制度改革难题，不少国家在保持社会福利总水平不降低的情况下，调整政策取向，把原来消极的保障转变为积极的保障方式。例如，控制失业救济金水平，把更多资金投向职业培训和就业服务等。

一些国家的社会保障实行储蓄积累制或部分积累制，积累的资金需要有投资增值的渠道和投资收益的支撑，这就为市场因素更多地介入社会保障领域开拓了空间。然而，社会保障基金的市场化运营有一定的风险。在 1997 年亚洲金融危机期间，新加坡公积金损失超过两亿美元。根据初步估算，2008 年国际金融危机使经合组织国家的储蓄性养老金缩水 3.3 万亿美元，其中仅美国的损失就超过两万亿美元。

（二）社会保障和社会保障管理

社会保障是指国家为了保障社会安全和经济发展而依法建立的，由国家和社会通过国民收入再分配，提供货币、物质或劳务形式的帮助，以维持公民一定生活水平或质量的制度。

社会保障制度的要点包括：（1）社会保障的责任主体是国家和社会；（2）社会保障的权利主体是生活出现困难的公民；（3）社会保障的方式是通过国民收入再分配来提供物质帮助；（4）社会保障的目的是保障公民在生活出现困难时仍能获得维持一定生活水平或质量所必需的生活资料，通过满足公民维持一定生活水平或质量的需要，进而为实现社会安全和经济发展创造条件；（5）社会保障的依据是相应的法律规范。

社会保障管理，是指社会保障职能机构贯彻落实国家的社会保障法律和政策，依法建立社会保障体系，进行筹集和运行保障资金、调节保障分配、维持保障秩序等一系列管理活动。

（三）社会保障的管理机构

1. 社会保障委员会

社会保障委员会，是政府设立的非常设性的社会保障决策和协调机构，由政府的社会保障职能部门和相关部门，以及工会、教会、妇联等团体委派的代表所组成，主任由分管社会保障工作的政府领导担任。其主要职责，一方面是就社会保障管理的重大事项，以讨论、审议或通过等方式进行决策；另一方面是对社会保障管理中涉及多个部门的问题进行协调。

2. 社会保障主管机构

社会保障主管机构，是指政府设立的主管社会保障的常设职能机构，主要是城市的社会保险局以及民政、劳动、人事、卫生等政府部门。其主要职责是对社会保障进行统一管理和综合管理。

3. 社会保障监督机构

社会保障监督机构，是指对社会保障专司或兼司监督职能的政府所属部门，其中既有审计等专门监督部门，又有兼具监督职能的财政、金融、价格等行政部门。此外，还有必要设立由政府有关部门联合组成，并由工会、企业、新闻、律师等有关社会各界参与的社会保障监督机构。

4. 社会保障争议处理机构

社会保障争议处理机构，是指政府设立的，由政府、企业、劳动者等有关方面代表所组成的处理社会保障争议的专门机构。其职责是调解、仲裁社会保障争议，保护社会保障待遇供给方和享受方的合法权益。

二、城市社会保障体系

城市社会保障体系主要包括城市社会福利、社会保险、社会救助、社会优抚四个方面。

（一）城市社会福利

广义的城市社会福利，泛指国家和社会对全体城市公民在生命全过程中提供的各种公共服务。狭义的城市社会福利，即与社会保险、社会救助等并列的一种社会保障形式，是指国家和社会为维持与提高城镇公民的一定生活质量而提供一定的物质帮助，以满足城市公民的共同和特殊生活需要的社会保障制度。

与其他社会保障的形式相比，社会福利具有下述特征：（1）社会福利的保障水平处于较高层次。社会福利的保障目标是通过提供物质帮助使城市公民的生活质量不断得到改善和提高。（2）社会福利是国家和社会单向提供的物质帮助。一般不需要公民对国家和社会履行相应义务或做出相应贡献为代价。（3）社会福利是普惠性的物质帮助。相关的福利项目可以在特定范围内人人有份。（4）社会福利待遇的分配实行一致标准。在一定范围内按一致的标准进行分配，不考虑享受福利者之间的贫富差别和贡献大小。

1. 社会福利的主要模式

（1）城乡一体型社会福利和城乡分立型社会福利。

城乡一体型社会福利，即统一适用于城市和乡村的社会福利。其主要特点是，对城市居民和乡村居民实行统一的社会福利制度，社会福利的水平、内容没有城乡差别，设立覆盖城乡的社会福利供给系统和社会福利基金。发达国家由于城乡经济差别甚微，城乡经济已实现一体化，因此实行的是城乡一体型社会福利。

城乡分立型社会福利，即在城市和乡村分别实行不同的社会福利。其主要特点是，城市居民和乡村居民分别适用不同的社会福利制度，城乡社会福利的水平和内容都不尽相同，建立两种不同的社会福利供给系统和社会福利基金。发展中国家，特别是城乡差别较大的国家，多采用这种社会福利，我国采用的就是这种模式。

（2）宏观为主型社会福利和微观为主型社会福利。

社会福利体系一般有宏观、微观两个层次。宏观层次的社会福利，是以政府为直接责任主体，面向全社会的福利，福利基金主要来源于财政支出并由政府组织，福利待遇的提供具有社会性，即由政府或社会团体设立公共机构直接提供福利待遇，其享受者不受公民所属单位不同的影响。微观层次的社会福利，以企业等微观单位为直接责任主体，仅面向本单位劳动者及其家庭的福利，福利基金主要从本单位的收入或经费中提取，福利待遇的提供具有封闭性，即由本单位的福利机构直接向本单位劳动者及其家庭提供。

根据宏观、微观层次在社会福利体系中的地位不同，可分为两种社会福利模式，即以宏观福利为主、微观福利为辅的模式和以微观福利为主、宏观福利为辅的模式，前者是市场经济国家的传统模式，后者是计划经济国家的传统模式。

2. 社会福利的具体内容

社会福利就其对象范围而言，可分为广泛性社会福利和群体性社会福利。前者有住房福利、教育福利、卫生福利、社会补贴、社区服务等，后者有老年人福利、儿童福利、妇女福利、残疾人福利等。

（1）住房福利。

我国城市居民住房福利有公共住房福利和职业住房福利两种。目前，职业住房福利正在逐渐社会化，公共住房福利是福利性与商品性兼有的住房福利。具体内容包括：住房分配货币化，提供经济适用住房，提供廉租住房，提供住房金融扶持。

（2）卫生福利。

卫生福利是指国家和社会以保障公民身体健康为目的所提供的以医疗和保健为内容的公共福利。医疗福利，是在为公民提供医疗方面的社会救助和社会保险的同时，为病患者恢复健康提供必要的医疗场所、医疗设施和医疗照顾。保健福利，即初级卫生保健，是国家卫生系统和社会福利机构向全社会提供增进性、预防性、治疗性和综合性的促进人人健康的服务。

（3）教育福利。

教育福利是指国家和社会以提高国民素质为目的所提供的以兴办和扶持教育、实现全体公民的受教育权利为内容的公共福利。

（4）文化康乐福利。

文化康乐福利是指国家和社会为满足公民文化康乐的精神生活需要而提供的，以非商业性经营文化康乐设施和服务为内容的公共福利。文化康乐福利包括公园、图书馆、博物馆、康乐中心等场馆和群众性体育运动设施等，以及相应的服务。

（5）特殊群体福利。

特殊群体福利主要包括残疾人福利、老年人福利、儿童福利、妇女福利四个方面。残疾人福利的对象是全社会的残疾人，目标是充分保障残疾人的生活、教育、医疗、康复和就业权益，为残疾人创造良好的物质和精神条件，使残疾人在事实上成为社会中平等的一员，分享经济社会发展所带来的物质文化成果。老年人福利的对象是全社会的老年人，目标是安定老年人生活，维护老年人健康，充实老年人精神文化生活，实现“老有所养、老有所医、老有所为、老有所乐”。儿童福利的对象是全社会的未成年人，目标是解除家庭养育儿童方面的后顾之忧，实现优生、优育、优教，保障儿童身心健康和全面发展。妇女福利的对象是全社会的妇女，目标是保障妇女实现其基于生理特性和生育负担的特殊权益。

（二）城市社会保险

城市社会保险是指根据立法，由城市劳动者、工作单位或所在社区及国家共同筹集资金，用以帮助劳动者及其亲属在遭遇年老、疾病、工伤、生育、残疾、死亡、失业等风险时，防止收入的中断、减少和丧失以及应付意外，保障其基本生活的制度。社会保险是一种事先防险机制，参加保险的成员资格通过立法确定，带有强制性。目前我国的社会保险主要就是指城市职工的社会保险。

1. 社会保险的主要模式

（1）“传统型”社会保险模式。

这种模式为德国首相俾斯麦首创，故称联邦德国模式或俾斯麦模式。它强调国家责任、雇主责任和个人责任相结合，主张给付、收入及交费联系，社会保险费用由个人、单位和政府三方负担或两方负担，统一由国家专门机构进行管理。其特征一方面是突出社会保险制度中权利与义务的关系，筹资方式为三方（国家、企业、个人）负担，政府（国家）一般为最后的保证；另一方面是以维护社会安全和国民经济稳定及均衡发展为目的，虽有公平的内涵，但更强调自助与安全。美国、日本、荷兰、奥地利等均实行该模式。

（2）“福利国家型”社会保险模式。

这是在英国的庇古、凯恩斯和贝弗里奇经济理论基础上建构起来的一种以国家为主的全民保险模式。以“普遍性”为原则，主张实行“收入均等化、就业充分化、福利普遍化、福利设施体系化”的社会保险制度，总目标是消除贫困。其特点：一是保障对象的普遍性和保障项目的全面性，覆盖全民而又无所不包，可谓“从摇篮到坟墓”；二是推崇公平，不惜以牺牲效率为代价；三是保障经费由国家通过国民收入的再分配来实施。

（3）“国家保障型”社会保险模式。

这是苏联、东欧国家实行的与计划经济体制相配套的社会保险模式。其理论根据来自马克思在《哥达纲领批判》中的“必要劳动”和“剩余劳动”理论。其主要特点是，社会保险完全由国家包办，社会保险费用全部由国家和企业负担，个人不缴纳。我国传统的社会保险制度就属于这种模式。

（4）“个人储蓄型”社会保险模式。

在新加坡、印度尼西亚、马来西亚等东南亚的一些国家和地区，尽管经济发展相当快，但是由于人们在观念上仍然认为家庭在社会保障中起着重要的作用，所以，这些国家和地区就因势利导地实行了以个人（或家庭）储蓄为主的社会保障制度。

（5）“雇主责任型”社会保险模式。

雇主对其雇员的特定保险事故负全部责任，即保险基金全部由雇主负担。许多国家的工伤保险采用此模式，比利时和德国的疾病保险也采用此模式，其目的是促使雇主关心雇员的人身安全和健康。

2. 社会保险的具体内容

（1）养老保险。

养老保险是指劳动者在因年老或病残而丧失劳动能力的情况下，退出劳动领域，从国家和社会获得物质帮助，以满足其老年生活需要的社会保险制度。我国的职工养老保险有三种形式：退休、离休、退职。

（2）失业保险。

我国曾称待业保险，是指劳动者在失业期间，由国家和社会给予一定物质帮助，以保障其基本生活并促进其再就业的社会保险制度。失业保险的保险事故仅针对职工的非自愿失业，而不包括职工的自愿失业和未曾就业者的失业。失业保险中的物质帮助，不仅指失业保险金，还包括组织生产自救、转业训练等其他物质帮助形式。我国现行立法所规定的失业保险待遇的主要内容有：失业保险金，医疗补助金，丧葬补助金和抚恤金，一次性生活补助，参加由失业保险经办机构组织或扶持的转业训练和生产自救。

（3）工伤保险。

工伤保险又称职业伤害赔偿保险，是指职工因工而致伤、病残、死亡，依法获得经济赔偿和物质帮助的一种社会保险制度。工伤保险是基于对工伤职工的赔偿责任而设立的一种社会保险，由用人单位承担全部责任，职工不负缴纳保险费的义务。其赔偿责任实行无过错责任原则，被保险人范围包括全体职工，目的不仅在于对受伤害者的事后救济，而且还注重对职业伤害的预防。工伤保险通过对工伤职工及其家庭提供医疗照顾、生活保障和经济赔偿，以减轻工伤职工所受经济损害，并减轻用人单位负担。因而，许多国家特别重视把强制雇主加入工伤保险同强制雇主改善劳动安全、卫生条件相结合。

（4）医疗保险。

保障劳动者及其供养亲属非因工病伤后从国家和社会获得医疗帮助的社会保险制度。医疗保险以职业病以外普通疾病和工伤以外负伤为保险事故，除了以劳动者为被保险人外还以劳动者有义务供养的亲属为受益人，以提供医疗服务为基本内容。

（5）生育保险。

女职工因生育而从国家和社会获得医疗、休息等方面物质帮助的社会保险制度。生育保险仅以女职工为被保险人，保险事故包括怀孕、分娩和流产，生育保险待遇包括生育医疗待遇和生育产假待遇。

（6）死亡保险。

死亡保险又称遗属保险，是指被保险人供养亲属在被保险人死亡后，或者被保险人在其供养亲属死亡后，从社会上获得物质帮助的一种社会保险制度。死亡保险的内容包括两部分：丧葬补助金或丧葬费，这是为帮助克服安葬死者所遇到的经济困难而提供的物质帮助；抚恤金或遗属年金，这是为保障死者生前所供养亲属基本生活而提供的物质帮助。

（三）城市社会救助

城市社会救助，是指国家和社会对因各种原因而陷入生存困境的城市公民，给予财物接济和生活扶助，以保障其最低生活标准的制度。社会救助在历史上主要表现为临时性的救灾济贫活动，直到现代才成为一种经常性的社会保障事业。

社会救助具有不同于社会福利、社会保险的社会保障目标。社会福利的目标是提高生活质量，社会保险的目标是预防劳动风险，社会救助的目标则是缓解生活困难。社会救助的特点包括：（1）对象具有选择性和动态性。城市公民只有在基本生活发生困难并经调查认定的情况下，才可成为社会救助的对象，原享受救助的公民一旦解困就不再成为救助对象。（2）权利义务具有单向性。城市公民只要符合社会救助的条件就有权申请和得到救助而无须承担与此对应的义务，国家和社会对符合社会救助条件的城市公民必须提供救助而不要求受救助者事先或事后能做某种给付。（3）保障标准具有低层次性和地域差别性。社会救助只是解决城市公民的生存问题，所给予的物质帮助仅限于维持最低生活需要。在不同地区，由于社会经济发展水平不同，社会救助的标准也不一样。

1. 社会救助的主要模式

（1）民间救助。

民间救助又称慈善机构救助或慈善事业，是指建立在慈善伦理基础上的，以社会捐献为财产来源的，由民间公益团体或机构对生存困难者提供的救助。民间救助最早表现为宗教慈善机构的救助，后来又出现了非宗教性慈善机构的救助。民间救助的财产来源是包括宗教信徒在内的私人或民间团体的自愿捐献，政府不直接参与和组织救助过程，救助的对象和标准不由国家规定，而由慈善机构自主决定。

（2）官方救助。

官方救助又称政府救助，是指由政府直接组织的并以财政支出为主要财产来源的对生存困难者提供的救助。官方救助由政府或其有关部门设立救助机构或直接实施救助活动，救助的财产来源主要是政府的财政专项支出，救助的对象和标准由法律规定，救助活动纳入政府的社会发展计划。

（3）官方与民间结合救助。

这是指由官方救助与民间救助相互补充而构成的对生存困难者提供的救助。救助主体既有政府及其举办的救助机构，又有民间公益团体及其举办的救助机构。救助财源既有政府的财政支出，又有民间的捐献。救助活动既可以官方和民间分别实施，也可以官方和民间联合实施。

2. 社会救助待遇享受资格管理

社会救助待遇享受资格管理，是指社会救助管理部门和有关机构依法对公民是否具备享受社会救助待遇的条件予以认定。其主要内容是实行社会救助申请制和社会救助调查制。社会救助申请制，是指需要救助的公民个人或家庭应当向有关机构递交申请书，表明请求救助的原因、理由和相应事实。社会救助调查制，是指有关机构应当派出专业人员向申请救助者所在社区和单位进行详细调查，并将调查结果作为是否批准救助的根据。

（四）城市社会优抚

在中国，城市社会优抚是指国家和社会对城市中的革命军人及军烈属等优抚对象，实行优待、抚恤及其他物质照顾和精神鼓励的一种社会保障。社会优抚的对象是特殊的群体，通常可划分为现役军人及其家属优抚、军人退休生活保障、退伍军人就业安置和烈属抚恤。

我国政府为保障优抚对象的权益，陆续颁布了《革命烈士褒扬条例》《军人抚恤优待条例》等法规。国家根据优抚对象的不同及其贡献大小，参照经济和社会发展水平，确立不同的优抚层次和标准。国家对于烈士遗属、牺牲和病故军人遗属、伤残军人等对象实行抚恤，对老复员军人等重点优抚对象实行定期定量生活补助，对义务兵家属普遍发放优待金，残疾军人等重点优抚对象享受医疗、住房、交通、教育、就业等方面的社会优待。《中华人民共和国兵役法》《退伍义务兵安置条例》等法律法规，均对退役军人的安置做出了规定。

三、中国城市社会保障制度的改革

我国在改革开放前长期实行与计划经济体制相统一的社会保障政策，最大限度地向人民提供各种社会保障。20 世纪 90 年代中期以来，伴随着社会主义市场经济体制的建立和完善，我国对计划经济时期的社会保障制度进行了一系列的改革，目标是逐步建立起与社会主义市场经济体制相适应、由中央政府和地方政府分级负责的社会保障体系基本框架。

经过 40 多年的改革，我国城市已经逐渐形成了一个涵盖社会全体城镇居民，由国家、企业和个人共同承担责任的城市社会保障体系，初步建立了包括养老保险、医疗保险、失业保险和工伤生育保险在内的比较完整的城市社会保险体系，基本建立了包括城市居民最低生活保障、自然灾害救助等在内的社会救助体系，社会福利制度也日臻完善。但是，我国城市的社会保障依然存在一些问题和困难。

（1）城市社会保障覆盖面比较狭窄。现行城市社会保障制度以城市户籍职工为主要对象，以农民工为主的外来务工人员没有被纳入社会保障。部分非公有制经济组织的外商投资企业、股份制企业、私营企业、个体工商户的从业人员和灵活就业人员，大多也在社会保障体系之外。

（2）城市社会保障结构不合理。在社会保障支出中，社会福利和社会救济所占比重很低。机关干部福利开支占到绝大部分比重，真正意义上的社会福利处于悬空状态。每年用于社会救济的财政支出远低于社会保险补贴，对城市弱势群体的保障不足。

（3）城市社会保障管理效率低下。城市社会保障管理实行多头管理体制，人力资源和社会保障部、卫生和计划生育委员会、自然资源部、民政部等部门都涉足社会保障领域，各部门在实际工作中经常发生管理矛盾和摩擦，导致管理效率低下。

（4）城市社会保障基金运行机制不完善。社保基金来源单一、征缴不力、欠费严重。基金管理和运营也存在政事不分、监督乏力等问题。由于监管不力，全国有上百亿元的社会保障基金被违规动用。

（5）城市社会保障法制化进程缓慢。迄今为止，除《中华人民共和国劳动法》以外，还没有颁布专门的社会保障法律，更多的是依靠行政法规和政策规定来解决社会保障问题。而《中华人民共和国劳动法》因条件的局限，在社会保障方面显得笼统，难以细化，缺乏可操作性。

中国城市社会保障的改革与发展必须借鉴国际经验，牢固树立公平价值取向，坚持政府主导、责任分担、权利与义务相结合，走社会化、多层次的发展道路，力求符合社会保障制度自身发展规律，同时在发展中体现出自己的特色。

(1) 扩大社保覆盖范围，使城市全体公民都能享受社会保障。社会保障覆盖范围的大小，是衡量社会保障作用的重要标志，是直接关系到城市化进程中社会保障制度建立的首要任务。社会保障的目标是使全体社会成员都处于社会保障的安全网内，因此，应逐步建立覆盖全体劳动者的城市社会保障体系。

(2) 强化管理，实现社会保障服务社会化。减轻企事业单位负担，一切社会保障事务均由社会保障部门委托的社会保险经办机构及其他的社会服务机构管理。加强社区组织建设和基础设施建设，强化社区服务功能，提高社区管理和服务水平。尽快形成本地区的社会保障信息社会化服务网络。在此基础上，逐步实现全国的社会化服务网络。

(3) 多元化筹措资金，提高社会保障的支撑能力。采取多渠道筹资的方式，解决社会保障资金的来源问题。在扩大社会保险覆盖范围的基础上，加强社会保险基金征缴。预算超收的财力，除了保证法定的支出外，主要用于补充社会保障资金。积极探索社保基金的市场化投资运营，建立健全社会保障基金监督机制，以实现基金的保值增值。

(4) 加强立法，推进社会保障制度规范化。提高立法层次，加强执法力度，将社会保障纳入法制化轨道。要对社会保障的对象界定、资金来源、缴费费率、待遇水平、发放办法等，界定一个全国基本统一的标准，并允许各城市在基本统一的标准之内有一定的灵活性，以缩小各城市之间的差距。改革社会保障管理体制，整合社会保障功能。在登记申报、费用征缴、待遇发放等方面，严格执行统一的规定。建立功能齐全的社会保障信息网络，实施有效管理和监督。

案 例

新加坡的社会保障制度

20 世纪 60 年代立国之初，新加坡面临着严重的社会问题：失业、住房紧缺、缺乏必要的社会保障体系，绝大部分国民没有养老保障，种族纷争和冲突不断。然而，经过 40 多年的发展和治理，新加坡从一个贫困的小岛发展成为经济发达、社会稳定、环境优美、人民安居乐业、民族和谐相处的花园城市国家。据联合国开发计划署 2001 年公布的数字，按综合反映一国社会经济发展水平的人类发展指数来衡量，新加坡属于高人类发展水平国家。研究新加坡人民行动党在改善民生、促进社会和谐的成功做法和经验，对于我国加快推进以改善民生为重点的社会建设、促进和谐社会建设有着重要的启迪意义。

一、将政府责任与个人责任相结合，建立中央公积金制度，妥善解决社会保障问题

老有所养、病有所医、住有所居、学有所教，是实现社会和谐稳定的基本要求。新加坡政府认为，在这方面政府责无旁贷，但也要充分调动个人通过努力工作为自己积累保障的积极性。在建立社会保障制度的过程中，新加坡政府从本国实际出发，发展和完善了适合本国国情的社会保障体系，对社会保障设计在总体上遵循“低供给”的原则，倡导人们自力更生去改善自己的生活状况。

新加坡政府社会保障体系由社会保险和社会福利两部分组成。其中社会保险是由国家强制实施个人储蓄的中央公积金制度（central provident fund）构成，是新加坡社会保障体系的主体部分；社会福利是指政府对无法维持最低生活水平的成员给予救助，如对低收入家庭发放住房补贴、生活救济和救助金等，它是社会保障制度的辅助部分。因此，中央公积金制度是新加坡整个社会保障体系的基础。

1955 年 7 月，中央公积金制度正式建立并实施。建立中央公积金的最初目的是通过公积金这种强制储蓄制度，预先筹集个人养老资金以解决职工的养老问题，为雇员退休后或不能继续工作时提供一定的经济保障。此后，随着社会经济的发展、收入水平的不断提高以及中央公积金会员人数的不断增加，新加坡政府根据社会发展的实际需要，不断调整放宽对公积金用途的限制，陆续推出了医疗保健住房、教育、家庭保障、增进资产等一系列保险计划。这样，中央公积金制度就由最初的仅提供退休养老保障，逐步扩展到医疗保健退休养老、教育、购买住房和投资等社会生活的各个方面，发展成为一项涵盖养老、医疗、住房、教育等多功能、综合性的社会福利保障体系，能够给予国民“老有所养、病有所医、居者有其屋”等较为全面的社会保障。

新加坡的中央公积金制度实行会员制，即所有受雇的新加坡公民和永久居民都是公积金局的会员，无论是雇主和雇员都必须按雇员月薪收入的一定比例缴交强制性的公积金，公积金局每月收缴的公积金款项经过计算记入每个会员的个人账户中。根据中央公积金条例规定，55 岁以下的会员拥有的个人账户一分为三：一是普通账户（ordinary account），占公积金的 72.5%，可用于购置政府组屋，支付获准情况下的投资、保险、教育支出和转拨款项填补父母退休账户之用；二是特别账户（special account），占公积金的 10%，只限于养老和特殊情况下的应急支出，一般在退休前不能动用，达到退休年龄时方能领取；三是保健储蓄账户（medisave account），占公积金的 17.5%，主要用于支付住院医疗费用和获准情况下的医疗项目支出。会员年满 55 岁后，特别账户与普通账户合并改为退休账户，个人账户结构由普通账户、保健储蓄账户和特别账户转变为退休账户和保健储蓄账户。

中央公积金制度属于个人账户储存基金模式，会员的公积金存款与他本人的劳动贡献及工作收入紧密相连，而所享受的保障待遇又与其个人账户上的存款直接挂钩。也就是说，会员的薪金越高，其公积金存款就越多，相应的社会福利待遇水平越高，年老时的保障就越好。因此，会员为了获得更稳妥可靠的社会保障，享受到更优厚的社会保障待遇，只有加倍努力工作，争取更高的工资收入。而且随着公积金制度的完善趋向多元化，公积金可供使用的款项逐年增加，更激发会员们为积累更多的公积金储蓄而发奋工作。这就弱化了对政府的依赖意识，弘扬了自强自立、自力更生、艰苦创业的优良精神，有利于建立新的国民意识。

二、构建兼顾公平与效率的社会保障制度体系

如上所述，新加坡完备的社会保障制度体系，涉及养老、医疗、住房、教育等各方面。由于社会保障制度完善，新加坡人民享受到很好的社会福利保障。

1. 解决老有所养——独具特色的新加坡养老保障制度

退休养老是中央公积金制度设立的最先动因，也是这一制度最基本的功能。早在 1955

年7月，中央公积金局便推出了养老储蓄计划。新加坡的养老保险采取全部缴纳的制度，即雇主和雇员分别按一定比例为雇员存储退休金。当公积金会员年龄达到55岁并且退休账户达到最低存款额这两个要求后，可一次性提取公积金。若最低存款未达到规定数额，可选择推迟退休以继续增加公积金账户积累，或用现金填补差额，或由其配偶、子女从各自的公积金账户中转拨填补。政府鼓励已达退休年龄但身体健康的会员继续工作，以使他们积蓄更多的公积金存款。会员也可用退休时提取的公积金存款，向公积金核准的保险公司购买年金保险，然后每月领取一笔生活费。

随着中央公积金使用范围的逐步放宽，为避免公积金过多用于住房、医疗、教育等其他项目支付而影响养老金的积累，确保会员有足够的存款保障晚年的生活，1987年，中央公积金局推出“最低存款计划”。规定公积金会员在年满55岁提取公积金存款时，必须在其退休账户中保留一笔存款作为最低存款，最低存款额为3万新元。1995年，公积金局对该计划进行修订，将最低存款额提高至4万新元。

2. 解决病有所医——独具特色的新加坡医疗保障制度

新加坡的医疗保障制度是世界上最为完善的医疗保障制度之一。20世纪80年代以来，中央公积金局制定了多项医疗保健计划。主要包括保健储蓄计划（medisave）、健保双全计划（medisheild）和保健基金计划（medifund），被称为“3M”计划。其中，保健储蓄计划属于一项全国性、强制性的储蓄计划，在医疗保障体系中起主导作用，健保双全计划和保健基金计划起辅助作用。

（1）保健储蓄计划。

1984年4月，公积金局推出保健储蓄计划。在该计划下，公积金会员每月须把部分公积金存进保健储蓄账户，缴费比例因投保年龄不同而不同。年龄在35岁以下的会员，每月拨至保健储蓄账户的公积金是其月薪的6%，35～44岁的会员按其月薪的7%缴纳，45岁及以上的会员按8%缴纳。公积金会员可以动用保健储蓄账户的存款，为本人或是任何一个直系亲属如配偶、子女、父母和祖父母支付在当地的医疗费用，主要支付公立医院和获准私人医院的住院费和某些门诊费。据统计，每年都有超过22万名会员动用其保健储蓄账户的存款来支付医疗费。

此外，为杜绝账户上存款过多，造成会员不必要的提取和小病大治的道德风险，公积金局对医疗储蓄账户的总金额也做了限定。55岁以下的会员，保健储蓄存款顶限是2.2万新元，超出这一顶限的存款将自动转移到其公积金普通账户上。为确保会员退休后能继续获得医疗保障，年满55岁的会员提取公积金存款时，必须在其保健储蓄账户中最少保留1.3万新元的存款。1992年7月，公积金局还推出自雇人士保健储蓄计划，以保障自雇人士在急需时有能力支付其医疗费用。

（2）健保双全计划。

保健储蓄计划对发生一般医疗费用的居民来说已经能保障，但对因患重病和慢性病等花费多的国民来说，账户资金可能不够。为此，从1990年7月开始，公积金局又实施了“健保双全计划”。这是一项大病医疗保险计划。它允许会员以公积金保健储蓄账户的存款投保，确保会员有能力支付重病治疗和长期住院而保健储蓄不足的费用。1990年开始，所有75岁以下保健储蓄储户除选择不参加这项医疗保险外，都被自动纳入该保险计划内。

此外，为尽可能减少因全额赔付而导致的道德风险，体现投保者的责任性，避免过度利用和滥用医疗服务，健保双全计划设立了“可扣额”（起付线）、比例共付和赔付封顶即最高补偿额等措施。

1994年7月，公积金局又推出了“增值健保双全”计划。与健保双全计划相比，增值健保双全计划须缴付的保费稍高，相应支付待遇也较高。“增值健保双全”分A计划和B计划。在A计划下，会员一年可索偿高达7万元，终生最高补偿额为20万元；在B计划下，会员一年可索偿高达5万元，终生最高补偿额为15万元。

此外，新加坡政府还向公立医院提供医疗津贴，这种医疗津贴大致分为两类：一类是基本的门诊费用。每名患者平均获得50%的医药津贴；二是住院费用。政府对公立医院按病房等级提供经费补助，病房等级越低，医疗津贴越高。

上述双重医疗保障安全网，确保了新加坡国民获得基本的医疗保障。需要说明的是，新加坡医疗保障制度的原则是要确立国民必须对自己的健康负起责任的意识，而不是让国家和社会无条件地承担医疗费用。上述“3M”计划正是按照这一原则而设计的，保健储蓄计划是个人每月储蓄为自己和家庭的医疗需求做好准备，健保双全计划是通过保险方式让个人与社会共同分担重病医疗的风险，保健基金计划则是由政府设立而专门为贫穷和需要帮助的人提供医疗救济，由此形成了政府、个人和社会共同承担医疗费用的模式。为此，新加坡的医疗保障制度曾被一些国际机构和学者誉为“公私兼顾和公平有效”的制度。

3. 居者有其屋——独具特色的新加坡住房保障制度

新加坡是一个城市国家，国土面积狭小、人口密度很大。1959年自治时面临着严重的“屋荒”：当时200万人口中有40%的人居住在贫民窟和窝棚内，大多数民众只能栖身于用木板和铁皮搭建的棚屋之中。恶劣的住房条件导致公共卫生状况恶化和一系列社会问题，成为社会不稳定的重要因素，以至于政府将解决住房问题作为一项基本国策，在立国之初就提出了“居者有其屋”的口号。时任新加坡总理李光耀指出：“我们将全力以赴去达致我们的目标：使每一个公民的家庭都拥有自己的家。”

为解决居住及其引发的社会问题，1960年，新加坡政府宣布成立建屋发展局（Housing & Development Board，HDB）。1964年又推出“居者有其屋”的政府组屋计划，正式开启新加坡的组屋年代。在政府组屋计划的实施中，建屋发展局、中央公积金局和银行部门相互配合、协同运作、相得益彰。

新加坡政府集中了大量人力、物力和财力，经过长期不懈的努力，最终使住房问题得到根本解决。其组屋建设的发展过程经历了一个由解决住房困难到增加住房面积、再到提高住房质量的发展历程，跨越了“有房住”，开始进入“住得更好”的阶段。目前新加坡组屋主要以四房式和五房式为主，设施齐全，功能结构合理，居住环境优雅。据建屋发展局统计，自1960年以来，建屋发展局共兴建组屋990 320套，约有82%的新加坡人口居住在政府组屋中，组屋政策真正成为“普惠性的政策”。

现在新加坡已经是举世公认的“花园城市”，被联合国评为最适合人类居住的国家之一，成为居民理想安居之所，有力地增进了多种族安居乐业、和谐相处，促进了和谐社会的建设，对维护社会稳定起到了积极作用。

4. 解决学有所教——新加坡教育计划

1989年6月，中央公积金局推出教育计划，会员可动用其公积金户头里的存款，为自己或子女支付全日制大学学位或专业文凭课程的学费。可动用的款项是扣除最低存款额之后总公积金存款的80%。学习毕业后一年需还本付息，分期付款的最长年限为10年。这项计划扩大了公积金支付教育费用的功能，有利于国民教育水平的提高，促进了新加坡教育事业的发展。

三、结束语

上述新加坡集养老、医疗、住房、教育等多功能于一体的综合性社会保障制度体系，为国民提供了多样化的社会保障，促进了国民健康与福利，解决了养老、医疗、住房等危及稳定的重大社会问题，对维护民族和谐、保持社会稳定、建立良好的社会秩序起到了积极的促进作用。养老保障制度使会员在退休时有一笔可观的公积金存款，确保其退休后能有较高的收入安享晚年；面向低收入者的住房保障制度，使广大中低收入阶层能拥有自己的住房，人们可以安居乐业；中央公积金的医疗保健储蓄为会员及其家属提供所需医疗费用，使国民享受到良好的医疗保障。此外，中央公积金的用途扩大到教育支出，有助于促进会员及家庭的智力投资，提高国民整体文化素质。

应当指出的是，新加坡的社会保障制度是按照“效率优先，机会平等”的价值理念而设计的，在以关注公平为主的传统社会保障模式中加入更多的效率机制。新加坡政府高度重视协调社会发展的公平和效率之间的关系。李光耀强调指出，“如果从工作和进步中所取得的成就和利益，没有公平地让全体人民分享，我们就不会得到他们全心全意的合作和参与”，“不能听任自由竞争造成社会不公引致局势紧张，但同时又谨记效率是社会发展的根本”，“重新分配不能过头，以致造成浪费和滥用，卓越者不再奋发图强”。正是抱着这一理念，有着强烈务实精神的新加坡政府，在建立社会保障问题上非常明确而坚定，那就是“我们不搞施舍”，不设“免费的午餐”。新加坡政府虽然主张通过国家的力量给予低收入阶层一些照顾，以缩小社会的贫富差距，但反对实行欧洲福利国家的社会福利制度，避免“泛福利”现象的发生。

这一价值理念在新加坡的医疗保障和住房保障制度中得到鲜明的印证和体现。医疗保障制度通过实施保健储蓄、健保双全和保健基金三大计划，实行个人医疗储蓄账户、社会医疗保险和政府医疗津贴相结合的办法，不论富有者还是贫困人士都有能力负担自己和家庭的医疗保健费用，从而得到最基本的医疗保障，保证了社会公平。同时，划入个人医疗保健储蓄账户的资金是以会员的工资为基数，使医疗保健储蓄与个人工作和收入紧密相连，会员越是努力工作，医疗保健储蓄存款就越多，他所享受的医疗服务就越好，这又体现了效率原则。而住房保障制度在对社会较脆弱阶层给予补贴，满足了中低收入人群的基本居住需求，实现了“居者有其屋”的同时，也不是人人享受同样的福利、买到同样的房子，而是根据自己的能力来选择购买大小、档次、舒适程度不同因而造价也不同的住房。

资料来源：郭伟伟. 改善民生、促进社会和谐的成功实践：透视新加坡社会保障制度. 东南亚纵横，2009 (11).

拓展阅读

1. 陈炳水. 市政学. 北京：中国环境科学出版社，2010.

2. 陈强，尤建新. 现代城市管理学概论. 上海：上海交通大学出版社，2008.

3. 蔡昉. 中国劳动与社会保障体制改革30年研究. 北京：经济管理出版社，2008.

4. 邓华宁，董振国. 中国四大城市人口严重超载　政策性管控难避免. 瞭望，2010-02-12.

5. 丁茂战. 我国城市社区管理体制改革研究. 北京：中国经济出版社，2011.

6. 范广垠. 市政管理. 天津：南开大学出版社，2008.

7. 范耀登. 城市社区管理. 北京：中国社会科学出版社，2010.

8. 吕晴，公衍勇. 国外社会保障管理体制的运行及经验. 湘南学院学报，2009 (6).

9. 潘允康. 在人与区位的互动与结合中整合城市社会：建设和谐城市的民生视角. 天津：天津社会科学院出版社，2008.

10. 施巍巍，颜少君. 国外社区参与社会管理的特点及其对我国的启示. 学术交流，2009 (2).

11. 宋健，何蕾. 中国城市流动人口管理的困境与探索：基于北京市管理实践的讨论. 人口研究，2008 (5).

12. 田雅婷. “80后”流动人口达42.8%　多数希望落户大城市. 光明日报，2011-03-01.

13. 王德起，谭善勇. 城市管理学. 北京：中国建筑工业出版社，2009.

14. 杨宏山. 城市管理学. 北京：中国人民大学出版社，2009.

15. 张龙泉. 城市社区管理研究. 魅力中国，2010 (3).

16. 张秀兰，徐月宾，方黎明. 改革开放30年：在应急中建立的中国社会保障制度. 北京师范大学学报（社会科学版），2009 (2).

17. 张玮，缪艳萍，丁金宏. 大城市流动人口“带动迁移”特征分析. 人口与发展，2008 (2).

18. 郑功成. 中国社会保障改革与未来发展. 中国人民大学学报，2010 (5).

19. 周弘. 国外现代社会保障制度面面观. 求是，2009 (22).

20. 周俊. 城市管理学导论. 上海：上海大学出版社，2006.

第九章

城市公共事业管理

重点问题

- 城市教育管理的对象、过程和基本制度。
- 城市教育管理、科技管理、文化管理和卫生管理的机构和职责。
- 城市科技管理、文化管理、卫生管理的基本内容。
- 如何进行城市教育、科技、文化和卫生管理体制的改革。

关键术语

城市教育管理　教育结构　城市教育管理体制　城市科技管理　城市文化管理　环境卫生　生产卫生　生活卫生　城市卫生管理

第一节　城市教育管理

一、城市教育管理的含义

教育有广义和狭义之分。广义的教育是指凡是能增进人们的知识和技能、影响人们思想品德的一切活动。狭义的教育主要指学校教育。

城市教育管理也有广义和狭义之分。广义的城市教育管理包括城市教育行政和学校管理，将整个城市的教育系统作为自己的管理对象，以教育的法律、法规为管理的基本依据，对整个城市的教育行政系统及各级各类学校进行教育投资、监督指导、教育结构等方面的计划组织和指导控制。狭义的城市教育管理则专指学校管理，即以一定类型的学校作为管理对象，对其管理原则、过程、制度、机构及领导人员等进行管理，目的是有效地实现学校的教育目标。我们一般采用广义的概念。

城市中往往集中了国家主要的优秀文化遗产和教育资源，包括高校、教师队伍、教学设备等，教学思想和手段也比农村教育先进得多，因而成为国家教育系统的核心部分。城市教育事业对城市社会经济发展有着重要的促进作用。城市经济建设、政治民主、科技进步、文化繁荣、社会发展等都需要教育事业的发展和智力的开发为其提供保障。因此，必须加强城市教育部门的职能，做好城市的教育规划，制定出具体的政策、制度和计划，并按照法律程序制定地方教育法规，搞好城市教育管理。

二、城市教育管理的机构和职责

（一）城市教育管理的机构

《中华人民共和国教育法》（简称《教育法》）第十五条规定："县级以上地方各级人民政府教育行政部门主管本行政区域内的教育工作。县级以上各级人民政府其他有关部门在各自的职责范围内，负责有关的教育工作。"在中国，城市人民政府是城市教育管理的领导机关，负责对城市教育事业进行宏观管理、统筹规划和协调；具体的城市教育管理机构则是教育委员会或教育局及其所属的区、县教育局。它是市人民政府管理全市教育事业的综合职能部门，负责管理本市的各级各类学校及其他教育机构，既受同级人民政府的领导，又受上级教育管理机构的业务指导。

（二）城市教育委员会的主要职责

在中国，城市教育委员会的主要职责是：

（1）贯彻执行党和国家有关教育的方针政策、法律、法规，管理、指导、检查、监督本市教育事业（包括学前教育、基础教育、中等职业教育、特殊教育、成人教育和社会力量办学）的各级各类学校和教育机构对党和国家有关教育的方针政策、法律法规的贯彻执行。

（2）制定本市教育事业的规划、计划和行政措施，统筹全市教育结构、布局调整和体制改革工作并组织实施。

（3）编制本市各级各类学校的招生计划并组织实施，监管、指导考试、学籍工作；统筹管理全市教育经费，编制全市教育事业经费的预决算，监管全市教育事业经费的运行，监管全市教育事业国有资产和基建项目；统筹规划并管理本市教育事业所属机构的人事和劳动工资工作。

（4）统筹规划并管理本市各级各类教育的教学基本要求、思想政治工作、品德教育工作、体育卫生工作、艺术教育工作、劳动技术教育工作、国防教育工作、法制教育工作和总务工作。管理、指导本市各级各类学校教育教学改革，组织检查、评估各级各类学校教育质量；规划并指导本市教育科学研究和教育教学研究；负责本市教育基本信息的统计、分析、发布；规划并管理指导本市教育现代化信息技术发展工作。负责本市语言文字规范化建设工作。

三、城市教育管理的对象和过程

（一）城市教育管理的对象

（1）教育结构。教育结构是指城市教育中基础教育、中等教育和高等教育之间的比例关系，普通高中同职业技术教育之间，高等教育内部专科生、本科生和研究生之间，文、理、工、农、医、师等各科之间的比例关系，以及城市教育事业内部的其他比例关系。

（2）教师队伍。对教师队伍的管理，主要是通过城市政府举办各级师范学校、教育学院，扩大师资来源，提高教师队伍的素质。同时，对现有的教师进行不断的业余的、半脱产的或短期脱产的培训，学习教育方针、理论和业务知识，提高政策水平和教学能力。还要采取一系列的措施，改善教师的工作条件和生活待遇，提高教师的社会地位，稳定教师队伍。

（3）教育经费。对教育经费的管理主要包括以下几个方面：1）认识教育的战略地位和作用，舍得向教育投资。2）改变教育经费来源完全由国家和政府包下来的单一形式，鼓励和指导公有制企业、社会团体向个人捐资助学，形成各种渠道筹集教育经费，动员全社会的力量支持和办好教育。3）理顺教育经费的管理体制，统筹规划城市教育事业的发展，把教育经费的分配和使用结合起来。

（4）高等学校招生和毕业生分配。招生、培养、分配，是高等教育紧密相连的三个阶段。为了增强学校主动适应城市经济和社会发展需要的活力，目前我国城市高等学校招生工作的管理应该贯彻按需招生的原则，对毕业生的分配实行在国家计划的指导下、由毕业生根据社会对人才的需求信息选报志愿、学校推荐、用人单位录用的双向选择制度。

（二）城市教育管理的过程

（1）教育预测。教育预测是城市教育管理过程的第一步。科学的教育预测是在对教育现状进行分析的基础上，发现并掌握规律，然后根据现有情况，寻找提高工作质量、学生质量和教育投资效益的最佳方案，并以此作为制定教育发展战略的依据。

（2）教育决策。教育决策是教育管理现代化的关键。合理的决策是为了达到一定的教育目的，在预测的基础上对教育管理目标、教育行动方案、教育政策等的选择。

（3）教育计划。教育计划是实施教育决策的行动纲领。教育计划一般围绕着决策的意图和预期的目的，选择工作的指标和程序、步骤和内容以及方法，以使教育系统的各部门、层次相互协调、相互支撑，为教育活动的顺利进行提供保证。

（4）教育组织。教育组织是教育管理活动的核心。教育组织包括教育层次的划分、教育结构的组成、学制的规定、行政机构的隶属等方面，其目的在于使教育系统中的人力、物力和财力发挥更大的作用，使决策和计划能够得以顺利实施。

（5）教育评价。教育评价是教育管理过程中的反馈环节。它是总结和分析教育管理中的经验教训，对已经做过的工作进行质量评价，以便在今后的管理工作中发扬优点、改进不足的重要环节。

四、城市教育管理的基本制度和改革

（一）城市教育管理的基本制度

我国没有专门的城市教育制度立法。根据《教育法》等相关教育法律法规，我国城市教育的基本制度主要包括：

1. 义务教育制度

《教育法》第十九条规定：“国家实行九年制义务教育制度。各级人民政府采取各种措施保障适龄儿童、少年就学。适龄儿童、少年的父母或者其他监护人以及有关社会组织和个人有义务使适龄儿童、少年接受并完成规定年限的义务教育。”

2. 学校教育制度

《教育法》第十七条规定：“国家实行学前教育、初等教育、中等教育、高等教育的学校教育制度。”“学制系统内的学校和其他教育机构的设置、教育形式、修业年限、招生对象、培养目标等，由国务院或者由国务院授权教育行政部门规定。”

3. 教育考试制度

城市中由国家批准实施教育考试的机构，可以《教育法》为依据，根据一定的考试目的，按照国务院教育行政部门所确定的考试内容、原则和程序，对考试对象的知识和能力进行测定和评价。

4. 学业证书制度和学位制度

《教育法》第二十二条规定：“国家实行学业证书制度。经国家批准设立或者认可的学校及其他教育机构按照国家有关规定，颁发学历证书或者其他学业证书。”第二十三条规定：“国家实行学位制度。学位授予单位依法对达到一定学术水平或者专业技术水平的人员授予相应的学位，颁发学位证书。”根据《中华人民共和国学位条例》第三条规定：“学位分学士、硕士、博士三级。”第八条规定：“学士学位，由国务院授权的高等学校授予；硕士学位、博士学位，由国务院授权的高等学校和科学研究机构授予。”

5. 教育督导制度和教育评估制度

《教育法》第二十五条规定：“国家实行教育督导制度和学校及其他教育机构教育评估制度。”根据《教育督导条例》第二条规定：“教育督导包括以下内容：（一）县级以上人民政府对下级人民政府落实教育法律、法规、规章和国家教育方针、政策的督导；（二）县级以上地方人民政府对本行政区域内的学校和其他教育机构教育教学工作的督导。”第二十三条规定：“专项督导或者综合督导结束，教育督导机构应当向本级人民政府提交督导报告；县级以上地方人民政府负责教育督导的机构还应当将督导报告报上一级人民政府教育督导机构备案。督导报告应当向社会公布。”

6. 职业教育和成人教育制度

《教育法》第二十条规定：“政府、有关行政部门和行业组织以及企业事业组织应当采取措施，发展并保障公民接受职业学校教育或者各种形式的职业培训。”同时，城市政府应鼓励发展多种形式的继续教育，使公民接受适当形式的政治、经济、文化、科学、技术、业务教育和终身教育。

7. 扫除文盲制度

《教育法》第二十四条规定：“各级人民政府、基层群众性自治组织和企业事业组织应当采取各种措施，开展扫除文盲的教育工作。按照国家规定具有接受扫除文盲教育能力的公民，应当接受扫除文盲的教育。”

（二）城市教育管理体制的改革

城市教育管理体制是指在城市教育系统活动中国家、社会、学校之间的相互关系及其管理组织方式。我国的城市教育事业以公立教育为主体，国家和政府有关部门负责对城市教育事业进行领导、协调、监督和控制。

我国在改革开放前，由于深受计划经济体制和苏联教育体制的影响，我国形成了国家集中计划、政府直接管理的城市教育管理体制。在这种教育体制下，政府对教育进行集中而直接的管理，对学校管理太多、统得过死，致使学校尤其是高等院校缺乏活力。政府的管理主要是通过行政手段，很少使用立法、信息服务等手段对学校内部事务进行管理。同时，学校的教育经费来源单一，完全由政府财政拨款。这种管理体制和手段曾在集中力量发展国家经济和政治文化建设方面起到了有效的作用，却导致学校对政府的依附程度过深，缺乏办学自主权和自身活力。随着社会经济的发展和改革开放的深入，传统城市教育管理体制对城市教育事业发展的制约日益明显。

1985 年 5 月，中共中央做出《关于教育体制改革的决定》，明确提出普及九年义务教育的目标，明确提出要从教育事业拨款、教育管理方式、教育事业的主体等方面进行教育体制改革，其中包括在加强宏观管理的基础上扩大地方及其学校办学的自主权。1993 年，中共中央、国务院颁布《中国教育改革和发展纲要》，要求教育管理体制必须根据经济体制、政治体制、科技体制改革的深化和社会主义现代化建设的发展而不断改革。该纲要明确提出了要改革以往包得过多、统得过死的体制，建立以政府为主体，社会各界共同办学的体制；改变高等学校全部按国家统一计划招生的体制，实行国家任务计划和调节性计划相结合等措施。1995 年，中央提出实施科教兴国战略。党的十六大以来，中央始终把教育放在优先发展的战略地位，提出实施人才强国战略，并采取了一系列重大举措。党的十七大对优先发展教育、建设人力资源强国提出了新任务新要求。

2010 年 7 月 29 日，备受关注的《国家中长期教育改革和发展规划纲要（2010—2020 年）》正式全文发布。这是中国进入 21 世纪之后的第一个教育规划，是今后一个时期指导全国教育改革和发展的纲领性文件。主要内容包括：推进素质教育改革试点、义务教育均衡发展改革试点、职业教育办学模式改革试点、终身教育体制机制建设试点、拔尖创新人才培养改革试点、考试招生制度改革试点、现代大学制度改革试点、深化办学体制改革试点、地方教育投入保障机制改革试点以及省级政府教育统筹综合改革试点十个方面。

2019 年 2 月 25 日，中共中央、国务院印发了《中国教育现代化 2035》，并发出通知，要求各地区各部门结合实际认真贯彻落实。《中国教育现代化 2035》提出，推进教育现代化的总体目标是：到 2020 年，全面实现“十三五”发展目标，教育总体实力和国际影响力显著增强，劳动年龄人口平均受教育年限明显增加，教育现代化取得重要进展，为全面建成小康社会做出重要贡献。在此基础上，再经过 15 年的努力，到 2035 年，总体实现教育现代化，迈入教育强国行列，推动我国成为学习大国、人力资源强国和人才强国，为到本世纪中叶建成富强民主文明和谐美丽的社会主义现代化强国奠定坚实基础。2035 年主要发展目标是：建成服务全民终身学习的现代教育体系，普及有质量的学前教育，实现优质均衡的义务教育，全面普及高中阶段教育，显著提升职业教育服务能力，明显提升高等教育竞争力，使残疾儿童少年享有适合的教育，形成全社会共同参与的教育治理新格局。

城市教育管理体制改革要把改革创新作为教育发展的强大动力，健全充满活力的教育体制。

（1）创新办学体制和教育管理体制，改革质量评价制度和考试招生制度，建设中国特色现代学校制度。

（2）积极鼓励行业、企业等社会力量参与公办学校办学，支持民办教育发展，满足群众多层次多样化的教育需求。

（3）鼓励地方和学校大胆探索和试验，扩大办学自主权。

（4）扩大教育开放，引进优质教育资源，提高教育国际合作水平。

第二节 城市科技管理

一、城市科技管理的含义

科学技术是第一生产力，对城市经济和社会的发展起着十分重要的作用。城市是国家政治、经济、科学和文化的中心，其科技水平和运用科学技术的能力，日益成为体现城市实力的重要标志。因此，城市科技管理就成为城市公共事业管理中的重要内容之一。

广义的科技管理是指由政府或其职能部门对辖区内的科学技术活动所实行的宏观管理。狭义的科技管理是指科研管理，即科研院所、高等院校、企业等对自身的科学研究或技术开发活动的管理。

城市科技管理是一种广义的科技管理。城市科技管理就是按照科学技术本身发展的规律和社会条件，运用管理科学的理论和方法，对城市科技活动进行的筹划、组织、指挥、协调和控制，从而达到科技发展的目标，并使它与社会经济发展相协调。

二、城市科技管理的机构及其职责

（一）城市科技管理的机构

目前，我国在城市中设立的科技机构大体有：中国科学院、中国社会科学院系统及国家各部委下属的各个研究所、文献中心、研究中心和培训中心等；高等学校及其所属研究所、研究中心、培训中心，市级各研究院（所）、研究中心、培训中心等；各行业、专业、企业的科研单位，民办的各科研单位，各种学会、协会、研究会等群众研究团体以及一些科学普及机构。

负责管理城市自然科学方面的机构是城市科学技术委员会。负责管理城市社会科学方面的机构在各城市情况不一，但都有一个特定的机构来领导、组织、规划、协调全市哲学社会科学的研究工作，制定包括科研机构设置、队伍建设、协调、监督、落实规划研究项目的中长期科研规划。

城市中还有大量的学会、协会、研究所等科技学术团体。协调管理这些科技学术团体的机构在自然科学方面是市科学技术协会，它是党和政府联系科技工作者的纽带，主要任务是把科技工作者组织团结起来，通过学术交流、技术交流、科技培训等活动，为振兴地方经济服务。协调社会科学方面的机构是市哲学社会科学学会联合会。

（二）城市科技管理机构的职责

城市科学技术委员会是城市政府管理科技的主要职能部门，负责统筹规划科技工作、制定政策、协调管理等，其具体职责主要包括：

（1）监督检查党和国家有关科学技术工作的路线、方针、政策的贯彻执行情况。

(2) 对城市科技工作进行业务上的宏观指导。

(3) 提供科技信息服务。建立信息网络，加强信息交流，管理科技信息的搜集、研究工作及相关人员的培训。

(4) 负责科技人员的培养提高、管理使用、合理流动及选拔推荐等工作。

三、城市科技管理的基本内容和改革

(一) 城市科技管理的基本内容

城市科技管理的内容按照不同的标准可以分为若干类别。

(1) 按照管理对象划分，包括对专业科研机构的管理、高等院校科研工作的管理、工矿企业科技进步的管理以及国际科技交流与合作的管理等。

(2) 按照管理的时间跨度划分，包括长期、中期和短期的城市科技管理。

(3) 按照具体工作的性质划分，城市科技管理的基本内容包括：

1) 科技规划管理。科学技术规划是一种战略性的全局部署方案。科技管理机构要密切跟踪科技发展新动向，对科技发展趋势有充分的估计，发挥科技情报和科技预测的作用，在制定城市科学技术规划时，高瞻远瞩，统一筹划，科学合理地制定长远的战略目标和中长期规划。同时，要根据本市的具体情况，侧重发展本城市具有优势的科学技术，还要使科学技术为城市的整体发展服务。

《国家中长期科学和技术发展规划纲要（2006—2020年）》

2006年2月9日，国务院发布《国家中长期科学和技术发展规划纲要（2006—2020年）》(简称《纲要》)。《纲要》共分十个部分，分别为序言，指导方针、发展目标和总体部署，重点领域及其优先主题，重大专项，前沿技术，基础研究，科技体制改革与国家创新体系建设，若干重要政策和措施，科技投入与科技基础条件平台，人才队伍建设。

总体目标：自主创新能力显著增强，科技促进经济社会发展和保障国家安全的能力显著增强，为全面建设小康社会提供强有力的支撑；基础科学和前沿技术研究综合实力显著增强，取得一批在世界具有重大影响的科学技术成果，进入创新型国家行列，为在21世纪中叶成为世界科技强国奠定基础。

指导方针：自主创新，重点跨越，支撑发展，引领未来。自主创新，就是从增强国家创新能力出发，加强原始创新、集成创新和引进消化吸收再创新。重点跨越，就是坚持有所为、有所不为，选择具有一定基础和优势、关系国计民生和国家安全的关键领域，集中力量、重点突破，实现跨越式发展。支撑发展，就是从现实的紧迫需求出发，着力突破重大关键、共性技术，支撑经济社会的持续协调发展。引领未来，就是着眼长远，超前部署前沿技术和基础研究，创造新的市场需求，培育新兴产业，引领未来经济社会的发展。这一方针是我国半个多世纪科技发展实践经验的概括总结，是面向未来、实现中华民族伟大复兴的重要抉择。

总体部署：一是立足于我国国情和需求，确定若干重点领域，突破一批重大关键技术，全面提升科技支撑能力。二是瞄准国家目标，实施若干重大专项，实现跨越式发展，填补空白。三是应对未来挑战，超前部署前沿技术和基础研究，提高持续创新能力，引领经济社会发展。四是深化体制改革，完善政策措施，增加科技投入，加强人才队伍建设，推进国家创新体系建设，为我国进入创新型国家行列提供可靠保障。

《纲要》确定，到2020年，全社会研究开发投入占国内生产总值的比重提高到2.5%以上，力争科技进步贡献率达到60%以上，对外技术依存度降低到30%以下，本国人发明专利年度授权量和国际科学论文被引用数均进入世界前5位。

2）科研经费和设备的使用管理。一个城市的科技投资和科研经费的管理水平直接关系该城市科学技术的发展，因此，筹集和管理科研经费及设备是城市科技管理中的重要问题。科研设备管理是以设备为对象的贯穿整个科研过程的综合性管理。它是依照某些原则、程序和方法，对生产手段及运动过程加以组织、指导、协调和管制，以达到经常保持设备良好的技术状态、充分发挥设备潜力的目的。我国科研设备管理的原则是物尽其用。

3）科技队伍的管理。按照科技工作的规律和科技人员的特点组织管理科技队伍，使科技队伍结构处于最优的动态平衡状态：保证科技队伍智力结构的最优化，做好科技人员的评价和选拔工作，把对科技人员的使用、培养和提高结合起来，允许和支持科技人员的合理流动。

4）科技信息的管理。城市科技信息管理的任务主要是迅速收集、及时分类管理和传播科技信息；制定和颁发信息、情报工作条例；建立一个利用先进设备和技术的、多层次、多系列、纵横交叉的城市情报网络，为城市政府的科技及全面决策提供咨询。

5）科研成果的管理。科研成果的管理包括科研成果的评估和推广应用管理。科研成果推广应用工作的管理，首先要注意科研成果在技术上必须是成熟的、在实践上是适用的，并注意依靠科研单位和采用单位两方面的积极性。城市政府或主管部门对采用新技术和研制新产品的企业，应给予优惠或低息贷款，设立风险基金，鼓励科研、生产单位大胆革新生产技术。此外，还要大力推广科学研究合同制，明确各方面的责任和权益，建立科学研究与生产相结合的体制。

中国北京国际科技产业博览会（简称科博会）创办于1998年，每年5月定期在北京举办，当时定名为“中国北京高新技术产业国际周”，从2002年第五届起正式更名为“中国北京国际科技产业博览会”。科博会是国家级高科技产业国际交流与合作的盛会，集高新技术贸易展览会、专题系列论坛以及高新技术成果交易和经贸洽谈会于一体，充分展示世界各国在电子通信及网络技术、新材料新能源以及体育科技等方面的高新技术的现状与成就。

科博会的举办，全面宣传推介了我国科技发展政策和环境，为科技成果转化为产品、进入市场创造了机会和条件，为技术、人才、信息、资本、管理等高新技术产业链众多要素的对接提供了市场空间，推动了高新技术的商品化、产业化、国际化进程，促进了中国与世界各国的经济技术交流与合作，推动了高新技术产业发展的新观念、新思维的交流和碰撞，带动了区域经济的发展。

科博会以其庞大的会展规模、丰富的内容、广泛的国际国内参与和所取得的丰硕成果，在国内外高新技术产业及相关产业产生了强烈的反响，已成为中国进行国际科技经贸交流与合作的重要平台。

历届科博会

第一届科博会（1998 年）

全国 35 个开发区保税区、北京新技术产业开发试验区的 19 个高科技园区、105 所在京的科研院所高等院校成为国内参展的三大群体，展示出中国高新技术产业的发展潜力。

第二届科博会（1999 年）

北京新技术产业开发试验区打出了“中国中关村”的口号，以北大产业和清华产业为依托，整体展出了它们极具高新技术特色且在全国极具影响力的 43 家高科技民营企业，充分展示出了中关村科学城的综合科研实力和技术成果。展览之后，国家正式批准中关村科技园区成立。

第三届科博会（2000 年）

展览面积大幅度增加，专门搭建了 2 个临时展馆，展馆开始按照行业分类，出现了专业展馆。中关村展出了“一区五园”的前景规划——海淀园、丰台园、昌平园、电子城科技园和亦庄科技园，是中关村首次集体亮相。

第四届科博会（2001 年）

共设立了 9 大展场，除以中国国际展览中心为主展场外，还包括了北京市所有的展场。“‘九五’国家科技攻关计划成就展”首次纳入国际周展览会，通过展示国家“九五”攻关计划在农业、能源、交通、冶金、机械、电子通信、新材料、资源利用、环境保护及防灾减灾等领域取得的一批突破性的技术成果，促进成果的转化及产业化和扩大攻关计划在社会的影响。同时，也极大地丰富了本届展览会的内容，提高了展览会的科技含量，充分体现了本届展览会的国家级地位。

第五届科博会（2002 年）

主会场共设立了 17 个专业展示区，首次设立了专利金奖及专利技术、国际设计、机器人、电源行业等展示区，由十大部委组成的奥运科技行动计划小组首次在科博会主展场内设立“科技奥运展区”，运用多方位手段展示科技奥运的 60 项计划。此外，在分会场还专门设立了现代农业展、现代传媒展、金融展、开发区建设成果展、建设科技展、海外科技大学推介、人才招聘会、北京教育周等展览，基本上涵盖了高新技术的各个领域以及为高科技服务的第三产业等。

第六届科博会（2003 年）

受到“非典”影响，科博会改在 9 月举办。展览规模缩小一半，但专业化程度更高，主展场共设立了 14 个专业展区。

第七届科博会（2004 年）

汇集了一大批国际或国内领先的高科技产品，居历届科博会之首，是第七届展览会最显著的亮点，也成为媒体和参观者关注的焦点。第七届展览会展出的高科技产品和展出形式更加贴近百姓生活，实景式、可直接触摸的布展方式，更使普通观众直接体验到高科技离普通生活越来越近。

第八届科博会（2005年）

首次设立了“循环经济与可再生能源展区”，通过展示可再生的新能源技术与产品，展示了循环经济的新理念。首次设立了“信息安全展区”，突出了科技与安全的新思想。设立了“传媒科技展馆”，以“传媒产业化与科技创新”为主题，电视、广播、平面媒体、网络媒体共同参与，集中展示了数字电视、数字广播、网络传播、平面媒体的数字化采编等以高科技手段为支撑的现代化传媒产业。

第九届科博会（2006年）

首次设立了“科技与文化创意产业展馆”两个展馆，面积达到了近8 000平方米，整体展示了首都作为全国文化中心和科技创新城市的产业资源、优势和发展前景，科技与文化创意产业融合的最新成果及巨大的产业力量，成为本届展览会最受瞩目的展区。

第十届科博会（2007年）

与往届科博会相比，第十届科博会科技含量更高、自主创新的氛围更浓郁。作为科博会核心舞台的展览会，汇集了国内外1 900多家高新技术企业的最新科技成果。在五天的展期内，显示中国企业自主创新整体实力的创新成果吸引了23万观众的热情参观。据统计，第十届科博会期间的展览会、演讲论坛、科技经贸项目洽谈、专项交流达80多场次，共签订招商引资、技术合作和贸易项目171个，总签约金额28.46亿美元。在签约项目中，具有自主知识产权的项目152个，占88.89%。

第十一届科博会（2008年）

第十一届科博会突出三大内容。一是凸显“科技奥运”理念。这是北京奥运前夕科技奥运应用成果的整体亮相，以科技“让北京更美好，让奥运更精彩”为主题，带给国内外一次“绿色奥运、科技奥运、人文奥运”魅力的全新体验。二是凸显“自主创新”主线。继续为中国自主创新企业和中国创造的技术产品提供与国际高科技企业前沿科技成果同台展示和交流的平台，一大批具有自主知识产权的原始创新、集成创新和在引进消化吸收基础上再创新的技术与产品在科博会亮相。三是凸显“生态文明”内涵。科技奥运展通过一系列重大科技创新成果的展示，广泛传播生态文明理念。

第十二届科博会（2009年）

共签订招商引资、技术合作、贸易项目107个，总签约额39.26亿美元，比上届增长34.45%。其中，参会的各省区市签约项目83个，金额16.2亿美元，占全部签约金额的41%；北京城市发展功能区、经济技术开发区签约项目24个，金额23.06亿美元，占59%。第十二届科博会签约项目反映出三大特点：一是亿元以上的大项目30个，占28%，比往届大幅度增加，主要是产业基地、开发区产业集群入驻和产业投资项目。二是资金来源的90%为内资，中央和地方、东西部区域合作成为主流。三是投向的产业结构发生变化，其中新能源和可再生能源、节能环保类项目32个，占项目总数的30%；投入合作研发和建设研发基地项目占近16%。

第十三届科博会（2010年）

第十三届科博会签约项目反映出三大特点：一是新能源、新材料、节能环保、生物医药、信息网络和高端制造业等战略性新兴产业签约金额265亿元，占合同总额的68.2%，凸显出战略性新兴产业的市场发展前景。二是亿元以上的大项目成为签约的主体，其中10亿元以上的超大型项目8个，合同金额199亿元，占合同总额的51.2%。三是投资类占最大比重，投资类项目合同金额383.5亿元，占合同总额的98.6%；贸易类项目合同金额5.2亿元。

第十四届科博会（2011年）

第十四届科博会6万平方米的展览会、6场专题论坛、10余场推介交易活动在全市20多个会展场馆全面展开。第十四届科博会得到国际组织和海内外政界、科技界、产业界的热切关注和参与。来自8个国际组织和23个国家与地区的50个境外代表团组专程参加科博会；2 070家国内外高科技企业和国内24个省区市整体展出了居国内外行业领先的最新科技成果和区域产业升级的重大合作项目；百余位国际组织、政府高层官员、知名科学家、企业家和专家学者在科博会论坛发表演讲；全国33个省区市、计划单列市组成以政府和高新技术业界为主的代表团，展开大规模内容丰富而理性务实的招商推介活动，寻求产业合作。

第十五届科博会（2012年）

本届科博会主题是“凝聚创新智慧，做强实体经济”。本届科博会期间，共签署科技合作、技术成果交易项目216个，协议总金额803亿元人民币，比上届增长35.9%。历时六天的科博会，通过举办主题报告会和高新技术展览会、科技项目成果推介洽谈、论坛三大系列数十场活动，突出展示了以战略性新兴产业为主体、具有示范引领性的中国自主创新成果，收获了引领中国科技产业发展的前沿思想理念和经验，推动了一大批科技合作项目落地和科技产业的战略合作。

第十六届科博会（2013年）

本届科博会的高新技术展览会、论坛、科技成果项目推介三大系列40余场活动，诠释和丰富了“创新驱动，转型发展”主题，集中展示了中国科技创新的最新成果和重大突破，推动了一大批技术成果转化和重大产业项目合作。

第十七届科博会（2014年）

本届科博会的主题是“创新驱动，融合发展”。与往届相比，本届科博会签约项目呈现三个特点：一是节能环保、新一代信息技术、生物产业、新能源等战略性新兴产业项目签约金额685.6亿元，占总签约额的77.8%。二是民营企业投资高科技产业项目占项目总数的46.53%，显示出民营企业和民间资本正在成为发展战略性新兴产业的重要力量。三是签约项目中全国各省区市项目占项目总数的39.6%，其中绝大部分为中央在京企业机构、北京市企业与省区市合作项目，首都优势创新资源辐射效应突出。

第十八届科博会（2015年）

本届科博会的主题是“引领科技创新，推动产业发展”。无人系统产业园项目、互联网+3D新材料创业项目等15个高科技合作项目现场集中签约66.1亿元人民币。互联网+、抗雾霾、电商、物联网、智慧、京津冀成为签约项目亮词。本届集中签约项目科技含量高、创新项目比重大、京津冀协同发展项目增多，新兴产业活力凸显。本届科博会聚焦科技合作优质、引领项目，全力打造科技创新中心建设载体平台。

第十九届科博会（2016 年）

本届科博会以“推动科技创新引领产业转型”为主题。据不完全统计，本届科博会期间签署技术交易、产业合作项目协议总金额 796.42 亿元人民币。与往届相比，签约项目呈现四个特点：一是科技成果转化应用的项目多，涉及电子信息、光机电一体化、智慧交通、农业科技等领域；二是兄弟省区市科技项目签约金额明显增加，占签约总额的 28%，其中中西部地区签约项目金额占总签约额的 12%，彰显国家级平台效应；三是新一代信息技术与“互联网＋”产业项目占 19%，显示大数据正得到广泛应用，物联网、智慧城市建设正在创造一批新业态；四是创新平台建设项目占 15%，显示创新创业生态更加完善。

第二十届科博会（2017 年）

本届科博会以“科技引领·融合创新”为主题，贯彻创新、协调、绿色、开放、共享的发展理念，集中宣传国家创新发展新方略新政策，展示航天科技、信息技术、装备制造等高精尖科技成果，促进科技资源流动转化，研讨交流科技创新引领发展的新思路，示范带动产业转型升级，服务创新型国家和具有全球影响力的科技创新中心建设，推动经济发展迈向中高端水平。本届科博会秉承“北京搭台、服务全国、面向世界”的办会理念，倾力搭建国际国内科技产业交流合作平台，为实现跨领域、跨行业协同创新提级加速。

第二十一届科博会（2018 年）

本届科博会以“引领高精尖产业发展，推动科技创新中心建设”为主题，活动包括：主题报告会暨中国科技创新论坛，4 天的展览会，12 场推介交易，10 场论坛会议。本届科博会呈现 3 个特点：一是凸显高精尖产业导向，二是聚焦科技创新中心建设，三是助推企业创新、绿色发展。绿色发展与区域创新升级、智慧城市发展新方向、中关村创新发展、金融科技服务实体经济发展、新兴产业协同创新等，是本届科博会的热点话题。

第二十二届科博会（2019 年）

本届科博会以“推动科技创新中心建设，引领产业高质量发展”为主题，聚焦国家经济社会发展的重大、紧迫需求和现代科学技术的尖端、前沿领域，集结高精尖技术成果和产业集群，推介一批优质项目，探讨科技产业发展的新理念新模式新引擎，助推世界科技强国建设。本届科博会“走进科博会看北京”系列活动，精心遴选 11 家科技创新企事业机构向公众开放，聚焦中华人民共和国成立 70 年来科技创新工作取得的辉煌成就，展示北京科技创新中心建设取得的最新成果，让高精尖科技可感可触。

（二）城市科技管理体制的改革

我国原有的科技体制存在着科技和经济脱节、科研任务由上级布置、科研经费主要靠国家拨款、科技人才严重积压浪费等问题。为了革除这些弊端，需要进行科技体制的全面改革。改革的目的是使科学技术成果迅速而广泛地应用于生产，使科学技术人员的作用得到充分发挥，大大解放科学技术生产力，促进经济和社会的发展。我国城市科技管理体制改革的主要内容包括：

（1）在体制上由封闭型转变为开放型，由单纯科研型转变为科研经营型，扩大科研机构的自主权。使科研单位逐步转变为既是科学技术研究的实体又是经济实体，使科学技术系统的运行机制具有面向经济建设的活力。

（2）根据城市不同类型的科技事业的性质和目标，应当分别采取不同的科技投入和管理模式。基础性研究由政府负责经费投入，应用性研究以社会投入经费为主，服务性研究实行完全市场化投入。

（3）调整科技组织的结构，改善科技工作者的工作生活环境。扭转对科技人员限制和束缚过多、人才不能合理流动、智力与劳动得不到应有报酬的局面，使科技工作者有一个良好的工作生活环境。

（4）开拓技术市场，加速科技成果转化。积极发展技术有偿转让，开展技术承包、技术咨询、技术服务等多种形式的技术贸易活动，支持发展技术商品经营机构，培养善于经营技术商品的人才。通过立法，保障在技术市场中各方的合法权益。改变科研和生产脱节的状况，加强技术成果转化为生产能力的中间环节的建设。

第三节　城市文化管理

一、城市文化管理的含义

广义的文化是指人类社会历史实践过程中所创造的物质财富和精神财富的总和。狭义的文化是指社会的意识形态以及与之相应的制度和组织机构。城市文化是一个新概念，没有一个完整、准确的定义。广义的城市文化是指人类文化在城市地域的成果与表现。

城市文化不但反映着整体文化的进步与演变，更推动着整体文化的不断前进，是整体文化发展的主要动力。就一个城市而言，城市经济“哺育”了城市文化，城市文化反过来也会推动和促进城市经济的发展。城市经济发展需要先进的生产手段、较高知识及思想观念素质的人民和良好的社会环境，这些都离不开城市文化的建设。因此，搞好城市文化管理，对于整体文化和城市自身的发展都是非常重要的。

城市文化管理就是城市文化行政部门依据国家和本市的方针政策、法律法规，对城市的各项文化事业实行规划组织、调控监督的一种行政行为。我国城市文化管理要坚持“为人民服务、为社会主义服务”的“两为”方向和“百花齐放、百家争鸣”的“双百”方针，坚持“古为今用”“洋为中用”的原则，坚持社会效益优先、社会效益与经济效益统一的原则。

二、城市文化管理的机构和手段

（一）城市文化管理的机构及其职责

我国城市文化管理的机构有两大类：

（1）城市政府的文化主管机构，即市文化广电旅游局。它在市人民政府的领导和上级文化行政部门的指导下工作。市文化局的主要职责是：贯彻执行党和国家关于文化工作的方针、政策、法规；编制本市文化事业的长远规划和年度计划；指导本市艺术表演团体的训练和演出，开展群众文化活动；加强文艺职业道德教育，培训文艺专门人才。

（2）城市社会文化管理机构，包括城市中的文学艺术联合会和社会民间文化组织。文学艺术联合会是城市中文学家、艺术家志愿联合起来的群众性文学艺术团体，主要职责是宣传贯彻党和国家的文学艺术方针、政策，团结本市的文艺工作者和爱好者开展文学艺术活动。社会民间文化组织是由城市的文学、艺术爱好者志愿组织起来的民间文化组织，如城市美术协会、音乐协会、曲艺协会、戏剧协会等。

（二）城市文化管理的手段

（1）教育手段。教育手段是指通过对城市文化管理对象进行政策、法制及道德等方面的教育，引导文化生产者、经营者、服务者从事合法的、符合道德规范的文化活动，同时引导文化消费者进行健康的文化消费。

（2）行政手段。行政手段是指城市文化行政机关通过强制性的行政命令对城市文化活动进行干预和控制的管理方法。在计划经济体制下，行政手段是城市文化管理最常用、最普遍的手段。随着我国经济体制改革的深入和政府职能的转变，城市文化行政机关管理文化活动的行政手段主要在宏观层次和特殊文化市场上运用。

（3）经济手段。经济手段主要包括财政、价格、金融等手段。财政手段是文化管理的宏观调控手段之一，主要包括国家和所属城市的文化预算支出、财政投资、财政补贴和税收等。价格手段作为调节文化生产和文化消费以及合理配置各种文化资源的杠杆，主要运用和体现于文化市场的管理中。金融手段则运用贷款条件、优惠利率和差别利率等，对文化产业或文化产品结构进行支持或调整。

（4）法律手段。城市文化管理的法律手段主要包括文化立法、文化执法、文化司法等。文化立法是文化法制管理的基础。建立完备的文化法律规范体系，是文化立法的当务之急。文化执法是文化法制管理的关键环节，其执法重点是文化市场。文化司法的任务在于妥善地解决各种文化纠纷，保障文化活动当事人的合法权益，保障各类文化活动的正常进行。

三、城市文化管理的基本内容和改革

（一）城市文化管理的基本内容

城市文化管理的基本任务包括两个方面：一是对城市文化事业机构和设施进行管理，二是为城市精神文明建设创造文化条件。据此，城市文化管理的基本内容主要包括以下几个方面：

（1）制定城市文化发展战略。城市文化发展战略是城市文化发展的纲领，其实质在于使文化系统与政治、经济等其他社会系统的发展相协调，并使城市文化促进社会不断进步。因此，城市政府要把文化发展当作一项系统工程来抓，从城市文化的具体情况出发，研究城市文化结构、城市文化发展的目标和模式。

在中国，2010 年 6 月发布的《国家中长期人才发展规划纲要（2010—2020 年）》围绕人才工作和人才队伍建设的重点领域和关键环节，提出了实施促进人才投资优先保证的财税金融政策、实施人才创业扶持政策、实施更加开放的人才政策等 10 项重大政策，确定了“创新人才推进计划”“青年英才开发计划”“文化名家工程”等 12 项重大人才工程。

其中，“文化名家工程”提出，为更好地推动宣传思想文化工作，进一步提高国家文化软实力，着眼于培养造就一批造诣高深、成就突出、影响广泛的宣传思想文化领域杰出人才，每年重点扶持、资助一批哲学社会科学、新闻出版、广播影视、文化艺术、文物保护名家承担重大课题、重点项目、重要演出，开展创作研究、展演交流、出版专著等活动。到2020年，由国家资助的宣传思想文化领域文化名家达到2 000名。

（2）城市文化事业机构和活动的指导与管理。城市各专业文化机构和群众业余文化团体，是城市文化活动的主要承担者和推动者。城市政府及其文化主管部门必须对这些机构及其文化活动进行指导和管理，以保证城市文化的健康、繁荣发展。

（3）城市文化设施的建设与管理。文化设施不仅是城市文化活动的载体和物质基础，也是一个城市文化建设的直观反映，体现着一个城市的文明程度。过去，经济发展的制约和思想上的忽视，造成了我国城市文化设施的数量与人口数量不相适应、文化设施布局不合理等问题。为了改变这种现状，城市政府及其文化主管部门应认真研究和解决问题，大力发展城市文化设施的建设。

（4）城市文化市场的管理和监控。随着城市经济体制改革的深入和市场经济的发展，以商品形式向人们提供精神产品和文化娱乐服务的文化市场目前已十分活跃。作为城市市场体系的一个组成部分，加上文化产品对社会影响的广泛性，城市文化主管部门必须对其生产、经营和行为进行严格、有效的管理和监控。主要途径是根据本市的需要和特点，制定相关的文化立法和管理细则，进行文化立法和司法，把文化市场的管理纳入法制轨道。

中国（深圳）国际文化产业博览交易会（简称文博会）每年5月在深圳举行，是中国唯一一个国家级、国际化、综合性的文化产业博览交易会，以博览和交易为核心，全力打造中国文化产品与项目交易平台，促进和拉动中国文化产业发展，积极推动中国文化产品走向世界。文博会也是中国唯一一个获得国际展览业协会（UFI）认证的综合性文化产业博览交易会，被列入《国家“十一五”时期文化发展规划纲要》重点扶持的重点展会之一。

文博会以“国际化、专业化、市场化、规范化、精品化”为办展思路，浓缩了中国文化精华，集中展示了中国最优秀的文化产品和文化成果，成为中国文化产业整体实力展示的舞台。文博会是了解中国文化产业发展现状和文化产品市场、进行文化产业技术和信息交流的理想渠道，同时为中国文化产品的国际采购提供了集中的“卖家资源”，实现了更快捷、更便利、更低成本采购，是中外文化产业界实现交流与合作的绝佳平台。

（二）城市文化管理体制的改革

我国传统的城市文化管理体制是适应计划经济体制的需要建立起来的事业单位体制，即“政府办文化”。随着社会主义市场经济体制的建立和政府职能的转变，我国传统的城市文化管理体制改革势在必行。

文化艺术、新闻出版、广播电视、科技教育均属于文化范畴。目前，城市文化管理的条块分割，造成了管理上的矛盾和困难。文化部门的整合是必然趋势，有利于加强管理和密切合作，实现文化资源的优化配置，在策划、组织、部署中形成整体优势。在文化管理体制改革中，应注重文化部门的整体性，探索大文化部门的管理模式，逐步由小文化管理体制向大文化管理体制转变。

我国城市文化管理体制改革的方向是改变集中统一的管理体制，给文化事业单位以自主权，即转变城市政府文化部门的职能，进一步取消和下放行政审批权，加强面向社会的宏观调控和依法监管，逐步建立党委领导、行业自律、企事业单位独立运营的文化管理体制和运营机制。主要表现在以下几个方面：

（1）城市文化行政管理部门简政放权。在对文化事业单位性质、功能的科学定位和分类指导的基础上，以政策指导、法规调整、信息服务、检查监督为主要内容，形成政府宏观管理文化事业的新格局。在文化体制改革中，应注重文化部门的整体性，探索大文化部门的大系统管理模式，逐步由小文化管理体制向大文化管理体制转变。

（2）推进文化事业单位的社会化进程。经营性文化单位要在导向正确和遵守国家政策法规的前提下，按照建立现代企业制度的要求，健全法人治理结构，真正成为独立核算、自我经营、自我发展、自我约束的独立法人和市场竞争主体。报社、电视台、出版社等单位，要继续实行事业单位企业化管理，实行全员聘任制、劳动合同制和资产经营责任制等，充分调动职工的积极性和创造性。

（3）发展文化中介机构和行业组织。大力发展文化经纪机构、文化咨询评估机构、作家艺术家权益保护机构等文化中介组织和相关机构，规范文化行业组织的行为方式，把不属于政府管理的职能下放给文化中介机构和行业组织，使转变政府职能和发挥行业组织的作用统一起来。

（4）健全城市文化建设的法律和制度。加快制定文化事业管理的有关法律，把文化事业的管理纳入法制化的轨道，使城市文化建设有法可依，保障城市文化建设主体的合法权益，保障城市文化建设向合理化、有序化发展。

第四节　城市卫生管理

一、城市卫生管理的含义

广义的城市卫生主要包括环境卫生、生产卫生和生活卫生三个大的方面。环境卫生是指大气、水、土壤、城乡规划建设、生活居住条件等自然和社会环境因素与人体健康的关系。生产卫生是指生产劳动场所和生产劳动过程中各种因素对生产劳动者的健康的影响以及职业病防治等各种防护措施。生活卫生是指家庭、社会公共场所和日常生活中的各种因素对人们健康的影响，以及除害防病、妇幼保健、饮水饮食卫生、提高城市居民的卫生意识和卫生习惯等措施。

城市卫生具有物质性和精神性双重的特性，既体现着一个城市物质文明发展的水平，也体现着其精神文明发展的水平，是现代城市建设的一个重要组成部分。搞好城市卫生，不仅能够保障人民的身体健康，还能维护社会稳定，为社会创造和节约大量的财富，对于保证城市经济建设和改革的顺利进行具有十分重要的意义。

城市卫生管理是指市政部门依据国家有关的法规和政策，通过计划、组织、实施等环节来协调城市卫生系统的各要素，保证城市卫生目标的实现，为城市人民创造一个有利于身心健康的良好的生活环境和工作环境的活动。在城市卫生的三个方面中，随着环境问题受到越来越多的关注和重视，城市环境卫生已成为城市环境管理的专门职责，而生产卫生和生活卫生，尤其是医疗卫生，则成为城市卫生管理的主要对象。

二、城市卫生管理的机构及其职责

1. 卫生行政机构及其职责

在我国，卫生行政机构是指对于城市卫生工作负有直接规划、安排、领导、协调、监控和实施等功能职责的政府部门，包括城市市（区）政府的卫生局、防疫站。

（1）城市各级政府是城市卫生管理工作的最高组织领导和指挥实施机构，其职责是把城市卫生管理工作纳入国民经济和社会发展规划，建立健全城市卫生管理体制和管理网络，加强城市卫生“软件”和“硬件”的建设。

（2）卫生健康委员会是城市人民政府管理全市医疗卫生事业的职能部门，主要职责是：贯彻执行国家有关城市卫生工作的方针政策、法律法规，进行医疗卫生和药政工作的管理，对妇幼保健和计划生育工作进行指导，等等。

（3）防疫站是派出机构，在城市卫生管理中的主要职责是做好除害灭病的技术指导、卫生科目知识的宣传和科研工作，搞好卫生监督，并做好健康教育宣传工作。

2. 卫生业务机构

（1）医疗机构，包括医院、门诊、疗养机构、急救站、血站及精神病收容所。

（2）卫生防疫机构，包括卫生防疫站、国境与海港检疫所（站）、地方病与寄生虫病防治所（站）等。

（3）妇幼卫生机构，包括妇幼保健院（所、站）、妇产医院、儿童医院等。

（4）药事机构，包括制药厂、药品检验所、生物制品研究所、医药公司等。

（5）医学教育和科研机构，包括医学、药学、卫生、护士学校，以及医学科学院（中心或所）、医学研究组织等。

3. 协助管理机构

在我国，城市卫生管理的协助管理机构主要是市、区爱国卫生运动委员会。协助管理机构是市、区人民政府的非常设机构，负责统一领导、统筹协调城市爱国卫生、防治疾病和创建卫生城市工作。其主要职责包括：组织各区域、各部门把爱国卫生运动纳入各自规划；协助卫生主管部门加强城市卫生基本建设、卫生宣传、教育和卫生监督管理，动员广大市民开展城市群众卫生工作；深入持久地搞好除害防病。

三、城市卫生管理的基本内容和改革

（一）城市卫生管理的基本内容

我国城市卫生管理的内容是适应社会需要而产生并随着社会发展而发展的。20 世纪 50 年代，我国的公共卫生管理主要是以防治严重危害人民健康的急性传染病为重点的防疫管理。20 世纪 50 年代以后，在“预防为主”的卫生工作方针指导下，我国公共卫生管理在以预防和控制主要急性传染病的防疫基础上，创造了爱国卫生运动，动员群众自己同疾病和不卫生习惯做斗争，同时积极开展妇幼卫生保健工作并对其进行管理。20 世纪 80 年代以来，我国经济建设有了较大发展，人民生活水平进一步提高，人们健康状况不断改善，人的寿命大大延长。随着医学模式的转变，人们对健康的认识和健康服务的要求越来越高，不仅要求生理的健康，还要求心理的健康，精神卫生（心理卫生）也成为社会性的公共卫生问题，并逐步提到城市卫生管理的议事日程上来。随着社会的发展，城市公共卫生管理的内容必将更加广泛和复杂。

城市卫生管理的基本内容主要包括以下几个方面：

（1）制定和实施城市卫生战略、政策和行动计划。城市卫生管理部门要进行城市卫生状况的分析评价，为制定卫生政策提供依据，提出改善卫生状况的目标、目标的重点以及实现这些目标的方针，在此基础上制定城市卫生战略和行动计划，并组织监督实施。

（2）卫生防疫管理。卫生防疫管理主要是贯彻预防为主的卫生工作方针，应用预防医学的理论和技术，开展卫生监督，改善环境、劳动、食品、饮水、学校等各项卫生状况，进行传染病、寄生虫病和地区病、职业病的防治管理，实施国境卫生检疫，除害防病，开展爱国卫生运动。

（3）食品卫生管理。食品卫生管理是指城市卫生管理部门为了保障城市人民的食品安全，对食品的生产和销售进行检查、监督和检验等。

（4）城市医疗事业管理。城市医疗事业管理包括医疗卫生组织、妇幼保健的管理和医疗预防制度的管理。医疗预防制度的管理，包括劳动保险制度、公费医疗预防制度、合作医疗制度和医疗预防的免费制度等。

（5）药事管理。药事管理是城市卫生管理部门按照国家的政策法规和防病治病的需要，对药品的生产、供应、使用和进出口进行管理，保证用药的质量、安全与有效。

（6）市民健康教育管理。城市卫生管理部门要通过专门的健康教育机构和大众传媒对广大市民进行健康教育；监督中小学健康教育课的开设、各级医院的门诊部及住院病区健康教育专栏的设置，以及社区和工作场所健康教育工作的开展等。

（二）城市卫生管理体制的改革

我国现行的城市卫生管理体制是在计划经济体制时期形成的，已经无法适应社会主义市场经济体制和生产力发展的客观要求，无法满足城市人民日益多层次、多样化的卫生服务需求，因此必须加快卫生管理体制的改革和创新。我国城市卫生管理体制改革的主要内容包括：

（1）转变城市政府卫生管理职能。重新界定政府在卫生事业发展中的职责和作用，改变政府大包大揽和履行职责过程中的错位、缺位和不到位的问题。政府在城市卫生领域的作用应当是建立健康保障制度，保护城市中的贫困和弱势群体，促进健康公平，消除重大疾病危害，提高市民健康水平；规范医疗服务市场和医疗服务行为，促进多样化和公平竞争；等等。

（2）深化医疗卫生体制改革。医疗保险制度改革经历了以下两个阶段：第一阶段，以由公费医疗制度转向社会统筹与个人账户相结合为特点的新医疗保险制度；第二阶段，深化医疗卫生体制改革。深化医疗卫生体制改革的总体目标和基本框架，可概括为“一个目标、四大体系、八项支撑”。一个目标，即以建立覆盖城乡居民的基本医疗制度卫生制度为总体目标，为群众提供安全、有效、方便、价廉的医疗卫生服务，促进人人享有基本医疗卫生服务。四大体系，即建设覆盖城乡居民的公共卫生服务体系、医疗服务体系、医疗保障体系和药品供应保障体系。八项支撑，即建立协调统一的医疗卫生管理体制、高效规范的医疗卫生机构运行机制、政府主导的多元卫生投入机制、科学合理的医疗价格形成机制、严格有效的医疗卫生监管体制、可持续发展的医疗卫生科技创新机制和人才保障机制、实用共享的医疗卫生信息系统，建立健全医疗卫生法律制度。

医疗保险制度

医疗保险制度是指一个国家或地区按照保险原则为解决居民防病治病问题而筹集、分配和使用医疗保险基金的制度。它是居民医疗保健事业的有效筹资机制，是构成社会保险制度的一种比较进步的制度，也是目前世界上应用相当普遍的一种卫生费用管理模式。

国家社会保险制度的建立，大多是从医疗保险起步的。医疗保险始于1883年德国颁布的《劳工疾病保险法》，其中规定某些行业中工资少于限额的工人应强制加入医疗保险基金会，基金会强制性征收工人和雇主应缴纳的基金。这一法令标志着医疗保险作为一种强制性社会保险制度的产生。特别是1929—1933年世界性经济危机后，医疗保险立法进入全面发展时期，这个时期的立法，不仅规定了医疗保险的对象、范围、待遇项目，而且对与医疗保险相关的医疗服务也进行了立法规范。目前，所有发达国家和许多发展中国家都建立了医疗保险制度。

1988年，中国政府开始对机关事业单位的公费医疗制度和国有企业的劳保医疗制度进行改革。1998年，国务院颁布了《关于建立城镇职工基本医疗保险制度的决定》，开始在全国建立城镇职工基本医疗保险制度。

中国的基本医疗保险制度实行社会统筹与个人账户相结合的模式。基本医疗保险基金原则上实行地市级统筹。基本医疗保险覆盖城镇所有用人单位及其职工，所有企业、国家行政机关、事业单位和其他单位及其职工必须履行缴纳基本医疗保险费的义务。目前，用人单位的缴费比例为工资总额的7.5%，个人缴费比例为本人工资的2%。单位缴纳的基本医疗保险费一部分用于建立统筹基金，一部分划入个人账户；个人缴纳的基本医疗保险费计入个人账户。统筹基金和个人账户分别承担不同的医疗费用支付责任。统筹基金主要用于支付住院和部分慢性病门诊治疗的费用，统筹基金设有起付标准、最高支付限额；个人账户主要用于支付一般门诊费用。

为保障参保职工享有基本的医疗服务并有效控制医疗费用的过快增长，中国政府加强了对医疗服务的管理，制定了基本医疗保险药品目录、诊疗项目和医疗服务设施标准，对提供基本医疗保险服务的医疗机构、药店进行资格认定并允许参保职工进行选择。为配合基本医疗保险制度改革，国家同时推动医疗机构和药品生产流通体制的改革。通过建立医疗机构之间的竞争机制和药品生产流通的市场运行机制，努力实现“用比较低廉的费用提供比较优质的医疗服务”的目标。

在基本医疗保险之外，各地还普遍建立了大额医疗费用互助制度，以解决社会统筹基金最高支付限额之上的医疗费用。国家为公务员建立了医疗补助制度。有条件的企业可以为职工建立企业补充医疗保险。国家还将逐步建立社会医疗救助制度，为贫困人口提供基本医疗保障。

（3）建立符合社会主义市场经济规律和人民健康需求的卫生服务体系。建立新的卫生服务体系，逐步实现城市卫生资源的合理配置。比如：加强城市社区卫生服务建设，使医疗卫生服务更贴近家庭、贴近生活；依据区域卫生规划对重复建设、效率低下的医疗机构予以调整，将一级和多数二级医疗机构转向社区，形成社区卫生服务组织与综合医院、专科医院合理分工的二层服务体系。

（4）建立和完善城市公共卫生事件应急管理机制。2003 年的“非典”疫情，充分暴露了我国城市公共卫生管理机制的弊端，特别是突发事件应急管理机制的缺失。应建立统一指挥、反应灵敏、协调有序、运转高效的突发公共卫生事件应急管理体制，有效应对各种类型的公共事件，提高城市政府在突发事件下保障城市居民身体健康和生命安全的能力。

案 例

《国家中长期教育改革和发展规划纲要（2010—2020 年）》对症下药

症状 1：入园难、入园贵　药方：普及学前一年教育

学前教育对幼儿发展具有重要的意义。《国家中长期教育改革和发展规划纲要（2010—2020 年）》（简称《纲要》）提出，到 2020 年，普及学前一年教育，毛入园率达到 95%。基本普及学前两年教育，有条件的地区普及学前三年教育。

近年来，学前儿童入园难、入园贵问题日益突出。对此，《纲要》提出，把发展学前教育纳入城镇、社会主义新农村建设规划。建立政府主导、社会参与、公办民办并举的办园体制。大力发展公办幼儿园，积极扶持民办幼儿园。加大政府投入，完善成本分担机制，对经济困难的家庭幼儿入园给予补助。

根据《纲要》，我国将加强学前教育管理，规范办园行为。完善幼儿园收费管理办法。严格执行幼儿教师资格标准，切实加强幼儿教师培养培训，提高幼儿教师队伍整体素质，依法落实幼儿教师地位和待遇。教育行政部门加强对学前教育的宏观指导和管理，相关部门履行各自职责，充分调动各方面力量发展学前教育。

症状 2：孩子书包太沉　药方：开展课业负担监测

孩子的书包为何这么沉？面对家长日益高涨的减负呼声，《纲要》将通过“建立学生课业负担监测和公告制度”等方式减负。

在我国，中小学生课业负担过重的问题由来已久，原因复杂。为此，《纲要》明确提出，“减轻学生课业负担是全社会的共同责任，政府、学校、家庭、社会必须共同努力，标本兼治，综合治理”。

在具体操作上，《纲要》提出，调整教材内容，科学设计课程难度。改革考试评价制度和学校考核办法。

针对升学压力导致课业负担加重的深层次原因，《纲要》也提出改革措施：不得以升学率对地区和学校进行排名，不得下达升学指标。规范各种社会补习机构和教辅市场。各种等级考试和竞赛成绩不得作为义务教育阶段入学与升学的依据。同时，提高教师业务素质，改进教学方法，增强教学效果，减少作业量和考试次数。培养学生学习兴趣和爱好。严格执行课程方案，不得增加课时和提高难度。

21 世纪教育研究院副院长熊丙奇指出，要想切实减轻应试教育造成的学生负担，还要推行对学生的综合、动态的多元评价体系。《纲要》对此也做出了专门的改革部署。

症状 3：一考定终身　药方：综合评价多元录取

《纲要》提出，以考试招生制度改革为突破口，克服一考定终身的弊端。

《纲要》提出，探索招生与考试相对分离的办法，政府宏观管理，专业机构组织实施，学校依法自主招生，学生多次选择，逐步形成分类考试、综合评价、多元录取的考试招生制度。成立国家教育考试指导委员会，研究制定考试改革方案。

教育部国家教育发展研究中心主任张力指出，要强调主体多元，方式多样，形成更加公开、公正、透明的人才选拔平台，面向社会多样化学习需求打开多扇门窗，让不同的人有多重选择，给有创新专长的学生以更多选择机会。

《纲要》提出，逐步实施高校分类入学考试。普通高校本科招生以统一入学考试为基本方式，结合学业水平考试和综合素质评价，择优录取。

针对近年来频发的高考招生舞弊事件和高考加分混乱现象，《纲要》提出，公开招生名额分配原则和办法，公开招生章程和政策、招生程序和结果。清理并规范升学加分政策。强化考试安全责任，加强诚信制度建设，坚决防范和严查考试招生舞弊。

症状 4：高分低能　药方：强化考查实践能力

应试教育造成我国大批学生“高分低能”，已是不争的事实。2005 年，11 名内地高考状元在面试环节被香港大学拒之门外，香港大学给出的理由是不愿录取“书呆子”。

《纲要》提出，要更新人才培养观念，树立多样化人才观念，尊重个人选择，鼓励个性发展。

为了创新人才培养模式，《纲要》提出，注重学思结合。倡导启发式、探究式、讨论式、参与式教学，帮助学生学会学习；注重知行统一。坚持教育教学与生产劳动、社会实践相结合，注重因材施教。关注学生不同特点和个性差异，发展每一个学生的优势潜能。

进入 21 世纪以来，中国加速推进素质教育，作为素质教育改革重要内容的新一轮基础教育课程改革已覆盖全国所有小学和初中。除广西、青海外，其余省份都进行了高中课程改革。

但是，高考传导的升学压力依然阻碍着素质教育的实施。改革以高考为代表的人才评价制度势在必行。《纲要》提出，根据培养目标和人才理念，建立科学、多样的评价标准。做好学生成长记录，完善综合素质评价。强化人才选拔使用中对实践能力的考查，克服社会用人单纯追求学历的倾向。

症状 5：农民工子弟就学难　药方：当地教育当地升学

《纲要》提出，坚持以输入地政府管理为主、以全日制公办中小学为主，确保进城务工人员随迁子女平等接受义务教育，研究制定进城务工人员随迁子女接受义务教育后在当地参加升学考试的办法。

进城务工人员随迁子女就学问题，是城市化加速过程中的重要课题，也是我国政府推进教育公平面临的巨大挑战。华中师范大学教育科学学院教授范先佐指出，这项政策对每一个进城务工人员都是一个暖心的信息。要落实好这项政策，还需制定相关措施，鼓励城乡中小学降低入学门槛，接纳农民工子女入学。

针对农村留守儿童生活学习问题，《纲要》指出，建立健全政府主导、社会参与的农村留守儿童关爱服务体系和动态监测机制。加快农村寄宿制学校建设。采取必要措施，确保适龄儿童少年不因家庭经济困难、就学困难、学习困难等原因而失学，努力消除辍学现象。

症状6：政府管得过宽　药方：取消高校行政级别

“政府管得过宽、学校被管得过死”是教育改革面临的一大问题。《纲要》提出，要“建设现代学校制度”，“推进政校分开、管办分离”。

《纲要》在多个方面保证办学自主权，包括：自主开展教学活动、科学研究、技术开发和社会服务，自主设置和调整学科、专业，自主制定学校规划并组织实施，自主设置教学、科研、行政管理机构，自主确定内部收入分配，自主管理和使用人才，自主管理和使用学校财产和经费。

长期以来，行政部门对高校管得过多过细，导致高校行政化趋重。为克服高校行政化倾向，《纲要》提出，要“取消实际存在的行政级别和行政化管理模式”。健全校务公开制度，接受师生员工和社会的监督。

原中国科技大学、南方科技大学校长朱清时认为：落实高校办学自主权，就是按照教学规律办学，引导学校依法办学。高校必须以教授为主导，改变当前依靠行政权力治校的局面。

《纲要》还针对学术环境和学术质量提出改革思路——确立科学的考核评价和激励机制，建立高等学校质量年度报告发布制度。

拓展阅读

1. 陈强，尤建新. 现代城市管理学概论. 上海：上海交通大学出版社，2008.

2. 陈世香. 大部制视角下地方政府文化管理体制改革面对的问题. 中国社会科学报，2010-04-09.

3. 陈翁翔，崔瑛. 制约我国科技园区自主创新能力的管理体制问题分析. 国家行政学院学报，2010 (1).

4. 程俐骢. 城市管理概论. 上海：同济大学出版社，2009.

5. 崔卫国，郑奔，毕军平，等. 城市公共卫生安全应急管理系统技术集成研究. 测绘科学，2008 (6).

6. 冯肃伟. 我国城市环境卫生事业全方位改革思考. 中国建设报，2008-01-14.

7. 傅鸿鹏. 城市流动人口公共卫生管理政策. 北京：北京大学医学出版社，2011.

8. 傅鸿鹏，何倩，王竞波. 我国城市流动人口公共卫生外部环境的基本特点和政策需求. 中国卫生政策研究，2009 (2).

9. 李军. 文化产业与文化管理. 北京：经济日报出版社，2005.

10. 李燕凌. 市政学导引与案例. 北京：中国人民大学出版社，2011.

11. 钱斌. 新中国科技管理体制的形成. 当代中国史研究，2010 (3).

12. 孙绵涛. 教育管理学. 北京：人民教育出版社，2006.

13. 汤海明. 当前我国城市社区教育管理体制构建初探. 职教论坛，2009 (9).

14. 王佃利，张莉萍，高原. 现代市政学. 北京：中国人民大学出版社，2008.

15. 徐峰. 美国科技管理体制的形成与发展研究. 科技管理研究，2006 (6).

16. 杨宏山. 市政管理学. 北京：中国人民大学出版社，2008.

17. 杨卫明，黄仁贤. 中国教育管理体制改革的非凡尝试：民国时期的“大学院”与“大学区”制. 国家教育行政学院学报，2006 (10).

18. 杨玉国. 科技奖励制度引学界质疑　专家称评价过于物化. 中国新闻网，2011-06-13.

19. 张永桃. 市政学. 北京：高等教育出版社，2006.

20. 赵秀池. 城市文化设施经营管理体制改革研究. 商业时代，2008 (26).

21. 周国华. 教育改革的政策反思：历史、成败与方向：中国教育管理体制改革 50 年述评. 教育管理研究，2007 (1).

22. 朱玉红. 中小城市环境卫生管理体制研究. 魅力中国，2009 (17).

城市安全管理

重点问题

- 城市灾害的致灾因素。
- 中国城市的防震、防洪。
- 市民安全管理的三个主要方面。
- 如何加强城市生命线设施的安全管理。
- 如何加强城市危机管理能力。

关键术语

城市灾害　城市社会治安管理　危机　灾难　突发事件　危机管理

第一节　城市灾害管理

一、城市灾害及其种类

城市灾害主要可以分为两大类：(1) 由自然灾害和人为因素引起的突发性事件，前者是由不可抗力因素而引起的火灾、地震、台风、干旱等，后者是人的因素（疏忽大意、非预见性或人为性）造成的重大事故，如公共环境卫生、健康卫生、疾病预防和医疗卫生事件、核泄漏、火灾、质量事故等。(2) 由社会中对抗冲突行为而导致的社会失衡和混乱，如人为造成的社会动乱、民族冲突、宗教对抗等。该类灾害（或危机）多由一定的社会问题诱发，如战争、暴力对抗、恐怖主义事件等。虽然这两类灾害各有侧重点，但在实际研究中交叉很多。

中国城市目前最常发生、影响最广泛的城市危机是自然危机和人为事故，即常说的城市灾害。对于城市灾害的内容，中国长期以来强调“地震、火灾、风灾、洪水、地质破坏”这五类为城市的主要灾害源。随着城市的发展，城市灾害的内容也变得更为复杂，城市防灾减灾的形势更加严峻。

《中国21世纪议程》指出：“全国70%以上的大城市、半数以上的人口和75%以上的工农业产值分布在气象灾害、海洋灾害、洪水灾害和地震灾害都十分严重的沿海及东部平原丘陵地区。”城市的脆弱性主要表现为应对突发灾害的抗灾能力低下。在已有的国家安全观中，除了国防安全外，我们已经形成了粮食安全、石油安全、环境安全、水资源安全的政策，但还没有确立大城市的人居安全观。中国城市正受到自然和人为灾害的严重威胁。一方面，城市发展形成的脆弱生态使中国城市受到自然灾害的严重威胁；另一方面，随着城市的发展，由于管理和技术等多方面原因，城市交通事故、火灾以及环境污染造成的人为灾害也有扩展之势。可以说，城市是各种危机最频发的地区，城市灾害是当前影响城市安全和正常秩序最为严重的一类危机，应对城市灾害已成为城市管理的主要内容之一。

20世纪90年代，防灾减灾成为世界性的议题。1996年，在伊斯坦布尔召开了联合国第二次人类居住大会，讨论的主题是城市的可持续发展，而安全及减灾抗灾是其中的一个重要组成部分。在1998年的联合国世界人居日，建设“更安全的城市”成为明确的主题。联合国1999年7月通过的“日内瓦战略”，明确提出21世纪全球减灾的重点是城市、社区及建筑安全本身。这些都反映了当今世界城市化进程中城市应对灾害能力存在的严重缺陷，表明了国际社会对城市安全问题的关注。

在中国，2007年，国务院办公厅颁布《国家综合减灾“十一五”规划》，明确对城乡社区减灾能力和建设社区减灾能力示范工程进行了部署。近年来，各地积极开展“全国综合减灾示范社区”的创建活动，结合灾害现状和当地社区实际，围绕健全社区减灾工作制度、开展社区风险隐患排查治理、制定社区综合防灾减灾预案、建设开展减灾设施和避难场所、组织防灾减灾宣传教育和演练活动等开展工作。2010年5月5日，国家减灾委员会办公室颁布了新修订的《全国综合减灾示范社区标准》，并启动了第四批全国减灾示范社区创建工作。

自2009年起，中国把每年的5月12日作为全国“防灾减灾日”，意在通过这样的主题日，进一步唤起社会各界对防灾减灾工作的高度关注，增强全社会防灾减灾意识，普及推广全民防灾减灾知识和避灾自救技能，提高各级综合减灾能力，最大限度地减轻自然灾害的损失。2019年“防灾减灾日”的主题是“提高灾害防治能力，构筑生命安全防线”。

二、城市灾害的致灾因素

城市灾害的形成受多种因素的影响，灾害的形成往往有一个很长的潜伏期，具有隐蔽性，灾害事件会在何时何地或何种情况下发生，具有极大的不确定性。城市人口和设施密集，灾害发生后蔓延迅速，影响面广，损失巨大，因此，有必要对致灾因素进行科学研究，在灾害形成阶段防微杜渐，在灾害发生后采取应对措施进行综合整治。总的来说，城市灾害的致灾因素有以下几个方面：

1. 城市规模、形态和密度方面的问题

合理的城市规划和建设是防灾减灾工作的基础，规划和建设中的任何疏漏或安排不当都可能成为城市灾害之源。中国城市的安全问题特别是大城市的安全问题与中国城市规模太大、人口过分密集以及城市形态的不合理有很大关系。现代城市规划偏重于满足人们的物质和精神享受，往往忽略了防灾功能。在城市的规划设计中，缺少对防灾空间（或称避难空间）的规划，生命线工程和工业设施的防灾措施基本上处于空白状态。在城市总体规划中，除对防洪、防空等有一定要求外，缺少综合防灾的内容，在对城市结构、规模、布局、人口、用地等的宏观控制方面，较少考虑防灾要求。目前，中国多数城市基本上仍保持着单中心的发展模式。随着城市规模的不断扩大，若继续沿用"摊大饼"的方式加以应对，就会导致城市基础设施负荷过重，市中心异常拥挤，城市问题日益突出。

在"非典"疫情扩散中，深圳周边的香港、广州"非典"病例都有上千个，而深圳只有15例。其主要原因之一是深圳规划采取了多组团模式，即将城市分为16个组团，700万人口分散在各个组团中，每个组团的居住、就业、娱乐、生活具有相对独立性，组团之间人口流量不大。疫病流行期间，即使采取隔离措施，对居民和务工人员的工作、生活影响也比较小。相比较而言，广州、香港的"摊大饼"式发展就暴露了城市规划管理中存在的弱点。

2. 管理体制运作存在弊端

中国管理体制中"大政府、小社会"的特征明显，权力和职能的条块分割严重，处理事务层层审批，各部门的协调能力差，办事效率低下。这种运作方式周期长、信息不对称，在发生危机时容易造成公众的恐慌和社会的不稳定，灾害所在地的管理机构也难以及时做出应对之举，容易导致灾害的升级加剧。另外，中国公众参与社会管理的机会很少，政府只是单方面进行决策，单一化的决策主体很难掌握足够全面的信息，信息掌握的不完全带来的不仅是难以有效解决社会中存在的实际问题，有时甚至带来决策失误。

3. 城市的生命线系统较为脆弱

城市基础设施网络由道路、通信、水、电、热、气六大系统组成，是城市运行的"生命线"，其运行状况决定了一个城市的安全状态。对"生命线"应随时做到后备充足、灵活应变。但实际上，多数城市的"生命线"缺乏自我保障能力。中国城市基础设施供应能力脆弱，表现在：基础设施更新扩张相对落后，重点工程防灾标准低，防护系统薄弱，缺乏系统全面的公共安全工程规划；基础设施的各个子系统之间缺乏相互配合和衔接，导致整体的综合检测预测能力不强，预警及通信网络系统不健全、不统一；技术基础薄弱，风险管理意识不够，尤其是对重大安全事故的应急反应、洪涝灾害和火灾防治等方面缺乏综合性和系统性的研究。

三、中国城市的防灾减灾管理

除了战争之外，自然灾害是最经常也是造成损失最严重的人类灾害。中国是世界上自然灾害最严重的国家之一。中国最常发生的灾害有洪涝、干旱、地震、台风和滑坡泥石流5种，所造成的损失占损失总量的80%～90%。1949—2006年，中国平均每年因自然灾害造成的直接经济损失在1 000亿元人民币以上，农作物受害面积年均超过4 000万公顷，受灾人口年均超过2亿。随着国民经济持续高速发展、生产规模扩大和社会财富的积累，灾害损失有日益加重的趋势。灾害已成为制约国民经济持续稳定发展的主要因素之一。从灾害区划看，全国有74%的省会城市以及62%的地级以上城市位于地震烈度Ⅶ度以上危险地区，70%以上的大城市、半数以上的人口、75%以上的工农业产值，分布在气象、海洋、洪水、地震等灾害严重的地区。多种严重灾害的交替、叠加，更加提醒我们必须加快构建防灾减灾安全屏障。

城市是中国防灾减灾的重点。中国长期以来强调地震、火灾、风灾、洪水、地质破坏是城市的主要灾害源。据统计，中国因各类自然灾害而死亡的人口中，地震造成的损失最大，死亡人数占总数的54%；其次是洪涝干旱等气候灾害，死亡人数占总数的40%。可以说，防震、防洪是中国城市防灾减灾事件的两项长期任务。

(一) 城市防震

中国地处地球上最活跃的地震带上，是世界上地震灾害最为严重的国家之一。中国的地震主要有如下一些特征：(1) 地震分布范围广。全国城市的46%及许多重大工程项目、经济命脉都分布在地震区。(2) 地震频度高、强度大。中国大陆地区不仅地震分布广泛，而且地震活动频繁，强度大。根据地震部门预测，20世纪80年代后期开始，中国地震活动进入了第五个活跃期。(3) 地震震源浅，危害大。中国除东北张广才岭和东南沿海发生过少数深源地震外，绝大多数都是浅源地震，其震源深度约在30公里以内、10～20公里的范围。和欧美、日本相比，中国在同级别的地震中死伤人数较多。

地震的类型

地震就是地球表层的快速振动，在古代又称为地动。它就像刮风、下雨、闪电、山崩、火山爆发一样，是地球上经常发生的一种自然现象。引起地球表层振动的原因很多，根据地震的成因，可以把地震分为以下几种：

构造地震：由于地下深处岩层错动、破裂所造成的地震称为构造地震。这类地震发生的次数最多，破坏力也最大，约占全世界地震发生总量的90%以上。

火山地震：由于火山作用，如岩浆活动、气体爆炸等引起的地震称为火山地震。只有在火山活动区才可能发生火山地震，这类地震只占全世界地震的7%左右。

塌陷地震：由于地下岩洞或矿井顶部塌陷而引起的地震称为塌陷地震。这类地震的规模比较小，次数也很少，即使有，也往往发生在溶洞密布的石灰岩地区或大规模地下开采的矿区。

诱发地震：由于水库蓄水、油田注水等活动而引发的地震称为诱发地震。这类地震仅仅在某些特定的水库库区或油田地区发生。

人工地震：地下核爆炸、炸药爆破等人为引起的地面振动称为人工地震。

减轻地震灾害是一项包括测、报、防、抗、救、援的系统工程，涉及很多部门和环节，其中地震预报是地震减灾的中心环节。从科学的角度讲，地震预报是探索性的，有的地震可以预报出来，有的地震就预报不了。相对而言，中国对中长期地震趋势能有一个较准确的把握，但对震前半个月至数月的短期预报和几天至十几天的临震预报都还达不到准确有效的水平。目前，世界各国的地震预报尚处于低水平的探索阶段。

减轻地震灾害是一项长期任务，需要有计划、有组织地纳入国民经济和社会发展规划，统筹安排，分步实施。根据地震长期预报意见和地震危险性分析结果，城市政府应合理制定土地和资源利用规划、重大工程项目的布局规划以及工程抗震规划等。在有地震预报的地区，城市政府应制定地震预报、工程抗震、震时应急反应和震后抢险救灾工作的综合应对工作，组织有关部门建立统一的防灾减灾工作体系。城市政府应组织地震局进行地震灾害预测，对未来地震可能的损害影响进行分析，并采取相应的政策。

1989 年中国向社会发布中期地震预报意见，各地政府制订了地震减灾计划、对策和应急措施。如果震前向社会发布地震预报意见，各级政府可以制订系统的反应计划，对易遭受破坏的建筑物进行加固，加强地震宣传，增强公众的防灾意识。

2009 年 5 月 1 日，《中华人民共和国防震减灾法》正式施行。国家鼓励城市人民政府组织制定地震小区划图。城市街道办事处等基层组织，应当组织开展地震应急知识的宣传普及活动和必要的地震应急救援演练，提高公民在地震灾害中自救互救的能力。

（二）城市防洪

城市防洪是一项系统的综合性工程，需要得到其他子系统的支持。城市防洪与江河流域规划，沿江、沿海城市的总体规划，城市性质、规模乃至江河航运、流域开发、城市给排水设施、城市道路桥梁工程等都有直接或间接的联系。防洪的日常管理，如防洪标准的确定要综合考虑这些基础条件，其实施是否到位直接影响到城市系统的整体安全。如果防洪标准制定得过高，虽然能够提高遭遇洪水的安全度，但因为洪水暴发具有不确定性，有可能就是百年不遇，过高的防洪标准设计要求大量的投资，同时还要支付很高的运行费用，整体上就是不经济的；如果防洪标准制定过低，可能一时节约了开支，减少了投资要求，而一旦遭遇大洪水，又可能带来灭顶之灾。

1989 年 12 月，相关部委根据城市的政治经济地位和最大洪水出现的频率提出了国家的《防洪标准》。《防洪标准》规定：特别重要城市以 200 年以上一遇洪水为标准，重要城市以 200～100 年一遇洪水为标准，中等城市以 100～50 年一遇洪水为标准，一般城市以 50～20 年为标准。实际的城市防洪建设中，防洪标准达到 50 年一遇及以上的仅占 93 个，占 18%；防洪标准在 20～50 年一遇的 161 个，占 30%；防洪标准在 10～20 年一遇的 118 个，占 20%；防洪标准低于 10 年一遇的有 120 个，占 23%；防洪标准待进一步核定的有 39 个，占 7%。国外城市一般是以发生过的最大洪水或 100 年一遇为防御标准。中国在 513 个有防洪任务的城市中，防洪标准大多数偏低。

中国非常重视大江大河的治理与城市的防洪安全，城市防洪在中国防洪工作中处于中心地位。经过几十年的治理，全国范围内形成了科学合理的防洪布局和较完善的防洪工程体系，有效控制了中小洪水，减少了洪水造成的洪涝灾害，为国民经济建设特别是城市的发展提供了必要的防洪安全保障。

中国的洪涝灾害主要发生在长江、黄河、海河、淮河、松花江、辽河、珠江七大江河流域，这七大江河沿岸不仅是中国主要的农产区，还分布着中国主要的大城市。因此，中华人民共和国成立以来，国家重点开展了对这七条大河的综合治理工作，逐步建立起具有一定规模的防洪、防潮、排涝、灌溉工程体系，洪、涝、旱灾得到初步控制。沿江河城市防洪能力有了很大提高。

1966 年以后，防洪工作的重点转到城市，国务院和国家有关部委对城市防洪工作做了一系列的部署。1981 年 8 月，国务院颁布《关于城市防洪问题的报告》，要求各地着重做好城市防洪规划和日常管理两项工作。1987 年 7 月，北京、天津、上海等 25 座城市被确认为第一批全国重点防洪城市。1995 年，国家多部委联合发出了《关于加快城市防洪规划和建设工作的通知》，明确了近期和中长期全国城市防洪和建设工作的进度和具体要求。2016 年新修订的《中华人民共和国防洪法》指出：城市防洪规划，由城市人民政府组织水行政主管部门、建设行政主管部门和其他有关部门依据流域防洪规划、上一级人民政府区域防洪规划编制，按照国务院规定的审批程序批准后纳入城市总体规划。

城市人民政府应当加强对城区排涝管网、泵站的建设和管理。

（三）加强城市防灾减灾能力

在由不可抗拒的自然力引起的自然灾害中，在爆发的频率和烈度及其危害性方面，地震和洪水排在前列。除此之外，气象灾害、海洋灾害威胁着沿海及东部平原丘陵地区。此外，其他技术引发的灾害、环境灾害及各种人为因素诱发的灾害加重了人类自身在城市灾害形成过程中的责任。

为了城市的安全，必须加强城市安全管理，运用各种技术的、社会的方法与手段，消除城市隐患，及时控制和抵御灾害及其带来的损失。城市的规划、建设、管理工作与城市的防灾减灾紧密结合。各项专业防灾规划要纳入城市总体规划，互相衔接、紧密结合，进一步提高城市综合防灾能力。经验证明，地震带给人们的灾难，主要是由房屋和工程设施的破坏、倒塌造成的。防震要求新建工程进行抗震设防，严格执行建设抗震设计规范，从建设项目的可行性研究、选址、规划设计到施工竣工验收，实行抗震设施质量的全面监督。江河湖沿岸城市，要把城市防洪和供水、燃气等生命线工程与市政公用设施的抢险排险、居民住宅的维修加固结合起来，统筹安排，沿海城市要提高抵御台风、风暴潮的能力。

20 世纪 80 年代以来，中国注重建立健全有关防灾减灾的法律、规划及对自然灾害的管理工作，制定了一批城市防灾的法规、技术标准，初步建立了行政与技术管理体系，其重点是工程建设的抗震设防、加固以及城市消防、防洪等方面的法规。目前中国已经初步建立了一批国家级的实验研究室、专业研究所与高校的科研机构。中国城市在防灾技术水平方面已取得一批具有国际先进水平的科技成果。中国的抗震防灾减灾技术水平，已被公认为与美国、日本、俄罗斯并列。

近年来，我国防灾减灾体系建设中以防为主的理念不断强化，防灾减灾工作取得更大进展。但不可否认的是，防灾减灾体系仍存在薄弱环节。2016 年 12 月，国家多部委联合印发了《水利改革发展“十三五”规划》。

《水利改革发展“十三五”规划》的主要框架及内容

《水利改革发展“十三五”规划》（简称《规划》）分为三大板块、12 章。前言和第一章、第二章构成第一板块，主要是介绍规划编制的背景、定位，总结“十二五”水利改革发展成就，分析“十三五”水利改革发展面临的形势，明确未来五年水利改革发展的总体思路、基本原则和主要目标。第三章至第十章构成第二板块，从全面推进节水型社会建设、改革创新水利发展体制机制、加快完善水利基础设施网络、提高城市供水和排涝防洪能力、进一步夯实农村水利基础、加强水生态治理与保护、优化流域区域水利发展布局、全面强化依法治水科技兴水等 8 个方面全面谋划了"十三五"水利改革发展重点任务。第十一章、第十二章构成第三板块，分别为环境影响评价和保障措施。《规划》实施后，可进一步完善水利基础设施网络，提高水资源配置利用和水土资源保护修复能力。同时，工程建设可能给局部带来一些不利环境影响，要高度重视，依法加强相关规划和建设项目环境影响评价等工程前期工作，强化相应的环境保护措施。在健全《规划》实施机制方面，主要提出了五个方面的保障措施，包括加强组织领导、落实目标责任、深化前期工作、提高质量效益、凝聚社会力量等。

《规划》明确了"十三五"水利改革发展的主要目标和重点任务。到 2020 年，基本建成与经济社会发展要求相适应的防洪抗旱减灾体系、水资源合理配置和高效利用体系、水资源保护和河湖健康保障体系、有利于水利科学发展的制度体系，水利基础设施网络进一步完善，水治理体系和水治理能力现代化建设取得重大进展，国家水安全保障综合能力显著增强。

第二节　市民安全管理

一、社会治安管理

城市社会治安管理是指为了有效地建立和维护城市治安秩序、保障城市经济建设和市民工作生活的正常进行，城市政府及其公安机关依法进行的对城市社会公共秩序的维护，以及对各种违法犯罪活动的打击和处理。

在我国，城市人民政府的公安机关，是社会治安的职能部门与执法机关。目前中国直辖市和设区的市的公安机关由市公安局、区公安局和派出所三部分组成，不设区的市的公安机关由市公安局、派出所组成。在市公安局的领导下，下设的分局、派出所、治安警察队、刑事警察队、交通警察队、防暴警察队、消防警察队等承担不同的职能，组成完整的城市社会治安管理网络。

此外，还有一些民间团体履行治安管理的职能。比如国家单位内的保卫部门，既是单位的组成部分，又是公安部门派出的代表机关；依托于城市社区的治安保卫委员会是协助公安部门的群众自防自治组织；从国家单位抽调的职工、治保会成员、退休民警组成的治安联防队是群众性治安防范组织；以市场化规律运作的保安服务公司也是社会治安网络的组成部分。可见，社会治安不只是公、检、法等相关部门的事情，而是需要全社会关心、参与的事业，广大群众应与相关部门紧密联系，参与协助相关部门搞好社会治安工作。

社会治安的重心在基层社区。2001 年 9 月 5 日，《中共中央、国务院关于进一步加强社会治安综合治理的意见》指出：公安机关要推行警务到社区的活动，努力实现"一区一警"，力争把更多的警力投入到社区治安防范和群防群治工作之中。

为维护社会治安秩序，保障公共安全，保护公民、法人和其他组织的合法权益，规范和保障公安机关及其人民警察依法履行治安管理职责，2006 年 3 月 1 日起开始施行《中华人民共和国治安管理处罚法》。

目前，我国城市金融犯罪案件急剧增多，“两抢一盗”（抢夺罪、抢劫罪、盗窃罪）和诈骗等侵财犯罪高发，治安案件升幅明显。因邻里关系、劳资关系、医患关系、情感婚恋、债权债务、劳动合同等矛盾问题引发的民间纠纷急剧增多。在公安机关查处的治安案件中，主要由民间纠纷引发的殴打他人、故意伤害他人案件升势明显。另外，“黄赌毒”等社会丑恶现象增多，黑恶势力犯罪仍处于活跃期，流动人口犯罪成为突出的社会问题，治安管理基础工作仍然比较薄弱。一些城市的治安防范、人口管理、矛盾排查、纠纷调处、情报信息等基础性工作薄弱，群防群治组织不健全，方法手段落后。

因此，要继续加强社会治安综合治理基层基础建设，不断夯实维护社会和谐稳定的根基。广泛开展社会矛盾排查化解工作，积极构建大排查、大调解工作格局。大力推进社会治安管理创新，更新管理理念，创新管理手段和方式，通过加强服务来提高管理效能。进一步推动社会治安重点地区排查整治工作。强化社会治安防范工作，努力推进科技防范建设。有效落实社会治安综合治理责任制，健全完善综治、纪检、组织、人事、监察五部委联席会议等工作制度。同时，要加强宣传和培训工作，推进社会治安综合治理理论研究。目前，我国城市已经普遍建立 110 电话报警系统和出入市境的查控拦截防线。当发生突发事件和紧急情况时，治安应急系统必须能够高效、准确地发出指令，能够就近出警，迅速防控拦截。

二、城市交通安全管理

城市交通安全是一个极为重要但又容易被忽视的公共安全问题。来自道路交通事故的伤害被称为“永不休止的战争”，交通事故造成的死亡人数远高于恶性肿瘤和冠心病，成为危害社会发展的全球公害。世界卫生组织最新公布的数据显示，全球每年约有 130 万人死于道路交通事故。近年来我国每年死于车祸的人数高达 10 万左右，其中相当部分是“酒精”所致。中国每年由酒后驾车而引发的交通事故多达数万起，数以万计的家庭因交通事故而支离破碎。

2011 年的《中华人民共和国刑法修正案（八）》第二十二条规定，在刑法第一百三十三条后增加一条，作为第一百三十三条之一：“在道路上驾驶机动车追逐竞驶，情节恶劣的，或者在道路上醉酒驾驶机动车的，处拘役，并处罚金。”有前款行为，同时构成其他犯罪的，依照处罚较重的规定定罪处罚。

第十一届全国人民代表大会常务委员会第二十次会议通过的《中华人民共和国道路交通安全法》自 2011 年 5 月 1 日起开始正式施行。《中华人民共和国道路交通安全法》以保障道路交通安全为根本出发点，着眼于解决道路交通中的突出问题，从现实需要和交通管理的实际出发，遵循依法管理、方便群众的基本原则，确立了维护道路交通秩序，预防和减少交通事故，保护人身安全，保护公民、法人和其他组织的财产安全及其他合法权益，提高通行效率的总体目标。

《中华人民共和国道路交通安全法》第九十一条规定：

饮酒后驾驶机动车的，处暂扣六个月机动车驾驶证，并处一千元以上二千元以下罚款。因饮酒后驾驶机动车被处罚，再次饮酒后驾驶机动车的，处十日以下拘留，并处一千元以上二千元以下罚款，吊销机动车驾驶证。

醉酒驾驶机动车的，由公安机关交通管理部门约束至酒醒，吊销机动车驾驶证，依法追究刑事责任；五年内不得重新取得机动车驾驶证。

饮酒后驾驶营运机动车的，处十五日拘留，并处五千元罚款，吊销机动车驾驶证，五年内不得重新取得机动车驾驶证。

醉酒驾驶营运机动车的，由公安机关交通管理部门约束至酒醒，吊销机动车驾驶证，依法追究刑事责任；十年内不得重新取得机动车驾驶证，重新取得机动车驾驶证后，不得驾驶营运机动车。

饮酒后或者醉酒驾驶机动车发生重大交通事故，构成犯罪的，依法追究刑事责任，并由公安机关交通管理部门吊销机动车驾驶证，终生不得重新取得机动车驾驶证。

2011 年 5 月 1 日以来，各地关于“醉驾入刑”的新闻成为社会关注的热点。纵观世界，各国打击酒驾毫不手软，力度大、处罚严，可谓法不容情，但在处罚程序上十分讲究细节，处罚全程录音录像，必须经得起法理的推敲。2011 年 7 月 1 日起，新修订的《车辆驾驶人员血液、呼气酒精含量阈值与检验》规定施行，规定血液检测须出具报告。“醉驾入刑”规定制定得详细，执行起来才更有说服力、更能体现法律的威严。

酒驾入刑各国没商量

许多国家都饱尝酒后驾车的苦果，并陆续采取了应对措施。

美国最高可适用死刑，21 岁以下更严格

在美国有两多。一是汽车多，不少家庭通常至少有两辆汽车；二是喝酒的人多，美国流行酒吧文化，喝酒不在家喝，都跑到外面。这两多如果一融合就容易出问题，酒醉驾车在美国被视为犯罪，联邦和各州政府不断强化法律，对酒醉驾车者进行非常严厉的处罚。

美国目前不少州对酒后驾车采取更严厉的处罚，如果一个驾驶者在 7 年内有 3 次酒后驾车被捕的记录，将会被控以二级谋杀罪，即使驾车人当时并没有造成任何人的身体伤害，照样会被控以谋杀罪，因为驾驶者的酒后驾车已展示出对其他人的生命毫不在意。对于二级谋杀罪，最高甚至可适用死刑。美国加州甚至规定，屡教不改的醉驾者还要参观停尸房，让他们看车祸中死亡者的残破尸体，希望他们从此警醒。

近年来，美国认定酒后开车的血液酒精浓度标准日趋严格，从 0.08% 降到 0.05% 。由于年轻人酒后开车的比例较高，针对 21 岁以下的驾驶者，血液酒精浓度 0.01%就算酒后开车。此外，43 个州和华盛顿特区禁止驾驶员和乘客把开盖的酒带入车内。酒后驾驶者被逮捕后，会暂时关押在警局内等其清醒。然后警方会根据其是否初犯、是否造成重大人员伤亡、是否有驾车逃逸行为等，决定如何起诉。如果是初犯，会以轻罪起诉，当事人收到罚单后需按期到法庭接受审讯。

初犯、无人员伤亡、无逃逸行为通常面临的惩罚是，吊销驾照 6 个月，法庭给予 3 年至 5 年的惩戒期，罚款 1 500 美元至 1 800 美元。而年龄在 21 岁以下的人酒后驾车，会自动被吊销驾驶执照至少一年。某些州要求酒后驾驶者坐牢，时间最短1周。有的州会把酒后驾车者的汽车没收。在5年之内再次违反，吊销执照两年，罚款和刑期加倍。

日本同乘者、供酒者“连坐”

日本人口多而道路窄，酒后驾车同样成为棘手的社会问题。2008年9月，以严惩酒后驾车为宗旨的日本新交通法正式生效。新交通法规定，要严惩酒后驾车、酒后驾车恶性逃逸以及隐瞒饮酒经历的驾驶员。根据新交通法，对酒后驾驶的处罚标准成倍加重，改为3年以下徒刑及50万日元以下罚款，相当于此前醉酒驾驶的处罚标准；而对醉酒驾驶者的处罚，则更是升格到5年以下徒刑及100万日元以下罚款的标准。

对于为饮酒驾驶员提供车辆的人、同乘者和供酒人都要处以相应的惩罚。例如，对于同乘者和供酒人，如果驾驶员醉酒驾车，他们要被处以3年以下有期徒刑或50万日元罚款；如果驾驶员属于饮酒驾车，他们会被处以2年以下徒刑或30万日元罚款。与此相应，对酒后驾驶中屡有出现的撞人肇事逃逸者，其处罚条款也成倍提升到两罪并罚的15年上限。

英国：初犯吊销驾照一年

英国人饮酒和看戏几乎成了夜生活的主要组成部分。在伦敦，你常常能够看到市区遍布的酒吧内挤满了人，很多人宁愿站在外面也要举杯畅饮一番。酒后驾车便成了引发交通事故的主要原因之一。

英国法律对酒后驾车管理得非常严格，初次酒后驾车，便会被吊销驾照1年；重犯者吊销驾照3年，外加1 000英镑罚款；如果在10年内共有3次被判酒后驾车，吊销驾驶执照109年，这实际上等于终身剥夺司机的驾驶权。此外，英国交通部计划给予警察更大权限监督司机是否存在酒后驾车行为。无论车辆行驶状况是否正常，警察均有权要求司机停车接受酒精测试。司机如果无正当理由拒绝接受检查的话，可被视作酒后驾车。

德国青少年酒驾“零容忍”

尽管德国驾驶员被公认为全欧洲最喜欢开快车同时又是最守规矩的司机，但作为拥有160万酒精成瘾者的酒精饮料消耗大国，酒后驾车问题在德国也很严重。在德国，若驾驶员在酒精检测中血液酒精浓度超过0.05%，将被处以500欧元、扣4分并禁驾1个月至3个月的处罚。另外，德国酒后驾驶的处罚会随着“重蹈覆辙”次数的增加而升级，最严重的情况下，驾驶员将被终身禁驾。一旦在德国禁驾，在欧洲其他国家将不能开车。

对青少年酒后驾车行为，德国实施了“零容忍”政策：凡是21岁以下或者尚在实习期的驾驶员，一旦饮酒，无论其血液中酒精含量是否达到法定浓度，均被视为酒后驾车，处以罚款和扣分。

其他国家也狠治酒驾

波兰：警方抓到醉酒司机就把他们的姓名、年龄、所驾驶汽车的型号和牌照、被扣地点和当时血液中的酒精含量，外加司机近照，都上传警方专设的网站，再发给全国的大报刊，在指定的版面上曝光。这对司机今后找工作、做生意都会有负面影响。

新加坡：初犯者将受到1 000～5 000新元的罚款或者长达6个月的监禁；重犯者强制监禁1年，并且处罚金3 000～10 000新元；累犯者的罚金为30 000新元及最长10年的监禁。

加拿大：凡酒后驾车者罚款1 470美元，监禁6个月，造成人身伤害者监禁10年，造成他人死亡的监禁14年。

法国：警方对醉酒驾车非常敏感，即使司机只是处于轻微醉酒状态，驾驶证也会被注销，并缴纳相当于1 000美元的罚款。如果醉酒司机导致其他人死亡就会直接被判入狱，如果导致受害者受伤，司机必须支付医疗费用等巨额赔偿。

瑞典：如果发现司机在饮用了两罐啤酒后开车，那么就得交出驾照。司机同时还会收到一张出庭应讯的传票，到法庭上面对审判。酒后驾车司机还会被送入复员中心改过自新至少30天，费用自付。

整治酒驾，奇招不少

马来西亚一旦发现酒后驾车者，立即予以拘留，并将他的妻子请来，令其妻彻夜教育丈夫。

在日本，酒驾者被关在特殊的监狱里，令其盘腿静坐反思，检讨错误。

在美国俄亥俄州，有过酒后驾驶记录的车主，其汽车将挂特别车牌，表明其驾车只能用在上下班等特别用途。

土耳其对酒后驾车的驾驶员，由警方押出城至20公里外的地方，然后强迫他步行回城。

案例

菲尔普斯酒驾被严惩

不过，光有严格的法律法规还不够，执法公正也是治理酒驾成功国家的共同特点。比如，游泳巨星菲尔普斯可算是全球家喻户晓的人物。2004年，他刚在雅典奥运会获得6块金牌，就被美国警方发现酒后驾车。尽管他还没有造成什么实际损害，但还是被拘捕、判18个月缓刑、留校察看一年半，并被罚款250美元，还被要求到学校做关于“酒驾危害”的巡回演讲。

执法检查时间地点提前公布

以美国为例，警察必须提前通过媒体向社会公布查酒驾工作的时间、地点、参与的警力数量以及车辆的检查方式（逐车检查、隔一检一、隔二检一、隔三检一）等情况，否则查酒驾工作将被视为违法。正常情况下，对每辆车的检查一般不得超过3分钟，查酒驾过程要全程录音录像。

国外比较注重执法程序，对整个查酒驾过程的细节都做出明确规定，警察违反程序执法将被法院判处撤销。美国各警察机构都会根据联邦、州法律的规定，制定严谨而细致的查酒驾规范，对组织领导、检查点的选择、车辆的拦停、联合执法、防护设施、媒体联络等事项都做出具体规定。

加州酒驾违法成本高

对于酒驾者来说，一旦被逮住，除了律师费外，还有很多必需的开销。以美国加州为例：拖车和存车费187美元，登记、做指纹和拍照费156美元，重发驾照费125美元，增收汽车保险费2 700美元，法庭收费816美元，社区服务费44美元，受害者基金100美元，酗酒教育基金50美元，学习班学费550美元，累计约5 000美元。

资料来源：酒驾入刑各国没商量. [2011-05-13]. http://news.ifeng.com/c/7fZhlJuoeJS.

在中国，按照《中华人民共和国道路交通安全法》，国务院公安部门负责全国道路交通安全管理工作。县级以上地方各级人民政府公安机关交通管理部门负责本行政区域内的道路交通安全管理工作。县级以上各级人民政府交通、建设管理部门依据各自职责，负责有关的道路交通工作。道路交通安全管理的手段主要包括：车辆和驾驶员发证、验证管理制度，机动车强制报废制度，交通违章事故的处理制度，规定机动车装载标准，规定交通警察的执行活动等。

三、城市生命线系统的安全管理

城市生命线系统是指公众日常生活必不可少的，城市或联合企业的交通、通信、供电、供水、供气等系统工程。它由各种建筑物、构筑物、管路等组成，还包括容易引起次生灾害的易燃、易爆、有放射性或有毒的工程设施等。

当城市生活越方便、社会服务体系越发达时，市民的生存能力就显得越来越"脆弱"。在庞大而精巧的城市运转体系中，任何一个环节的突然失控，轻则令居民的安全感和正常生活蒙受打击，重则导致城市陷入瘫痪。保障城市生命线的可靠供应是城市安全管理中至关重要的大事。

城市的生命线系统在遭受破坏以后，其影响不同于一般的事故或事件。一旦受灾，其影响不仅仅是局部的，而是威胁到整个系统，各个系统之间受灾后相互影响，灾害的破坏程度和系统的修复程度取决于城市基础设施系统的供给质量及城市对灾害的预防程度和组织程度。因此，对城市生命线系统的安全管理应考虑以下几个方面：

1. 重视事故隐患

与供电、供水、供气、交通和通信等有关的重要基础设施必须得到严格的保护，政府还要协调各方力量，提供必要的资金，解决基础设施中存在的问题。在城市发展日新月异的今天，维护水、电、通信等城市命脉的安全仍是一项长期的任务。

2. 关键系统之间的系统管理

城市生命线系统是相互影响的。灾害发生后，如果供电系统没有恢复正常，即使供水或供能系统恢复，也无法正常运转。因此，城市安全管理强调城市关键系统之间防灾减灾的系统化的配套管理。

3. 建立必要的储备替代管理

城市生命线系统的受灾可能是自然因素引起，也可能是人为因素所致。但无论如何，城市的生活并不因此而停止，甚至在受灾期间，有些系统的运载负荷反而高于常规状态，如消防用水等，还有紧急情况下的家用水、电、供能需求。如果没有应急计划和必要的储备，可能加剧灾情的蔓延。城市对灾害的准备程度和组织程度是决定城市生命线系统能否保持正常工作的基础性工作，应急计划和必要的物资储备关系到灾后城市尽快恢复正常的能力，应该做到有备无患。

4. 进行使用安全教育

对市民进行用电、用煤气、用水等城市基础设施的安全教育，使市民掌握基本的安全使用知识，一方面可以减少自身事故的发生，另一方面可以提高城市基础设施使用的安全水平。

第三节　城市危机管理

一、城市危机管理的兴起

防灾减灾是政府危机管理的主要构成部分，但灾害管理并不是危机管理的全部内容。因为危机与灾难、突发事件是相互联系的三个不同概念，其相互区别之处在于事件影响范围是不同的。危机是人类面临的（诸如生命、财产、物资、环境等）的威胁；灾难是突然发生的大灾祸，即在问题发生前后未适当控制或人为力量无法控制所造成的后果；而突发事件则指突然、意外发生，须立刻加以处理的事件，突发事件是危机的导火线，是危机爆发的前期，突发事件无法控制就会进一步发展成为危机。危机是形成灾害的前一阶段，危机如果处理不当则可能酿成灾难。灾害事件属于那些作用范围更广并且性质更为严重的事件。为了描述的方便，用危机来涵盖这三个相互联系的概念。

中国目前尚没有形成规范统一的"危机"定义，与其含义相近的"应急事件""突发事件"等约定俗成的概念仍在广泛使用。据美国学者罗森塔尔的定义，危机是指"对一个社会系统的基本价值和行为准则架构产生严重威胁，并且在时间压力和不确定性极高的情况下，必须对其做出关键决策的事件"。

所谓的危机管理是一种有组织、有计划、持续动态的管理过程，政府针对潜在的或者当前的危机，在危机发展的不同阶段采取一系列的控制行动，以期有效地预防、处理和消弭危机。有效的危机管理需要做到如下几个方面：（1）转移或缩减危机的来源、范围和影响。（2）提高危机初始管理的地位，加强危机预警。（3）改进危机冲击的反应管理。（4）完善修复管理，以便能够迅速有效地减轻危机造成的损害。（5）重视危机事后的总结、学习。

城市危机管理是指城市政府组织社会各方面力量，对可能发生的城市危机制定预案并有效监控、防御和处置危机的全部控制过程。城市危机管理机制就是城市有关管理体制部门为了更好地应对各种突发事件而建立起来的一套行之有效的处置办法和制度安排，包括危机机构的设立、危机预案和法律法规的制定、危机预测评估、危机处理和政策制定等。一套完善的危机管理的动态机制可分为危机前的危机预防机制和危机发生后的危机救治机制。

从抗灾到对灾害管理的研究始于 20 世纪，而从灾害管理到公共危机管理的发展更是后来的事情。西方传统危机理论主要用来分析政治危机，研究的目的是寻找处理和应对政治危机、维护政治稳定或促进政治变革的方法。从 20 世纪六七十年代开始，西方危机管理的研究出现了一次高潮，研究领域从政治领域向经济、社会领域扩展，从自然灾害领域向公共危机管理领域扩展，危机管理逐渐成为一门学科。现在的危机管理主要注重对自然灾害、技术性灾害及人为诱发灾害事件的研究。可以说，危机管理已经成为一项全球性的课题。

我国于 2006 年 1 月 8 日由国务院发布和施行的《国家突发公共事件总体应急预案》，明确提出了应对各类突发公共事件的六条工作原则：以人为本，减少危害；居安思危，预防为主；统一领导，分级负责；依法规范，加强管理；快速反应，协同应对；依靠科技，提高素质。这是全国应急预案体系的总纲，明确了各类突发公共事件分级分类和预案框架体系，规定了国务院应对特别重大突发公共事件的组织体系、工作机制等内容，是指导预防和处置各类突发公共事件的规范性文件。编制该预案的目的是提高政府保障公共安全和处置突发公共事件的能力，最大程度地预防和减少突发公共事件及其造成的损害，保障公众的生命财产安全，维护国家安全和社会稳定，促进经济社会全面、协调、可持续发展。

2018年3月，应急管理部设立，作为国务院组成部门。应急管理部主要包括以下八大职责：组织编制国家应急总体预案和规划，指导各地区各部门应对突发事件工作，推动应急预案体系建设和预案演练，建立灾情报告系统并统一发布灾情，统筹应急力量建设和物资储备并在救灾时统一调度，组织灾害救助体系建设，指导安全生产类、自然灾害类应急救援，承担国家应对特别重大灾害指挥部工作。组建应急管理部，可防范化解重特大安全风险，健全公共安全体系，整合优化应急力量和资源，推动形成统一指挥、专常兼备、反应灵敏、上下联动、平战结合的中国特色应急管理体制，提高防灾减灾救灾能力，确保人民群众生命财产安全和社会稳定等，发挥更大的国家功能作用。

《国家突发公共事件总体应急预案》

《国家突发公共事件总体应急预案》（简称《总体预案》）将突发公共事件分为自然灾害、事故灾难、公共卫生事件、社会安全事件四类。按照各类突发公共事件的性质、严重程度、可控性和影响范围等因素，《总体预案》将其分为四级，即Ⅰ级（特别重大）、Ⅱ级（重大）、Ⅲ级（较大）和Ⅳ级（一般）。

《总体预案》适用于涉及跨省级行政区划的或超出事发地省级人民政府处置能力的特别重大突发公共事件应对工作。《总体预案》规定，突发公共事件发生后，事发地的省级人民政府或者国务院有关部门在立即报告特别重大、重大突发公共事件信息的同时，要根据职责和规定的权限启动相关应急预案，及时、有效地进行处置，控制事态。必要时，由国务院相关应急指挥机构或国务院工作组统一指挥或指导有关地区、部门开展处置工作。

《总体预案》规定，国务院是突发公共事件应急管理工作的最高行政领导机构；国务院办公厅设国务院应急管理办公室，履行值守应急、信息汇总和综合协调职责，发挥运转枢纽作用；国务院有关部门依据有关法律、行政法规和各自职责，负责相关类别突发公共事件的应急管理工作；地方各级人民政府是本行政区域突发公共事件应急管理工作的行政领导机构。《总体预案》对突发公共事件的预测预警、信息报告、应急响应、应急处置、恢复重建及调查评估等机制做了详细规定，并进一步明确了各有关部门在人力、财力、物力及交通运输、医疗卫生、通信等应急保障工作方面的职责。

《总体预案》要求各地区、各部门做好对人员培训和预案演练工作，抓好面向全社会的宣传教育，切实提高处置突发公共事件的能力，并明确指出突发公共事件应急处置工作实行责任追究制。对突发公共事件应急管理工作中做出突出贡献的先进集体和个人要给予表彰和奖励。对迟报、谎报、瞒报和漏报突发公共事件重要情况及其他失职、渎职行为的，依法对有关责任人给予行政处分；构成犯罪的，依法追究刑事责任。

国务院各有关部门已编制了国家专项预案和部门预案；全国各省、自治区、直辖市的省级突发公共事件总体应急预案均已编制完成；各地还结合实际编制了专项应急预案和保障预案；许多市（地）、县（市）以及企事业单位也制定了应急预案。至此，全国应急预案框架体系初步形成。

为了预防和减少突发事件的发生，控制、减轻和消除突发事件引起的严重社会危害，规范突发事件应对活动，保障人民生命财产安全，维护国家安全、公共安全、环境安全和社会秩序，2007 年 11 月 1 日起开始施行《中华人民共和国突发事件应对法》。

二、加强城市危机管理能力

危机管理对于现代社会的安全起到了举足轻重的作用，因此，世界各国政府都非常关注危机处理与对策，而且耗费大量的人力、物力和精力最大限度地防控灾害，尽可能把灾害带来的损失减少到最低程度。政府需要树立危机管理意识，将危机管理作为政府管理职能的一部分，加强对城市危机的管理能力。

1. 树立危机管理意识，建立危机管理机制

城市危机是一种社会危机，作为社会危机只有在社会范围解决才是最有效的。目前中国各级政府在解决城市危机时，考虑更多的是危机对经济的影响，往往把危机上升为经济危机甚至是政治的高度，用对待政治危机的办法救治社会危机，于是出现隐瞒、虚报现象，导致突发事件的范围扩大、蔓延，直至危机爆发，并引发更严重的其他危机。所以，构筑城市危机管理平台时，首先应恢复城市危机的社会本原，树立危机管理意识，这样才能使政府有序、有效地处理危机。

中国政府长期以来都习惯于常态管理，对危机管理缺乏必要的认识和经验。没有建立危机管理机构，原有的危机对策主要局限于针对战争以及国内政治安全领域，在协调政治安全与社会安全包括公众健康在内的多层次、多类型的国民安全方面尚无实质性进展，因此，中国有必要结合本国国情，虚心借鉴其他国家的先进经验，建立危机管理机制。

应该尽快建立常设性的危机管理领导机构，统一协调处理危机事件。机构必须拥有一些特殊的权力和资源，同时拥有监督权。常设性危机管理机构的日常操作应从国家安全的高度制定长期的反危机战略和应急计划，并将其纳入各级政府的日程安排；广泛收集危机信息，判断各种危机发生的可能性，评估其损害和风险；监督危机管理日程的实施；进行危机管理教育和训练；协调各级政府、各部门进行反危机行动；根据社会经济发展，实时调整、更新危机应对战略；同时应建立地方各级综合专家咨询决策系统，设立独立调查制度，公正甄别事件诱因；建立有效的公共危机沟通机制，实现一定程度的纵向设置。

2. 提高社会成熟度，建立责任共担机制

在危机中，成熟社会的主要表现为：不害怕危机，能找到应对危机的好办法，能够团结一致克服危机。社会不成熟，不仅不利于危机的缓解，还有可能使危机加剧，其消极性往往超过危机本身。中国应对危机的社会成熟度较低，提高社会成熟度是一项重要而艰巨

的管理任务。政府应强化社会危机教育，引导大众树立乐于承担社会责任的现代公民意识。

政府应该承担提供秩序和法律的责任，市民也应该成为一个合格守法的公民，在参与社会组织中，培养市民的公民意识，提升城市人文精神。把解决城市危机当作城市社会各界走向团结、信任、合作、支持的契机，培育新的城市精神，培养责任共担意识。（1）构建城市危机管理的社会整体联动机制。城市危机管理联动机制是一种对城市的各种相关资源进行整合的高度集成的危机管理协调机制，是危机管理各部门、各方面人员的协调与配合。有效的危机管理联动机制可以把个体的力量转化为整体的力量，从而发挥出整体的最大优势。（2）加强国内外的交流与合作。建立国内统一的城市管理交流与合作规范，建立交流与合作网络，并加强国际间的交流与合作。

3. 建立城市危机管理的法律体系

尽管目前我国已施行了《国家突发公共事件总体应急预案》和《中华人民共和国突发事件应对法》，但专门针对城市危机管理的法律还是空白。出现城市危机时，往往因缺乏法律而不能有效开展危机管理。为此，当务之急是建立城市危机管理法律体系。（1）加强对城市危机管理的立法。建立有别于其他危机的城市危机管理法律。（2）规范市民在危机中的责任和义务。在公共领域中，市民首先是国家公民，需要有公民责任和公民意识，遵守公共道德和秩序。（3）重视透明度。城市危机管理的法律必须规定政府有向公众提供准确、及时的信息的义务，否则有关部门和个人必须承担法律责任。当然，新闻媒体在涉及城市危机等公共问题时，就不仅仅是政府的喉舌，还要承担向公众提供准确、真实信息的责任。

4. 建立高效的危机管理信息系统

在危机的应对过程中，获取信息是关键环节，它常常决定危机的处理，因此世界各国政府都对情报部门极为倚重。中国应尽快建立高效的危机管理信息系统，减缓或降低危机造成的损害，保证政府做出及时和准确的决策，协调反危机的行动。

整体而言，中国城市的应急系统尚处于起步阶段，在综合指挥调度、分布式信息资源共享、数字通信模式、基于地理信息系统技术的应急方案优化等方面存在明显不足。依靠目前的通信和网络基础以及信息系统的应用能力，中国城市有能力利用现代信息技术的支持，在通信通畅、信息共享、智能决策的基础上，构建调度统一、联动协调的城市综合危机管理机制。

案 例

中国为什么组建应急管理部？

中华人民共和国成立以后，政府高度重视防灾减灾工作，并成立了相应的机构。在自然灾害领域，1950 年我国成立中央防汛总指挥部，1992 年更名为国家防汛抗旱总指挥部；1987 年大兴安岭森林大火后，我国成立中央森林防火总指挥部（1998 年取消），2006 年成立国家森林防火指挥部；1989 年我国成立了中国国际减灾十年委员会，2000 年更名为中国国际减灾委员会，2005 年更名为国家减灾委员会；2000 年成立国务院抗震救灾指挥部。在安全生产方面，中华人民共和国成立初期，我国制订了“安全为了生产，生产必须安全”原则，并形成了以《工厂安全卫生规程》《建筑安装工程安全技术规程》《工人职员伤亡事故报告规程》为核心的预防事故的“应急预案”；2003 年成立国务院安全生产委员会。在公共卫生领域，1952 年成立中央防疫委员会，1957 年改称为爱国卫生运动委员会。十年动乱期间，爱国卫生运动遭遇了挫折，1978 年重新成立中央爱国卫生运动委员会。

随着经济社会的发展，特别是工业化、信息化和城市化的快速推进，灾害灾难等突发事件的衍生影响超出了传统以部门为主导的应急管理体制的应对能力。在经历了 2003 年的“非典”事件后，我国在充分利用现有政府行政管理机构资源的基础上，一个依托于政府办公厅（室）的应急办发挥枢纽作用，协调若干个议事协调机构和联席会议制度的综合协调型应急管理新体制初步确立。2006 年 4 月，设置国务院应急管理办公室（国务院总值班室），承担国务院应急管理的日常工作和国务院总值班工作，履行值守应急、信息汇总和综合协调职能，发挥运转枢纽作用。

当前，我国应急管理面临新的形势。一是新型风险在增加。特大高楼事故风险、新技术风险、城市地下空间风险等不断出现。二是事件复合性加强。一个小范围的传染病，可以形成世界性的传染事件，并使宏观经济衰退；一次冰冻灾害，可以导致大规模停电，而一次大规模停电，可在一定程度上导致整个城市与区域社会的瘫痪；一次大雨，可以让城市变成海洋；一次安全生产事故，可在一定条件下中断整个产业链等。三是突发事件由境内扩展到境外。随着我国“走出去”步伐的加快，我国出入境人数快速增长，2017 年达到 5.98 亿人次；境外突发事件影响境内化，例如马航 MH370 事件和利比亚撤侨事件，不仅需要在境外进行处置，而且境内处置任务也非常繁重。四是应急管理由应对向防范转变。由于技术的快速发展，社会形态不断变化，人类社会已经进入了风险社会，更加自觉地防范各种风险已经成为应急管理的重要内容。

面对这些新的挑战，我国在以往的应急管理中存在着如下几个方面问题：一是在风险防范中，数据“部门墙”和“行业墙”比较严重，风险信息不全，风险防范能力较弱。二是在应急准备中，各种应急资源存在着部门分割、低水平重复建设的问题，在专业化部门管理与属地化区域管理之间也存在着协调不足的问题。三是应急预案体系建设针对性、实操性不足，尤其是预案衔接比较难。四是在事件处置中，以往牵头部门管理单灾种的体制难以应对事件的复合性，虽然在各部门内部上下指挥畅通，独立完成任务能力强，但部门之间协调不足，协同不够；权责配置不够明晰，职责交叉和管理脱节现象不同程度地存在着；力量条块分割，事件处置指挥协调不够顺畅。比如在抗击南方雨雪冰冻灾害和汶川地震等事件的应对中，我国应急管理能力明显与人民日益增长的美好生活需要极不平衡，在新时代需要更加统一的应急管理体制。

从国际视角看，发达国家目前主要有三种应急管理体制。

一是独立统一的应急管理部门。比如美国在“9·11”事件后，成立了独立、专门、综合性的“捆绑式联邦应急机构”——国土安全部，不仅整合了海岸警卫队、运输安全局、秘书保卫处等 40 多个联邦机构，而且还接管了联邦与州、地方政府的协调职责。1994 年俄罗斯成立紧急情况部，属于联邦执行权力机构，是俄罗斯处理突发事件的核心组织，是与国防部、内务部、司法部和外交部齐名的五大强力部门之一。

二是半强权部门。比如法国内政部公民保护与危机管理局负责法国突发事件的应急管理，具有协调各部委的职责，并拥有消防、警察和宪兵等应急管理骨干力量。德国内政部负责德国的危机管理和灾难救助，与灾难救助相关的是危机管理司、公民保护与灾难救助署和技术救援署。危机管理司主要负责国家危机管理领域的政策事务，公民保护与灾难救援署是应急管理和灾难救助的日常管理机构，技术救援署主要负责国际国内的现场救援。

三是综合协调型应急管理体制。例如，英国没有专门负责应急管理的中央政府部门，应急管理实行地方主导、多部门协调配合的分级负责制。在中央层面，首相是应急管理的最高行政首长，相关机构包括内阁紧急应变小组、国民紧急事务委员会、国民紧急事务秘书处和各政府部门。其中，内阁紧急应变小组是政府危机处理最高机构，但只有在面临非常重大的危机或紧急事态时才启动；国民紧急事务委员会由各部大臣和其他官员组成，向内阁紧急应变小组提供咨询意见，并负责监督中央政府部门在紧急情况下的应对工作；国民紧急事务秘书处主要负责应急管理日常工作和在紧急情况下协调跨部门、跨机构的应急行动，为内阁紧急应变小组和国民紧急事务委员会提供支持；政府各部门负责所属范围内的应急管理，且卫生相关部门设立了专门的应急管理机构。

在体制方面，中国特色社会主义制度比西方的议会制或联邦制国家天然具有应对突发事件的体制优势，但由于我国应急能力分散在各部门，体制优势没有得到彰显；在社会发展程度方面，西方发达国家已经完成了城市化，社会转型基本完成，而我国仍处于城市化进程中，人与人、人与自然的矛盾还比较突出，各类人为的、自然的和技术的突发事件面临高发、频发的风险，需要集中统一的应急管理部门进行风险防范与应对；我国人口世界第一，经济总量世界第二，国土面积辽阔，但自然灾害多发频发，由于仍是发展中国家，事故灾难也时有发生，保护人民群众的生命财产任务异常繁重，更需要统一的应急管理体制。

在国内外经验的基础上，此次机构改革明确提出组建应急管理部，有利于解决灾害风险信息孤岛的问题，开展综合灾害风险管理，提高突发事件的风险管理能力；有利于优化我国的应急预案体系和推动预案演练，统筹应急力量建设和物资储备并在救灾时统一调度，组织灾害救助体系建设，提高应急准备能力；有利于整合消防、各类救灾武警和安全生产等应急救援队伍，成为综合性常备应急骨干力量，提高突发事件的处置能力。

资料来源：宋劲松．中国为什么组建应急管理部?．学习时报，2018-04-02.

拓展阅读

1．陈柳钦．城市危机管理及其机制创新研究．南都学坛（人文社会科学学报），2010（5）.

2．城市危机时代来临?．中国经济时报，2010-12-31.

3．高华．城市道路条件及环境对交通安全的影响研究．成都：西南交通大学，2007.

4．洪大用．中国转型期的公共危机与危机管理．南方日报，2007-05-10.

5．华斌．国外公共危机管理经验及对我国的启示．中国经贸导刊，2010（21）.

6．黄明明．智能模拟：让城市“生命线”安全运行．科学时报，2010-08-03.

7. 李燕凌. 市政学导引与案例. 北京：中国人民大学出版社，2011.

8. 刘峰. 专家：城市生命线系统与防灾设施应同步规划. 中国安全生产报，2010-09-27.

9. 刘延恺. 城市防洪与排水. 北京：中国水利水电出版社，2008.

10. 龙雪琴，秦焕美，关宠志，等. 城市道路交通安全管理规划思路探讨. 道路交通与安全，2010 (3).

11. 马彦琳，刘建平. 现代城市管理学. 北京：科学出版社，2005.

12. 彭和平，侯书森. 城市管理学. 北京：高等教育出版社，2009.

13. 宋雅杰，李健. 城市环境危机管理. 北京：科学出版社，2008.

14. 王昂，段立，陈亮. 城市综合防灾与危机管理体系的对策研究：以“湖南郴州冰雪灾害”为例. 全国商情（经济理论研究），2009 (11).

15. 王金亭. 城市防洪. 郑州：黄河水利出版社，2008.

16. 杨宏山. 城市管理学. 北京：中国人民大学出版社，2009.

17. 余翰武，伍国正，柳浒. 城市生命线系统安全保障对策探析. 中国安全科学学报，2008 (5).

18. 赵成根. 国外大城市危机管理模式研究. 北京：北京大学出版社，2006.

19. 治水害，先治水利. 新闻 1+1，2010-07-16.

图书在版编目（CIP）数据

市政学/张旭霞编著. --2版. --北京：中国人民大学出版社，2020.9
新编21世纪政治学系列教材
ISBN 978-7-300-14864-9

Ⅰ.①市… Ⅱ.①张… Ⅲ.①市政学-高等学校-教材 Ⅳ.①D035.5

中国版本图书馆CIP数据核字（2020）第150223号

新编21世纪政治学系列教材
市政学（第二版）
张旭霞 编著
Shizhengxue

出版发行	中国人民大学出版社
社　　址	北京中关村大街31号
邮政编码	100080
电　　话	010－62511242（总编室） 010－82501766（邮购部） 010－62515195（发行公司） 010－62511770（质管部） 010－62514148（门市部） 010－62515275（盗版举报）
网　　址	http://www.crup.com.cn
经　　销	新华书店
印　　刷	北京密兴印刷有限公司
规　　格	185 mm×260 mm　16开本
印　　张	16.5
字　　数	380 000
版　　次	2012年6月第1版 2020年9月第2版
印　　次	2020年9月第1次印刷
定　　价	48.00元

教学支持说明

（教学课件）

中国人民大学出版社政治与公共管理出版分社秉承“出教材学术精品，育人文社科英才”的出版宗旨，多年来，出版了大批高质量的公共管理、教育学、政治学、政治理论公共课教材和学术著作。

我们为本教材制作了相应的 PPT 教学课件，任何一位采用本书作为授课教材的教师均可免费获得该课件。为了确保该课件仅为授课教师获得，烦请您填写如下材料，并将相关信息通过 E-mail 发送给我们，我们将在收到相关信息后通过 E-mail 给您发送该课件。欢迎您加入我们的 QQ 群（全国政管教师交流群，群号为 236159213），或登录我社官方网站（www. crup. com. cn），注册并认证成为教师会员，以获得更好的服务。

我们的联系方式：

地址：（100872）北京市中关村大街甲 59 号文化大厦 1202 室

中国人民大学出版社政治与公共管理出版分社

电话：（010）82502724　62514775（传真）

E-mail：ggglcbfs@vip. 163. com

QQ 群：236159213

兹证明__________大学/学院__________院/系__________专业__________学年第________学期开设的____________课程，采用中国人民大学出版社出版的__________________________（书名、作者）作为本课程教材。授课教师为__________，授课班级共______个、学生______人。授课教师需要与本书配套的教学课件。

联 系 人：____________________

通信地址：____________________

邮　　编：____________________

电　　话：____________________

E-mail：____________________

系/院主任：__________（签字）

（系/院办公室章）

______年____月____日